neue frau
herausgegeben von
Angela Praesent

ISABELLE EBERHARDT

SANDMEERE 2

NOTIZEN VON UNTERWEGS

VERGESSENSSUCHER

ISLAMISCHE BLÄTTER

Herausgegeben
von Christian Bouqueret

Aus dem Französischen übertragen
von Grete Osterwald

Mit einem Vorwort
von Hans Christoph Buch

ROWOHLT

Titel der französischen Originalausgaben
«Notes de route / Aupais des Sables / Pages d'Islam»

32.–41. Tausend Januar 1992

Veröffentlicht im Rowohlt Taschenbuch Verlag GmbH,
Reinbek bei Hamburg, November 1983
Umschlaggestaltung Nina Rothfos
(Illustration Angelika Fritsch)
Copyright © 1981 by März Verlag, Berlin und Jossa
Satz Bembo (Mono Lasercomp 3000) LibroSatz, Kriftel
Gesamtherstellung Clausen & Bosse, Leck
Printed in Germany
1480-ISBN 3 499 15232 0

NOTIZEN VON UNTERWEGS

SÜD-ORANAIS

Abreise von Algier

Aïn-Sefra, Ende September 1903

Eintönig flossen die letzten Sommertage dahin. Algier schlief in der drückenden Hitze eines wolkenlosen Himmels. Die Straßen mit den wenigen Passanten wirkten breiter als gewöhnlich, und blaue Fliegenschwärme summten im kurzen Schatten der Häuser. Die Hügel von Mustapha hüllten sich in zarten Staub, und das milchige Weiß der Oberstadt verblaßte. Dennoch ging dort, in den engen Gassen, das feurige Leben weiter, trunken von Licht und Farbe, mit den Frucht- und Tuchauslagen und dem nachdenklichen Gesang der eingesperrten Nachtigallen in den Käfigen vor den maurischen Cafés.

Überdrüssige Langeweile lastete auf Algier, und ich gab mich einer verschwommenen Schläfrigkeit hin, ohne Freude und ohne Leid, einer Schläfrigkeit, die nicht einmal die Sehnsucht kennt, die mit der Faszination des Todes verbunden ist.

Überraschend brach der Kampf bei El-Moungar aus, und mit ihm die Möglichkeit, die rauhen Gefilde des Südens wiederzusehen: ich wurde als Reporter ins Süd-Oranais geschickt...

Der Traum langer Monate sollte Wirklichkeit werden, so unerwartet und so plötzlich!

*

Die lange Reise mit der Eisenbahn durch den ganzen Westen und den ganzen Südwesten Algeriens war wunderschön.

In der ersten freudigen Erregung der Abreise genoß ich einige Stunden der Ruhe und der Träumerei.

So gibt es in manchen Zeiten des Lebens Augenblicke, in denen nichts Außergewöhnliches geschieht, die man aber wegen ihrer unsäglichen Sanftheit nie vergißt.

Wir hielten in Perrégaux, wo man in den aus Arzew kommenden, Richtung Süden fahrenden Zug umsteigen muß.

Perrégaux ist ein mit grünen Gärten gesäumter spanischer Marktflecken, inmitten einer riesigen fruchtbaren Ebene. Obwohl eine ganz gewöhnliche Gegend, schien mir diese Ecke des algerischen Tell lächelnd, fast schön.

Klar ging der Tag über der Ruhe des Landes zur Neige. Ein hoher Hügel versperrte den Horizont, der sich allmählich entzündete. Auf dem Gipfel stand die kleine, rosa schimmernde Kapelle Sidi Abdelkader von Bagdad zwischen einigen Silhouetten grauer Olivenbäume. Dort, im ausgetrockneten Gras, verbargen sich zahllose rohe Steine: der muselmanische Friedhof, ein Ort der ruhigen Melancholie, ohne die geringste Spur von Trostlosigkeit.

... Abends legte ich mich auf eine Matte vor ein maurisches Café. Daneben, über dem Einfahrtstor einer spanischen Herberge, stand in großen, ungeschickten Buchstaben geschrieben: *Defendido entrar gitanos,* «Zigeunern ist der Zutritt verboten».

Vor mir hob sich eine kahle Mauer von dem opalen Rosa des Sonnenuntergangs ab. Arabische Nomaden hockten am Boden und träumten. Die warme Luft war erfüllt von wohlbekannten Gerüchen, den Düften der Sommerabende im Beduinenland: dem Rauch von Lebensbaum oder Wacholderbüschen, dem Geruch von Ziegenleder, Teer und sonnengebräunter, schwitzender Haut. Und ich genoß die tiefe Wollust des umherirrenden Lebens, die Freude, allein zu sein, unbekannt unter dem muselmanischen Burnus und dem Turban; ich genoß es, in Ruhe und Frieden zuzuschauen, wie der Tag in diesem Dorf, in dem mich nichts zurückhielt und das ich bei Anbruch der Nacht wieder verlassen sollte, zu Ende ging und seinen roten Schein über die Schlichtheit der Dinge ergoß.

*

Dann kamen wieder lange Stunden am Fenster des Eisenbahnwaggons; je weiter der langsame kleine Zug nach Süden vordrang, um so verlassener und rauher wurde die Landschaft.

In der Mondnacht flogen Dörfer und Marktflecken vorbei, schnell und flüchtig wie Visionen.

Um Mitternacht erreichten wir das traurige Saïda, wo zahllose Gestrandete unter dem anonymen Käppi der Fremdenlegion Vergessen suchten. Dann der harte Aufstieg zu den Hauts-Plateaux über den Schlangenweg der Gleise. Die beiden Lokomotiven gerieten völlig außer Atem, keuchten wie schnaubende Tiere. Oben, am Eingang der riesigen nackten Ebene schienen zwei parallel nebeneinanderstehende Maraboutgräber Wache zu halten. Oft hielt der Zug auf dem flachen Land, berücksichtigte Dörfer, die man nicht einmal sah, oder ferne *Douars*: Aïn-El-Hadjar, Bou-Rached, Tafraoua . . .

*

Endlich brach der Tag an; es kam Licht in den grünen und roten Himmel, in die kleinen fahlen Dünen des Khreider.

Und so ging es endlos weiter, immerfort die ernste Monotonie, die Traurigkeit und auch der große, ergreifende Zauber des flachen Südens mit seinen vereinzelten, ledrigen Spartgrasbüschen und seinem grauen, über den blutroten Boden kriechenden Gesträuch. In der Ferne sah man fliehende Bergketten, kaum zu erkennen, durchsichtig.

Die Sonne ging auf, vor uns lag der gewaltige Kamm des Djebel Antar und schob sich mächtig in die Grenzenlosigkeit der flachen Horizonte hinein. Am Fuß dieser hohen blauen Mauer erschien Méchéria, ein paar rosige Dächer, ein paar dürre, verwelkte Bäume und dann schon wieder nichts mehr, wieder die Leere der Steppe, in der die regenbogenfarbig schimmernden Lichter der Morgenstunden spielten.

Seit dem Khreider sahen die vereinzelten Bahnhöfe anders aus: in diesem Teil des Landes waren es kleine hohe Festungen mit schweren Eisentüren, flankiert von grauen Beobachtungsposten.

Endlich tauchten Berge im warmen Azurblau der Ferne auf: Der Djebel Mektar, der Mir-El-Djebel und die Berge von Sfissifa. Dahinter, im Westen, lag Marokko.

Große rötliche Dünen bestürmten den Djebel Mektar wie brandende Wellen. Ein Gürtel aus bläulichem Grün zog sich um die hohen Ziegelsteinbauten des Fort.

Auf der rechten Seite sah man einige dicht aneinandergedrängte saharische Toub-Häuser, schwarze Feigenbüsche, hier und dort die Silhouette einer Dattelpalme und ein paar weiße Maraboutgräber.

Wir hielten in Aïn-Sefra, wo ich nur kurz verweilen sollte.

Falscher Alarm

Es ist acht Uhr abends; tiefe Beklemmung lastet auf Aïn-Sefra; alles ist finster, die Läden sind geschlossen, die Cafés verbarrikadiert, genau wie an den Abenden der großen Massengelage, wenn die Legion einen ausgibt.

Keine zivilen Passanten, drückende Stille – fast hat man den Eindruck, die Stadt sei in Gefahr.

Die Händler, die *Mercantis*, wie die Araber sie nennen, versammeln sich in den geschlossenen Sälen um die verlassenen grünen Billardtische. Sie setzen ernste, sorgenvolle Mienen auf. Es folgen lange Klagen, die ewige Übertreibung der Dinge, die unmäßige Vergrößerung, die der Angst entspringt. Man redet über die Strategie: man findet die Garnison geradezu lächerlich unzureichend; man erwägt die Gefahr, am nächsten Morgen aufzuwachen und die Eisenbahn mitsamt dem Telegraphensystem blockiert zu finden. Man kündigt den Überfall einer *Harka* an, einer großen Räuberbande aus der Gegend von Sfissifa. Man geht sogar so weit, den Abstand zwischen dem Dorf und der Festung als sicherer Zuflucht einzuschätzen ...

Kurz, an diesem Abend meiner Ankunft fehlte nicht mehr viel, und es wäre Panik ausgebrochen; und das alles, weil in Teniet-Merbah, etwa zwanzig Kilometer von hier entfernt, eine Patrouille überfallen und ein *Mokhazni* getötet worden war ... Außerdem hatte es einen Hinweis auf das Auftauchen einer *Djich* in unmittelbarer Nähe des Bahnhofs von Mékalis gegeben.

*

Auf der Suche nach etwas Licht und Fröhlichkeit habe ich mich in einen mozabitischen Laden geflüchtet; ein Spahi kommt herein, ein schöner junger Mann mit einem sanften und ausdrucksvollen Gesicht.

Er wirkt beunruhigt.

Schon wendet er sich wieder dem Ausgang zu. «Adieu», sagt er, «verzeiht mir alle, wenn ich Euch Unrecht tat.»

«Aber wo gehst du hin?»

«Ja, habe ich denn nicht den Eid geschworen? Wer sich verpflichtet, legt den Kopf in die Schlinge; dann tut er, was ihm befohlen wird, ohne noch an seine Tante oder seine Freunde zu denken. Ich habe keine Angst, getötet zu werden. Man stirbt nur einmal. Aber ich habe Angst, ganz allein durch die Nacht zu gehen, ohne ein Menschenwesen, mit dem man sprechen kann ... Man hat mich beauftragt, einen Brief nach Beni-Yaho zu bringen.»

Alle Anwesenden küssen den Spahi, alle denken an den Reiter des *Makhzen*, der am Morgen getötet wurde.

Und dies ist das einzige wirklich traurige und ergreifende Ereignis im ganzen Dekor der verstörten Stadt – dieser Aufbruch des armen Soldaten, der in der bedrohlichen Dunkelheit und der Stille des flachen Landes tatsächlich sein Leben riskiert.

Doch alles geht gut; die langen Stunden der Nacht vergehen ohne den geringsten Alarm, ohne das Echo eines einzigen Schusses.

Ein strahlender Tag bricht an und vertreibt die Phantome des Vorabends.

Man teilt mir mit, daß der Spahi Abdelkader nicht angegriffen worden ist. Alles im Dorf beruhigt sich, und das monotone Leben nimmt wieder seinen gewohnten Lauf mit all den kleinen, geldgierigen Geschäften.

Moghrar-Foukani

Heute fahre ich nach Hadjerath-M'Guil, um die anderen Verletzten von El-Moungar aufzusuchen, die dort unten geblieben sind.

Kurz nach Tagesanbruch erreicht der Zug eine einzigartige Landschaft von fesselnder Fremdartigkeit.

Kein Sand und kein Spartgras, nur noch Stein, ein riesiges Chaos aus zerklüfteten, abgestürzten, zersprengten Steinen, wie durch eine entsetzliche Sintflut dem Boden entrissen. Spitze Kanten greifen übereinander oder häufen sich zu Türmen auf, furchterregende, ausgezackte Spitzen ragen aus den Felsen, aus den tonhaltigen Hügeln. Korridorartige schmale und tiefe Einschnitte, überlagert von riesigen Steinblöcken, die mit ihrem unsicheren Gleichgewicht jeden Augenblick bereit scheinen, sich abzulösen und den vorüberfahrenden Zug zu zerschmettern.

Das Ganze wirkt, als hätten die düsteren Kuppen, die den Horizont beschließen, einen gigantischen Lavastrom ausgespuckt, der nun das Tal überschwemmt, der erstarrt ist und sich wie eine aufgedunsene, runzelige Kruste um die älteren und härteren Gesteinsmassen gelegt hat; wie die Ruinen einer Stadt, zerstört vom Feuer des Himmels.

Und welch unerhörte Farbskala über all diesen Trümmern! Welch feurige Reflexe! Die matten Rosatöne kaum abgekühlter Eisenschlacke, rostiges Gelb und ockerfarbenes Grün, violette Schimmer von Mangan und dunkel schattiertes Karminrot auf der kalten Tonerde, hervorspringende Venen aus gräulichem Blau und düstere rote Flecken auf den schroff abfallenden Klippen! Die ganze Oberfläche des Gesteins hat einen einheitlichen, rußig-schwarzen Untergrund, als bewahrte sie die ursprünglichen Spuren von Feuer und Rauch.

Die düstere und prachtvolle Kulisse einer versteinerten Feuersglut, eine Mondlandschaft von unsäglicher Trostlosigkeit und tragischer Größe unter dem strahlenden Himmel, im klaren Morgenlicht ...

*

Plötzlich, am Ausgang einer tunnelartigen Schlucht hinter einem Bahnhof, offenbart sich uns ein völlig unerwartetes Bild der Fruchtbarkeit und des Lebens: das zauberhafte Ksar Moghrar-Foukani mit seinem kleinen Palmenhain im feuchten Bett eines Wadi.

Etwa dreißig hohe Berberhäuser aus Toub ragen dicht aneinandergedrängt in blaßgrauen Brauntönen auf die dunklen Gassen heraus und gruppieren ihre ungleichen Terrassen zu einer anmutigen Unordnung.

Unter den aus Palmstämmen bestehenden Balkendächern schmücken sich die Hauswände mit einer groben Dekoration aus Ziegelsteinen, die wie spitze Girlanden angeordnet sind.

Im Palmenhain sieht man den gewässerten, leuchtend grünen Untergrund der kleinen Gerstenfelder unter den rauschenden Wedeln der blauen Palmengruppen zwischen den niedrigen Mauern, über die sich blühende Granatapfelbäume neigen.

Die schrägen Strahlen der aufgehenden Sonne gleiten zwischen den ziselierten Stämmen hindurch, lassen die Kronen der Palmen einen kurzen Moment wie Stahl aufblitzen und spielen dann auf der vergoldeten Erde, auf den blutroten Tomaten und Pimentschoten.

Eine Oase, die sich dem anbrechenden Tag darbietet, die mitten im Gelände vulkanischer Verheerungen aus einem schmalen Spalt der toten Lava erblüht.

Auf einem Felsen oberhalb der Gleise steht ein kleines Mädchen mit purpurroten Wollkleidern in einer Flut von hellem Licht und betrachtet den vorbeifahrenden Zug.

Sie ist schön und lustig mit der schlichten Anmut ihrer Bewegungen, der naiven Freude, die ihr kleines rundes Gesicht erleuchtet, ihrem dunklen Teint und der Sanftmut ihrer großen braunen Augen.

Ein anderes Mädchen taucht auf; spielerisch und lachend beginnen die Kinder einen Ringkampf, halbwegs aus Koketterie, um sich zu zeigen. Doch plötzlich sind wir wieder in der Geisterwelt der Steine, mitten im dunklen und stillen Leben der Minerale.

Hadjerath-M'Guil

Ein Bahnhof, ein isolierter, massiver Turm mitten in den zerklüfteten Felsen.

Fünfzehnhundert Meter entfernt eine kleine Festung aus Toub, welche die wenigen Bretterhütten auf dem Hang eines Felsens am Fuß der letzten Ausläufer des Djebel Beni-Smir überragt.

Ein mit Spartgras und Oleander überwuchertes Wadi; ein paar vereinzelte Palmen. Jenseits der Festung, am Rand des Wadi, zwei kleine französische Gräber.

Das eine ist schon drei Jahre alt, das andere noch ganz frisch, geschmückt mit spärlichen Kränzen, die in der Sonne verbleichen. Es ist das Grab des Spahi-Unteroffiziers Marschall, der vor einem Monat bei der Verfolgung einer *Djich* auf dem Gebirgspaß von Chaabeth-Hamra im Beni-Smir sein Leben ließ.

Sie wirken unendlich verlassen und traurig, diese beiden Soldatengräber mit ihren schwarzen Holzkreuzen, allein und heimatlos im rauhen Dekor der Wüste.

Am Bahnhof, wo ich aufs Geratewohl ausgestiegen bin, ohne

auch nur zu wissen, welche Richtung ich einschlagen muß, um die Festung zu erreichen, finde ich einen dunkelhäutigen Beduinen vom Schlag der schönen Araber der Hauts-Plateaux, der gerade dabei ist, einen Sattel und Pferdegeschirr aus dem Zug auszuladen. Trotz seiner weißen Schleier sehe ich ihm sofort an, daß er ein Soldat ist, entweder ein Spahi in Zivil oder ein *Mokhazni*.

Ich wende mich an ihn, denn er flößt mir Vertrauen ein. Ich erzähle ihm irgendeine Geschichte, um ihm meine Identität und meine Anwesenheit hier zu erklären, und alsbald macht uns die angenehme, schlichte Geselligkeit der Muselmanen zu guten Gefährten.

Taïeb-Ould-Slimane vom Stamm der Rzaïna aus Saïda war bislang bei den Spahis und will sich nun dem *Makhzen* von Taghit verpflichten. Noch heute wird er sich zum Oued Dermel begeben, um sein Reittier zu kaufen.

«Wenn du willst, begleite mich, wir können bei meinen alten Kameraden in der Festung einen Kaffee trinken. Du erledigst deine Sachen, und dann übernachten wir im Oued Dermel, falls du zu einem guten Fußmarsch fähig bist. Morgen bekommen wir Pferde und kehren hierher zurück, um den Zug nach Süden zu nehmen.»

Dieser Mann hat recht, ich bin einverstanden.

Wir machen uns auf den Weg, gehen eine Weile an den Gleisen entlang und folgen dann einem ausgewaschenen Pfad.

In der Festung ereignet sich dann eine komische Szene.

Der Leiter des Postens, ein Hauptmann von der Legion, sieht mich erstaunt von oben bis unten an. Er versteht ganz und gar nicht, welche Beziehung zwischen meinem Ausweis als Journalistin und dem blutjungen Araber bestehen könnte, der ihm das Papier überreicht. Schließlich gelingt es uns doch noch, die Situation zu erklären.

Unmöglich, die Legionäre ohne eine höhere Genehmigung zu interviewen. Im Grunde finde ich das nicht besonders bedauerlich und geselle mich wieder zu Taïeb und den Spahis.

Ich finde sie in einer langen Baracke aus Brettern und Pisee voller Strohsäcke, die in Reih und Glied auf dem Boden liegen.

Die Reiter mit ihren Tuchgewändern und dem roten Gürtel umringen den vom Dienst Befreiten mit fröhlichem Gejohl, und da er es ist, der mich mitgebracht hat, feiern sie mich ebenfalls.

Eilig breiten sie die Decken aus und bitten uns, Platz zu nehmen. Dann, nach dem Austausch der langen arabischen Höflichkeiten, den immer wiederholten guten Wünschen, schenken sie uns Kaffee ein; wir müssen mindestens vier oder fünf Tassen von der hellen, geruchlosen Brühe trinken, die ähnlich aussieht wie der Süßholzaufguß im Krankenhaus.

Wir wagen es nicht, den so gut gemeinten Kaffee abzulehnen... Und ehrlich gesagt, wir haben schon schlechteren getrunken!

Tidjanis Frau

Taïeb hat eine Idee: er will einen gewissen Tidjani aufsuchen, einen Mann, der aus Bou-Semrhoun stammt, am Bahnhof arbeitet und ein Maultier besitzt.

Hinter der Festung, in einem kleinen zerschlissenen Zelt finden wir Tidjanis Frau, eine mittlerweile verwelkte Person mit sonnengegerbter Haut, die aber früher sehr schön gewesen sein muß.

Sie versteht es noch vorzüglich, ihre alten roten Wolltücher anmutig zu drapieren.

Taïeb, der unerschüttert an die Wirklichkeit des konstantinischen Si Mahmoud glaubt, zwinkert mir lächelnd mit den Augen zu; seine schöne Ernsthaftigkeit von eben ist von seinen Zügen verschwunden.

«Hassouna kommt vom Djebel Amour, aus dem Land der schönen Mädchen.»

Taïeb stützt sich auf ein ausgedientes Wollkissen, um die Beduinin besser betrachten zu können, und sagt in einem Tonfall gewollter Zärtlichkeit: «Erinnerst du dich, vor zwei Jahren in Duveyrier?»

Hassouna leugnet energisch, aber ihr verwirrtes Lächeln verrät sie.

«Was, in Duveyrier? Du bist verrückt, du lügst. Zwischen dir und mir ist nur das Gute...»

«Natürlich! Gibt es denn etwas Besseres als das? Rede nur, denn du redest so falsch wie der Vogel, der Eier legt, davonfliegt und seine Brut verleugnet! Wer sollte dich besser kennen als ich?»

«Mein Vater, der mich gezeugt hat!»

«Nicht so gut wie ich, der ich dich besaß, als du noch jung und frisch warst!»

Im gleichen Ton fahren sie fort mit ihren aufreizenden Sticheleien, ohne auch nur ein einziges obszönes Wort zu gebrauchen. Wäre ich nicht da, hätte Taïeb die Dinge wohl trotz Hassounas beginnendem Altersverfall weiter vorangetrieben.

Sie bringt uns den Kaffee; verstohlen sieht sie zu Taïeb hinüber, der mit Gesten deutlich macht, wie gern er sie umarmen und an sich reißen möchte.

Tidjani taucht auf. Er scheint sich nicht im geringsten darüber zu wundern, uns mit seiner Frau im Zelt zu finden.

Tidjani ist eine zerlumpte Gestalt, bekleidet mit altem europäischem Plunder und einer arabischen Mütze auf dem Kopf. Dennoch ist er einer der unbekannten Helden des Kampfes von Chaabeth-Hamra, in dessen Verlauf auch der Unteroffizier Marschall getötet wurde.

Tidjani, obwohl entschieden, kein Soldat zu werden und ein schlichtes ziviles Leben zu führen, hatte sich bei einem Juden ein Gewehr geliehen und war zu Fuß losgezogen, hinter den berittenen Spahis her, um die *Djich* zu verfolgen.

Während ihr Mann das Maultier holt, stellt uns die mit dem Alter weise gewordene Verführerin freundschaftliche Fragen und erzählt uns von sich selbst.

Sie lebt dort, in einer Gegend, wo das Schießpulver täglich spricht, und bewahrt dennoch die erstaunlichste Sorglosigkeit. Lachend berichtet sie von den *Djiouch*, die sich ganz in der Nähe, im Dickicht des Beni-Smir verschanzt haben.

Scherzend fügt sie hinzu, unter den räuberischen Ouled-Abdallah seien so manche schöne und stolze Knaben, die sie gerne empfangen würde, hätte sie nicht das Messer ihres Ehemanns zu fürchten.

Alles, was sie sagt, ist gespickt mit zahllosen, auf Taïeb gemünzten Neckereien. Doch manchmal, wenn sie von ihrer Heimat, von den Bergen des Djebel Amour erzählt, huscht ein Schatten von Heimweh über ihr gealtertes Gesicht.

Eine seltsame Erscheinung, diese in Knechtschaft gehaltene, verbrauchte Frau in einer Kulisse aus Stein und Staub, in diesen unruhigen Zeiten!

Bei den Mokhazni

Wir machen uns auf den Weg, ruhen uns abwechselnd auf Tidjanis hinkendem Maultier aus.

Der tapfere Mann hält uns noch eine lange Rede, um uns zu beweisen, daß sein Tier dennoch gut ist.

Ohne hinzuhören besingt der unbekümmerte Taïeb die schönen tätowierten Mädchen des Djebel Amour, die langen Ausritte über unwegsame Pisten, den Scharmützelkrieg und die Allmacht des Schicksals.

Und ich betrachte die immer weiter werdenden Linien der Landschaft, die am Ausgang des Steinlabyrinths, welches die Eisenbahn seit Aïn-Sefra durchquert hatte, ruhigere, harmonische Züge annehmen.

*

Die Bergkette des Beni-Smir entfernt sich im Westen, und das Tal öffnet sich. Rötlicher, leicht gewellter Sand mit grauen Drinn-Büschen, dem Gras des Südens, noch zäher und trauriger als das Spartgras der Hauts-Plateaux.

Auf der Sandoberfläche hat ein Wind vor nicht langer Zeit kleine Falten hinterlassen, leichte Wellen, die dem verlassenen Land ein meerartiges Aussehen verleihen.

Am Fuß der rundlichen Kuppe des Djebel Tefchtelt stoßen wir auf das *Douar* des *Makhzen* vom Oued Dermel: um die zwanzig niedrige Nomadenzelte mit schwarzen und grauen Streifen, die sich flach über den Boden ziehen, als hätten sie sich ängstlich niedergeduckt.

Die aus allen möglichen Gruppierungen der Amour rekrutierten *Mokhazni* lagern dort mit Frauen und Kindern, um die Eisenbahn zu überwachen und die Berge der Umgebung, in denen sich die Plünderer verschanzen, im Auge zu behalten.

Melancholisch fressen die zwischen den Zelten gefesselten kleinen Pferde an einem Haufen Drinn-Gras.

Ein paar schwarze Ziegen spielen mit den Kindern und den Hunden; doch als wir näher kommen, schrecken die Hunde auf, sträuben ihr Fell und beobachten uns mit wildem, mißtrauischem Blick.

Eine Atmosphäre von Einsamkeit und Traurigkeit beherrscht das Lager der muselmanischen Soldaten.

Abdelkader-Ould-Ramdane, der noch junge Cheikh des *Douar* mit einem intelligenten, verschlossenen Gesicht, empfängt uns mit ernster Miene.

Die tapferen *Mokhazni* lassen uns ihre Gastfreundschaft zuteil werden und führen uns in ein großes, mit roten Woll-Haïks ausgelegtes Zelt. Dann bringen sie uns marokkanischen Pfefferminztee, Fladen und Butter. Sie erzählen von dem dauernden Alarm, den Angriffen, den Verfolgungsjagden durch die Berge und den Hinterlisten der herumstreichenden Räuberbanden, als handele es sich um ganz gewöhnliche, ganz natürliche Dinge. Auch hier kein Gedanke an den Krieg im eigentlichen Sinne dieses Wortes, kein Gedanke an einen Kampf, bei dem sich verschiedene Rassen, verschiedene Religionen gegenüberstehen. Die *Mokhazni* sprechen nur von Räubern und Plünderern. Sie selbst sind sehr schlichte und einfache Leute mit den gelassenen Allüren, die man bei allen Nomaden findet; Hirten und Kameltreiber, die unter dem schwarzen Burnus des *Makhzen* von Aïn-Sefra ihr gewohntes Leben fast unverändert weiterleben.

Taïeb charakterisiert sie mit einem etwas geringschätzigen französischen Wort, typisch Spahi: «Helle sind die auch nicht gerade.»

Die unsichtbare Djich

Im Zelt ist es heiß; dicht aneinandergedrängt haben sich die Männer hier versammelt, halb liegend und halb sitzend, brüderlich an Knie oder Schultern des Nachbarn gelehnt.

Im anderen Teil des Zelts, hinter den Vorhängen aus prachtvoll glänzender purpurner Wolle, sitzen die Frauen beieinander; mit ihrem Geflüster verbreiten sie eine knisternde Atmosphäre, die meinen neugierigen Gefährten aufs äußerste beunruhigt. Doch er strengt sich an, gleichgültig zu bleiben und zu tun, als merke er nichts von dem, was die Nähe der Frauen enthüllt.

Wir verlassen den erstickenden Schatten des Zelts; auch Taïeb folgt uns, obwohl mit großem Bedauern. Auf einem sandigen

Hügel setzen wir uns nieder, oberhalb des ausgetrockneten Wadi, welches für die *Mokhazni* die *Hadada* repräsentiert, die problematische marokkanische Grenze.

Eine leichte Brise weht über den feinen Sand und erfüllt das Drinn-Gras und die dornigen, in sich selbst verschlungenen, störrischen Brustbeerenbäume, unzugänglich wie Meerespflanzen, mit kaum hörbarem Rauschen.

Drückende Stille lastet auf diesem verlorenen Land, auf diesem *Douar* und unserer kleinen Gruppe. Um mich herum lagern etwa zehn *Mokhazni*, fast alle mit klarem und energischem Profil, mit wunderbar reinen Zügen.

Über den vergoldeten Bergspitzen geht die Sonne unter, ein rosa Schein streift den Sand und entzündet sprühende Feuer in der harten Vegetation. Noch eine Stunde Ruhe, wie eine Rast in meinem Leben, eine Stunde der Sorglosigkeit und des leicht melancholischen Traums, ungetrübt von Sehnsucht und Begierde!

Der Tag geht zur Neige. Plötzlich taucht hinter einem Strauch ein in Lumpen gekleideter Beduine auf, geht hinüber zum Oberhaupt der *Makhzen*-Truppe, Abdelkader-Ould-Ramdane, und teilt ihm mit gedämpfter Stimme etwas mit.

Das Oberhaupt erhebt sich mit sorgenvoller Miene.

«Steht auf! Und ihr da drüben, treibt sofort das ganze Vieh im Zentrum des *Douar* zusammen; es ist eine *Djich* der Ouled-Abdallah, eine halbe Stunde von hier entfernt.»

Eine *Djich*! Zuerst habe ich den Eindruck, das wäre nicht wirklich ernst zu nehmen. Würden die Plünderer es überhaupt wagen, ein *Douar* anzugreifen, in dem es mindestens zwanzig Gewehre gibt?

Indes, die *Mokhazni* gehorchen. Leise vor sich hinfluchend machen sie sich auf den Weg, die im Umfeld des *Douar* weidenden Pferde, Maultiere und Ziegen zusammenzutreiben: die Schafe sind im Augenblick nördlich von Aïn-Sefra, in Sicherheit.

... Es ist acht Uhr. Der Mond ist noch nicht aufgegangen. Auf die Ellbogen gestützt liegen wir auf den Teppichen im Zelt. Es herrscht undurchdringliche Dunkelheit: Abdelkader hat uns kaum die Zeit gelassen, etwas Gerstencouscous und ein paar Gläser Tee hinunterzuschlingen, und schon mußten alle Lichter erloschen sein. Außerdem hat der Chef Wachen aufgestellt, die an den vier Ecken des *Douar* Posten bezogen haben. Die *Mokhazni* haben das Zelt zur

Wüstenseite hin hochgeschlagen und sich mit griffbereiten, geladenen Gewehren auf die Lauer gelegt.

Mit ihren Luchsaugen durchdringen sie die Nacht. Mittlerweile sieht das Ganze schon sehr viel ernster aus.

Es beginnt eine lange Wacht. Man spricht mit gedämpfter Stimme; wer rauchen will, muß sich verstecken. Es herrscht absolute Stille; nur aus dem Frauenzelt dringt der erstickte, monotone Gesang einer Frau, die ihr Baby in den Schlaf wiegt.

Plötzlich beginnen die Hunde zu knurren. Die *Mokhazni* zucken zusammen, das Schwatzen und Scherzen verstummt. Die Unruhe der Hunde steigert sich. Bald entsteht ein Tumult. Sie springen mit wütendem Gebell auf die Zeltdächer und laufen wie wild darauf herum, so daß Staub und Schmutz auf uns herunterrieseln.

«Hörst du», sagt Taïeb, «die Hunde bellen in alle Richtungen: sie sind es wirklich, sie umzingeln uns. Oh! Si Mahmoud, hätten wir wenigstens Gewehre, du und ich!»

Mein Gefühl in dieser Situation ist keine Angst; aber die ganze Inszenierung, der Höllenlärm der Hunde, dazu die Leute, die es auf uns abgesehen haben, die da sind, in der Nacht, ganz in der Nähe, ohne daß man sie sieht, das alles erzeugt in mir den seltsamen Eindruck eines etwas wirren Traums. Dennoch verspüre ich den kindischen Wunsch, der Angriff möge losgehen, es möge endlich etwas passieren.

Zwei Stunden lang bleibt alles wie es ist.

Taïeb wird schläfrig und murmelt: «Sollen sie doch endlich kommen oder zum Teufel gehen.»

Einer der *Mokhazni* neckt ihn: «Geh doch hin und sag ihnen, daß sie fortgehen, du würdest uns wirklich einen großen Gefallen tun!»

Schließlich scherzen und lachen wir alle über dieses eher langweilige Abenteuer, über diese Leute, die weder angreifen noch fortgehen wollen.

«Sie sind wohl nicht sehr zahlreich, und da im *Douar* kein Licht und draußen keine Tiere zu sehen sind, wissen sie, daß wir gewarnt sind», sagt Abdelkader mit unverändert ernster Miene.

Ohne die Furcht vor ihrem Oberhaupt hätte nicht mehr viel gefehlt, und die *Mokhazni* hätten der unsichtbaren *Djich* ihren Spott und ihre Flüche ins Gesicht geschrien.

. . . Doch nach und nach kehrt Ruhe ein, die Hunde verstummen und wir fallen in den Schlaf.

Mitten in der Nacht, ein neuer Alarm; die Hunde kommen mit wildem Geheul von den Dünen herunter. Die *Mokhazni* beginnen hemmungslos zu fluchen: Hier kann man nicht mehr ruhig schlafen!

Wir wachen, wir warten. Nichts. Es wird wieder still im *Douar*, die Luft ist abgekühlt, wie immer vor dem Morgengrauen. Dieses Mal schlafen wir einen schweren, tiefen Schlaf.

*

Die Morgenröte ist hereingebrochen, die strahlendste Stunde der Wüste. Ich erwache vom ernsten Gemurmel der *Mokhazni*, die draußen beten, eingetaucht in den schimmernden Schein des aufgehenden Tages.

Wir verlassen das Zelt und besteigen die Pferde, um nach Hadjerath zurückzukehren.

Rings um das *Douar*, höchstens zweihundert Meter entfernt, finden die *Mokhazni* die Spuren der *Djich*: etwa zwei Dutzend Männer hatten sich zu Fuß angeschlichen.

Wir machen uns auf den Weg, zurück zu den zerklüfteten Felsen von Hadjerath-M'Guil.

Ein totes Dorf

Wieder nimmt der kleine Zug seine langsame Fahrt durch die Einöden auf. Mit langen Aufenthalten geht es von Bahnhof zu Bahnhof.

Djenien-Bou-Rezg: die flammende Ebene mit einem großen rötlichen Fort und einigen vereinzelten Häusern.

Dann fahren wir durch Duveyrier, die Zoubia der Araber in einem Talkessel mit bräunlichen Hügeln und schwarzen Felsen.

Noch kürzlich machte die saharische Eisenbahn hier Station, und das neue, ganz und gar europäische Dorf glaubte sich in voller Lebenskraft. Unter dem Gesang der Verbannten der Legion vervielfachten sich die niedrigen, mit gräulicher Erde überzogenen

Häuser; Kantinen und Schenken wurden eröffnet, man baute Hütten aus Brettern und dem Material alter Petroleumkannen; eine «Anstandsdame» hatte es sogar gewagt, einige leichte Mädchen herzubringen, die sie in den Spelunken von Saïda und Sidi-Bel-Abbès aufgetrieben hatte.

Reihenweise knieten Kamele in den Sandstraßen, ehe sie aufbrachen, um die verlorenen Posten des Südens mit Nachschub zu versorgen.

Duveyrier war die Quelle des ganzen reichen Stromes, welcher der Sahara zufloß. Einige Monate lang herrschte sichtbare Prosperität. Die Leute wurden immer reicher, aus allen Himmelsrichtungen kamen Emigranten, angelockt durch die florierenden, oft auch undurchsichtigen Geschäfte.

Bei manchen Transaktionen murmelte man mit leiser Stimme einen Namen, der das Süd-Oranais schon seit fünfundzwanzig Jahren mit seinem Widerhall erfüllte, den alten, fast legendären Namen, der hier, wo er Wirklichkeit ist, besonders eigentümlich und verwirrend klingt: Bou-Amama.

Doch eines Tages fuhr der eigensinnige kleine Zug – auf den beiden Gleisen, die sich einsam und glänzend durch die Wüste ziehen – an Duveyrier vorbei, um erst später anzuhalten, im bezaubernden Figuig. Von einem Tag zum anderen war eine andere Stadt aufgetaucht, hastig dem Boden entsprungen, wie die Gräser der Sahara bei den ersten Regenfällen der Winterszeit. Und alles Leben wich aus Duveyrier, wurde aufgesogen von einer Neugeburt: Beni-Ounif-de-Figuig.

. . . Heute, im rosa schimmernden Morgenlicht, vermittelt Duveyrier einen einzigartigen Eindruck verfrühter Verlassenheit. Häuser mit ganz neuen Wänden, aber noch ohne Dach, mit den gähnenden schwarzen Löchern der Türen und Fenster: bei ihrem überstürzten Exodus haben die Händler mitgenommen, was sie konnten, Balken, Bretter, Fensterkreuze und Dachziegel. Die verrammelten oder Wind und Wetter geöffneten Schenken zerfallen schon zu Ruinen und versanden. Es wirkt, als wäre ein Unglück, ein Brand oder eine Überschwemmung über dieses erst gestern geborene Dorf hereingebrochen und hätte es der ewigen Stille der Wüste zurückgegeben.

Sie ist von ergreifender Traurigkeit, diese Ecke des verlassenen Landes mit ihren Trümmern.

Nur die kleine Garnison gibt Duveyrier noch einen Anschein von Leben und läßt hier und dort den leuchtenden, klatschmohnroten Burnus eines Spahi oder das bläuliche Gewand eines Tirailleurs auftauchen.

Alle versammeln sich am Bahnhof, um den Zug und mit ihm das Leben vorbeifahren zu sehen ... Eine melancholische Zerstreuung.

... Doch in Duveyrier erleben wir eine weitere Überraschung, wie ein Reflex auf die Wirren der vergangenen Monate: eine Schwadron bewaffneter Tirailleurs besteigt den Zug für den Fall eines Angriffs.

Trotzdem habe ich genau wie in Aïn-Sefra, genau wie im Oued Dermel auch hier, in der großen Ruhe und der Freundlichkeit der sonnigen Ebene, nicht im geringsten das Gefühl einer realen Gefahr.

Ankunft in Beni-Ounif

Die Zousfana, darüber eine grau gestrichene Eisenbrücke, die sich in der Kulisse aus Spartgras, Rosenstöcken und Oleander ausgesprochen häßlich ausnimmt, als gehörte sie nicht hierher.

Das Wadi schwemmt trübes, rötliches Wasser über die weißlichen Kieselsteine; in der Mitte der Strömung sieht man das reine, schmale Band irgendeiner benachbarten Quelle.

Die Zousfana, die bei Igli mit dem aus dem Westen kommenden Guir zusammenfließt und dort das Wadi Saoura bildet, trocknet nie aus. Ihre Ufer umgeben das kleine, von Tirailleurs bewachte *Bordj* und die als Bahnhof dienenden Gemäuer auch im Hochsommer mit üppigem Grün.

Die Luft hier ist feucht und heiß, die Sicht in die Ferne verschleiert von weißem Dunst.

Jetzt sieht man zur Linken die große Ebene von Djenane-Ed-Dar: einen roten, klaren Horizont und in der Ferne die Silhouette des Djebel Sidi-Moumène, die sich wie eine viereckige, geometrische Terrasse im Süden erhebt. Wir erreichen das staubige Tal von Beni-Ounif, bestehend aus unfruchtbaren Hügeln, die sich vor einem weißglühenden Horizont nach Westen hin zerstreuen.

Wie anders es ist, dieses Land aus Staub und Stein, nicht zu vergleichen mit den geliebten Gegenden des Südostens, dem unbefleckten großen Erg, den reinen, in allen Regenbogenfarben schimmernden Dünen des Souf, den riesigen Chotts und den geheimnisvollen Palmenhainen des salzigen Wadi Rhir!

... Rechts liegt Figuig in seinem Talkessel aus hohen, harmonisch verlaufenden Bergen ... Bisher sehen wir nur die Palmenhaine: vor dem neutralen, unbestimmt getönten, aber feurigen Hintergrund heben sich die Dattelpalmen wie schwarze Flecken ab.

Endlich laufen wir in den kleinen Bahnhof von Beni-Ounif ein; vor uns das ergreifend melancholische Bild der Gleise, die am Rand der unendlichen Weite plötzlich enden.

Rechts das niedrige, leuchtend weiße, zerfallene Fort. Und dahinter, neben dem gewaltigen grünen Strom und dem Zenaga-Gebirge, das den wuchernden Palmenhain mit seinen tief violetten, klaren und deutlichen Linien umrahmt, zieht sich das alte Ksar von Beni-Ounif einen sanften Hang hinauf; ein zauberhaftes, blaßgoldenes, bräunlich schimmerndes Ruinenfeld neben dem dunklen Samt des Palmenhains.

Die kleine Fathma

Nur die Kinder beleben und erfrischen die Friedhofsruhe, die wehmütige Traurigkeit des Ksar.

Die ganz kleinen, zumeist schwarzen Kinder sind besonders lustig; unter den zu kurz geratenen Hemdchen schaut ihr nackter Körper hervor, und vom Mittelpunkt der kahlrasierten Köpfe hängt ein langer, mit Wolle und Leinen, weißen Muscheln oder Amuletten verflochtener Zopf herunter.

Schon in der frühesten Kindheit haben sie gelernt, die vorüberkommenden Offiziere um Geld anzubetteln. Sie tanzen um sie herum; sie stampfen mit den Füßen und rücken den Männern mit der Anmut und der Schmeichelei kleiner Katzen zu Leibe. Dann schlagen sie sich wie wild um die Kupfermünzen, die ihnen zugeworfen werden; sie wälzen sich im Staub und beißen in den Sand.

Die Anführerin ist die kleine Fathma.

Sie mag elf Jahre alt sein. Ihr noch unreifer, geschmeidiger

Körper verschwindet unter den Lumpen aus grüner Wolle, die über ihrer zarten Brust durch eine mit leuchtend roten, seltsam geformten Korallen verzierte Spange aus getriebenem Silber zusammengehalten werden.

Die kleine Fathma ist ein Mischlingskind. Ihr rundes Gesicht mit dem warmen Ton ihrer kupferroten, samtweichen Wangen, den schmeichelnden Augen und den schon sinnlichen Lippen ist frech und sanft zugleich. In wenigen Jahren wird Fathma sehr schön und sehr schamlos sein. Als Anführerin der wild durch die Gegend jagenden Kinderschar rennt sie mit dem klaren Lachen einer ausgelassenen Nymphe durch die Ruinen.

Unerwartet taucht sie in den gewagtesten Positionen auf, auf dem Rand einer zusammengebrochenen Terrasse oder oben auf einer schwankenden Mauer. Sie bettelt, sie ziert sich, sie lächelt.

Eines Tages beobachte ich, wie sie, statt sich zu bedanken, die Hand eines Roumi, eines christlichen Offiziers, zwischen ihre feuchten Händchen nahm und ihm mit verwirrender Ernsthaftigkeit sagte: «Ich liebe dich sehr, *ya Sidi*!» Der Mann lächelte und schrieb die Liebkosung dem Wunsch zu, mehr Geld zu bekommen. Doch da zog die kleine Fathma ein schmollendes Gesicht und sagte mit mürrischem Kopfschütteln: «Nein, nein, das ist es nicht. Ich liebe dich so, um Gottes willen!» – Was auf arabisch bedeutete, daß ihre plötzliche Zärtlichkeit keinen materiellen Zweck verfolgte!

Ein seltsames kleines Geschöpf, wie die bezaubernde, aber trügerische und flüchtige Seele der rötlichen Ruinen.

Die Marabouts

Es wird Abend im Ksar von Beni-Ounif.

Ein kahles Zimmer aus uraltem, grauem Toub, eine Art Höhle mit unregelmäßigen Innenwänden und einer niedrigen Balkendecke aus krummen, verrußten Palmenstämmen.

Man hat den Eindruck, in die altersgraue Nacktheit einer Zelle einzutreten, nichts kennzeichnet den Lauf der Zeit an diesem Ort muselmanischer Regungslosigkeit und Sorglosigkeit, bei diesen

Leuten, die dem Verfall der Dinge gleichgültig zusehen, die ihre Ruinen nie wieder aufbauen.

Eine winzige, auf den holprigen Boden geklebte gelbe Wachskerze erleuchtet das Zimmer mit einem schwachen Schein. Der Abendwind pfeift durch die Mauerritzen, und die rote Flamme flackert, läßt große schwarze Schatten über die düsteren Wände wandern. Ganz hinten sieht man finstere Löcher, in denen sich ungestalte Dinge häufen.

In der Mauer, fast zu ebener Erde, öffnet sich ein kleines, viereckiges Fenster dem Schlaf der Palmenhaine, dem absterbenden Rot des Himmels, der unendlichen Stille der Ebene.

Wir liegen aufgestützt auf einer abgenutzten Matte und einem zerfetzten alten Teppich im Kreis.

In der Mitte stehen zart getönte, mit naiven Goldblumen bemalte kleine Gläser auf einem Zinntablett, daneben eine Teekanne aus Metall und Zuckerbrot; das ganze alte Zubehör der marokkanischen Gastfreundschaft für den sanften, schweren, berauschenden und scharf gewürzten Pfefferminztee: das Getränk der von Träumen durchsetzten, versonnenen Plaudereien mit leiser Stimme.

An einen der groben Erdpfeiler gelehnt, bereitet Ben-Aïssa, der Marabout und Geschichtenerzähler, ein bleicher Mann von freundlicher Häßlichkeit in seinen erdigen Schleiern, mit ernster Miene den Tee; er hat die Ellbogen auf die Knie gestützt, nur die nackten Arme bewegen sich, während seine Haltung im übrigen eine matte Lässigkeit ausstrahlt. Mein Kopf ruht auf meinen zusammengefalteten Burnussen. Ich betrachte den Gastgeber, sicherlich der Beste unter all den finsteren Anhängern Bou-Amamas, der einfachste und am wenigsten hinterhältige, eine Art freundlicher und lachender *Derouïch* ... Neben ihm liegt, behaglich ausgestreckt, in einer Pose schmiegsamer Anmut, mein zufälliger Weggefährte, der Ex-Spahi Taïeb-Rzaïni, eingehüllt in einen dünnen neuen Wollburnus, der lange weiche Falten wirft. Ein ungewisses Lächeln läßt die schneeweißen Zähne aufleuchten und wirft ein Licht auf die dunkle, bronzefarbene Haut des scharfgeschnittenen, regelmäßigen Beduinengesichts und den Schatten der großen harten Augen.

Der flackernde Schein der Kerze zeichnet das schmale Raubvogelprofil des großen *Mokhazni* Abd-el-Hakem mit seltsamen Ziererein, während sein kantiger, kräftiger Körper unter dem schweren Tuch seines blauen Burnus verschwindet: ein schweigsamer Mann, sehr ungeschliffen und entwurzelt, im »Dienst« des französischen *Makhzen*.

Hinter ihnen hocken einige regungslose Gestalten aus Figuig; ihre wachsartigen Gesichter sind eingehüllt in weiße Wolltücher. Im Hintergrund eine ebenholzartige Maske: der *Khartani* Tabar, Ben-Aïssas Halbbruder.

Alle schweigen, lauschen aufmerksam den Worten des Gastgebers, der mit einer ungewöhnlichen Stimme, die manchmal auch einen klagenden oder kindlich zärtlichen, singenden Tonfall annimmt, schnell und abgehackt spricht. Er erzählt uns Geschichten von einst, die Legenden mit all den Heiligen des Islam und ihren Wundern, die Heldentaten der Vorfahren, das ganze rauhe und von Gewalt geprägte Leben der Nomaden; er erzählt von den Geheimnissen, den Intrigen, den Listen und dem vergossenen Blut, all den Dingen, die das Leben des Ksour verfinstern.

«Si Mahmoud, hast du den Stein gesehen, der dort draußen an der Hauswand lehnt? Dieser Stein hat eine Geschichte. Einst, zu Lebzeiten unseres heiligen Meisters Sidi Abdelkader-Mohammed, des Schutzherrn von Figuig – Gott möge uns seiner Tugenden teilhaftig werden lassen! –, brachen ständig die schlimmsten Streitigkeiten zwischen den verschiedenen Ksours von Figuig aus: es ging um das Wasser der Bewässerungsanlagen. Jedes Ksar, jede der beiden Gruppen wollte die Rinnsale ganz allein für sich auffangen und so die Gärten des Nachbarn der Trockenheit und dem Tod aussetzen.

Geduldig ermahnte Sidi Abdelkader-Mohammed die Ksour-Bewohner, gerecht zu handeln, das Wasser, das der Spender aller Güter ihnen reichlich gegeben hatte, brüderlich zu teilen. Er sprach lange zu ihnen, und sein Wort roch nach Ambra, und es war so mild wie wilder Honig. Aber die Gottlosen sind taub, und das Auge der Starrsinnigen öffnet sich nicht einmal der blendenden Sonne. Auch weiterhin floß Blut, und die brudermordenden Hände griffen öfter zum Schwert denn zur Hacke. Eines Tages, nach einem großen Gemetzel zwischen den Hammamine, wurde der heilige Gottesmann der Sache müde. Er erreichte die Grenzen seines Zorns und verfluchte die Gottlosen mit folgenden Worten: ‹Seid verflucht, Ksours von Figuig, die ihr Gottlosigkeit bewahrt, die ihr Zwist und Grausamkeit beherbergt! Seid verflucht, ihr und euer Boden, bis hin zu den Steinen eurer Berge.› Da hoben sich die Steine der drei Marabout-Gräber vom Boden und flogen davon durch den Fluch des Heiligen. Einer flüchtete sich in die Koubba von Sidi Slimane, wo er heute noch zu sehen ist. Der zweite blieb liegen auf dem Weg der Gläubigen, um ihnen ein Beispiel zu geben und sie zur Sanftmut zu ermahnen. In seiner Nähe errichteten unsere Vorfahren – Gott schenke ihnen seine Barmherzigkeit! – dieses nun schon sehr alte Haus. Der dritte Stein . . .»

«Si Ben-Aïssa, wie alt ist dein Heim?»

Ben-Aïssa machte eine undeutliche Geste: «Das weiß nur Gott allein, denn nur er zählt die immer gleichen Jahre, die über den vergänglichen Geschöpfen und den Dingen ins Land gehen.»

Seit einer Weile ist Taïeb vollauf damit beschäftigt, in einer Couscous-Schale aus Ouezzan-Holz Kif vorzubereiten; er schneidet die Zweige und Blätter des indischen Hanfs mit seinem langen marokkanischen Messer in kleine Teile; dann reibt er die Stücke zwischen seinen Händen, bis sie zu Staub zerfallen und vermischt sie mit pulverisiertem maurischem Tabak.

Eine winzig kleine Eisenpfeife mit einem langen Rohr aus Schilf wandert von einem zum anderen. Nach und nach verstummt alles. Drückendes Schweigen, das nichts von den erotischen Träumen widerspiegelt, die man den Kifrauchern in Europa zuspricht, lastet auf dem alten, baufälligen Haus, auf dem mit Schatten und blauem Rauch erfüllten Raum. Es ist schon spät. Die kleine Kerze zerfließt und erlischt. In sanfter Ruhe schlafen wir ein, in einem verschwommenen Traum, der in den Vorhimmeln schwebt.

O Sinneslust der zufälligen Unterkünfte, wo man seinen Halluzinationen unbesorgt, allein und niemandem bekannt, freien Lauf lassen kann! O Schatten, du Freund der provisorischen Häfen, der langen Aufenthalte auf dem sonnigen Weg des freien Vagabunden! O grenzenlose Sanftmut der feinsinnigen Träume in den Abgründen der Stille, im Land des Islam!

Mériéma

Der Himmel senkt sich tief, undurchsichtig und weißglühend über das Land; die trübe Sonne ist strahlenlos und dennoch brennend heiß. Über den alles bedeckenden Staub, über die weißen oder grauen Häuserfassaden zieht sich ein trüber, blendender Widerschein, der aus einer inneren Glut aufzusteigen scheint. Auf den kantigen Gipfeln der fruchtlosen Hügel glimmen düstere Flammen, und hinter den Bergen von Figuig sammeln sich rotbraune Rauchwolken.

Nichts glänzt, nichts lebt in diesem Flammenmeer. Nur manchmal kommt ein trockener Hauch von irgendeinem fernen Feuerofen, um kleine Staubwirbel aufzuschrecken, die rasch nach Osten fliehen und sich im Tal verlieren.

Am Bahnhof, zwischen den schwarzen Waggons und den aufgerissenen Pfahlzäunen, warten Leute auf den Zug: von der Hitze zerschlagene Europäer, Araber mit müden Gesten. Pferde und Maultiere strecken ergeben den Hals zum Boden, mit hängendem Kopf und blutenden Nüstern.

Und über all dem herrscht unsägliches, spürbar drückendes Schweigen. Dieses Schweigen ist weder Ruhe noch Genuß: es ist die krankhafte Mattigkeit, die sich bis zur Angst steigern kann.

Dies war einer meiner ersten Eindrücke von Beni-Ounif.

... Kein Führer, keine erstaunliche Vision, die sich zwischen meine Sinne und die Dinge geschoben hätte, keine müßige Erklärung, während ich ganz allein in dieser für mich neuen Ecke des Landes umherirrte.

Am Dorfausgang, in der Nähe des Bahnhofs, erhob sich ein hohes Stück Mauer in glänzendem Grau, wie schmelzendes Metall. Dahinter, jenseits der blauen Gleise, die in einem roten Graben endeten, war nichts mehr, nur noch die mit schwarzen Steinen übersäte Ebene, dann wieder Staub, eine glühende, unendliche Nacktheit. Ganz unten am Fuß der Mauer zog sich ein schmales Schattenband entlang, bräunlich, durchsichtig, ohne die geringste Frische zu spenden.

Dort sah ich Mériéma; sie hockte vor einem kleinen Haufen von altem Eisen und Scherben aller Art.

Ein nackter, verwachsener und verfallener Körper mit leeren, hängenden Brüsten; schwarze, erschlaffte Haut, beschmutzt von Unrat und Erde. Ein krauser, halb kahl rasierter Knabenkopf; ein ausgezehrtes, faltiges Gesicht, ein breiter Mund mit aufgeworfenen Lippen und gelben Zähnen, weit hervorstehende Augen, die armen Augen eines kranken Tieres: eine traurig affenartige Maske, gezeichnet von Leid, Furcht und Verirrung.

Sie wackelte seltsam mit dem Kopf, während sie mit ihren langen, knochigen Fingern in einem Haufen alter Lumpen und Kehricht wühlte.

In einem unverständlichen Dialekt mit berberischen Anklängen sprach sie ohne Unterlaß vor sich hin, als säße sie hinter den Kulissen; später erfuhr ich, daß sie Kouri sprach, eine undeutliche saharische oder sudanesische Negersprache.

Ich versuchte sie auf arabisch anzureden. Doch ihr Gemurmel ging weiter, es schwoll an zu einer Art verwirrten Klage.

Ich hielt ihr die Hand hin. Darauf streckte sie mir einzeln die Finger entgegen, ohne ihren Wortschwall zu unterbrechen. Ihr Gesicht verzerrte sich zu gequälten Grimassen.

Ein Einheimischer aus Figuig sagte zu mir: «Weißt du, diese Frau ist nicht von hier. Sie war Sklavin bei den Muselmanen in Méchéria; sie war verheiratet und hatte einen Sohn namens Mahmoud. So ist das Schicksal: diese Mériéma war fromm, ruhig und vernünftig. Unter den Frauen genoß sie einen tugendhaften Ruf. Doch eines Tages nahm Gott ihr ihren Sohn. Da wurde sie verrückt und floh, nackt und allein. Sie hörte auf, Arabisch zu sprechen und kehrte zur Sprache ihrer Ahnen zurück, die aus der Ferne kamen, weit jenseits Touat. So irrte sie durch Straßen und Dörfer und lebte von der Barmherzigkeit der Gläubigen. Mehrmals brachte man sie ins Ksar von Oudarhir bei Figuig, wo gottesfürchtige Muselmanen sich um sie kümmerten. Aber sie kam immer wieder nach Beni-Ounif zurück. Sie haust unter einem Bretterhaufen, obwohl die Kinder sie dort verfolgen und sich über sie lustig machen. Sonntag abends, wenn die Legionäre und Tirailleurs betrunken sind, vergessen sie, daß sie eine arme Unschuldige ist, und vergewaltigen sie trotz ihrer Klagen und ihrer Schreie... der Betrunkene Mann ist wie ein wildes Tier... Gott bewahre uns vor dem elenden Schicksal, das diesem Geschöpf zuteil wurde!»

... Ein lichtvoller Morgen. Nach den drückenden Tagen, an denen er braune Asche durch die Ebene wirbeln ließ, hat der Schirokko sich gelegt.

Im Morgengrauen hat ein leichter Nordwind den Staub von den Dattelpalmen geschüttelt, die sich im Tal, rings um das ockerne Ksar, erheben.

In grüner Durchsichtigkeit bricht der Tag an. Die Tirailleurs ziehen vorbei, auf dem Weg zum Bett des Wadi, in dessen blutroten Toub-Adern einige Palmen und Oleandersträuche wachsen.

In weiße Tuchgewänder gehüllt beginnen die Musiker mit ihren in der aufgehenden Sonne blitzenden Blechinstrumenten und dem strenger wirkenden Zubehör der arabischen *Nouba* ihre Übungsstunde; bis neun Uhr werden die schrillen Töne der Trompete, die klagenden und näselnden Weisen der *Rhaïta* und das dumpfe Hämmern der Tamburins das Echo des toten Tals beleben. Die Musiker durchqueren das Dorf, und die Herrlichkeit der Morgenstunden gibt ihr Lächeln weiter an die braungebrannten Gesichter mit den weißen Zähnen, sie streicht mit ihrer Zärtlichkeit über die bloße Haut der muskulösen Nacken.

Mit einer abgehackten, mechanischen Bewegung heben alle Arme gleichzeitig die Blechinstrumente, und eine lustige, sorglose Musik setzt ein.

Plötzlich kommt Mériéma wie ein schwarzer Kasper aus dem dunklen Loch hervor. Man hat sie mit einer zerlumpten *Gandoura* und einem alten, mit blauen Bändern geschmückten Strohhut herausgeputzt.

Tanzend und hüpfend führt sie die lachende Truppe der Tirailleurs mit kleinen aufgeregten Schreien an. Nach und nach werden ihre Bewegungen schneller, und schließlich zerreißt sie die *Gandoura* unter frenetischem Hüftschwingen; nackt, mit ihrem durch ein Band festgehaltenen Hut auf dem Kopf, tanzt sie weiter.

Bis zu den Toub-Bahnen begleitet Mériéma die Musik der Tirailleurs, die in der fröhlichen, wolkenlosen Morgenstunde ihres Weges ziehen.

Ein ruhiger Tag erhebt sich über der schweigenden Wüste, über dem Dorf. Ein leichter weißer Dunst vernebelt den Himmel, belebt vom schnellen Flug der Zugvögel. Im Bett des Wadi sitzt Mériéma zwischen den schwarzen Steinplatten, unter den spitzen Palmwedeln der Datteln. Mit dem bunten Flitter, den sie sich auf den Straßen zusammengesucht hat, schmückt sie die Sträucher wie zur Vorbereitung irgendeiner seltsamen fetischistischen Kultzeremonie. Ihre langen, mageren und knotigen Arme über den Kopf erhoben, schlägt sie rhythmisch auf eine alte Dose, die ihr das Tamburin ersetzt. Mit ihrer hohen Fistelstimme singt sie die monotone Weise eines unverständlichen Redegesangs. In grauen Spiralen steigt beißender Rauch von einem Häufchen aus brennendem Kamelmist auf, den die Irre vor den Bäumen angezündet hat.

Doch der Boden verbreitet den schalen Geruch eines Leichenhauses; überall liegen Knochen herum, eine große schimmernde Blutlache geht in Verwesung über ... An dieser Stelle werden gewöhnlich die Tiere geschlachtet.

Doch Mériéma hat keine Augen für das traurige Blutbad, für die unreinen Schweine, die sich mit ihrer gierigen Schnauze an den Fleischresten zu schaffen machen und die Blutrinnsale auflecken. Sie riecht nichts von dem schrecklichen Totengeruch. Sie betet, sie psalmodiert, sie weint, für immer von der menschlichen Gemeinschaft abgeschnitten, der trostlosen Einsamkeit ihrer verfinsterten Seele überlassen.

*

... Am Abend meiner Abreise traf ich Mériéma zum letztenmal. Es war sehr spät, der abnehmende Mond stieg fahl, fast heimlich über der blauen Ebene auf. Und Mériéma tanzte, nackt und schwarz, allein auf einer niedrigen Düne.

Eidechsen

An den von der Zeit vergoldeten und zu seltsamen Zacken abgebröckelten Mauern hat der Wind nach und nach einen kleinen Sandwall zusammengetragen.

Unten, wo die Erde etwas Feuchtigkeit bewahrt, haben die Ksour-Bewohner Dattelpalmen mit gewaltigen Kronen angepflanzt, Bäume, die geradezu aus dem Boden hervorbrechen und sich wie mächtige Bögen krümmen.

Es ist Herbstanfang, unter den Palmen wachsen kleine Gräser. Im Schatten der alten Mauern findet man kühle, etwas salzhaltige Luft. In der noch heißen Sonne spürt man einen angenehm zarten Windhauch auf der Haut.

Die Bauern haben diese Ecke des Palmenhains von Ounif aufgegeben. Kein Geräusch ist zu hören; hier kann man eine wohltuende Stille genießen, wie ein allmähliches Eindringen in die ersehnte Nichtexistenz.

Ich liege im Sand, vielleicht seit Stunden, vielleicht auch erst seit einigen Minuten, ich weiß es nicht. Die geringste Bewegung würde die Harmonie meiner zarten, flüchtigen Empfindungen zerstören.

Loupiot, mein schwarzer Hund, ein seltsamer Affenpinscher, der in einer Kaserne geboren und getauft wurde, teilt meine Regungslosigkeit. Er sitzt da, in weiblich-stolzer Haltung, und beobachtet irgendwelche verschwommenen, bewegten Formen in der Ferne.

Die Sonne hat sich gedreht und läßt ihre schrägen Strahlen auf die Mauer fallen; an manchen Stellen hat das Regenwasser kleine schwärzliche Spuren gegraben.

Mehrere Eidechsen versammeln sich auf dem rissigen Toub, um sich an der Sonne zu laben. Sie sind unmittelbar vor mir und fesseln für lange Zeit meine Aufmerksamkeit. Manche sind winzig klein, wie aschgraue Nadeln; mit behenden, geschmeidigen Bewegungen spielen sie Verfolgung und malen rasch wieder verschwindende helle Schattenkreise auf die Oberfläche der Mauer.

Andere, etwas dickere und bläuliche Tiere legen sich flach auf den Stein, blasen ihren runzligen Bauch auf und schnaufen. Die prächtigsten unter ihnen schillern in den seltensten Tönen, wie langgestreckte, giftige Blumen. Meist sind sie besonders dick, und ihre smaragdgrüne Haut ist über und über mit kleinen goldenen Pusteln bedeckt, die aussehen wie Libellenaugen. Die purpurnen Linien auf ihrem flachen Kopf fügen sich zu einem komplizierten Bild zusammen.

Wie besinnungslos geben sie sich der Wollust der Wärme hin, ausgestreckt und faul lassen sie den schlaffen Schwanz herunterhängen. So bleiben sie liegen, unbeweglich, schläfrig und glücklich, ohne jedoch herunterzufallen. Manchmal öffnet sich ihr Mund wie zu einem sinnlichen Gähnen. Sie scheinen voller Verachtung für die kindische Unruhe der kleinen grauen Eidechsen, die nicht von ihrem kreisförmigen Lauf ablassen, als hätte ein Schwindel sie in seinen Bann gezogen. Plötzlich wird der Hund ihrer gewahr.

Er steht auf und nähert sich langsam, vorsichtig, lautlos. Er streckt seine zottige Schnauze mit gespanntem Blick und aufgerichteten Ohren.

Dann setzt er sich vor die Mauer; mit einem Ausdruck von Verwunderung verfolgt er das Spiel der Eidechsen. Doch bald steht die untergehende Sonne so niedrig, daß der verzerrte Schatten des Hundes auf die friedliche Eidechsenfamilie fällt. Verstört schrecken die kleinen Tiere auf; im Nu ergreifen sie die Flucht und verschwinden in den Ritzen der alten Mauer, in den dunklen Löchern, in denen sie wohnen.

Die Mauer steht nackt und vergoldet in der etwas matteren Abendsonne ...

Djenane-Ed-Dar

In dem versteinerten Dekor von Beni-Ounif gibt es drückende Abende, Abende, die Grabesstimmung verbreiten, an denen der Schirokko graue Asche über die Dinge streut, an denen der schwarze Alptraum die Seelen heimsucht und sie in dumpfer Angst auf ihre Einsamkeit verweist.

Es gibt keine Ruhe, keine lustvolle Aufhebung des Seins in dieser Landschaft ohne jede Sanftmut, mit den hart aufeinanderprallenden Linien und den stumpfen Farben.

An solchen Abenden, wenn ich die mir bekannten und geliebten Aspekte der wahren, wiegenden Wüste suche, flüchte ich in das nahegelegene Djenane-Ed-Dar, wo sich eine kleine Handvoll Menschenstaub gesammelt hat, ein schüchterner Versuch verlorenen Lebens in der Leere und Sterilität der riesigen, freien und ruhigen Ebene.

Südlich von Ounif erstreckt sich die niedrige Kette des Gara-Gebirges mit seinem abschließenden, rundlichen Gebirgsvorsprung, auf dessen rosiger Oberfläche große weiße Wunden klaffen, die in Wirklichkeit Steinbrüche sind.

Und dort, hinter der letzten Ecke, wird plötzlich alles anders.

Man kommt in einen grenzenlosen Raum mit sanften, unscharfen Linien, die das Auge nicht fesseln, die entfliehen in die unbekannten Gefilde des Lichts.

Eine harmonische Monotonie der Dinge, flammender roter Boden, ein wechselhafter Feuerhorizont.

Die einzige Vegetation sieht selbst aus wie ein Mineral: es sind die zahllosen kleinen Hügel der silbrigen *Degaâ*, der die Soldaten den Spitznamen «Blumenkohl» gegeben haben; dieses eigentümliche Gewächs der Steinwüste wirkt wie ein dichter, rundlicher Haufen aus harten, spitzen Sternen, der nur durch einen einzigen schwachen und holzigen Stengel im Boden verwurzelt ist.

Sonst gibt es nichts, gerade noch ein paar Büschel Spartgras. Verschwommen wie eine Ansammlung bläulicher Wolken sieht man im Osten eine Bergkette und die Dünen der Zousfana, gesprenkelt mit den schwarzen Flecken der vereinzelten Dattelpalmen. Im Süden ist gar nichts mehr, nur der wunderschöne, leere und flammende Horizont ... In weiter Ferne, kaum zu erkennen, die geradlinige Silhouette des Djebel Sidi-Moumène, die im trüben Glanz des Himmels verschwindet.

*

... Djenane-Ed-Dar ist eine neu erbaute, strenge graue Zitadelle, die ganz allein auf einem niedrigen, wellenförmigen Hügel steht.

Rechts befindet sich ein Lagergelände, wo nacheinander kurzlebige Städte in Form zahlloser weißer Zelte aus dem Boden sprießen, Städte, die eine fast kontinuierliche Erneuerung erleben.

Tirailleurs und Legionäre lagern hier und warten, bis sie zu den Posten im Südwesten versetzt werden. Provisorisches Leben deutet sich an; kleine Gewohnheiten stellen sich ein. Und dann, am nächsten Tag, ist alles zu Ende, wie weggefegt und schnell vergessen.

Etwas weiter entfernt gelangt man in eine einigermaßen fruchtbare Niederung mit mehreren Gruppen besonders hoher und schlanker Dattelpalmen, in deren Schatten die alten Pisee-Gemäuer des Offiziersclubs Schutz finden. Eine kühle Ecke des Vergessens, wo die Stunden des Wartens über dem milchigen Weiß der Getränke langsam verfließen ...

Wieder ein kahles, mit Steinen übersätes Feld; dann kommt das niedrige, rissige, baufällige Mauerwerk des alten Fort, in dem immer noch Spahis und Legionäre hausen. Rechts der Teil, der als Arabisches Bureau diente, als Djenane-Ed-Dar noch das Zentrum der Region war: vier oder fünf kleine *Gourbis* aus Erde und Brettern in einem Hof, der zur Wüste führt. Dort werde ich mich auf einer Zeltplane oder einer Decke niederlassen, den friedlichen Schlaf sorgloser Nächte genießen.

Ein Spahi und zwei *Mokhazni* bewachen die Straße und gewährleisten die Ordnung in diesem winzigen Weiler.

Hinter dem alten Fort verläuft eine Straße mit zwei Reihen schwankender Hütten; hier findet man Kantinen, die zugleich als Läden dienen, ein maurisches Café und eine Schlachterei: die Straße beginnt im Sand und endet alsbald in der Leere. Das ist alles. Recht wenig neben dem bereits aufgeblühten Beni-Ounif mit all seinen fieberhaften Aktivitäten.

Dennoch hat Djenane-Ed-Dar mehr Charakter und mehr Originalität. Es ist ein unverkennbares Militärdorf, entstanden aus den Notwendigkeiten des Krieges; ein Dorf, das mit dem Krieg auch wieder verschwinden wird.

Außerdem beginnt man in Djenane-Ed-Dar jenes Gefühl der Entfernung, der Isolierung in der Regungslosigkeit der Umgebung zu spüren, ein Gefühl, das man angesichts der Eisenbahn in Beni-Ounif, diesem Embryo eines zweiten Biskra, nicht mehr haben kann.

Einige spanische oder jüdische Händler leben von dem wenigen Geld der arabischen oder ausländischen Soldaten. In ihren Gemäuern aus uralten Materialien, die schon anderswo in anderen provisorischen Dörfern gedient haben, schenken die «Pioniere der Zivilisation» denjenigen, die vom *Spleen* besessen sind, vom Elixier des Vergessens ein.

Vor der Tür ihres schwarzen *Gourbi* sitzt eine abgemagerte, alterslose Spanierin mit einem kantigen Gesicht und drahtigem schwarzem Haar und wartet in müder Passivität auf die Soldaten, die sich an den Abenden der heißen, unbehaglichen Tage, den Abenden der wilden Brunst, auf ihren kläglichen Leib stürzen.

Sobald ein Mann eintritt, verriegelt die Frau die Tür so schnell und so fest sie kann. Draußen brechen heftige Streitereien aus, die manchmal, wenn die eigensinnigen Soldaten von der Legion auf die ebenso eigensinnigen Tirailleurs stoßen, zu regelrechten Schlachten ausarten. Alle schreien brutal und schamlos ihre Begierde heraus, und das arme zerfetzte Wesen, das nur noch einen Schein von Weiblichkeit besitzt, gewinnt in ihren Augen wunderbare Anmut und Verführungskraft, fast sogar Schönheit.

... Nach einem mehrstündigen, gemütlichen Spaziergang durch Djenane, nach langen Aufenthalten auf den Matten des maurischen Cafés kehre ich zu den Ruinen des Arabischen Bureaus zurück.

Dort bereiten wir, die drei Araber und ich, im Schein einer Kerze ein lustiges Mahl mit Pfeffersoße. Dann, während wir aus alten blechernen Meßbechern Kaffee trinken, lausche ich der schweigenden Nacht, die sich über die Wüste legt. Auch die *Mokhazni* schweigen; sie sind typische Kinder der Steppen von Géryville, sehr ursprünglich und sehr verträumt. Der Spahi, der lustige Tlemenci, singt lange schmachtende Klagelieder oder erzählt Legenden aus seinem Land.

Langsam schlafe ich ein, besänftigt von der Ruhe der Hütte, deren Tür nicht schließt, von dem unbewachten Hof, der Wind und Wetter offen steht und sich nicht abschirmt gegen die Dunkelheit des Dorfes.

Das Douar des Makhzen

Genau wie das Oued Dermel, genau wie Aïn-Sefra und alle anderen Stationen der Region hat auch Beni-Ounif ein *Douar* des Makhzen, ... seine gestreiften Zelte auf dem staubigen, kahlen Boden.

Dieses isoliert im Südosten des *Ksar* liegende *Douar* wirkt äußerst ruhig und schläfrig. In Wirklichkeit jedoch ist es der Ort, wo sich die Intrigen sammeln, wo ganze Romane und manchmal gar Dramen ihren Anfang nehmen.

Wie viele *Mokhazni* sind auch die Amour aus dem Kreis Aïn-Sefra, die Hamian aus Méchéria und die Trafi aus Géryville verheiratet und ziehen ständig mit der ganzen Familie, mit Frauen und Kindern durchs Land, die wegen des Militärdienstes der Männer monatelang alles stehen und liegen lassen.

Als freiwillige Reiter ohne bindende Verpflichtung brauchen die

Mokhazni keinerlei militärische Ausbildung durchzumachen. Sie sind von allen muselmanischen Soldaten, die Frankreich in Algerien rekrutiert, diejenigen, die am wenigsten Schaden nehmen, die unter ihrem blauen Burnus die traditionellen Sitten bewahren.

Im Gegensatz zu den meisten Tirailleurs und vielen Spahis bleiben sie auch dem muselmanischen Glauben treu.

Fünfmal am Tag sieht man, wie sie sich in der Wüste absondern, um zu beten, mit ernsten Mienen, gleichgültig gegenüber allem, was sie umgibt; und zu dieser Stunde, wo sie wieder sie selbst werden, sind sie mit ihren edlen Gesten von bewundernswerter Schönheit.

Doch sobald sie häufigeren Kontakt mit den örtlichen Soldaten, den Spahis oder Tirailleurs pflegen, übernehmen die meisten *Mokhazni* etwas von dem leichtfertigen, nörglerischen Geist des einheimischen Truppensoldaten. Ohne den geringsten moralischen Nutzen sagen sich manche von den patriarchalischen Regeln los, vom großen Reichtum der Nomadensprache. Mit der Zeit halten auch sie ihre Zelte für eine Art Zufallsquartier.

Und angesichts ihres harten Daseins mit dem dauernden Alarm, der Müdigkeit und der Ungewißheit über die nächste Zukunft bekommen auch die Liebesintrigen, die sie im heimatlichen *Douar* schon reichlich genossen hatten, einen verlockenderen Geschmack und einen zusätzlichen Reiz.

Fatalerweise lassen die Sitten nach, und im *Douar* des Makhzen tut man fast offen, was man zu Hause nur unter dem Siegel des Geheimnisses tat, in der Dunkelheit der Nächte, wo die Liebe dem Grab sehr nahe ist ...

*

Jeden Abend ziehen die schönen Tätowierten mit dem sonnengebräunten Teint und dem wilden Blick gruppenweise, in ihre schönen purpurnen oder auch dunkelblauen Wollumpen gehüllt, zu den *Feggaguir* des Wadi.

Sie schwatzen und lachen miteinander; nur wenn irgendein Muselmane vorbeikommt, setzen sie ernste und stille Mienen auf.

Die Reiter in den blauen oder roten Burnussen, die ihre lebhaften kleinen Pferde zur Tränke führen, gehen so nahe als möglich an den lustvollen Quellen vorbei.

Zwischen ihnen und den Beduininnen fällt kein Wort, und doch werden Angebote, Geständnisse, Abweisungen und Versprechungen durch fast unsichtbare, heimliche Gesten ausgetauscht. Der Mann macht ein außergewöhnlich ernstes Gesicht und fährt mit der Hand durch seinen Bart. Das bedeutet: Möge man mir den Bart abschneiden, mir das sichtbare Attribut meiner Männlichkeit nehmen, wenn es mir nicht gelingt, dich zu besitzen!

Die Frau antwortet mit einem Lächeln im Blick, mit einem verneinenden Kopfschütteln oder schlicht und einfach mit herausforderndem Winken. Dann deutet sie flüchtig, sogar ihren Gefährtinnen mißtrauend, eine leichte Bewegung mit der Hand an.

Das reicht, das Versprechen ist gegeben. Es wird den Mann etwas schillernden Plunder kosten, den er bei dem Mozabiten kaufen kann, oder ein paar weiße Münzen, auf jeden Fall nicht viel.

Später wird die Leidenschaft die beiden Liebenden überwältigen, vielleicht sogar die qualvolle, eifersüchtige arabische Leidenschaft, die oft wie Wahnsinn wirkt und die Männer aus ihrer gewöhnlichen Teilnahmslosigkeit herausreißt.

... Während das *Douar* des Makhzen auf der einen Seite ein Soldatenlager mit hart arbeitenden und tapferen Männern ist, ist es auf der anderen eine kleine Stadt kurzlebiger und gefährlicher Lieben, denn mit Schießpulver wird hier nicht gespart, und es ist nicht schwer, irgendeiner Räuberbande die Schuld zuzusprechen! ... Das Dorf hat kein Echo.

Die unverheirateten *Mokhazni* schlafen unter freiem Himmel, im Hof des provisorischen Arabischen Bureaus. Auch die Wachen schlummern eingerollt in ihre Burnusse, mit der absoluten Sorglosigkeit der Leute aus dem Süden, die seit immer und ewig daran gewöhnt sind, die nahende Gefahr im Schatten der Nächte zu fühlen.

Und eben diese isolierten *Mokhazni* verunsichern die Umgebung des *Douar* mit besonderer Kühnheit, meist sind sie es, die im Heim ihrer verheirateten Kameraden wildern, aus Eifersucht und auch ein wenig Verachtung gegenüber den ach so unglücklichen Ehemännern.

Visionen von Figuig

Ein freundliches Lächeln auf ausgeruhten Gesichtern, bedächtige und ernste Gesten unter weißen Schleiern. Eine Stimmung von Ruhe und innerer Sammlung in den weitläufigen Höfen, in denen Menschen lautlos, wie Erscheinungen wandeln. Das Gemurmel der Gebete, in der Körperhaltung ein Ausdruck von Ekstase ...

Eine jahrhundertealte Unbeweglichkeit der Dinge ... Das ist alles, was man auf den ersten Blick in den alten *Zaouïas* des Westens wahrnimmt, den einzigen unangreifbaren Orten in dem ringsum tobenden Sturm, zwischen den Ruinen einer zusammenbrechenden Welt.

Und doch gibt es hinter der Fassade erhabener Gleichgültigkeit, in dieser Entfernung von den weltlichen Dingen noch etwas anderes: geheimnisvolle Intrigen, die in Marokko häufig im Blut enden, jahrhundertealten Haß, absolute Ergebenheit neben bewußtem Verrat, die in den Herzen schlummernde leidenschaftliche Neigung zu einer entsetzlichen Gewalt, die Keime von Krieg und Massaker.

Doch um all diese verborgenen Dinge erkennen zu können, muß man sich in die *Zaouïas* aufnehmen lassen, man muß in ihnen leben und sich etwas Vertrauen erobern, denn von draußen wirkt alles weiß und friedlich ...

In der alten *Zaouïa* von Bou-Amama in Haman-Foukani bricht nach einem heißen, von Sturmböen heimgesuchten Tag ein schwüler, ruhiger Abend an, der in der Stille besonders beklemmend wirkt.

Ohne die gewohnte Klarheit regenbogenfarbig schillernder, zart abgestufter Töne geht die Sonne in einer gewaltigen Feuersbrunst unter; ohne Übergang färbt sich der blutrote Horizont mit dem schwefelgelben Grün des Zenit, vor dem einige fleischfarbene Dunstschwaden treiben.

Der nahe Palmenhain taucht rasch in einen abgrundtiefen, dunkelblauen, fast schon schwarzen Schatten, während die letzten goldroten Flammen über die zerzausten Kronen der Dattelpalmen wandern.

Jenseits der niedrigen Mauern des Hofes liegt die große Ebene, die sich von Figuig bis zu dem schroffen Djebel Grouz erstreckt.

Notizen von unterwegs

Wie ein kaum bewegtes Sandmeer brennt sie in mattem Feuerschein, gleich einer riesigen Glutfläche, die sich mit noch glimmender Asche bedeckt hat. Rechts unten, mitten in einem unfruchtbaren, steinigen Tal erhebt sich die Koubba von Sidi Abdelkader-Mohammed, dem Schutzpatron von Figuig. Ihre große weiße Kuppel glänzt wie überhitztes Kupfer, der Widerschein des schmelzenden Metalls spiegelt sich auf ihren Mauern.

Gegenüber der *Ksour*, in weiter Ferne, unter den flammenden Zacken der Berge, eine schwarze, kaum erkennbare Linie: die Palmenhaine von El-Ardja.

In unmittelbarer Nähe sieht man das Dar-el-Beïda, die Kaserne des Makhzen-Cherif, die einsam in der schon verblassenden Ebene schwelt.

Links, im Westen, erhebt sich die gewaltige Mauer des mittlerweile finster gewordenen Grouz; daneben die träge Silhouette des in Feuer entflammten Djebel Mélias. Eine beeindruckende Kulisse, in der sich die Zaubereien des Lichts entfalten.

*

Die Nacht bricht herein.

In gedehnten Tönen steigt der Gebetsruf des Maghreb von den hohen weißen Minaretts von El-Maïz und Oudarhir zum Himmel auf. Den Bodenvertiefungen entwachsen große blaue Schatten und kriechen rasch empor zu den Gipfeln, die nacheinander erlöschen, in meerblauer Durchsichtigkeit versinken.

Plötzlich tauchten unerwartet und beunruhigend ein Dutzend abgezehrte, vom Fleisch gefallene, in unbeschreibliche Lumpen gehüllte Männer auf, die sich verstohlen um die Mauern von Oudarhir schleichen. Sie sind mit Mauser-Gewehren bewaffnet und treiben einige magere Schafe vor sich her ... Neben mir hat ein Diener der *Zaouïa* mit ernster Miene und einem geheimnisvollen, zärtlichen Blick gerade sein Gebet beendet.

«Si Mohammed», sage ich, «wer sind diese Leute?»

«Oh! das sind nur Hirten aus Mélias.»

«Aber sie tragen den verschleierten Turban der Beni-Guil.»

«Nein. Es sind Araber von unserer Seite. Sie kleiden sich nur wie die Beni-Guil, weil sie lange im Chott Tigri gelebt haben.»

Doch plötzlich läßt Si Mohammed mich allein und verschwindet um die Ecke eines Korridors. Die Dunkelheit wird immer dichter; unterdessen ziehen die wie Plünderer wirkenden Hirten in die überwölbten Straßen von Haman-Foukani ein. Einen Augenblick später höre ich Geblök im Hinterhof der *Zaouïa*.

Wieder naht der schlürfende Schritt von Mohammeds gelben Ledersandalen; er kommt zurück und erklärt mir: «Diese vom Krieg gezeichneten armen Leute sind hierher gekommen, um ihre Schafe zu verkaufen und um den Segen des Cheikh und seiner Vorfahren – Gott möge ihnen gnädig sein! – zu bitten; sie haben keine andere Zuflucht als dieses Haus . . .»

*

Ein langgestreckter Saal mit kahlen Wänden, einem dicken Wollteppich auf dem Boden und verstreut herumliegenden, länglichen, mit goldenen Blumen durchwirkten Kissen aus gelber und grüner Seide.

Eine einzige Kerze in einem hohen braunen Leuchter erhellt den Raum. Das gedämpfte Licht gleitet in purpurnen und grünen Wellen über den Teppich und verbreitet, je nach den ausdrucksvollen und warmen Farben der Wolle, einen violetten, goldkäferfarbigen Glanz.

Auf einem Dreifuß in der Ecke steht ein roter Wasserkessel aus marokkanischem Kupfer, dessen Rundungen in hellem Lila widerstrahlen. Auf der Erde schimmert ein kleines Tablett wie ein bleicher Mond. Neben dem bunten Zierat der kleinen Teegläser rinnt diamantenes Wasser aus einem weißen Kristallkrug . . .

Si Mohammed-ben-Menouar, der Vetter und Schwager Bou-Amamas und derzeitige Herr der *Zaouïa*, liegt aufgestützt auf dem Teppich. Sein kräftiger, geschmeidiger Körper ist in einen Burnus aus steifem Tuch gehüllt, und ein *Haïk* aus feiner Wolle umrahmt sein braungebranntes, hageres Gesicht mit den für die Ksour-Bewohner charakteristischen, ausgeprägten Zügen und einem schon etwas graumelierten schwarzen Bart.

. . . Eine Maske aus Intelligenz, Hinterlist und Raffinesse, mit einem freundlichen, fast zärtlichen Blick, der plötzlich hart werden und ein oft ironisches Lächeln ohne eine Spur von Sanftmut ausstrahlen kann. Seine Gebärden sind ungezwungen und lebendig, ohne die ernste Bedächtigkeit und die eindrucksvolle Zurückhaltung der anderen Marabouts des Südens.

Si Ahmed scherzt und lacht gern. Wenn Europäer um ihn sind, versucht er, ihren leichten, spöttischen Tonfall nachzuahmen. Si Ahmed ist den Franzosen sehr gewogen und bezeugt seine Ergebenheit ...

Im Augenblick scheinen seine Gedanken mit ganz bestimmten Dingen beschäftigt. Er erzählt mir lange vom Palmenhain von Mélias und den Leuten aus Foukani, ohne daß ich ihn danach gefragt hätte. In ungewöhnlicher Weise beharrt er auf diesem Thema, während er sonst, wenn ihm ein Gespräch nicht gefällt, leicht abschweift.

Vor uns sitzt Ben-Cheikh, der Wächter von Sidi Slimane, mit dem ich hergekommen bin.

Er wirkt schmächtig, unverkennbar asketisch, dieser Mann mit dem außergewöhnlich lebhaften, scheuen Blick.

Er spricht ohne die geringste Hemmung vor dem Stellvertreter des verbannten Herrn. Auch er ist eine wichtige Persönlichkeit, denn er ist Bou-Amamas getreuester Diener in Beni-Ounif.

Er erzählt mir, daß zahllose Gläubige soeben eine Pilgerfahrt zu dem Marabout angetreten haben und sich nun schon auf dem Weg zu seiner Nomaden-*Zaouïa* am Fuß des Djebel Teldj befinden, die fünf oder sechs Tagesmärsche nordwestlich von Figuig liegt. Mit einem tiefen Seufzer beklagt Ben-Cheikh das Schicksal, das ihn, der den Herrn so gerne wiedersehen möchte, hier zurückhält. Dann sagt er mir, vielleicht zum hundertstenmal seit ich ihn kenne, mit seinem gewinnenden Lächeln: «Si Mahmoud, du solltest wirklich eine Reise zu Sidi Bou-Amama unternehmen. Mit meinem und Si Ahmeds Schutz hast du nichts zu befürchten. Genau wie du hierher kamst, gehst du einfach in seine *Zaouïa* hinein. Und Sidi Bou-Amama wird dich mit offenen Armen wie seinen eigenen Sohn empfangen ... du solltest es tun, Si Mahmoud, nach deiner Rückkehr könntest du den Franzosen sagen: ‹Ich habe Bou-Amama gesehen, und er hat mir nichts Böses getan. Er hat mich freundlich empfangen wie alle algerischen Muselmanen. Er ist nicht Frankreichs Feind, zwischen ihm und den Franzosen steht nur ein Mißverständnis› ...»

Ich höre mir seine Worte an und antworte ausweichend: «*In châh Allah* – so Gott will – werde ich hingehen!»

Und eines Tages werde ich es vielleicht tatsächlich tun ...

Wieder breitet sich Schweigen aus. Si Ahmed lächelt andeutungsweise. Ben-Cheikh scheint in das sehnsuchtsvolle Bedauern des fanatischen Dieners vertieft. Das Licht flackert und läßt große ungestalte Schatten über die weißen Wände wandern.

... Ich betrachte die beiden Männer, hinter deren geschliffener und freundlicher Oberfläche sich Abgründe verbergen, diese Männer mit der verschlossenen Seele und dem hartnäckig auf ein einziges Ziel ausgerichteten Willen: Bou-Amama zu dienen.

Mir ist es lieber, wenn sie, wie jetzt, ernst und schweigsam zu sich selbst kommen, in harmonischem Einklang mit der Ruhe von Ort und Stunde ...

Die Tür steht offen; man sieht auf den breiten, bedeckten Außengang, der die erste Etage umgibt. Im rötlichen Schein der Kerze löst sich ein schwerer, eckiger Toub-Pfeiler aus der Finsternis. Eine weiße Gestalt hockt am Boden. Das Gesicht des schwarzen Dieners unter der regungslosen Masse der schweren Schleier ist nicht zu erkennen. Im Hof spricht jemand mit leiser Stimme. Die nackten Füße der vorübergehenden Sklaven streifen leicht, fast lautlos über den Boden. Schwere Beklemmung lastet auf der schlafenden Oase und auf diesem Haus.

*

Die Zeit ist fortgeschritten, keine Brise erfrischt die Nacht.

Si Ahmed zieht sich in seine Gemächer zurück; wie zufällig läßt er seinen Revolver mit dem Futteral aus grünem Samt neben mir liegen.

Ben-Cheikh rollt sich in seinen alten Burnus, und ich strecke mich neben der immer noch offenstehenden Tür aus.

Mir gehen verschwommene Dinge durch den Kopf, Visionen, die sich mir hier angedeutet haben. Doch allmählich gewinnt alles schärfere Umrisse: Wer sind diese mit Gewehren bewaffneten Hirten, die so heimlich, bei Anbruch der Nacht hierher gekommen sind? Immerhin, hier habe ich nichts zu befürchten ... hier kann man in absoluter Sicherheit schlafen.

Doch meine Augen wollen sich nicht schließen.

Es ist heiß, Fieberdünste schwängern die Luft. Ich stehe auf und gehe lautlos hinunter. Im dunklen, überdachten Innenhof liegen schlafende Menschen. Ich finde eine weitere Tür, die einen Spalt offensteht.

Dort, im ungewissen Schein der Sterne, haben sich die Hirten aus Mélias niedergelassen, das Gewehr unter dem Kopf, den Patronengürtel stramm um die zerfetzte *Djellaba* über den hohlen Bauch geschnallt. Im Ruhezustand sind es ausgemergelte Gesichter, Wahrzeichen von Leid und Härte mit hohlen Wangen und eingefallenen Augen, die sich vor Müdigkeit nicht mehr wach halten konnten.

In einer Ecke entdecke ich einen gräulich weißen, weichen Haufen, der sich ab und zu bewegt: die Schafe.

Ich gehe wieder hinein und lege mich oben unter die Galerie. Nach einer Weile erwachen zwei Diener, die unten schliefen. Sie sprechen mit gedämpfter Stimme: «Gehen die Beni-Guil morgen wieder fort?»

«Sidi hat gesagt, sie würden im Morgengrauen aufbrechen.» Dann setzten sie ihr Gespräch in der Mundart der Berber fort, und ich verstehe nur noch Bruchstücke. Sie sprechen vom Pascha von Oudarhir und von Sidi Bou-Amama.

Die Leute, die ich für Hirten gehalten habe, sind tatsächlich Dissidenten vom Stamm der Beni-Guil, Überreste irgendeiner von Tod und Hunger aufgelösten *Djich*, die mit ihren weiß Gott wie erworbenen Schafen vielleicht aus weiter Ferne kommen.

Sie bringen Nachrichten aus dem Westen, vielleicht vom Djebel Teldj, und wollen sich hier mit Vorrat versorgen.

. . . In der etwas abgekühlten Luft der Mitternachtsstunde überwältigt mich schließlich ein ruhiger und sanfter Schlaf.

*

Beim fröhlichen Erwachen in der lila Morgenröte ist der Hof der *Zaouïa* leer: mit den letzten Schatten der Nacht sind die Beni-Guil verschwunden.

Alte Berufe

Ich befinde mich in einer dunklen Gasse, die sich an der Kreuzung dem freien Himmel mit seinen goldenen Reflexen auf den blassen Mauern öffnet: der Djemâa von El-Maïz.

Rechts und links sieht man winzige, kärgliche Läden mit schmalen Türen, wie schlundförmige Silodffnungen. Dort verzehren sich Generationen von Ksour-Bewohnern über ihren Kleinarbeiten, ihren monotonen, kaum lohnenden Geschäften. In weiße Wolle gehüllt beugen manche ihre blasse Stirn und ihre großen schwarzen Augen über die arabischen Zauberbücher: dies sind Schriftgelehrte, Gerichtsbeamte oder öffentliche Schreiber.

Andere bearbeiten mit flinken Fingern das rote Leder. Sie schmücken es mit leuchtend bunten Seiden, dämpfen den blutroten Glanz des Leders durch hellblaue Fassungen; andere, goldgelbe Häute werden mit strahlendem Grün oder warmen Lilatönen verziert.

Ihre Arbeit gleicht einem Spiel, so leicht und schnell wirken die nur auf die Handgelenke beschränkten Bewegungen der regungslosen, mit gebeugtem Kopf im Schneidersitz verharrenden Gestalten.

Manchmal wirft eine an einem Nagel hängende *Djerbira*, die Satteltasche der Reiter, einen lustigen Farbfleck auf die helle kahle Wand.

... Unter einem uralten Portal mit schweren eckigen Pfeilern sitzt ein Greis auf einer Matte. Er strahlt Ruhe und Freundlichkeit aus, der alte, mit weißen Schleiern bekleidete Berber. Tag für Tag läßt er sich im Morgengrauen für viele Stunden unter seinem Portal nieder. Vor ihm stehen mehrere, bis an den Rand gefüllte Wasserkrüge. In jedem Krug schwimmt ein unten geöffneter Trichter, der sich langsam füllt.

Um zu berechnen, wieviel Zeit es braucht, einen bestimmten Teil des Palmenhains zu bewässern, haben die eingeborenen Ksour-Bewohner in alter Zeit dieses seltsame Trichtersystem erfunden, bei dem jeder Trichter einem bestimmten Stück Land entspricht: die Zeit, bis der Trichter sich füllt, braucht auch das Land, um das für seine Fruchtbarkeit notwendige Wasser aufzunehmen.

Um die fortwährenden, oft blutigen Streitereien zu vermeiden, hat die *Djemâa* einen weisen und ruhigen Alten zur Verteilung des Wassers bestellt, der sein ganzes Leben damit verbringt, diese archaischen Geräte unter dem alten, zerfallenen Portal zu überwachen ...

Vor ihm, auf der anderen Seite der Gasse, erhebt sich eine Toub-Mauer mit Arabesken, die in Übersee gestaltet wurden; und am Fuß dieser Mauer steht eine irdene Bank, auf der die Mitglieder der *Djemâa* die Angelegenheiten des *Ksar* beraten.

Früher beschlossen sie dort über Krieg und Frieden; sie bestraften die Verbrechen und erließen manchmal auch Todesurteile.

Seit Jahr und Tag wohnt der alte *Cheikh-Elma* regungslos den tumultartigen Streitgesprächen bei. Mit einem Anflug von Lächeln betrachtet er seine Krüge und beobachtet das Spiel der Sonne und den glänzenden Widerschein des Himmels auf der gegenüberliegenden Mauer über den noch jungen Gestalten, die sich hitzig und erregt ihren Beratungen hingeben.

Legionäre

Auf dem überfüllten Bahnsteig herrschte Abschiedsstimmung. Mit einem melancholischen Blick zu den geschäftigen Legionären, die vor uns hin- und herliefen, sagte ein alter Offizier der Legion zu mir: «Ein Haufen entlassener Häftlinge, Flüchtlinge aus dem Bagno, Heimatlose ... und ich weiß nicht was! So wird die Legion gewöhnlich beurteilt. Sicher, es sind eine ganze Reihe herrenlose Gestalten, Gestrandete mit einem verpfuschten Leben dabei! Und es stimmt, daß die Legionäre allerhand zechen und daß ihre Trunkenheit oft schrecklich ist. Aber zum Teufel noch eins! Das ist doch nicht alles, diese Männer haben doch nicht nur Fehler! Hätte man darüber hinaus wenigstens eine Ahnung von ihrem harten Leben, immer in irgendwelchen verlassenen Dörfern, wo man nichts bekommt, wo man kaputtgehen kann. Und wo es vor allem kein Publikum gibt, niemanden, der einen ermutigt und einen bewundert! So ist das, und sehen Sie, jetzt kommen wir gerade aus Ben-Zireg, wo wir den Posten aufgebaut und verteidigt, wo wir monatelang keinen ruhigen Tag erlebt haben, wo wir viele von uns lassen mußten ... Und wissen Sie, weshalb man uns dort hingeschickt hatte? Damit wir uns ausruhen. Und jetzt, kaum wieder auf den Beinen, müssen wir weiter nach Tonking ... So ist das! ...»

Zum Abschluß deutete der alte Offizier eine verschwommene Geste an, eine arabische Geste, die zu bedeuten schien: Mektoub! ... Möge geschehen, was geschrieben steht ...

... Einige Tage zuvor hatte ich sie gesehen, die gleichen Legionäre, auf dem Rückweg von der Truppenabteilung in Ben-Zireg. Es war an einem Nachmittag dieses klaren saharischen Winters, der alle Dinge blaß und traurig matt erscheinen läßt; ich stand auf der niedrigen Düne hinter Beni-Ounif, von wo man die Straße nach Westen überblicken kann.

Zuerst tauchten einige vereinzelte Kamele, einige *Bach-Hammar* und einige Spahis in dem Steintal auf.

Dann kamen die Legionäre, abgezehrt und sonnengegerbt, mit eingefallenen, fiebrigen Augen, vergilbten, abgewetzten Soldatenmänteln und ihrer zerschlissenen, staubbedeckten Montur.

Ihre Offiziere beugten sich aus den Sätteln, um den Kameraden, die vor ihnen angekommen waren, die Hand zu drücken. Auch in ihren Augen stand die innige Freude, diese Landschaft von Beni-Ounif wiederzusehen, als wären sie nach monatelanger Verbannung in die Hauptstadt ihrer Träume heimgekehrt.

... Und so waren sie schön, die Legionäre in ihrer Arbeitskleidung, in der Herrlichkeit des ruhigen Tages, diese Männer, die am Grund der finstern Steinwüsten wild geworden waren ... Die vor allem keinerlei Ähnlichkeit mehr mit den Paradesoldaten hatten, die sich ohne Sinn und Verstand um sich selbst drehen und über das Pflaster der befreundeten Städte tanzen ...

Angesichts der bedrohlichen, düsteren Pracht der Horizonte dieses einschläfernden und tödlichen Landes, in dem sie ein hartes und freudloses Leben führen, gewinnen die Soldaten ein anderes Aussehen.

In der Oase

Wie ein großer blasser Kelch lag das Tal von Figuig in der Sonne.

Ich saß auf der irdenen Brüstung eines wackeligen Hochturms, so alt und zerbrechlich, daß er jeden Augenblick in Staub zu zerfallen drohte. Der Turm spiegelte sich im dunklen Wasser eines Sees am Eingang der Gärten von Oudarhir. Von der Höhe konnte man das ganze Tal überschauen.

Ich war allein in der Herrlichkeit des anbrechenden Tages; träumend betrachtete ich Figuig, die Königin der Oasen, die mir noch nie so schön erschienen war – vielleicht weil am nächsten Tag meine Abreise bevorstand.

In der Ferne, im Süden, über den Bergen von Taghla und Mélias, stieg die rote Wüste hoch in den Himmel hinauf und begrenzte den Horizont mit der klaren und dunklen Linie eines flutenden Meeres. Wie ein Flußbett öffnete sich die mächtige Kluft des Hügels von Zenaga mit ihrem schwarzen Strom aus Dattelpalmen zwischen dem tief indigoblauen Djebel Taarla und dem schräg erleuchteten, rosig strahlenden Djebel Zenaga. Rechts erhob sich der völlig kahle, steinige «Hügel der Jüdin» zwischen den kahlen Hängen und der Bergkuppe von Moudjabedine, wo man in den glühenden Mittagsstunden der Sommerszeit das Spiel der Luftspiegelungen beobachten kann.

Der flache ausdruckslose Eingang des Tals glänzte in der Sonne. Ganz in der Nähe, zu meinen Füßen, wälzte der Palmenhain von Zenaga sein riesiges Durcheinander, er schwankte und wogte gegen den Djorf, den hohen grauen Felsen zwischen den beiden Terrassen von Figuig.

Die kompakten Kronen der Dattelpalmen schimmerten in samtigem Hellblau und schmückten sich mit silbrigen Reflexen. Das alte Ksar von Zenaga auf der rechten Seite wirkte in all diesen zarten, blassen Tönen wie ein schimmernder goldener Fleck. In bläulicher, lebendiger Helligkeit, einer Helligkeit von grenzenloser Klarheit, ergoß sich die Morgensonne über den Berg und über das Tal.

Am Fuß des Turms stand ein blinder Greis, mit dem Rücken gegen das grobe Mauerwerk gelehnt, und streckte schweigend seine Hand zu dem Weg aus, auf dem die Gläubigen vorüberkamen.

Er war auffallend groß und schön mit seinem hageren Gesicht und seinen leeren Augen, von der Undurchdringlichkeit dunkler Bronze. Die erdfarbenen Lumpen verliehen seinem knochigen Körper eine wunderbare Pracht.

Etwas weiter entfernt blieben zwei Berberfrauen auf der sonnigen Straße stehen, und das Licht spielte in den schweren Falten ihrer Gewänder aus purpurner Wolle, die wie Schleppen in den Staub hinabfielen.

... Über einer Mauer erschien der sanfte kleine Kopf eines

jungen Dromedars und wiegte sich mit einem klagenden, heiseren Schrei und einer seltsamen Grimasse, die seine langen gelben Zähne bloßlegte.

... Vom obersten Rand des Turms löste sich ein Stückchen trockenes Toub und fiel in das Brackwasser des Sees, wo sich große, silberne Kreise bildeten, die immer weiter wurden und sich schließlich in den feuchten Ufern verloren.

Über den kleinen Weg, der am Djorf entlangführt, stieg ich wieder nach Zenaga hinab; die Pferde scheuen diesen Pfad, weil sie leicht rutschen und den nahen Abgrund fürchten. Je tiefer ich kam, um so höher wurde die Mauer der rauschenden Datteln und verdeckte nach und nach die Klarheit der fernen Weiten.

Unten, im blauen Schatten des Palmenhains, rieselte eine *Séguia* durch das Moos. Die Gärten der Ksour-Bewohner stellten den Luxus ihrer meergrauen und schillernden Grüntöne zur Schau. Die Sonne glitt durch die kaum von einem Windhauch bewegten spitzen Palmwedel und streute goldene Pailletten auf den roten Sand und die weißen Kieselsteine. Zwischen den hellen Toub-Mauern der Gärten wanden sich liebliche, schattige und kühle Pfade.

Unter den zu Bögen geneigten Palmen reckten sich die Feigenbäume mit ihren herbstlich vergoldeten Blättern dem Licht entgegen; um ihre Zweige schlang sich rotbrauner Wein, umgeben von dem immer noch nicht verblaßten Rot der Granatapfel- und Pfirsichbäume, die wie aufgeblühte Blumen wirkten. Ein reizvoller Halbschatten dämpfte die Linien und die Farben in diesem Labyrinth aus unbewohnten kleinen Straßen, so ruhig, daß man die wilden Turteltauben in den Bäumen gurren hörte.

Manchmal, wenn man irgendwo um die Ecke bog, stand man plötzlich vor einem großen bläulichen See mit einer regungslosen, glatten Oberfläche, in der sich die zur Erde geneigten Dattelpalmen mit ihren von Schmarotzern überwucherten Stämmen spiegelten.

Und überall das immerwährende Gemurmel, das verschwenderische Lied der fließenden Wasser der *Séguias*, die unter einer Mauer hervorsprudelten, unvermittelt mit dem fröhlichen Geräusch eines kleinen Wasserfalls unter der Erde verschwanden, um zwei Schritte weiter, unter dem grünen Farnkraut mit seinen zackigen Blättern wieder aufzutauchen.

... Langsam, triumphierend erhob sich die Sonne über dem Frieden und der Freude der lieblichen Oase.

Jenseits des Palmenhains trat ich in den ewigen Schatten der überwölbten Straßen von Zenaga; wie verstohlen, dicht an die Mauern gedrängt, huschten schweigende weiße Gestalten vorüber.

Rechts und links menschenscheue Türen, die kaum einen Spalt offenstanden; kleine, unregelmäßig gepflasterte Plätze, in deren Vertiefungen sich blaues Licht sammelte. Nur manchmal drang das dumpfe Geräusch einer alten afrikanischen Handmühle oder ein im Berberdialekt gesungener monotoner Redegesang irgendeiner unsichtbaren Ksour-Frau durch das von Mißtrauen und Schweigen erfüllte dicke und undurchdringliche Mauerwerk.

Ich ging langsam vorbei; traurig und versonnen dachte ich daran, daß es sicher nicht mehr lange, höchstens ein paar Jahre dauern würde, bis auch der noch unberührte Charme dieser alten saharischen Zuflucht der grausamen Gewinnsucht, der Dummheit und dem Alkohol anheimfiele, die Biskra schon verpestet haben.

So, wie sie jetzt noch war, so, wie sie sich in ihrer Verlassenheit über Jahrhunderte erhalten hatte, erschien mir die Oase von Figuig wie eine Perle vollendeter Schönheit.

*

... Über die staubige Piste des ausgeglühten, kahlen Tals näherten sich Reiter, Männer aus Figuig, die das Geleit eines ganzen Zuges von schwarzen *Kharatine*-Sklaven getriebener, mit Gerste- und Weizensäcken beladener Esel bildeten.

Die Berber hatten die Zügel ihrer ruhigen Reittiere losgelassen; bedächtig schritten sie unter ihren leuchtend weißen Schleiern einher.

Der Blick ihrer großen schwarzen Augen schweifte in die Ferne, zu den Bergen ihres Landes, über denen die rosige Zauberei der Morgensonne gerade erlosch.

Sie überholten mich und meinen Gefährten in seinem blauen Burnus; zerstreut warfen sie uns den Friedensgruß zu, eine Art Losung des Islam, das Zeichen der Solidarität und Bruderschaft zwischen allen Muselmanen, von den äußersten Grenzen Chinas bis zu den Küsten des Atlantik, von den Ufern des Bosporus bis hin nach Senegal.

Als ich diese Männer durch das Tal ziehen sah, verstand ich die Seele des Islam inniger denn je, und ich fühlte sie in mir erzittern. Ich genoß die prachtvolle Herbe des Dekors, die gelassene Resignation, den ungewissen Traum, die tiefe Unbekümmertheit gegenüber den Dingen des Lebens und des Todes.

... Und ich verstand auch, weshalb der blinde Bettler so edel und so ruhig wirkte, die Hand zu den Passanten ausgestreckt, die er in der ewigen Nacht seiner Blindheit nicht einmal sah; und ich verstand, weshalb die Araber den monotonen Lauf der ruhigen Tage schläfrig über sich ergehen lassen, statt geschäftig im Schweiße ihres Angesichts zu arbeiten; weshalb sie sich lieber auf ihren Matten ausstrecken, im Schatten der alten, zerfallenden Mauern, die niemand wieder aufbaut, auf der nackten Erde, die ihnen zur sanften Ruhestatt gereicht.

Beni-Israël

In Figuig ist alles still, alles schläft. Keine Schreie und kein Lärm in den klösterlich kühlen, widerhallenden Alleen, in denen jeder Pferdehuf ein vielfaches, fernes Echo weckt.

... Mit Palmwedeln überdachte dunkle Gänge, hier und dort unterbrochen von Kreuzungen, die den freien Himmel sichtbar werden lassen, die wie tiefe Brunnen erfüllt sind von meergrünem Tageslicht. An manchen Stellen fällt ein schräger Sonnenstrahl auf eine ockerne Wand und bringt etwas Fröhlichkeit in die beunruhigende Finsternis. Hinter unvermutet scharfen Kurven tun sich noch niedrigere, noch schwärzere Gänge auf, ein geheimnisvolles Labyrinth, das keinem Pferd mehr Durchlaß bietet. Man muß sich tastend einen Weg suchen. Lautlose weiße Erscheinungen bewegen sich unsicheren Schrittes voran. Andere hocken in der regungslosen Haltung steinerner Statuen auf irdenen Bänken, umgeben von dickem Mauerwerk.

Das unüberschaubare Gewirr der Straßen von Zenaga führt zu verschiedenen Vierteln, in denen überraschende, fast peinliche Sauberkeit herrscht; nur manchmal füllt sich die Luft mit den feuchten Gerüchen uralter Erde und den muffigen Benzoedüften, die den

Koubbas und den Moscheen entweichen; nur eine Ecke unterscheidet sich durch eine auffallend stickige und schmutzige, finstere Atmosphäre. Es ist die Mallah, das Viertel, in dem die geschäftigen, kinderreichen Beni-Israël dicht gedrängt beieinander wohnen, dem muselmanischen Joch unterworfen, ohne eine Stimme in der *Djemâa*, genau wie die schwarzen *Kharatine*, aber ohne verfolgt zu werden.

Als ich zum erstenmal ein jüdisches Haus der Mellah von Zenaga betrat, war ich in Begleitung eines *Mokhazni* und eines Juden aus Kenadsa. Wir wollten uns Schmuck ansehen.

... Draußen in den Palmenhainen genossen die blauen Dattelpalmen das helle Licht, und goldene Strahlen spielten auf dem ruhigen Wasser der großen, graugrünen Becken. In der drückenden Finsternis der düsteren Mellah schlug uns ein scharfer Geruch entgegen.

Um die mit den Böden alter Petroleumkannen verstärkte Tür überhaupt zu finden, mußten wir ein Streichholz anzünden. Zögernd und mißtrauisch machte man uns schließlich auf; vor uns lag ein unebener, schmaler und tiefer Innenhof, der fast wie ein Zimmer wirkte; nach allen Seiten hin führten auf beiden Etagen breite, überdachte Außengänge zu den niedrigen Räumen.

Trübes Licht, das blinde Licht von Kellergewölben, fiel auf die schmierigen Schutthaufen im Hof.

Dort wimmelte es von Kindern, meist Rotschöpfe mit schmutzigen *Gandouras*. Als wir hereinkamen, versteckten sie sich hinter den schwärzlichen, fettig glänzenden Trümmern.

Der beißende Rauch trockener Palmwedel kroch die verrußten Wände hinauf. In allen Ecken lagen Abfälle, Lumpen, uralter, aus der Form geratener Trödelkram, an den seit Jahren niemand mehr gerührt hatte.

Die Frauen saßen am Herdfeuer; als sie uns bemerkten, drehten sie sich um. Sie trugen die *Mlahfa* der Beduininnen, aber aus schmutzig weißer Wolle, sehr weit geschnitten, herunterhängend, mit einem tiefsitzenden Gürtel.

An einem dunklen, eng anliegenden Seidentuch, das die schwarzen Stirnbänder halb bedeckte, hingen zarte Silberketten, die bis zu den schweren goldenen Ohrringen hinunterreichten. Diese Frauen waren noch blasser und bleicher als die muselmanischen Ksour-

Bewohnerinnen, sie wirkten wie aus Wachs. Doch einige von ihnen waren von bewundernswerter Schönheit, mit rundgeschnittenen Gesichtern, sehr großen, dunklen Augen und schweren Lidern. Nur der lebhafte Glanz der Edelsteine verlieh diesen verwirrenden Totenmasken etwas Leben und Fröhlichkeit.

Die schönste unter ihnen, mit wundervollen, von Tränen geröteten Augen, die den sinnlichen und bitteren Ausdruck ihres Gesichts beherrschten, hatte sich scheu in eine Ecke zurückgezogen.

Sie warf uns einen finsteren Blick zu.

Neben ihr saß eine alte abgemagerte blinde Greisin, die mit lauter Stimme Klagen von sich gab und ihre alterssteifen Hände rang.

Haïm, der Goldschmied, verließ seine kleine Schmiede und sein feines Handwerkszeug, um uns willkommen zu heißen. Er entschuldigte sich für den Zustand, in dem wir sein Haus vorfanden; ein Unglück war geschehen: am Vorabend war Esthira, Haïms Frau, mit ihrer Mutter aufgebrochen, um Verwandte im *Ksar* von Oudarhir zu besuchen. Unterwegs hatten sie nomadische Hirten getroffen, die über sie hergefallen waren und die Kühnheit besessen hatten, Esthira die Schleier vom Gesicht zu reißen. Sie wollten sie gerade vergewaltigen, als eine Reiterschar vom Makhzen des Pascha von Oudarhir des Weges kam. Die Nomaden ergriffen die Flucht. Immer noch verfinsterten Scham und Trostlosigkeit das Haus.

Esthira war die schöne Frau mit den verweinten Augen.

*

Als Haïm sich entfernte, um uns den Kaffee zu bereiten, begann der *Mokhazni*, der mich begleitete, zu lachen: «Wenn bei uns so etwas passiert, findet man den Schuldigen und bringt ihn um. Sie dagegen begnügen sich damit, zu greinen – wie Mäuse, denen man auf den Schwanz getreten hat. Übrigens ist die Jüdin wirklich hübsch, die Hirten hatten ganz recht. Sie ist schön dumm, wenn sie sich wirklich gewehrt hat. Sieh doch nur, wie häßlich ihr Jude ist!»

Haïm war groß, mit gelblicher Hautfarbe und einem fettleibigen Körper unter der ölbefleckten *Gandoura*; nach einem Brauch, den die Muselmanen früherer Zeiten den Juden von Figuig sicher aus Verachtung gewaltsam auferlegt hatten, trug er über seinem kleinen schwarzen Turban ein großes Tuch mit blauen Pünktchen, das nach Art der alten Frauen unter dem Kinn zusammengebunden war.

*

Haïm breitete seine Werke vor uns aus: sogenannte *Bzaïm*, Silberspangen in Form von Blättern oder Sternen, schwere ziselierte Ringe, Broschen mit silbernen Glöckchen, goldene Ohrringe, verziert mit dem matten Blutrot der Granatsteine und dem schimmernden Milchweiß der Opale. Der ganze Schmuck lag durcheinander auf einem fleckigen Fetzen grüner Seide.

Als wir hereingekommen waren, waren alle Geräusche verstummt. Sogar die Kinder begannen schüchtern zu flüstern. Man hörte nur noch eine Stimme, die wie aus himmlischen Höhen von einem benachbarten Hof herüberdrang: die näselnde und monotone Stimme eines Rabbi, der in der alten heiligen Sprache Israels Gebete rezitierte. Und dieses Judenhaus mit der altmodischen Stimme und seiner ganzen Atmosphäre erweckte in mir den Eindruck einer besonders alten und unbeweglichen, geschlossenen Welt, welche die schon Jahrhunderte während Unbeweglichkeit von Figuig noch übertraf.

*

... Unter dem weißglühenden, verblaßten Himmel tobte der mit Sand und Staub beladene Schirokko.

Die Mitglieder der *Djemâa* von Zenaga hatten sich zur Beratung auf den Bänken an der Straßenecke eingefunden.

Matt ließen sie den erstickenden Atem des Schirokko über sich ergehen; sie teilten die schläfrige Betäubung der Dinge.

Als Haïm die Kreuzung erreichte, blieb er stehen und zog seine Sandalen aus. Dann begrüßte er die unzugänglichen Männer aus dem Ksour, indem er den Kopf bis zur Erde neigte, jeden einzelnen Burnus am untersten Zipfel küßte. Haïm war hergekommen, um ein gerechtes Urteil gegen die Hirten zu verlangen, die seiner Frau Gewalt angetan hatten ... Er hatte zwar kaum eine Hoffnung, dennoch hockte er sich nieder und erzählte seine Geschichte.

Als er fertig war, tat sich ein hagerer Alter hervor, mit krummem Rücken, aber noch feurigem Blick unter seinen buschigen weißen Augenbrauen, und sagte mit einer ungewissen Geste: «Was sollen wir tun? Hätte einer der unsrigen deiner Frau Gewalt angetan, würden wir ihn bestrafen, denn solche Taten sind eines Muselmanen unwürdig. Wenn es aber Nomaden sind ... Du bist selbst schuld, wenn du deine Frau allein im Ksour herumlaufen läßt ... Nein, Jude, da können wir nichts machen!»

Schüchtern versuchte Haïm seiner Forderung Nachdruck zu verleihen. Da runzelte der Alte die Stirn und sagte hart: «Wir haben es dir gesagt, Jude! Scher dich fort!»

Haïm erhob sich; unter tiefen Verbeugungen wich er zurück. Er mußte sich ergeben, denn im Land des Schießpulvers hat demütig zu schweigen, wer keinen starken Arm besitzt und das Gewehr nicht halten kann.

*

... Schon am frühen Morgen machen sich die rothaarigen, halbnackten Kinder Israels auf den Weg in die Gärten, in den feuchten Schatten der mit Farn und weichem Moos bewachsenen *Feggaguir*. Lautlos, mit unendlicher Vorsicht steigen sie zu den unterirdischen *Séguias* hinab und knien sich in den schwärzlichen Schlamm, wo sie stundenlang verharren, um den farblosen Fischen, die man im trüben Licht des grünen Wassers kaum an einem silbernen Schimmer erkennen kann, aufzulauern.

Mit bloßen Händen fangen die Kinder die blitzschnellen Tiere, die sich beim geringsten Plätschern des Wassers in die unterirdische Finsternis unzugänglicher Höhlen flüchten.

Wenn das Fischen erfolgreich war, dringen gegen Mittag Freudenschreie aus dem unterirdischen Labyrinth, bis hinüber in die fröhlichen Gärten, die sich an der Liebkosung der Sonne berauschen.

Lachend schwenken die Judenkinder ihre an den Kiemen zu Trauben gebündelten glitschigen Fische und rennen hinüber zu den düsteren Gassen der Mellah, wo die bleichgesichtigen Mütter sie erwarten.

Abende des Ramadan

Heute ist der erste Tag der harten, langwierigen muselmanischen Fastenzeit.

Er scheint endlos, dieser Tag absoluter Abstinenz, an dem nicht einmal der Trost einer Zigarette erlaubt ist. Schon seit dem Morgen sieht man die Leute fröstelnd in ihre Burnusse gehüllt durch die Gegend irren, während all ihre Gewohnheiten in Verwirrung geraten. Manche liegen in abschreckender, unansehnlicher Haltung kraftlos am Fuß irgendeiner Mauer. In der gereizten Stimmung der schleppenden Stunden brechen laute Streitereien aus ...

Endlich geht der Tag zur Neige.

In den Dorfstraßen bilden sich Gruppen; plötzlich herrscht fröhliche Ungeduld: die letzten Minuten nahen.

Alle Blicke sind nach Westen gewandt, zu den schwarzen Steintälern und den zackigen Bergen Marokkos, wo die Sonne untergeht, wo sie nach und nach in kupferroten Dunstschwaden versinkt.

Sie sind schön, die Menschen des Südens mit ihrem strengen Kostüm, wie sie dastehen im blutigen Schein, der von der roten Erde aufzusteigen scheint; und in dem Staub, den ihre Füße langsam niedertreten, wachsen ihre Schatten maßlos in die Länge.

Auch draußen, im Nomadenlager haben sich die Menschen zwischen den liegenden Kamelen um die Feuer versammelt und warten. Die Douï-Menia und die Ouled-Djerir aus dem Wadi Guir, gestern noch Abtrünnige und Plünderer, setzen heute die Miene friedlicher Kameltreiber auf, um sich nach der furchtbaren Hungersnot der letzten Monate auf den Märkten mit Nahrungsmitteln zu versorgen.

Lachend erzählen andere Beduinen die uralten Geschichten von ihrer Ruchlosigkeit.

Einst kamen die Douï-Menia vom Krieg zurück. Es war während der Fastenzeit und sie litten Hunger, denn die langen Tagesmärsche durch die Wüste wollten kein Ende nehmen. Ihre Herzen waren beklommen, denn es lagen noch fünf Tage Fußweg vor ihnen. Sie trafen einen Araber, der ganz allein, seinen Stab über der Schulter, seiner Wege ging. Aus lauter Langeweile herrschten sie ihn an und fragten nach seinem Namen. Ich heiße Ramadan, antwortete der Unglückliche. Da fielen die Douï-Menia über ihn her und hielten ihm folgende Rede: «Du bist also der Ramadan, der uns jedes Jahr Hunger und Durst leiden läßt!» Dann töteten sie den Unglücklichen, brachen das Fasten und kehrten zu ihrem Stamm zurück. Dort machten sie sich über die anderen lustig, die immer noch fasteten: «Ihr braucht nicht mehr zu fasten. Wir haben Ramadan unterwegs getroffen und ihn getötet.» – «Ja», sagt ein anderer, «die Douï-Menia haben Ramadan getötet ... aber es gibt immer noch welche, die fasten ... nur richten sie sich besser ein als wir, sie tun sich zu dreißig zusammen und jeder fastet einen Tag. Danach glauben sie, die Fastenzeit erfüllt zu haben, da man doch dreißig Tage fasten muß ...»

Trotz all dieser Spötteleien bleiben die ehemaligen Wegelagerer nach außen hin gleichgültig und hüllen sich schweigend in ihre prächtigen Lumpengewänder.

*

... In den maurischen Cafés haben sich die Kellner eine bunte Schärpe statt einer Schürze um die Hüften gebunden und stellen volle Tassen vor die zigarettenrollenden Muselmanen auf den Tisch.

Es sind die letzten, besonders fieberhaften Augenblicke.

Der verdrießliche Schatten weicht von den bleichen, angestrengten Gesichtern.

Gelächter und Scherze werden laut. Man hänselt mich mit dem Namen «Meniaï», weil ich, obwohl ich gesehen hatte, daß die Douï-Menia bereits aßen, den einfältigen Vorschlag gemacht hatte, das Fasten abzubrechen.

*

Jetzt erlischt die Abendsonne in der violetten Nacht, und alle Dinge färben sich blau, in dunklen, kalten Blautönen. Da erhebt sich in weiter Ferne eine langsame und melancholische Stimme vom Grund des Tals aus den Ruinen des *Ksar*: der Muezzin verkündigt das Gebet des Maghreb und mit ihm die Unterbrechung des Fastens.

Ein gewaltiger Seufzer der Erleichterung löst sich aus den Kehlen, alle loben Gott mit lauter Stimme. Und im Gegensatz zu den jungen Leuten, die sich auf den Tabak und den Kaffee stürzen, treten die gottesfürchtigen Älteren mit bedächtigen Gesten auf die Straße hinaus, um ohne Hast zu beten, mit der gleichen ernsten Miene wie immer.

Diese ersten Abendstunden des Ramadan haben ihren besonderen Reiz. In den maurischen Cafés herrscht eine Atmosphäre ungewöhnlicher, inniger Brüderlichkeit.

... Und ich sitze in meiner Ecke und denke still an andere, frühere Abende des Ramadan an verschiedenen Orten dieses auserwählten Landes, Abende, die schon mehrere Jahre zurückliegen. Ich denke an die unaufdringlich sinnliche Kulisse von Tunis, an die wirre Fiebrigkeit von Algier und an das wunderbare, fanatische Land des Wadi Souf, an die kleinen Städte mit ihren verstreuten Kuppeln im feurigen Erg.

Lange Nächte

Die Nacht ist klar und kalt. Am Himmel steht der Vollmond des Fastenmonats Ramadan. Graugrüne Lichtströme ergießen sich über das Dorf, während vor den Kantinen die harten roten Flammen der Laternen flackern.

Hier, im Hof des Arabischen Bureaus, zwischen den baufälligen Gemäuern, schlafen die gefesselten Pferde.

Ab und zu wacht ein Hengst auf und wiehert, die zarten Nüstern zu der anderen Ecke ausgestreckt, wo die Stuten ruhig auf ihrem trockenen Stroh herumkauen.

Heute abend feiern die *Mokhazni* ein großes Fest.

Etwa fünfzig Männer bilden die im Sand sitzende Runde. In der Mitte steht eine flackernde Kerze, im eigenen Wachs auf einer Schuhsohle befestigt, und erleuchtet die Gesichter, ein Gemisch aus männlicher Energie und kindlicher Fröhlichkeit.

Wie angenehm ist es doch, sich in der klaren Nacht auf dem Boden auszustrecken, bedeckt mit einem anschmiegsamen, dicken *Kheïdous*, einem Burnus aus schwarzem Kamelhaar, wie ihn die

Leute im Westen tragen. Wie angenehm ist es, stundenlang still und regungslos den Liedern der Nomaden zu lauschen, den lauten, untröstlichen Liebes- und Todesschreien mit dem silbrigen Ton der kleinen Schilfrohrflöten.

Zwei *Mokhazni* aus dem Kreis Géryville, echte Kinder der Spartgrassteppe, setzen sich einander gegenüber, um ein Klagelied zu singen, dessen Refrain aus einem einzigen Mollton, oder besser gesagt, aus einem gedehnten traurigen Schrei besteht.

Zuerst wirken sie schläfrig, mit halb geschlossenen Augen, und ihre Stimme klingt wie das Rauschen des Windes.

Kleine Taube, o kleine Taube!
Du hast mich verbrannt, mich getötet,
Du hast es krank gemacht, mein Herz,
Und ich werde nicht mehr heilen ...
Kleine Taube, o kleine Taube!

Mein Herz ist tot, ich habe es im Wüstensand begraben;
Als ich es tat, war niemand dabei;
Und niemand lachte mich aus.
Ich war allein, mein Burnus barg mein Gesicht, und ich weinte.
Oh, mein Gott, mein Gott, wie habe ich geweint!

Kleine Taube, o kleine Taube!
Du hast es krank gemacht, mein Herz, hast mich getötet ...

Es schmerzt, doch es gibt kein Mittel
Für ein verletztes Herz,
Es sei denn die Resignation und die Ruhe des Grabes.

Kleine Taube, o kleine Taube!
Du hast mich getötet in einer Nacht.
Schon beim Sonnenaufgang war ich verletzt,
Und ich werde nicht mehr heilen ...

Da erhebt sich eine andere Stimme aus dem Kreis der *Mokhazni*, es ist die weniger geschliffene, eher heisere Stimme meines Freundes Abdelkader-ben-Chohra:

Mein Freund, weine für mich, weine für den Verbannten!
Als ich mein Douar verließ, trat Embarka vor das Haus ...
Den Kopf mit Staub bedeckt, zum Zeichen der Trauer.
Und doch folgt jeder seinem Schicksal, und ich brach auf,
Nahm meinen Weg nach Süden ...

Vierzig Tage, vierzig Nächte weinte ich,
Bis mein Herz vertrocknet war,
Und es wurde härter als ein Stein.
Auch vor der schönsten Schönheit der Welt
Würde mein Herz nicht mehr sprechen.

Ah! wenn das Herz einmal tot ist,
Kann nichts es zum Leben erwecken,
Außer dem Blick der Gazelle,
Denn er ist wie der Regen der Wüste ...
Ich werde Embarka wiedersehen oder sterben.

Immer mehr Stimmen belebten die ruhige Nacht, und die zauberhaften Schalmeien verbreiten unsägliche Traurigkeit ...

Die Nomaden, die weder lesen noch schreiben können, die groben Soldaten aus dem Land des Schießpulvers, improvisieren Lieder über Lieder, endlos lange, bis in die tiefe Nacht hinein.

Unter dem Atem des kalten Windes, der sich um Mitternacht erhebt, schließe ich die Augen.

Wie angenehm es ist, so einzuschlafen, irgendwo unter freiem Himmel, wohlwissend, daß man am nächsten Tag aufbrechen und gewiß nie mehr zurückkehren wird, daß alles, was ist, nicht dauern wird ... Während die Beduinen singen, die Flöten weinen, während das Denken wie eine nutzlose Flamme verraucht und erlischt ...

Aufbruch

Es war Winter. Heulende Windstöße wirbelten den braunen Staub auf. Schwere schwarze Wolken hingen über den Bergen und nisteten sich in den schroffen Gebirgspässen ein.

Die Wüste wirkte feindselig und bedrohlich.

Widerwillig mußte ich abreisen, zurückkehren zu der abstoßenden Banalität und dem dumpfen Überdruß des unfreien Lebens von Algier. Schluß mit den ruhigen Ausritten in der Sonne durch die friedlichen, lichten Herbstlandschaften, nach Djenane-Ed-Dar und Figuig.

Schluß mit den gemächlichen Träumen in den Stunden genüßlicher, melancholischer Mattigkeit, wo ich im braunen Sand lag und mit verschwommenem Blick die von der Brise bewegten bläulichen Palmen betrachtete, die sich wie Segel vor dem reizvollen Blau des wolkenlosen Himmels hin- und herwiegten!

... Durch Gewohnheit waren die Dinge meinen Augen vertraut geworden. Das steinige Tal, das fieberhafte Dorf, das kleine kahle Zimmer, in dem ich mein Lager aufgeschlagen hatte, in dem immer Gepäckstücke, Burnusse, Gewehre und mancherlei Habseligkeiten herumlagen, die meine Zufallsfreunde, die Spahis und *Mokhazni*, dort abgestellt hatten – all diese Dinge, die seit drei Monaten meinen Lebensrahmen bildeten, waren mir allmählich lieb und teuer geworden.

*

... In der während des Ramadan täglichen Erwartung des befreienden Abends saß ich aufgestützt neben der kleinen Einfriedungsmauer des alten Arabischen Bureaus. Ich beobachtete, wie die matte strahlenlose rote Sonnenscheibe über der schon finsteren Erde in einen Ozean aus lila Nebeln eintauchte.

Und ich spürte vielleicht zum erstenmal, daß diese so kärgliche Ecke des Landes mit der Zeit einen Teil meines Herzens gewonnen hatte, daß ich nach all den anderen Gegenden, in die ich nie zurückkehren werde, später auch an diese sehnsuchtsvoll zurückdenken werde.

... Heute dämmert alles im schwarzen Regen, im Schreckensbild eines vertrauten und brutal veränderten Landes, das plötzlich in Finsternis versinkt. Unter den heftigen Windstößen setzt der Zug sich in Bewegung.

Und ich empfinde unvermittelt die ganze Bitterkeit der überstürzten Abreise, die Zerstörung der kleinen, vergänglichen Dinge. Nach dem Zauber und dem Rausch des umherirrenden Lebens kommt nun das sehnsuchtsvolle, das herzzerreißende Bedauern. Wie an so vielen anderen Orten der muselmanischen Erde Afrikas lasse ich auch hier etwas von mir selbst ... Auch von hier nehme ich lebhaftes Bedauern und eine lang andauernde Sehnsucht mit ...

... Langsam, fast widerwillig fährt der Zug nach Norden zurück; unter dem grauen Himmel erscheint mir das Land bedrohlich, wie durch einen Alptraum verändert. Die vernebelten, sandigen Horizonte ziehen sich hoch in den trüben Himmel hinauf, und das matte Licht des zur Neige gehenden Tages verfälscht die Sicht des in die Ferne schweifenden Blicks.

Hadjerath-M'Guil, Moghrar und das ganze erhabene Chaos aus schimmerndem, schwarzem Gestein kleidet sich heute mit einem undefinierbaren Ton schwarzgrauer Asche. Die wilden Schluchten, die von abgestürzten Felsbrocken verschütteten Gebirgspässe, alles verschwindet in einem rußigen Nebel. Durch die undichten Türen des alten Waggons dringt eisige Kälte herein, und der heftige Luftzug bewegt die staubigen Vorhänge. Abgrundtiefe Traurigkeit, fast Trostlosigkeit überwältigt meine Seele. Ich rolle mich in meinen Burnus; ich versuche zu schlafen, um nichts mehr zu sehen, um nichts mehr zu denken.

*

... Ein finsteres Erwachen auf dem Bahnsteig von Aïn-Sefra; von dem bis zu den Dünen hin schneebedeckten Mekter-Gebirge weht ein eisiger Wind. Unfreundliche Laternen schwanken in der Dunkelheit, man hört fluchende, heisere Stimmen und sieht eilig fliehende, gebückte Gestalten.

Ein seltsames Bild, diese Dünen der Wüste, die ich zu Anfang der Herbstzeit wie ein Flammenmeer unter der Sonne gesehen hatte und die sich jetzt sehr nordisch von den schneeweißen Bergen abhoben ...

Rückweg

Unter der Wintersonne hätte Aïn-Sefra mit seinen blassen Häusern und seinen kahlen Bäumen durchaus an ein trauriges Dorf im

Norden erinnern können ... Nur der Hintergrund der rötlichen Dünen, die Militärgebäude mit ihren Arkaden aus blutrotem Backstein und die große Leere der Sandwüste verleihen dem Ort einen unverkennbar afrikanischen Anstrich.

Die Luft ist frisch und kühl; durch den klaren Himmel ziehen ganze Karawanen leichter Lämmerwolken und lassen ihre bläulichen Schatten über die vergoldete Ebene wandern.

Mein Rückweg nach Algier führt über die Straße der Hauts-Plateaux. Die dumpfe Traurigkeit des Aufbruchs, die mich in Beni-Ounif überkommen hatte, ist wieder verschwunden. Die heutige Stimmung meiner Gefühle ist eher behaglich und friedlich. Ohne Eile gehe ich zum *Ksar* am Fuß der Dünen hinüber. Dort finde ich noch einige saharische Bilder: die großen Dattelpalmen, die sich zu keiner Jahreszeit verändern, die weißen *Koubbas*, die jahrhundertelang regungslos im Staub und der Kahlheit des Dekors verharren.

Die heiligen *Koubbas* umgeben das *Ksar* wie Schildwachen, die den Traum und die Stille schützen; die *Koubba* von Sidi Bou-Thil, dem Schutzpatron von Aïn-Sefra; von Sidi Abdelkader-Djilani, dem Emir der Heiligen des Islam; von Sidi Sahali, dem Schutzherrn der Kameltreiber und der Nomaden ...

Heute ist die *Fedhila* des Monats Ramadan, der arabische Mittfastentag, an dem das Fasten nicht unterbrochen, sondern durch Gesänge und Besuche der Marabout-Gräber gefeiert wird.

Im Schatten der *Koubbas* psalmodieren die reinen Stimmen unsichtbarer junger Mädchen uralte Litaneien, begleitet vom dumpfen Trommelschlag der Tamburins. Die hellen Stimmen steigen zum Himmel auf und scheinen sich in der grenzenlosen, durch ihren Klang ungetrübten Stille zu verlieren.

In der Ferne, auf der Straße von Mékalis, sieht man bedächtig einherschreitende braune Kamele, die immer wieder etwas von dem bitteren *Btom* abfressen, das überall am Rand der steinigen Pisten wächst. Sie ziehen über Aïn-Sefra nach Beni-Ounif, um sich einem der großen Konvois in den äußersten Süden anzuschließen. Mit den Augen verfolge ich ihren Weg, und wieder einmal überkommt mich die Versuchung, nicht in die verdrießliche Enge der Stadt zurückzukehren, mich statt dessen den sorglosen Kameltreibern anzuschließen, den geliebten Horizonten entgegen, und nie zurückzukehren ...

... Ich erreiche Tiout, ein kleines freundliches *Ksar* im grünen Schrein einer Oase am Ende des mit Sand und Spartgras bedeckten Tals.

Durch die bezaubernde Unordnung der schon wieder grünenden Gärten ziehen sich schmale Pfade, gesäumt von niedrigen Erdwällen, eingetaucht in den ewigen Schatten der Dattelpalmen. Über eine dunkle Gasse des Ksour gelange ich zum Eingang eines stillen, weißen Gebäudes mit großen sonnigen Höfen; es ist das Haus des *Agha* der Amour, des verehrten Sidi Louley und Nachkomme des großen heiligen Sidi Ahmed-ben-Youssef von Miliana.

Der *Agha* ist nicht zu Hause, und so empfängt mich sein Sohn Si Mohammed. Er gleicht einer verkümmerten Blume, dieser junge Mann mit seinem wunderschönen, wachsweißen Gesicht und seinen tiefschwarzen, wie von schwerer Müdigkeit befallenen, halbgeöffneten Augen. Er ist anmutig und schüchtern, gleichzeitig verkörpert er aber schon den ganzen bedächtigen Ernst seines Ranges und legt eine etwas überhebliche Zurückhaltung an den Tag, von der er bald wieder abläßt, um mir ein lächelndes, fast fröhliches Gesicht zu zeigen.

... Nachdem die Nacht hereingebrochen ist, gehe ich zum *Dardiaf* hinüber, zu den *Mokhazni* und den Spahis, mit denen ich gekommen bin, und die zu einer Patrouille in den Berg aufbrechen wollen.

Um aber zum *Dar-diaf*, dem Gästehaus zu gelangen, muß man ein ganzes Labyrinth von schwarzen, verwilderten Straßen durchqueren. Hier und dort dringt ein schwacher Lichtschein durch eine Mauerritze oder eine verschlossene Tür und färbt den matten Toub der Straße blutrot. Die menschenleeren Gassen wirken wie unterirdische Gewölbe mit Abgründen und Vorsprüngen, in denen sich unbestimmte Schatten bewegen. Im Hof des *Dar-diaf* erwartet mich eine typische Szene des Nomadenlebens, eine Szene, die ich tagelang, Abend für Abend in verschiedenen Kulissen wiederfinden sollte.

Die Soldaten aus dem Westen liegen aufgestützt auf ihren Matten; in der Mitte steht ein *Medjmar*, ein arabisches Kohlebecken aus gebrannter Erde und ein Tablett mit Teegläsern. Hinten, im blauen Halbdunkel, stehen die Pferde und kauen faul und schnaubend auf dem Drinngras herum. Die *Mokhazni* singen, wie jeden Abend. Offenbar denken sie an die schönen braungebrannten Mädchen vom Stamm der Amouria, die in der Ferne unter ihren Zelten beieinandersitzen, denn sie singen schmachtende Liebeslieder, die dennoch traurig klingen, von abgrundtiefer Traurigkeit:

Du schöner blauer Star, wenn du davonfliegst in mein Land,
Sag meiner Gazelle, sag meiner Freundin,
Sie soll den Diener schicken, neun Ellen weißes Tuch zu kaufen ...
Sag ihr, sie soll es nun nähen, das Kleid ihres Geliebten;
O möchte sie singen, wenn sie es näht,
Das weiße Gewand ihres Freundes ...
Erst nach der Waschung wird er es tragen,
Wenn sein Leib gereinigt mit den läuternden Wassern
Und seine Augen geschlossen ...
Sag ihr den Gruß ihres Freundes und sein Adieu.
Eines Tages hat er, von Wahnsinn und Wut übermannt,
Ihr Zelt verlassen;
Er kaufte ein graues Pferd und ritt davon.
Er legte den blauen Burnus an,
Befleckte die Gandoura mit einem Patronengürtel aus blutrotem Leder,
Warf ein Gewehr über die Schulter
Und machte sich auf den Weg zur Grenze, ins Land des Schießpulvers ...
O schöner blauer Star, sag meiner Freundin
Das Adieu des Geliebten,
Und bitte sie, sein Leichentuch zu nähen,
Denn er wird allein, in der Ferne sterben ...
Die Schakale werden sein Fleisch verzehren und seine Knochen lecken ...

Und die *Mokhazni* singen ihr trostloses Klagelied ohne Traurigkeit und ohne Furcht ... Doch vielleicht spricht der einfältig improvisierende Sänger die Wahrheit, vielleicht werden manche von ihnen ihren letzten Schlaf in dieser verlorenen Ecke schlafen ... Aber gibt es nicht das *Mektoub*? Und welchen Sinn hätte es, sich über Dinge zu beunruhigen, die schon geschrieben stehen? ...

Ich kehre zum Haus des *Agha* zurück. In dem großen weißen Saal sitzen mehrere braungebrannte Männer in schwarzen Burnussen im vertraulichen, fröhlichen Gespräch beieinander. In der Ecke, neben dem Kamin, in dem das widerspenstige, harte Gestrüpp der Wüste brennt, sind Gewehre und Patronengürtel abgestellt.

Auf dem Boden häufen sich schwarze und graue Wollsäcke sowie schwere Teppiche aus dem Djebel Amour. Die Gäste sind die Führer der einheimischen Reiterabteilung der Trafi aus Géryville, die nach vier anstrengenden Monaten in höchster Gefahr aus dem Süden heimkehren. Sie werden mich als meine künftigen Weggefährten bis Géryville begleiten. Sie erzählen von ihren Schwierigkeiten dort unten, in den trostlosen Steinwüsten; sie sprechen auch von der Rückkehr zu ihren Stämmen, und bei diesem Gedanken verleiht die Freude den rohen, von der glühenden Sonne des Südens fast schwarz gebrannten Gesichtern einen milden Zug ...

Der Abend endet in matter Schweigsamkeit; ich lege mich schlafen und träume vom nächsten Tag, von dem schönen langen Weg zu Pferde, der mich etwas für die Traurigkeit entschädigt, den Süden verlassen zu müssen.

Drückende Stille lastet auf dem Ksar. Irgendwo, in weiter Ferne, im Lager der Reiterabteilung, weint eine Beduinenschalmei leise vor sich hin. Lange, endlos lange lausche ich ihren Weisen, wie im Traum.

Die Schalmei verstummt, und alles fällt in den Schlaf. Mit den letzten verschwommenen Gedanken an die Freude, auf dem Rückweg nach Algier, den ich am liebsten endlos hinausgezögert hätte, wenigstens in den großen leeren Steppen ein Gefühl von Ruhe und Freiheit zu genießen, fallen auch mir die Augen zu.

DIE HAUTS-PLATEAUX

Unterwegs nach Géryville

Es ist Morgen, ein blasser, lichter Wintermorgen; die Sonne streicht sanft über die kahlen Feigen- und Granatapfelbäume des Hofes und entzündet weiße Flammen in den spitzen Palmwedeln, die der kalten Brise fast regungslos widerstehen.

Der Caïd der Akkerma ist mit seiner Reiterabteilung schon vor dem Morgengrauen aufgebrochen. Ich werde erst abends am Etappenplatz wieder zu ihnen stoßen. Eingehüllt in dicke Burnusse aus schwarzem Kamelhaar besteigen wir unsere Pferde, der alte Reiter Mohammed-Naïmi und ich. Schweigend machen wir uns auf den Weg, zuerst durch die Gärten, dann durch das unfruchtbare und verlassene Tal, in dem das Spartgras wie eine gräuliche Flut zu wogen scheint.

Während der Fastenzeit ist ein Aufbruch am frühen Morgen kein lustiges Unternehmen; jeder gibt sich in sich selbst gekehrt seinen verschwommenen, trüben Träumereien hin. Die Pferde dagegen finden die frische Luft aufregend und beginnen fröhlich zu schnauben. Vor uns liegt ein langer Tag in der Monotonie des endlosen Tales, ohne etwas zu essen und vor allem ohne zu rauchen.

Nach beiden Seiten hin beschließen bläulich schimmernde, vernebelte Bergschichten den Horizont. Im Nordosten, noch weit von uns entfernt, gewinnt ein anderer, geradlinig aufstrebender mächtiger Berg immer deutlichere Umrisse. Mit bitterer Wut denke ich an die ganz ähnliche Silhouette des Djebel Moumène dort unten, am roten Horizont von Djenane-Ed-Dar.

Im weißlichen Morgennebel steigt die Sonne auf, und das mit Spartgras bedeckte Tal wird etwas freundlicher. Allmählich legt sich die Übelkeit der ersten Stunden mit nüchternem Magen. Ich tröste mich mit dem Gedanken, daß mir noch mindestens zwanzig Tage eines echten Nomadenlebens bleiben.

Auf dem Weg nach Géryville treffen wir nur ein paar kleine Hirten, die neben angezündeten Spartgrasbüschen hocken, um sich aufzuwärmen. Wir sitzen ab und gehen zu Fuß weiter, weil unsere Füße in den dünnen roten Lederstiefeln erfrieren und unsere Hände schon so steif geworden sind, daß wir die Zügel nicht mehr halten können.

Als Mohammed-Naïmi bemerkt, daß ich einen traurigen Eindruck mache, beginnt er mir mit der großen Gutmütigkeit der Nomaden aufheiternde Geschichten zu erzählen.

Sie sind schlicht und oft sehr ergreifend, die Geschichten des guten alten Reiters: er erzählt, wie er sein Heimatland mit den Reitern vom Stamm der Trafi verließ, von dem schmerzlichen Abschied, den weinenden Frauen und Kindern und den folgenden langen Tagen in der Eintönigkeit der Steinwüste, immer unterwegs, mal auf der Verfolgungsjagd einer immer wieder entkommenden *Djich*, mal als Wegweiser und Geleit eines langsamen Kamelkonvois. Wohlig reckt Naïmi seine Glieder unter dem schweren Burnus und sagt mit einem Lächeln, das seine weißen Zähne blitzen läßt: «Gott sei Dank! Das alles ist vorbei, und morgen oder übermorgen wird jeder wieder in seinem Zelt sein.»

Damit meint er ganz unmißverständlich die monatelange harte Zeit ohne eine geliebte Frau – die Einsamkeit fern von den schönen Beduininnen mit der tätowierten Stirn. Obwohl Naïmi schon auf die Fünfzig zugeht und sein Bart allmählich ergraut.

Ich ermutige ihn ein wenig, mehr über sich zu erzählen, und bereitwillig beginnt er von den Heldentaten und Liebesabenteuern seiner Jugend zu sprechen; seine Worte bleiben immer korrekt und verschleiert, aber in seinen länglichen, graubraunen Raubvogelaugen entzündet sich eine glühende Flamme. Keine abgedroschenen Geschichten, diese Nomadenlieben, und wirklich so beschaffen, daß sie einen Hauch von Romantik in das rauhe Hirtendasein bringen, einen Hauch von Romantik, der später den gesamten moralischen Ausdruck des Beduinen, seinen Charakter und seine Haltungen prägt.

Was macht es schon, daß sie unbewußt bleibt, die überwältigende wilde Poesie ihres Lebens!

*

... Am Horizont geht die Sonne unter, während wir gerade einen schmalen, dicht mit Spartgras bewachsenen Paß zwischen zwei hohen Bergen erreichen; vereinzelt erheben sich große wilde Olivenbäume aus dem dornigen Gestrüpp. Wir beginnen den Abstieg des Djebel Breïsath, rechts von der Straße, die nach Géryville führt.

Inmitten einer Lichtung, auf einem kleinen, schräg zum Wadi hinabfallenden Hochplateau entdeckten wir ein Dutzend schöner, rot und schwarz gestreifter Zelte unter dem Banner roter Wollkugeln. Das Lager der Marabout-Fraktion der Ouled-Sidi-Mohammed-el-Medjdoub.

Die Pferde unserer Reiterabteilung sind neben den Zelten angebunden, und die Leute des *Douar* zünden große Feuer an, um das Gastmahl für den Caïd der Akkerma, Si Larbi-Ould-Hadj-Ali, zu bereiten.

Mein Hund Loupiot, der dem Maultier mit meinem Gepäck gefolgt war, stürzt mir mit freudigem Jaulen entgegen.

Welch angenehmer Augenblick, diese Ankunft im Lager zur Fastenzeit; unter dem fremden Zelt überkommt mich das Gefühl einer wiedergefundenen Heimat, die ich morgen für immer verlassen werde, die ich aber heute abend ausgestreckt auf den dicken *Haraïr* in vollen Zügen genieße.

Der tapfere Caïd thront inmitten seiner braungebrannten und nach vier Monaten im Süden ziemlich abgerissenen Reiter. Die Marabouts sitzen im Halbkreis, das Kinn auf die Knie gestützt, und lauschen aufmerksam den Geschichten und den Neuigkeiten aus dem Westen, die der Caïd ihnen erzählt. Alle Araber aus dem Süd-Oranais interessieren sich leidenschaftlich für die Geschehnisse an der Grenze und die Auseinandersetzungen mit Marokko.

Die hier anwesenden Trafi und Amour, deren Oberhaupt Bou-Amama noch vor zwanzig Jahren war, haben nicht mehr die geringste Lust, den Geschicken des alten Wegelagerers zu folgen. Heute sind sie die tapfersten unter den muselmanischen Soldaten, die dort unten, an der Grenze, für Frankreich kämpfen.

Zu später Stunde wird das zweite Essen erwartet; aus dem Lager dringt lautes Stimmengewirr und erfüllt die dunkle Nacht. Man spricht über das Vieh, die Schafe, die Kamele, das Spartgras und den gegenwärtigen Markt. Die typischen Hirtengespräche, die ich an allen Etappenplätzen bis hin nach Géryville, Aflou und Boghari immer wieder hören sollte ...

Schließlich, lange nach Mitternacht, wird es still, und ich schlafe ein, trotz der Kälte, die Burnus und Decken durchdringt, und obwohl Loupiot, der sich an meine Brust schmiegt, lange keine Ruhe geben will.

Bei Tagesanbruch erreichen wir die Ebene. Anfangs folgen wir einem steinigen Pfad durch ein unnatürlich entstelltes Gelände, das in violetten Farben schimmert.

Vor uns erhebt sich eine hohe, undurchdringliche rauhe Mauer: eine dichte Nebelwand, auf der die gegenüber aufgehende Sonne zarte Regenbogen und große weiße Halbkreise entstehen läßt, die uns vorkommen wie Gewölbe, die wir durchschreiten müssen.

In diesem Nebel ist es eisig kalt, und bald zieht sich eine Reifschicht über unsere Burnusse, über die Pferderücken und die Bärte der Reiter. Fast eine halbe Stunde reiten wir im Trab, um uns aufzuwärmen, aber die Kälte wird immer schlimmer. Unser Weg führt hinab in einen von kleinen schwarzen Bergen umgebenen Talkessel, der dicht mit Spartgras bewachsen ist. Bald darauf ziehen hohe graue Rauchwolken im Nebel auf, und helle Strahlen gleiten über den feuchten Sand. Die wohltuende Wärme macht uns Mut, bringt etwas Fröhlichkeit in unsere kleine Truppe, die den Tag so verdrießlich begonnen hat.

Ein *Mokhazni* und mehrere Reiter stoßen zu uns, der *Mokhazni* Ahmed ist ganz allein auf seiner mausgrauen Stute aus Taghit gekommen, um seine Eltern zu besuchen, die irgendwo im Süden, in der Nähe von Brézina lagern.

Eine Stunde später, als der Nebel sich aufgelöst hat, haben wir auch die langsamen Kamele der Trafis wieder eingeholt, den Lastenzug, der das Gepäck und etwa ein Dutzend Kisten mit Patronen befördert, welche die Reiterabteilung zum Arabischen Bureau von Géryville eskortieren muß.

*

Es ist Mittag; mittlerweile glänzt die Sonne warm und feurig wie im Frühling.

Je weiter wir nach Norden vordringen, um so roter und steiniger wird der Boden; lange, wogende Linien durchziehen die Ebene, deuten die noch trockenen breiten Wadis an. Ganz unten auf der rechten Seite taucht ein kleiner, leuchtend weißer *Ksar* auf, umgeben von Gärten mit blattlosen Bäumen. Keine einzige Dattelpalme ist zu sehen. Es ist Chellala-Guéblia.

Links, auf dem Hügel, neben dem Straßenrand erhebt sich die große Koubba von Sidi Abdelkader-Djilani aus Bagdad. Ein viereckiges Gebäude zwischen hohen, kahlen Mauern und eine langgezogene, ovale Kuppel, das Ganze getüncht mit altersgrauem, von der Sonne ein wenig vergoldetem Weiß.

Wir befinden uns am Fuß jenes Berges mit den geometrischen Umrissen, den man schon von Tiout aus sehen konnte und der dem Djebel Sidi-Moumène so ähnlich ist.

In einer kleinen Niederung des roten Bodens offenbart sich ein liebliches *Ksar* aus dunkelbraunem Toub, umgeben von wunderschönen Palmgärten: Chellala-Dahraouïa. Hier werden wir die Nacht verbringen.

Das *Ksar* wurde auf einem äußerst unberechenbaren Gelände mit tiefen Schlammlöchern erbaut. Wir folgen den zum Teil überdachten Straßen, den eigentümlichen Ksour-Straßen voller Schatten und Geheimnis. Ein schmaler Pfad führt uns an einer breiten Kluft entlang, die fast wie ein Abgrund wirkt; ganz unten am Grund entdeckt man mehrere Gärten und eine alte *Koubba*, deren Kalkanstrich völlig abgebröckelt ist und die mit ihrer rauhen Kuppel die Höhe des Weges erreicht. Ringsum befinden sich Gräber, kleine graue, aufgerichtete Steine.

... Endlich sind wir im Haus des Caïd Hadj Ahmed; er ist ein freundlicher und leutseliger alter Greis, der uns im Gästesaal empfängt, einem länglichen, weißgetünchten Raum mit einem europäischen Bett in einer Ecke und mehrfach geschichteten Teppichen aus dem Djebel Amour auf dem Boden.

Da uns bis zum Maghreb noch etwas Zeit bleibt, gehen wir auf den kahlen Hügel oberhalb des *Ksar* hinaus und machen es uns auf dem warmen Boden in der Sonne bequem. Der Kadi, der Caïd und einige andere gebildete Männer haben uns begleitet, unter ihnen ein hübscher dunkelhaariger junger Mann, der mit sanfter Stimme singt: der Sohn des Caïd von Bou-Semghoun, dem südwestlich gelegenen *Ksar* der Region.

In Chellala sprechen die Ksour-Bewohner noch den Chelha-

Dialekt; hier höre ich die alte Berbermundart zum letztenmal, diese seltsame, unverständliche Sprache, die das gewollte Geheimnis des Eingeborenenlebens von Figuig noch undurchdringlicher macht: Schon am nächsten Tag betreten wir rein arabisches Gebiet.

*

Der Sonnenuntergang vermittelt mir noch einen Eindruck des wiedergefundenen Südens.

Auf dem Rückweg zum *Ksar* begegnen wir auf der Straße, die zu den Brunnen führt, einem Zug von Frauen in langen roten oder weißen Schleiern, die mit Krügen und tropfenden Ziegenlederbehältern auf den Schultern durch den vergoldeten Abend schreiten.

Langgestreckte lila Schatten wandeln zu ihren Füßen über den rosagetönten Boden ...

*

... Beim Aufbruch stellt der Caïd Larbi seinem Kollegen aus Chellala eine Frage, die das ganze Nomadenleben zusammenfaßt: «Könntest du mir nicht sagen, wo meine Familie zur Zeit lagert?»

Der Caïd Hadj Ahmed antwortet mit einer Geste, die mir ziemlich ungenau erscheint: er streckt seine rechte Hand nach Nordosten aus. Das reicht, der Caïd der Akkerma hat verstanden; er wird sein wanderndes Zuhause mehr als hundert Kilometer von dem Ort wiederfinden, an dem er es bei Herbstanfang verlassen hatte ...

*

Douéïs ist ein mit ergiebigen Brunnen gesegnetes Tal, das zwischen den steinigen kahlen Hügeln und den Bergen liegt; der Caïd nennt mir die Namen: Djebel Bessebaa, Ousseïra, Mezrou, Tazina.

Unten im Tal verläuft ein zerklüftetes Wadi, rot wie eine längliche, blutende Wunde; seine *Redir*, die kleinen Tümpel, füllen sich schon mit Wasser.

Es ist drei Uhr, als wir uns dem Lager des Caïd nähern. Zwei oder drei Salven werden in die Luft geschossen und das silbrige *«You-you»* der Frauen hallt von den Bergen her wider. Der ganze Stamm läuft dem Oberhaupt entgegen, einem schlichten, ungehobelten Mann, der keinerlei Bösartigkeit ausstrahlt, und begrüßt die Brüder, die vom Bled-el-Baroud (dem Land des Schießpulvers) heimkehren. Hier werde ich den morgigen Tag verbringen, dann muß ich die tapferen Trafi verlassen und weiterziehen nach Géryville.

Nach dem Maghreb-Essen gehe ich allein mit Loupiot hinaus und streune ziellos durch das Spartgras.

Ich möchte den Rausch meiner Traurigkeit vertreiben, denn ich weiß, selbst wenn ich eines Tages zurückkehren könnte, würde ich nichts von dem wiederfinden, was ich verlassen habe ...

Wir verbringen den Abend und die Nacht im Gästezelt; zu etwa dreißig Personen auf engem Raum dicht aneinandergedrängt spüren wir kaum etwas von der scharfen Kälte vor der Morgendämmerung.

*

Morgens, gegen zehn Uhr, nahm ich Abschied von dem Caïd Larbi und den Akkerma, die mich begleitet hatten; es war ein brüderlicher, fast rührender Abschied. Dann schlug ich die Straße nach Géryville ein, allein mit einem großen Knaben namens Abdesselam, einem unbeholfenen und scheuen Jungen, der stundenlang hartnäckiges Schweigen wahrte.

Die Luft ist milde und der Himmel klar.

Nach zahllosen Schluchten und Schlammlöchern durchqueren wir eine große, ganz und gar saharisch wirkende Landebene.

Die Sonne wird fast heiß, und der Tag vergeht im Nu.

Bis Géryville sind es fünfundneunzig Kilometer, und die ganze Straße ist hoffnungslos verlassen, kein einziges *Douar*, nur ein elendes, halb zerfallenes *Dar-diaf*, ein Gästehaus, geführt von Beduinen aus maraboutischem Geschlecht, die aber eher wie eine Räuberbande wirken: den Ouled-El-Hadj-ben-Amar.

Das *Dar-diaf* ist sehr weit, mindestens sechzig Kilometer von Si Larbis Lager entfernt, und wir traben fast den ganzen Tag, um es vor der Nacht zu erreichen.

Nach und nach gibt Abdesselam seine Schweigsamkeit auf und läßt sich in ein Gespräch ein, doch angesichts seiner unheilbaren Dummheit ziehe ich es vor, dem monotonen, klagenden Redegesang zu lauschen, den mein Führer mit lauter Stimme an die Echos der Umgebung weitergibt.

Er gesteht mir, daß er noch nie in Géryville gewesen sei, daß er auch noch nie ein französisches Dorf betreten habe und stellt mir die ungereimtesten Fragen, auf die ich ausweichend antworte, während meine Gedanken ganz woanders sind. Ich bedaure, daß mein Gefährte des ersten Tages, der intelligente und interessante Mohammed Naïmi, nicht bei mir ist.

Die Sonne geht unter. Es ist die Zeit des Maghreb, und ich habe wenigstens den Trost, endlich eine Zigarette anzünden zu dürfen.

Doch vom *Dar-diaf* und den Ouled-El-Hadj-ben-Amar ist immer noch keine Spur zu sehen.

Schnurgerade zieht sich die Straße durch die verlassene Ebene bis zu einer Kette niedriger, mit einigen wilden Olivenbäumen bewachsener Hügel am Horizont.

«Vielleicht ist es dort, am Fuß des Hügels, dieses *Dar-diaf*?»
«Gott weiß . . .»
Sonst ist nichts aus dem stumpfen Genossen rauszubringen, und ich begnüge mich damit, im schnellen Trab weiterzureiten.

*

Bald wird die Nacht über uns hereinbrechen; wir kommen durch einen Engpaß, wo die Straße abschüssig wird, wo die violetten Schatten der späten Abendstunden die Dinge schon vernebeln.

Endlich entdecken wir das heruntergekommene und baufällige *Dar-diaf* in einem morastigen, von frischen Séguias durchzogenen Gelände. Wir lassen die beiden tapferen Stuten trinken und machen uns auf die Suche nach den Wächtern.

Sie haben ihre schrägen, verschmutzten Zelte in einer Art Bergspalte aufgeschlagen; sie selbst wirken nicht weniger abgerissen mit ihren ausgehungerten, gierigen Gesichtern. Es gibt lange Verhandlungen über den Preis des Gastmahls und der Gerste. Schließlich bringt man uns etwas schlechten Kaffee und schwarzes Couscous ohne Fleisch; nach dem Essen ruhen wir uns in einem der Zelte aus. Durch einen Schlitz im inneren Vorhang beobachten uns neugierige Frauenaugen.

Abdesselam möchte sich an Ort und Stelle schlafen legen, und die «Marabouts» tun alles, um uns zur Übernachtung zu bewegen.

Doch ich finde diesen Ort und diese Leute zu bedrückend; ich ziehe die Stille der eiskalten und mondlosen Nacht vor und lasse mich nicht überreden. Wir steigen wieder auf die Pferde und machen uns im schnellen Galopp davon, bis wir die Straße erreichen.

Notizen von unterwegs

Es herrscht dichte Dunkelheit, und ein kalter Wind kommt auf. Abdesselam flucht ein wenig vor sich hin, doch als er merkt, daß ich ihm nicht zuhöre, wird er wieder still. Schließlich finden wir am Fuß eines von Spartgras überwucherten Hügels einen Brunnen und eine Tränke. Wir steigen hinauf und zünden ein Feuer an, um uns aufzuwärmen und etwas Licht zu haben, während wir ein Stück Winterfladen essen, die zweite Mahlzeit in der Nacht des Ramadan ...

*

... Wir erreichten Géryville. Weitere Etappen folgten ...

Der Weg über Aflou und den Djebel Amour gab mir noch einige Anregungen für Erzählungen, die ich schreiben möchte. Ich war äußerst beeindruckt vom Charakter der schönen, betriebsamen und starken Bevölkerung dieser Gegend, in der sich die Kunst der Teppichweberei bis heute erhalten hat. In Aflou wurde viel über den Süden und den Krieg gesprochen. Das Echo auf die Schießereien in der Wüste schwoll in diesen Bergen über die Maßen an, erzählt und kommentiert von einheimischen Reitern, deren mühselige Märsche und gefahrenreiche Tage nie beschrieben worden sind.

Ein arabischer Sänger begeisterte das Publikum des maurischen Cafés mit einem gesungenen Bericht über die Belagerung von Taghit. Man hätte glauben können, ein Kreuzzugslied zu hören, als er in rhythmischen Versen erklärte, wie die Reiter der *Harka* aus Tafilalt ihr Leben ließen, indem sie unter den Schießscharten des Forts spazieren ritten und den Hauptmann von Susbielle zum Zweikampf herausforderten.

NOTIZEN ÜBER OUDJDA

Oudjda

Im Laufe der jahrelangen Wanderschaft gewöhnt sich das übersättigte Auge an die leuchtendsten Farben, an die eigentümlichsten Kulissen. Und schließlich entdeckt es die trügerische Monotonie der Erde und die Ähnlichkeit der Geschöpfe – eine der tiefsten Enttäuschungen des Lebens.

Dennoch gibt es Landschaften, die der Tyrannei der Zeit zu entrinnen scheinen und sich fast unberührt erhalten: sie allein sind in der Lage, auch den mattesten Seelen jenen Schauder und jene Trunkenheit zu geben, die sie auf immer verloren glaubten.

Mitten im reißenden Strom unseres nivellierenden Jahrhunderts gehört auch Oudjda zu diesen verlorenen Stätten. Dieser Eindruck ist um so intensiver, als er völlig unerwartet kommt, nach einer Abfolge verschiedener Dekors, die eine bekannte, gewohnte Schönheit ausstrahlen, ohne irgend etwas Außergewöhnliches und Unvorhergesehenes.

Der trübe Frühling gestattet mir zunächst einen kurzen Blick in das vernebelte, eingeregnete, in seine leuchtend-grünen, freundlichen Gärten verkrochene Tlemcen mit seinen hohen grauen Mauern, seinen Gassen und seinen Läden, seinen gelblich-braunen, überalterten Fassaden und dem Minarett von Sidi Bou-Médine, das sich schwarz von dem weinenden Horizont abhebt.

Beim Verlassen der Stadt entdecken wir in einem schwachen Sonnenstrahl, verstohlen wie ein Lächeln unter Tränen, die große, in Ruinen zerfallene, zu Boden geschmetterte Silhouette von Mansourah, fest entschlossen zu überdauern, auch an der Schwelle der Vernichtung noch von erhabenem Stolz im sprießenden Grün des wiedererwachten Pflanzenlebens dieses afrikanischen Bodens.

Jenseits des niedrigen Strauchwerks und der friedlichen Hügel, jenseits des schlammigen und brodelnden Tafna liegt Lella-

Marhnia, ein kleiner Militärstützpunkt mit breiten, schnurgeraden Straßen, an deren Rand sich riesige Warenlager erheben; hier entlädt sich die Unruhe des gärenden Marokko im geldgierigen Handel.

Hinter Marhnia öffnet sich die mit Bergen umgebene Ebene von Angad wie ein großer Talkessel. Hier wird die Gegend trostlos, nichts mehr als Traurigkeit und Monotonie, geschmückt mit den grauen Skeletten der verblühten Brustbeerenbäume und den langen roten Wundmalen der zerklüfteten Wadis, die das feuchte Gestrüpp zerfurchen.

Auf dem unberechenbaren Pfad bietet das verwesende Aas mit seinen klaffenden Wunden ein Schreckensbild herausgerissener Innereien, dem die blasse, von leichten weißen Dunstschwaden verschleierte Sonne ihre Liebkosungen angedeihen läßt.

Kurz darauf erreicht man einen Gürtel aus dunklen Olivenbäumen, man sieht fruchtbare Gärten, das grüne Samt kleiner Gerstenfelder und vereinzelt, an der Ecke eines Erdwalls, die karminrote Blüte eines Pfirsichbaums: die ruhige Landschaft, die an die tunesische Sahel erinnert.

Doch plötzlich lichten sich die Olivenbäume. In gedämpftem Weiß erhebt sich vor uns eine hohe Festung, unzugänglich und abweisend, mit einem mächtigen, gewölbten Tor. Wir sind in Oudjda.

Sitzend oder aufgestützt auf dem Boden liegend bewachen die *Asker*, die Soldaten des *Makhzen*, bekleidet mit scharlachroten Westen und ebensolchen Mützen, das Tor. Gleichgültig, mit verschwommenem Blick sehen die Männer uns vorübergehen und antworten zerstreut auf unseren Gruß.

Wenn die Sonne untergegangen ist und die Muezzin ihren schleppenden Ruf ertönen lassen, werden die Tore von Oudjda sich mit dem quietschenden Geräusch ihrer alten Eisenangeln schließen. Die Schlüssel werden dem *Amel* in der Casbah übergeben und bleiben bis zum Morgengrauen dort. Vom Sonnenuntergang bis zu ihrem Aufgang ist Oudjda isoliert vom Rest der Welt, und kein menschliches Wesen kann mehr hinein oder hinaus.

Kaum daß wir das Tor durchschritten haben, schlägt uns ein heftiger Geruch entgegen, ein gemischter Geruch von Fäulnis, Balsam, Aas und eingeweichten Oliven.

Der Eingang zur Stadt ziert sich mit Schlamm und Fäulnis, mit grünlich ausschlagenden, stehenden Gewässern voller Kot, toter Tiere, schmutziger, modernder Abfälle und Lumpen.

Statt der Stille und Zurückgezogenheit der anderen Städte des Islam herrscht hier ein dichtes, lärmendes Gewimmel, eine Menschenmasse, die sich ereifert und sich durch den Schlamm der Straßen wälzt. Man könnte meinen, ein Fiebersturm sei über Oudjda gefegt. Die Leute scheinen in Eile – diese Leute, von denen man erwartet hatte, sie langsam und ernst einherschreiten zu sehen.

Sie wirken gehetzt, sie drängeln sich. Welche dringenden Angelegenheiten mögen sie vorhaben, wo mögen sie hingehen, jetzt, wo es doch Abend ist und die Tore in Kürze unwiderruflich verschlossen sein werden?

Zuerst kommen wir durch elende Gassen, dann erreichen wir einen mit Häusern umstandenen Hauptplatz, Häuser, die einst weiß waren und jetzt zusammenbrechen, die große schwarze Placken und tiefe, wie klaffende Wunden wirkende Risse aufweisen. Auf gleicher Ebene mit dem schlammigen Schmutz des Bodens öffnen sich kleine, höhlenartige Läden, in denen sich Waren und Lebensmittel stapeln: glänzende schwarze Oliven, braune, in gegerbte Lederhäute eingeschnürte Datteln, irdene Krüge mit grünlichem Öl, in blaues Papier gewickelte Zuckerbrote.

Auf den etwas trockeneren Fußsteigen schiebt sich die dichte Menge an den Wänden entlang, die vom vielen Anfassen blankpoliert und schmutzig sind.

Welch ein Durcheinander von Rassen, Typen und Trachten! Die Bürger von Fez oder Oudjda in *Djellabas* aus feinem Tuch, mit weißem, undurchdringlichem Gesicht und einem Blick, der List und Stolz ausstrahlt. Nomaden in erdigen Lumpengewändern, mit Turbanen und Kapuzen, den Rosenkranz um den Hals, mit regelmäßigen und harten Zügen, die mir vertrauter und sympathischer sind... Abgerissene und heruntergekommene Frauen, eingerollt in alte, sandfarbene Woll-Haïks, die ihre Sandalen durch den Schlamm schleifen...

Zwischen den Fußgängern rennen bettelnde Kinderscharen herum, verstohlen wie die Mäuse zwischen den Hufen der Pferde; sie sind frech und zugleich höflich, mit hübschen, sanften Gesichtern und schmeichelnden großen Augen... Und schließlich sieht man Soldaten und Wegelagerer, die sich kaum voneinander unterscheiden, Gesichter, aus denen Hunger und Raublust spricht; es sind vor allem Guéballa aus dem Inland, die auch nach langen Monaten schlimmsten Elends noch kräftig sind, mit knochigen Gesichtern, spitzen Zähnen und glänzenden Augen. Manche von ihnen tragen die rote Weste des Makhzen über ihren unsäglichen Lumpen.

Alles redet zugleich, streitet, singt, lacht und scherzt . . . Denn in dieser von Fäulnis und Elend gezeichneten Stadt herrscht in der letzten Stunde des Tages eine erstaunliche Fröhlichkeit, eine ungewöhnliche und unheilvolle Fröhlichkeit, die das Schauspiel vollends finster, die es erschreckend macht.

Sie ist halb Wahn und halb Verzweifelung, diese künstliche Fröhlichkeit, und die Scherze, die laut über die Straße hallen, sind abscheulich und obszön. An allen Straßenecken hört man brutale Worte, Verhandlungen zwischen Soldaten und Kindern und Prostituierten, verbrauchten, völlig abgemagerten Weibern und Kerlen, geschlagen vom Hunger und von den Geilheiten, die in dieses Land gebracht worden sind – diesen in der Bewußtlosigkeit und der Auflösung einer qualvollen Agonie liegenden Maghreb.

Wenn man Oudjda betritt, hat man das Gefühl, plötzlich um Jahrhunderte zurückversetzt zu sein, eine unverhoffte Rückkehr in das finstere Leben des Mittelalters zu vollziehen.

*

Die beiden von der Grenze kommenden Reiter vom Stamm der Beni-Ouassine und ich durchqueren die ganze Stadt, um zu einer sicheren und ruhigen Zuflucht zu gelangen: der Zaouïa des Sidi Abdelkader von Bagdad. Und plötzlich, als die purpurne Sonne in einem grünlichgoldenen Ozean untergeht, wirft Oudjda in den etwas abseits gelegenen Vierteln, in denen es nicht vom hungernden Volk wimmelt, dieses Oudjda wirft seine Trauerschleier und seinen Schrecken ab, Oudjda lächelt, weiß und rosig, umgeben von sarazenischen Mauern mit eleganten Schießscharten und rauschenden Olivenhainen. Alles schweigt: man hört nur ein einziges menschliches Geräusch, ebenso alt wie der Islam, den gedehnten Ruf des Muezzin, der von hoch oben über die in sich gekehrten Geschöpfe kommt.

Auf den baufälligen, an manchen Stellen schon mit Gras bewachsenen Rundbögen sitzen Tauben und putzen unter sanftem Gurren ihr schimmerndes Gefieder.

Hier finde ich nach dem Alptraum und dem Schreckensbild der Ankunft völlig unerwartet und ergreifend den großen Frieden wieder, die Regungslosigkeit und die ernste Heiterkeit der alten Städte des Islam, alles, was sie so zauberhaft und reizvoll macht.

*

... Eine finstere Nachtvision unter dem schweren Himmel, der sich wieder mit Wolken belädt.

In Begleitung eines schwarzen Sklaven aus der Zaouïa reite ich noch einmal durch Oudjda, um die kleine französische Mission zu besuchen, die den Auftrag hat, die marokkanischen Kanoniere auszubilden.

Jetzt, in der dichten Dunkelheit, ist die sonderbare Stadt noch grausiger, noch stärker dazu angetan, Halluzinationen hervorzurufen.

Das fieberhafte Hin und Her hat sich noch gesteigert, ein phantastischer Wettlauf von Gespenstern; dazu die schwankenden Laternen mit ihren bunten Gläsern, die lange Ströme roten, grünen und blauen Lichts über die einfarbige Oberfläche der Wasserpfützen gleiten lassen, aus denen zerplatzende Blasen aufsteigen, als beginne der Schlamm zu kochen. Die Passanten weichen aus, um nicht zu versinken. Sie streifen die Mauern, bücken sich, drängen aneinander vorbei.

Wir kommen an einen Marktplatz; durch den unregelmäßigen Boden ziehen sich stinkende Gräben, überall hat sich Unrat angesammelt. Auf einem Haufen in der Ecke liegen zwei oder drei tote Hunde; die lebenden wittern ihre Artgenossen, schnuppern an ihnen, um dann entsetzt, mit eingezogenem Schwanz und langgezogenem Jaulen die Flucht zu ergreifen, wie vom Tod verfolgt ...

Dort, im Schlamm, werden die Waren unter freiem Himmel zur Schau gestellt, alles steht voll mit Säcken, Kisten und geflochtenen Körben aus Zwergpalmblättern; daneben wieder Laternen mit flackerndem Licht, die unmäßige, verzerrte Schatten auf den Hauswänden tanzen lassen ... Oh! ein ohrenbetäubender Lärm!

Im trüben Schein der Laternen verkauft man Gemüse, Orangen, Oliven, Zitronen, Datteln und sogar Zuckerwerk; nur Brot ist zu dieser späten Stunde nicht zu finden, das Brot, nach dem all die erschöpften, elenden Gestalten lechzen, die verbraucht sind, entstellt von der Not, und deren Zahl bedrohlich wächst, die aus allen Löchern der Dunkelheit hervorkommen, um alsbald wieder im Schatten zu verschwinden, die einen mit dem beunruhigenden Gefühl zurücklassen, ein grausiges Gesicht gesehen und wieder verloren zu haben, dessen Atem man jetzt irgendwo, ganz in der Nähe, hinter sich zu spüren glaubt.

Mein Pferd rutscht und zittert. Es fürchtet sich vor diesen Phantomen und diesen Lichtern; es schnaubt, bäumt sich auf und erntet ein ganzes Konzert von Flüchen und Verwünschungen. Hier, in der ungnädigen Nacht, spürt man den Hunger, den entsetzlichen Hunger, der die beklagenswerten *Berrania*, die Soldaten, die Wegelagerer und die Leute der Umgebung, die vor dem Krieg geflohen sind und sich in die Stadt geflüchtet haben, quält, während die wohlgenährten Bürger neben ihnen ein behagliches Leben führen.

Ein stöhnendes, monotones Wehgeschrei erhebt sich auf allen Plätzen, in allen Gassen: «Auf den Wegen Gottes flehe ich um Brot!» – «Für Sidi Abdelkader-Djilani, gebt mir Brot!» Und aus der Finsternis hinter dem Markt dringt eine Stimme, die alle anderen übertönt, die tonlose Stimme eines Blinden, die monoton und rhythmisch endlos die immer gleichen Silben hämmert: «Wer gibt ein Brot zum Almosen für Sidi Yahia!»

Und im Refrain kehrt der Name Sidi Yahia wieder, der Name des Schutzpatrons von Oudjda, der einen so harten Klang bekommt, daß er die flehende Bitte des Bettlers grausam und bedrohlich wirken läßt.

Endlich, nicht ohne Mühe, finden wir die *Casbah*: Mein schwarzer Begleiter kennt die Straßen kaum, und die nach dem Weg gefragten Passanten wenden sich ab und antworten nicht. Mitten in der Stadt, aber in einem etwas ruhigeren Viertel, erhebt sich hinter einer neu erbauten Mauer ein großes weißes Haus, verschlossen und verbarrikadiert, wie alles hier.

Dort wohnen noch zwei französische Offiziere und ein Sergeant sowie zwei Unteroffiziere von den einheimischen algerischen Tirailleurs; seit es kein Brot mehr gibt, sind die Schüler ferngeblieben, und so bleiben sie allein zurück, verbannt in die dumpfe Trostlosigkeit dieser Ecke von Oudjda, zur Tatenlosigkeit verurteilt. Doch als pflichtbewußte Soldaten bleiben sie auf ihren Posten und ergeben sich ihrem Schicksal, der Ungewißheit und Nutzlosigkeit ihrer schlichten Anwesenheit; bedauernswerte, wackere Leute, die vielleicht schon morgen den marokkanischen Streitereien und Plünderungen zum Opfer fallen.

Es ist schon zu spät, in die Zaouïa zurückzukehren; außerdem ist der Weg durch den Schlamm und die Menschenmenge zu weit. In einem antiken Zimmer lege ich mich auf einen Teppich. Im Halbschlaf höre ich wie im Traum ein zunächst undeutliches Stimmengewirr, das anschwillt zu dröhnenden klaren Oboen-Tönen und schließlich in einem sanften Seufzer endet: es sind Aïssaoua, die beten und ihr *Dikr* psalmodieren, abgeschirmt durch die Heiterkeit der Nacht, welche die Fäulnis der Dinge, das Leid und die Verworfenheit der Geschöpfe verschleiert.

Und ähnlich wie beim Sonnenuntergang habe ich wieder ein Gefühl des unendlichen Friedens, der absoluten Regungslosigkeit; ein intensives Gefühl des alten Islam, der dem Tod gleichgültig gegenübersteht, der die Ruinen unbekümmert ihrem Schicksal überläßt, der in all den unruhigen, von Krieg und Blut gezeichneten Jahrhunderten seinen großen heiteren Traum von der Ewigkeit verfolgt.

*

... Klar und strahlend erhebt sich die Sonne über dem kleinen verborgenen Rosengarten im Hof der Mission, im Schatten einer riesigen, silbernen Espe und der alten moosbedeckten Festungen der *Casbah*.

Um nicht durch den stinkenden Schlamm laufen zu müssen, steigen wir wieder auf die Pferde und kehren zum Markt zurück.

... Oudjda atmet auf: im Morgengrauen haben die meist unter den furchterregenden Guéballa rekrutierten viertausend ausgehungerten und bedrohlichen Männer der Armee von Taza die Stadt verlassen. Das Heer hat sich ins Blaue hinein auf die Suche nach dem verheißenen Brot gemacht und kommt nicht mehr zurück ...

Die Unglücklichen, die dieser ausgehungerten Horde auf den verlassenen Straßen begegnen!

Doch auch heute herrscht Unruhe in der Stadt; überall laufen Männer herum und verkaufen die nutzlosen Gewehre und ihre blutroten Westen. Sie verschleudern diese Dinge mit einer Art Erbitterung, zu jedem beliebigen Preis, während sie den ohnmächtigen und verlogenen Makhzen mit Flüchen und Hohn bedenken. Sie lassen ihrem Haß freien Lauf.

Mit jedem Schritt werden die Straßen enger und die Menge dichter. Hier und dort liegt aufgedunsenes Aas im heißen Schlamm. Ein Pferdehuf oder eine gierige Hundepfote reißt das tote Fleisch in Fetzen; Lachen aus schwärzlichem Blut und Eiter bleiben zurück.

Und die Bürger der Stadt, die reinlichen und angesehenen *Khador*, seit Monaten überschwemmt von der Horde der *Berrania*, versuchen nicht einmal mehr, ihre Stadt zu säubern: sie gehen an all den Unreinheiten vorbei und wenden sich voll Abscheu ab.

Auf diesen durch zahllose Torbögen hindurchführenden Straßen sieht man ein ungewöhnlich vielseitiges Bettelvolk, Blinde, Aussätzige, Krüppel und Schwachsinnige . . .

Ich fühle mich wie in einer Mördergrube, in einer elenden Spelunke, und dann wieder wie im Wunderhof; ein Gemisch aus Abscheu, Schrecken und Mitleid, in mir verwirrt sich alles und bedrückt mich.

Muskelstarke Männer, fast alle mit den roten Lumpen des Makhzen bekleidet, bahnen sich rücksichtslos einen Weg durch die Menge. Um den Hals tragen sie eine lange Kette, an der ein Topf und eine kleine Glocke befestigt sind, beides aus klimperndem, gelbem Kupfer. Auf dem Rücken tragen sie einen vollen Wasserbehälter: Es sind *Guerbadjia*, die Wasserhändler, die mit ihrem ungewöhnlichen Lärm noch eine zusätzliche Note von Entwurzelung in die Stadt hineintragen.

Mitten zwischen den Trödlern sieht man plötzlich einen stattlichen, sonnengebräunten Soldaten in scharlachroter Weste, der einen struppigen, jaulenden Hund am Genick packt und ihn mit ausgestreckten Armen in die Höhe hält; im Tonfall der Marktverkäufer schreit er: «Azizi, ein ganzer Hund für nur fünf Sous! Ein guter Wächter; ein seltener Hund, der nicht lügt!»

Alle verstehen die beleidigende Anspielung auf den betrügerischen Makhzen. Unter schallendem Gelächter macht sich das wütend kläffende Tier aus dem Staub.

*

Notizen von unterwegs

... In der Zaouïa erwarten uns große helle Höfe, saubere und weiße langgestreckte Säle, Ruhe und innere Gelassenheit.

Um den noch blutjungen Sohn des abwesenden Cheikh, ein blasses und kränkliches Kind in einer *Djellaba* aus dunklem Tuch, haben sich ernste, bedächtige Personen mit freundlich lächelnden Gesichtern und sanften Gebärden versammelt. In einem Tonfall, als rezitierten sie eine auswendig gelernte Lektion, sprechen sie vom Sultan, von seinen wohltätigen Reformvorstellungen und den Verbrechen des Rogui ...

Doch im Grunde sind sie viel zu intelligent, sich in all diese strittigen Fragen einzumischen. Sie wollen davon abstrahieren und in ihrer unbeweglichen, geschlossenen Welt leben, wie schon ihre gottesfürchtigen Ahnen es getan hatten; in der Stille und im Schatten wollen sie die Angelegenheiten der Gläubigen regeln, ohne sich weiter um den Herrn des Maghreb zu bekümmern, der unsichtbar irgendwo in der Ferne weilt.

Wunderschöne schwarze Sklavinnen bringen uns den Tee, die Milchspeise und das gepfefferte Fleisch. Bei jeder Bewegung erahnt man die vollendeten Formen ihrer geschmeidigen, kräftigen Körper unter den *Mlahfas* aus dunkler Wolle. Halb lächelnd, wie liebevolle Tiere, rollen sie ihre großen weißen Augäpfel.

Wie fern von den Schrecken der Außenwelt ist diese hinter Mauern, Einfriedungen, Höfen und Korridoren verborgene Zaouïa! Wie unbefleckt und friedlich mitten in der Fäulnis und im lauten Geschrei von Oudjda!

Unter dem Eindruck einer tiefen, geheimnisvollen Ruhe breche ich auf.

*

In der Mittagssonne durchqueren wir das Chaos von Oudjda zum letztenmal und verlassen die Stadt durch das gleiche im Osten gelegene Tor, durch das wir hineingekommen sind.

Es ist zu Ende. Der prunkvolle grünlich-silberne Vorhang der Olivenhaine hat sich geschlossen, hat all diese kurzen Visionen, diesen von Rausch und Schrecken gezeichneten, nur wenige Stunden währenden Traum in seinen Schatten genommen.

Und trotz allem hat Oudjda mit all seinen Kontrasten, das unflätige, ausgehungerte, verhurte Oudjda, die Stadt der Fäulnis und des Todes, einen der tiefsten und ergreifendsten Eindrücke Afrikas in mir hinterlassen. Ich ritt davon, ohne diese Stadt zu fliehen, fast widerwillig, und bewahrte die Erinnerung an die wenigen Augenblicke, in denen sie mir fast heimlich ihre sanfte, freundliche Ruhe offenbart hatte, die melancholische Schönheit einer abgesetzten Prinzessin, die mitten im Schrecken, in den Trümmern Marokkos zurückgeblieben ist, in diesem Land, wo alles schläft, wo alles langsam unter dem gleichgültigen Blick der Menschen zusammenbricht, die nicht einmal versuchen, gegen die Vernichtung zu kämpfen, die nicht an die Kraft des Menschen glauben ...

Tlemcen, den 27. März 1904

DIE TUNESISCHE SAHEL

Die tunesische Sahel

Ich hatte gerade eine jener moralischen Krisen hinter mir, die den Seelen einen nachhaltigen Schlag versetzen, so daß sie wie in sich gekehrt für lange Zeit unfähig sind, angenehme Eindrücke aufzunehmen – empfänglich nur für Schmerz und Leid . . .

Dennoch war meine Reise durch die tunesische Sahel vielleicht die ruhigste von allen.

Kaum hatte ich es mir im Zug Richtung Sousse bequem gemacht, empfand ich eine unbeschreibliche, plötzliche Beruhigung . . . Ich verließ Tunis in der fröhlichen Stimmung der Abreisen.

*

Langsam und faul setzt sich der Zug in Bewegung, jeden Augenblick hält er an, für nichts und wieder nichts, doch an allen Stationen erwartet uns eine schöne, grünende Landschaft. Zuerst passieren wir das nahegelegene Maxula-Rhadès mit seinen weißen Häuschen neben dem Gestade, an dem sich die Wellen des offenen Meeres brechen, während man im Nordosten die spiegelglatte Oberfläche des Sees glänzen sieht. Dann kommt der kleine Ort mit den aristokratischen Landhäusern, der den reichen Muselmanen als Sommerfrische dient: Hammam-El-Lif.

Kurz darauf entfernt sich die Eisenbahn von der Küste, die Gleise führen ins Landesinnere.

Hier finde ich zu meiner Freude die vertrauten Bilder des Beduinenlandes wieder: rötliche Hügel, goldene Stoppelfelder, die von den arabischen Erntearbeitern auffallend hoch geschnitten werden, graue, von Herden belebte Weiden und nomadische Hirten . . . Hier und dort die regungslose, sonderbare Silhouette eines Kamels . . . Manchmal fährt der Zug über eine kleine Eisenbrücke und überquert irgendein unbekanntes, in der Sommerglut ausgetrocknetes Wadi, in dem der Oleander seine üppigen Blüten treibt.

Doch nach Bir-Bou-Rekba nähern wir uns wieder der Küste; wir haben einen weiten Blick über das ruhige, violette Meer unter dem unversöhnlich strahlenden Mittagshimmel. Zu beiden Seiten der Gleise erstrecken sich grüne Wiesen und kleine Olivenhaine, die nach den ersten Herbsttagen ihren sommerlichen Staubschleier abgelegt haben.

In breiten, anmutigen Buchten und ausgezackten, zartgrünen Kaps hebt sich die flache Küste von dem lila getönten, regungslosen Azurblau des Golfs von Hammamet ab. Hier und dort spiegelt sich ein vom reinen Kalkanstrich milchigweißes Fischerdorf im tiefen Wasser.

Wir genießen den ruhigen Anblick eines alterslosen Landes ohne hervorstechenden Charakter. Es wäre schwierig, zu erraten, an welcher Stelle der Welt man sich eigentlich befindet, sähe man nicht an jeder Schranke die Beduinen unbeweglich auf ihren abgemagerten, zerzausten Pferden sitzen, eingehüllt in die schweren Falten ihres *Sefséri*, der dem tunesischen Volk die gleichen Dienste tut wie der Burnus den Algeriern ... Ledrige, braungebrannte, oft bartlose Gesichter mit den besonders ausgeprägten Zügen der Berberrasse ... Gleichgültige, meist finstere Blicke.

Ab Bou-Ficha umgeben uns die riesigen Olivenhaine, welche die tunesische Sahel bedecken.

In der stillen heißen Nacht, nachdem wir auch Menzel-Dar-Bel-Ouar hinter uns gelassen haben, läßt das schlummernde Land einen aromatischen, aber schweren und widerwärtigen Geruch zu uns aufsteigen: wir nähern uns den zahlreichen Ölmühlen von Sousse.

Ich kam dort an, ohne einen Menschen zu kennen, ohne Ziel und ohne Eile, vor allem ohne festen Reiseweg ... Meine Seele war ruhig und empfänglich für all die geliebten Gefühle der ersten Ankunft in einem neuen Land.

... Sousse ist eine verschlungene, zauberhafte, typisch arabische Stadt, die sich stufenförmig einen hoch aufragenden Hügel hinaufzieht und eingefriedet ist von einer schneeweißen, mit Zinnen besetzten sarazenischen Mauer. Am Hang außerhalb der Festungsanlagen erstrecken sich riesige Friedhöfe, umgeben von Hecken aus

Berberfeigenbäumen mit gelben, von der Sonne verbrannten Blättern. Weiter oben sieht man die roten Dächer und die langgestreckten niedrigen Gebäude des Tirailleur-Lagers.

Sousse ist eine schöne Stadt. Früher wurde sie El-Djohra, «Die Perle» genannt. Heute nennt man sie Souça, «Seidenwurm».

Von Sousse bis Monastir führt der von Gärten und baufälligen Häusern italienischen Stils gesäumte Weg abwärts, zum Meer hinunter. Dann kommen wir in eine verlassene, trostlose Landschaft aus unfruchtbaren Feldern, die mit schneeweißen salzigen *Sebkhas* durchsetzt sind.

... Diese trübselige Gegend, die ich zum erstenmal sah, offenbarte sich mir unter einem niedrigen, mit schweren Wolken bedeckten Himmel... Fahlgrün und finster lag sie in der Dämmerung der hereinbrechenden Nacht...

Doch bald fingen die Gärten wieder an, und wir fuhren durch Olivenhaine, an Wasserstellen vorbei, wo die kleinen Beduininnen ihre Herden und ihre unfolgsamen Pferde jeden Abend zur Tränke führen.

*

Monastir indes ist und bleibt eine einzigartige Stadt mit einem ganz besonderen Reiz und einer ebenso eigenwilligen Traurigkeit.

Nicht unmittelbar am Meer, sondern wie all diese arabischen Städte der Flachküsten etwas landeinwärts auf salz- und salpeterhaltigem Boden erbaut, erinnert Monastir mit seinen gräulichen, einstöckigen Häusern und seinen ungepflasterten Straßen an die melancholischen Oasen und könnte sich ebensogut am Rand irgendeines Chott des wunderlichen Wadi Rhir befinden...

Aber die Küste dieser Gegend ist voller Klippen, so daß man die Meeresbrandung ständig hört, vor allem um das hohe Vorgebirge der Kahlia, das die Altstadt von dem kleinen modernen Hafen trennt... Noch heute, nach Jahren, klingt mir dieses ewige Gemurmel, diese tiefe und sanfte Klage in den Ohren, so sehr bezauberte mich die Musik damals, während meiner einsamen, nächtlichen Spaziergänge und meiner langen Träumereien am Strand.

Die Leute aus Monastir sehen schon ganz anders aus.

Anders als die verweichlichten Bürger von Tunis und Sousse, die zwar anmutig, höflich und umgänglich sind, aber nichts mehr von jener strengen Majestät der wahren arabischen Rasse haben, die für den Traum und den Krieg geboren ist.

Genau wie Sousse liegt auch Monastir in der Mitte einer großen, zum Orient hin geöffneten Bucht mit rundlichen, lieblichen Konturen.

*

Von Monastir bis Kasr-Hellal führt der Weg wieder am Meer entlang, durch abgeerntete Felder und Olivenhaine.

Morgens, wenn die Sonne aus der purpurnen Flut aufsteigt, wenn alles regenbogenfarbig zu schimmern beginnt und sich vergoldet, sieht man das Fischervolk in voller Kleidung ins seichte Wasser hinuntersteigen; beladen mit Körben aller Art, mit Netzen und äußerst primitivem Fischgerät bewegt es sich voran, bis in die Mitte der Bucht.

Abends bevölkert sich der grenzenlose, oft sehr ruhige Horizont mit einer Unzahl kleiner dreieckiger Segel, die im Schein der untergehenden Sonne einen rosa oder purpurnen Ton annehmen. Es sind die Kähne und Tartanen der Fischer, die manchmal von weit her kommen, aus Sfax oder Zarzis.

*

Kasr-Hellal ... Ein Marktflecken, bedeckt mit einem Leichentuch aus weißem Kalk, zwischen dem blauen Meer und den dunklen Olivenhainen. Oberhalb der flachen Terrassen und der kleinen Kuppeln erhebt sich ein weißes Minarett, und ganz an der Seite neigt sich einsam und allein eine große Dattelpalme melancholisch dem Boden zu ... Jeden Abend legen die weißen Häuser von Kasr-Hellal ihre purpurnen Gewänder an, sie scheinen in Flammen zu stehen, während die Palme und das Minarett mit ihrem rotgoldenen Schein in die Feuersbrunst des Himmels hineinzuragen scheinen.

Hinter einem rundlichen Kap gruppieren sich die Häuser des kleinen Fischerdorfes Seyada auf gleicher Höhe mit den Kouriatine-Inseln, deren Leuchtturm nachts am Horizont erstrahlt und dem roten, unbeweglichen Feuer von Monastir Gesellschaft leistet, während der blinkende Turm von Sousse in weite Ferne rückt und überhaupt nur dann zu sehen ist, wenn große Ruhe in das Meer einkehrt.

Notizen von unterwegs

Seyada liegt verloren zwischen den Olivenhainen, hinter undurchdringlichen, stacheligen Kaktushecken, durch die sich nur die Schakale und die durchs Land streifenden Beduinen einen Weg bahnen.

Die Mädchen aus Seyada sind in der ganzen Sahel wegen ihrer Schönheit berühmt, und den jungen Männern aus Moknine ist es ein besonderer Spaß, von ihren liebenswerten Nachbarinnen zu sagen: «Wer einmal die salzige Meeresluft von Seyada und das berauschende Parfum seiner Mädchen gerochen hat, vergißt darüber den heimatlichen Boden.»

Moknine liegt ziemlich weit vom Meer entfernt, in einem fruchtbaren Tal. Es ist eine kokette kleine Handelsstadt, ganz und gar arabisch. Auch dort finde ich weißgekalkte Ecken, zerfallenes Mauerwerk, sandige Felsen und Momente drückender Stille, die mich an die geliebten Oasen meiner saharischen Heimat erinnern.

In diesen Städten des tunesischen Inlands tragen die einfachen Leute, die vom Land und aus den Städten kommen, nicht den majestätischen Burnus, den in Algerien jeder trägt, auch der Ärmste – eine zerlumpte aber patrizische Toga. Die Armen und die Beduinen wickeln sich in den weißen oder schwarzen *Sefséri*, ein langes Stück Wolltuch, dessen äußersten Zipfel sie gewöhnlich über ihren kleinen Turban werfen; dieses Gewand verleiht ihnen, wenn sie im Mondschein über die einsamen Straßen und die öffentlichen Plätze wandeln, das phantastische Aussehen geisterhafter Erscheinungen, die das *Kéfenn* des Grabes noch nicht abgelegt haben ...

Die Frauen, die Beduininnen oder armen Städterinnen tragen hier wie überall die gleichen dunkelblauen oder roten Schleier, das gleiche komplizierte und schwere Gebäude aus schwarzem Haar, Wollzöpfen, Schmuck und Seidentüchern, den gleichen losen, sehr tief, fast über den Hüften hängenden Gürtel.

In Moknine verbrachte ich einige meiner verschwommenen, köstlichen und orientalischen Stunden: Stunden des Traums in einem alten Dekor, mit den Weisen der Instrumente und der Lieder von einst ...

All diese kleinen Orte der Sahel sind wunderschön und weiß, wie Perlen im dunklen, samtigen Schrein der Oliven ...

Alles an ihnen ist lieblich, bis hin zu ihren klangvollen Namen: Ouar-Dénine (Die beiden Rosen), Souissa (Klein-Sousse), Menzel-

Bir-Taïeb (Dorf zum guten Brunnen), Oued-Saya, Djemmal, Sidi-El-Hani, El-Djem, Beni-Hassène ...

Auf dem rauhen, prächtigen Boden Afrikas ist die Schönheit dieses Landes einzigartig: alles ist sanft und licht, und selbst die Melancholie der Horizonte ist weder bedrohlich noch trostlos, wie sonst überall. Die Luft der Sahel ist belebend und rein, ihr Himmel von unvergleichlicher Klarheit.

*

Jenseits von Moknine steigt der Boden an, und es beginnt ein wildes, sonderbares Land, wo die Olivenhaine manchmal von großen, trostlosen Plateaus unterbrochen sind. Es ist das Land von Amira.

Die Einwohner, Landwirte oder Hirten, sind im ganzen Land gefürchtet, denn sie haben den Ruf, Plünderer und Streiter zu sein.

DIE MEDJBA

Ich war mit dem jungen *Khalifa* von Monastir, Si Larbi-Chabet, hergekommen, um die Rückstände des *Medjba* einzutreiben, die Kopfsteuer, zu der die einheimischen Landbewohner Tunesiens verpflichtet sind. Si Larbi kam nie auf die Idee, daß ich eine Frau sein könnte; er nannte mich seinen Bruder Mahmoud, und ich hatte Gelegenheit, sein unstetes Leben und seine Arbeiten zwei Monate lang zu teilen.

Wo wir auch hinkamen, bei all den düsteren, unfolgsamen und armen Stämmen bescherte man uns einen feindseligen Empfang. Allein die roten Burnusse der Spahis und die blauen Burnusse der *Deïra* machten einigen Eindruck auf diese ausgehungerten Banden ... Si Larbi mit seinem guten Herzen fühlte sich bedrückt; und wir schämten uns für das, was wir – er aus Pflicht und ich aus Neugier – taten, als wäre es ein Verbrechen.

Dennoch erlebte ich auf dieser Reise zauberhafte Stunden ...

Manche Namen dieses Landes rufen zahllose Erinnerungen in mir wach.

Am Ausgang von Moknine führt die staubige Straße neben den

als Abgrenzung der Olivenhaine dienenden *Hendi*-Hecken, Hecken aus Berberfeigenbäumen, immer geradeaus; die Oliven scheinen kein Ende zu nehmen, sie schlängeln sich wie silbrig schäumende Meereswellen am Weg entlang.

... Der erste Weiler von Amira, Sid-Enneidja, besteht aus einer kleinen Moschee mit groben, erdiggelben Wänden, die an die Toub-Konstruktionen des Südens erinnert, einigen ähnlich getönten ockernen Häusern, ein paar Trümmerhaufen und willkürlich verstreuten Gräbern.

Vor der Moschee befindet sich ein kleiner, von Unkraut überwucherter Hof und dahinter eine Art gewölbtes Fort, neben dem ein Feigenbaum seine großen, seidigen Blätter ausbreitet. Dort verbirgt sich der tiefe, eiskalte Brunnen. Wir lassen uns auf einer Matte nieder. Damit es schneller geht, bittet Si Larbi mich, ihm zu helfen, ich soll die Funktion des Registrators übernehmen.

Die Spahis und die *Deïra* stellen uns zunächst dem Cheikh vor, einem großen, greisenhaften Mann mit einem Adlerprofil und graubraunen Augen; dann kommen alle Alten des Stammes, begleitet von ihren aufgeschossenen, hageren Söhnen in zerlumpten *Sefséri*. Welch seltsame Häufung sonnenverbrannter Gesichter, gezeichnet von Wind und Wetter, mit energischen, fast schon wilden Zügen und einem düsteren, verschlossenen Blick!

In weinerlichem Tonfall trägt der Cheikh lange, verworrene Erklärungen vor, immer wieder brechen seine Begleiter mit der abrupten Heftigkeit dieser Rasse, die bruchlos von der Stille und dem Traum in den größten Tumult überwechseln kann, in schreckliche Schreie aus. Alle bestätigen ihr Elend. Ich rufe sie nach meiner Liste einen nach dem anderen auf,

«Mohammed-ben-Mohammed-ben-Dou!»

«*Anam!* Hier!»

«Wieviel bist du schuldig?»

«Vierzig Francs.»

«Warum bezahlst du nicht?»

«Ich bin *rouge-nu*, Sidi, arm wie ein Bettler.»

«Hast du kein Haus, keinen Garten, nichts?»

Mit einer edlen Geste der Resignation hebt der Beduine die Hand.

«*Elhal-hal Allah!* Das Glück ist bei Gott!»

«Geh auf die linke Seite.»

Meist entfernt sich der Mann resigniert und setzt sich mit gesenktem Kopf auf den Boden; die Spahis fesseln der Reihe nach alle, die auf die linke Seite kommen; morgen wird einer der roten Reiter sie nach Moknine bringen, und von dort werden sie in das Gefängnis von Monastir überführt, wo sie Zwangsarbeit tun müssen, bis sie bezahlt haben...

Diejenigen, die zugeben, etwas zu besitzen, eine armselige Hütte, ein kleines Heim oder ein paar Schafe, bleiben in Freiheit, aber der *Khalifa* läßt ihre Habseligkeiten durch die *Deïra* beschlagnahmen, um sie zu verkaufen... Mit blutendem Herzen müssen wir zusehen, wie die Frauen weinend die letzte Ziege, das letzte Lamm herbringen und sich unter nicht endenden Liebkosungen von ihren Tieren trennen.

Dann ziehen wir weiter, gefolgt von einer trostlosen traurigen Truppe gefesselter Männer, die zu Fuß zwischen unseren Pferden laufen...

*

Wir kommen nach Chrahel, von den Gebildeten Ichrahil genannt.

Wenige verstreute Häuser zwischen prächtigen Olivenbäumen, die üppiger im Saft stehen als anderswo... Wir schlagen unser niedriges, langes Nomadenzelt aus Ziegenleder auf. Die Spahis und die Deïra mit ihren leuchtenden Gewändern machen sich an die Arbeit; sie zünden das Feuer an, dann brechen sie auf, die *Diffa* einzutreiben, das Willkommensmahl, das uns – so traurig es ist – nur äußerst widerstrebend gegeben wird!

Si Larbi, der Spahi Ahmed und ich machen noch einen kleinen Abendspaziergang durch das Dorf.

An einer menschenleeren Ecke finden wir eine Frau, die Berberfeigen sammelt.

Ahmed nähert sich ihr und sagt: «Gib uns Feigen, Kätzchen! Mach die Stacheln ab, damit wir uns nicht stechen, o wunderbare Schönheit!»

Die Beduinin ist außergewöhnlich schön und ernst. Den feindseligen, verschlossenen Blick ihrer großen schwarzen Augen auf uns gerichtet antwortet sie: «Der Fluch Gottes komme über Euch! Ihr seid hier, um unser Hab und Gut zu nehmen!»

Mit einer heftigen Bewegung leert sie ihren Feigenkorb zu unseren Füßen aus und geht fort.

Mit einem schmeichelnden Lächeln streckt der rote Reiter die Hand nach ihr aus, aber wir hindern ihn, sie festzuhalten.

«Es reicht schon, daß wir irgendwelche harmlosen Greise festnehmen, da müssen wir uns nicht auch noch über die Frauen hermachen!» sagt der *Khalifa*.

«Oh! Sidi, ich wollte ihr nichts Böses tun!»

Dabei stammen diese mit leuchtenden Farben bekleideten Männer aus demselben Volk, sie kennen sein Elend, denn sie haben es selbst geteilt. Aber der Spahi ist kein Beduine mehr, und er glaubt sich seinen Stammesbrüdern allen Ernstes weit überlegen, weil er Soldat ist.

Wir unterhalten uns noch zehn Minuten mit einem unbeschreiblichen kleinen Neger, den wir zufällig getroffen haben und der uns durch seine improvisierten Erwiderungen und seine affenartige Intelligenz schallend zum Lachen bringt.

Dann, nach dem Essen, strecken wir uns behaglich auf unseren Teppichen aus und lauschen dem Chor der jungen Männer aus Chrahel.

*

Die Bevölkerung der Sahel ist außerordentlich musikalisch; die Hirten dieser Gegend komponieren noch heute Lieder und Redegesänge mit vollendetem Rhythmus und ebenso schönen Worten.

«O Mutter, Mutter, meine Freundin! Seit man dich zum Friedhof trug, will mir nichts in dieser Welt mehr lächeln ... Kummer besetzt mein Herz, wie bittere Ströme fließen die Tränen aus meinen Augen.»

Die Worte klingen mir heute noch im Ohr.

«Ich bedeckte mein Haupt mit meinem Burnus und weinte um Djénetta. Ich sagte ihr: Komm nicht mit mir, denn es mag sein, daß ich an deiner Seite sterbe. Und wenn du dann weinst, werden die Leute sagen: Der war ihr Geliebter; oder auch: Der Mann, den sie liebte, ist fort. Er schwor ihr ewige Liebe, doch er vergaß sie über das Jahr. Und dann wird die Schande über dir sein ...»

Als wir wieder zu unseren Zelten kommen, ist es schon fast Mitternacht.

Zwischenfall

Abends hatten wir Zouazra erreicht, das Territorium des gleichnamigen Stammes; man hatte unser großes Zelt aus Ziegenleder neben dem *Gourbi* des Cheikh Si Amor aufgeschlagen. Zouazra liegt mitten auf einem grünen Hochplateau, umgeben von jenen Olivengärten, denen die tunesische Sahel ihr üppiges Aussehen verdankt.

Etwa sechzig Meter links von unserem Zelt begannen die Olivenpflanzungen. Vor uns und rechts erstreckte sich die afrikanische Ebene, die, sobald sie nicht bearbeitet ist, wieder ihren Charakter grenzenloser Traurigkeit annimmt...

Eine unruhige Nacht lag hinter uns. Der Sturm hatte mit aller Gewalt an unserem Zelt gerüttelt. Es hatte geregnet; unter den Pferden war Panik ausgebrochen, sie hatten gewiehert, ausgeschlagen und versucht, ihre Fesseln von dem langen Seil zu befreien, das zu ebener Erde gespannt war.

Die unruhigen Hunde waren mit klagendem Gejaul im *Douar* herumgelaufen. Die Wächter unseres Lagers bestätigten, verdächtige Schatten am Rand der Gärten gesehen zu haben.

Trotz unserer dicken *Ihram* hatten wir unter der Kälte und der Feuchtigkeit gelitten. Im Morgengrauen waren wir schlechtgelaunt und mit erstarrten Gliedern aufgestanden.

Si Elarabys Diener Ahmed hatte den Leuten des Stammes befohlen, ein großes Feuer vor unseren Zelten anzuzünden. Doch das feuchte Holz brannte schlecht, und der Wind wehte beißende Rauchschwaden zu uns hinüber. Ich entfernte mich etwas vom Zelt und ging ein Stück zur Ebene hinaus. Die Wolken hatten sich zerstreut, und ein lieblicher, klarer Tag brach an. Am westlichen Horizont zeichnete sich das kräftige Gehölz der Olivenbäume schwarz vor dem rosa Hintergrund des klaren Himmels ab. Die Sterne verblaßten in der noch tiefen Dunkelheit. Der herbstliche Frieden dieses Landes rief traurige und sanfte Erinnerungen in mir wach, ähnliche Eindrücke, die ich einst zur gleichen Jahreszeit in Bône empfunden hatte, einer ganz anderen Stelle dieser Berberküste, die meine Wahlheimat geworden ist, die mir mit all ihren Traurigkeiten und all ihren verschiedenartigen Aspekten so überaus lieb und teuer ist.

Ich kehrte zum Zelt zurück.

Triumphierend und strahlend war die Sonne aufgegangen.

In der Mitte des *Douar* bereiteten die Frauen an einem großen Feuer unser erstes Frühstück.

Der *Khalifa* war krank, er hatte sich vor unser Zelt gelegt und rauchte, ließ sich faul von der Sonne erwärmen.

Die drei Reiter des Makhzen, der Diener und die Maultiertreiber spielten Karten.

Mich überkam ein köstliches Gefühl von Freiheit, Frieden und Wohlbefinden, das ich beim Erwachen inmitten der vertraulichen Schauspiele des Nomadenlebens häufig empfinde.

Während wir nicht ohne Ungeduld auf das Essen warteten, sahen wir plötzlich einen Beduinen-Reiter, der sich auf einem weißen Pferd ohne Sattel und ohne Zaumzeug näherte. Der Mann mit seinem fliegenden *Ihram* klammerte sich an die lange Mähne des wildgewordenen Tieres, trieb ihm seine nackten Füße in die Seiten und gab grausige Schreie von sich, eine Art monotone, anhaltende Klage. Als er näher kam, verstanden wir, was er schrie: «Mein Bruder ist tot! Mein Bruder ist tot!»

Statt uns zu erklären, was er wollte, ließ er sich vom Pferd fallen, wälzte sich händeringend am Boden und schrie weiterhin, sein Bruder sei tot ...

Amira

Während der Nacht hat ein Sturmwind schwere Regenwolken über den Himmel gejagt; das weite, tonhaltige Hochplateau, auf dem wir lagern, ist ebenso durchnäßt wie die kahlen Felder und die tiefen, hier und dort von Berberfeigenhecken durchsetzten Olivenhaine.

Unsere armseligen, regenschweren Nomadenzelte wirken wie große, ängstliche, auf den roten Boden geduckte Tiere.

Ein trüber und trauriger Herbstmorgen zieht über der völlig veränderten afrikanischen Landschaft auf, wie verunstaltet von den kalten Nebelschwaden, die am Horizont treiben.

Vor Kälte erstarrt und verdrießlich sitzen wir um ein qualmendes, blasses Feuer und warten schweigend auf den Kaffee, der uns etwas Kraft und Wärme geben wird.

Es ist eine jener schleppenden grauen Stunden, in denen sich die Seele in sich selbst zurückzuziehen und mit schmerzlicher, trostloser Intensität die letzte Sinnlosigkeit aller menschlichen Beziehungen zu spüren scheint.

... Ich verdanke es den Wechselfällen meines unsteten Lebens, daß ich seit zwei Monaten bei den düsteren, ungehorsamen Stämmen der Hochplateaus von Amira weile, zu deren Füßen sich die fruchtbaren Prärien und die schattigen Wälder der lächelnden Sahel erstrecken.

Da ich einer Zeitung versprochen habe, Reiseeindrücke über dieses Land zu schreiben, habe ich mich einer kleinen Karawane angeschlossen.

Sie ist von den tunesischen Autoritäten beauftragt, zusammenfassende Nachforschungen anzustellen und die stets rückständigen arabischen Steuern einzutreiben.

Die Karawane besteht aus dem kleinen *Khalifa* des Caïd von Monastir, einem unscheinbaren, schmächtigen Mauren aus Tunis, der sich als ziemlich gerecht, rücksichtsvoll und vor allem nicht allzu geldgierig erweist; zwei alten arabischen Notaren, die völlig unbeweglich in den Ideen und Haltungen früherer Zeiten erstarrt sind, aber einen sehr sanften, sehr angenehmen und freundlichen Umgang pflegen. Dann dem Spahi-Brigadier Ahmed aus Oran, einer eigentümlichen Mischung aus jugendlicher Anmut, oft wilder Gewalt, Unbekümmertheit und einer Denkfähigkeit, die sehr viel tiefer geht, als seine soziale Situation es vermuten ließe ... Und schließlich mehreren Beduinen in roten oder blauen Burnussen, die dem Makhzen als Spahis und *Deïra* dienen.

... Seit zwei Monaten schaue ich dem Tun und Lassen dieser Leute zu, die ich erst kenne, seit ich mit ihnen herumziehe, seit ich ihr Leben teile, und die nichts von mir wissen. Für sie bin ich Si Mahmoud Saâdi, der kleine Türke, der von einer französischen Schule weggelaufen ist ...

Und mein Notizbuch ist immer noch fast leer, trotz einiger Gewissensbisse, trotz einiger Impulse, etwas aufschreiben zu wollen ... Wieder einmal hat mich das leichte, freie, einschläfernde Beduinenleben vollends vereinnahmt und berauscht. Schreiben ... wozu?

Während ich noch fast gelangweilt über all diese Dinge meines gegenwärtigen Lebens nachsinne, werde ich plötzlich gerufen, mitzugehen in die Ebene, um einen aufgebrachten Stamm zu beruhigen, der aus Rache für den Tod eines seiner Mitglieder einen anderen Stamm massakrieren will ...

Alles bleibt stehen und liegen, das Lager wird der Aufsicht eines *Deïra* überlassen, der sich um die Vorbereitungen des Abendtransportes kümmert, während wir uns mit dem Gesandten des Cheikh auf den Weg machen ...

*

Im wilden Galopp geht es durch dichtes Gebüsch, über aufgeweichte, glitschige Pfade. Auf dem Rücken unserer von Wind und Regen gereizten Pferde, die nicht mehr gehorchen wollen, springen wir über Gräben und Berberfeigen-Hecken.

Endlich erreichen wir das *Douar* der Hadjedj; etwa hundert *Gourbis* und niedrige Zelte auf einem rundlichen Hügel inmitten einer erschreckend kahlen Landschaft: kein Baum, kein Gras ... Im *Douar* herrscht ungewohnte Erregung, schon von weitem hören wir wütendes Geschrei.

Zwischen den Zelten sieht man Männer in schwarzen oder erdfarbenen *Haïks*, die sich mit flatternden Gewändern ereifern und mit angriffsbereiten Mienen in kleinen Gruppen diskutieren, während andere auf dem Boden hocken und sich mit Waffen rüsten, alte Steinflinten polieren, Säbel mit Holzgriffen, Dolche und Sicheln wetzen. Im Zentrum des *Douar* haben sich die in blaue oder rote Schleier gehüllten Frauen versammelt und umgeben den mit einem schwarzen, blutverschmierten *Haïk* bedeckten Toten mit lautem Klagegeschrei ...

Die Männer stoßen Todesdrohungen aus und machen sich wie zur Zeit der großen Wanderung ihrer Vorfahren bereit, den feindlichen Stamm zu massakrieren und auszuplündern: den Stamm der Zerrath-Zarzour, der im Westen, jenseits einer fast einen Kilometer breiten und abgrundtiefen Schlucht lagert.

Der junge, Energie und Erregung ausstrahlende Cheikh Aly kommt uns mit einem Gewehr in der Hand entgegen und erklärt uns, was vorgefallen ist: «Heute morgen kam ein Knabe von den Zerrath-Zarzour namens Aly-ben-Hafidh mit seinem Bruder Mohammed hierher, zu uns, um meinem *Khodja* diese beiden Lämmer zu verkaufen. Sie begegneten einem der unsrigen, Hamza-ben-Barek, mit dessen Familie sie schon lange auf Kriegsfuß standen. Sie waren alle drei dort oben, auf der kleinen Anhöhe, außerhalb des *Douar*. Sie gerieten in Streit, und Aly-ben-Hafidh schlug Hamza mit seiner Keule den Schädel ein ... Da liegt die Leiche. Der ganze Stamm und vier Hirten vom Stamm der Helloul haben das Verbrechen gesehen. Aber Aly und sein Bruder sind in die Schlucht geflohen. Im Augenblick bereiten unsere Männer sich vor, Rache zu üben und die Zerrath-Zarzour zu massakrieren.»

Während der Cheikh uns erzählt, sind auch die anderen Männer näher gekommen, und große Stille herrscht im *Douar*, man hört nur noch die Klagen der Frauen. Angespannt, mit drohendem, verschlossenem Blick, die Waffen in der Hand, stehen die Nomaden da und hören zu ... Kaum hat der Cheikh seinen letzten Satz beendet, bricht das wilde Geschrei wieder aus.

Die Gebärden und die Schreie verkörpern unerhörte Gewalt, und die eckigen Gesichter der hageren Hadjedj nehmen erschreckende Züge an. Mit Mahnungen und Drohungen versucht der Cheikh Aly, sie wieder unter Kontrolle zu bekommen ... Ich höre, wie ein hünenhafter Alter mit einer Adlernase ihm fast verächtlich antwortet: «Du bist noch jung, du hast keine Ahnung! Das ist der Blutpreis ...» Und plötzlich zerstreuen sich die Nomaden und stürmen auf die Schlucht zu.

Im gleichen Augenblick sprengen auch die Spahis und *Deïra* in alle Richtungen davon, auch sie mit lauten Schreien; sie sind glücklich, diese als Soldaten verkleideten Nomaden, wenigstens die Illusion des Krieges zu genießen, schreiend über Land zu galoppieren und die bewaffneten Männer zu verfolgen, die sich jeden Augenblick gegen sie wenden und durch ihre Überzahl gefährlich werden können ... An dieser Menschenjagd berauschen sie sich, und ihre Gesichter erstrahlen; sie freuen sich wie eine wilde Kinderschar, die ihrem Übermut freien Lauf läßt.

Die stürmische Szene unter dem niedrigen, grauen Himmel, im peitschenden Wind ist ein wilder, prachtvoller Anblick.

... Schließlich wird der Stamm übermannt und ins *Douar* zurückgetrieben; niemand wird aus den Augen gelassen. Zwei oder drei Männer, die gar nicht mehr zu halten sind, werden überwältigt und gefesselt. Jetzt beginnen die Nachforschungen; zwei Spahis machen sich auf die Suche nach dem Mörder.

*

Er ist noch blutjung, dieser Aly-ben-Hafidh, den man uns nach einer Weile keuchend, mit zerfetzten Kleidern, das Gesicht mit Schweiß und Schlamm bedeckt, die Hände auf dem Rücken zusammengebunden, herbeischleppt. Er ist kreidebleich, aber der gesenkte Blick seiner großen braunen Augen hat einen scheuen und verschlossenen Ausdruck. Sein Bruder, ein großer, hagerer Beduine mit einem düsteren Räubergesicht, wirkt eher wie ein wildes Tier, das in die Falle gegangen ist und sich am liebsten auf die Anwesenden stürzen möchte... Doch er war es nicht, der den anderen tötete: es war Aly, der kleine Nomade mit den goldenen Augen und dem bartlosen Gesicht.

Einsilbig antwortet Aly-ben-Hafidh auf die üblichen Fragen nach seiner Identität.

«Weshalb hast du Hamza-ben-Barek getötet?» fragt der *Khalifa*.

Der Beschuldigte scheint sich für eine hoffnungslose Verteidigung zu sammeln. Er senkt den Kopf und sieht auf den Boden: «Der Prophet Gottes ist Zeuge, was zwischen ihm und mir geschah!»

Gegen jeden gesunden Menschenverstand, gegen jede Augenscheinlichkeit wiederholt er diesen Satz wie im Traum; verängstigt und hartnäckig zugleich läßt er nicht von den kindlichen Worten der Verleugnung ab.

Er beging sein Verbrechen auf dem kahlen Gipfel des Hügels; etwa fünfzig Personen haben ihn gesehen. Gemeinsam mit seinem Bruder floh er in die Schlucht und versteckte sich. Seine Erklärungen widersprechen denen seines Bruders, der in seiner Abwesenheit befragt wird... Was macht es schon! Auf alle Rügen, auf alle Drohungen, auf alle Bitten antwortet er jedoch nur mit tonloser Stimme, die Augen hartnäckig auf den Boden gerichtet: «Der Prophet Gottes ist mein Zeuge, was zwischen ihm und mir geschah!»

*

Drei Tage lang bleiben wir bei den Hadjedj. Drei Tage voller Diskussionen, Geschrei, Drohungen und unentwegtem Alarm. Als

Friede und Ordnung endlich wiederhergestellt scheinen, machen wir uns auf den Rückweg nach Moknine, der Hauptstadt von Amira.

Das Wetter ist wieder schön geworden. Es ist warm, beinahe heiß, und überall sprießt dichtes, feines Gras aus der vom Regen befruchteten Tonerde.

Es ist noch früh am Tag, die klare Stunde, zu der das Land sich azurblau unter dem unendlich reinen und blassen, wie vergrößerten rosa Himmel erstreckt.

Trotz der feurigen Munterkeit der Pferde schreitet unsere kleine Karawane langsam voran; hinter uns läuft ein düsterer, schweigsamer Trupp von fünfundzwanzig bis dreißig Gefangenen, die hier und dort in verschiedenen Stämmen festgenommen wurden. Resigniert, ohne eine Geste, ohne ein Wort der Empörung, paarweise an Hand- und Fußgelenken aneinandergefesselt. Sie wirken gleichgültig.

Aly, dem einzigen Mörder, hat man die Hände hinter dem Rükken gebunden; mit angeketteten Füßen läuft er, von den anderen getrennt, zwischen den Pferden der Spahis. Er bewahrt seine undurchdringliche Haltung, und wenn es den Beduinen seines Stammes gelingt, ihm aus der Ferne einige ermunternde Abschiedsworte zuzurufen, antwortet er mit entschlossener Stimme, als sagte er die Wahrheit: «Der Prophet Gottes ist Zeuge, was zwischen ihm und mir geschah!»

Die mittlerweile wieder friedfertigen Hadjedj schauen schweigend, fast ohne Haß zu, wie er vorübergeht; denn er befindet sich jetzt in den Händen einer Justiz, welche die Nomaden wie alle einfachen Menschen instinktiv fürchten und mißbilligen, da sie ihren Sitten und ihren Vorstellungen fremd ist. Für sie ist Aly nicht mehr der Feind, den man töten darf, dessen Blut man als Preis für sein Verbrechen fordern kann: jetzt ist er ein Gefangener, das heißt einer, mit dem man Mitleid haben muß, fast schon ein Opfer des gefürchteten und gehaßten Phantoms, der Autorität. Die Rachegelüste der Hadjedj gelten jetzt eher dem ganzen Stamm der Zerrath-Zarzour als Aly, hätten sie überhaupt die Gewalt, ihm noch zu schaden.

Plötzlich stürzt uns aus einer von Berberfeigen verdeckten Schlucht eine jammernde, klagende Gruppe Frauen entgegen. Die

Älteste von ihnen wird von einem auffallend hübschen kleinen Mädchen mit feurigen schwarzen Augen geführt: sie ist blind. Ihre weißen Haare fallen über ihr greisenhaftes Gesicht und sie weint.

Immer noch von dem kleinen Mädchen geführt, klammert die Alte sich an den Steigbügel des *Khalifa* und fleht ihn an. «Sidi, Sidi, um der Seelenruhe deiner Mutter willen, habe Mitleid mit meinem einzigen Sohn, meinem Aly! Habe Mitleid, Sidi!»

Unser Konvoi ist stehengeblieben, alle haben ernste Mienen. Mit blutendem Herzen müssen wir den Schmerz der alten blinden, zerlumpten Mutter mit ansehen, ohne sie trösten zu können.

Fast zu Tränen gerührt stammelt der *Khalifa* Versprechungen, die er niemals einlösen kann, und Alys Mutter überschüttet ihn mit ihrem Segen. Dann fällt sie ihrem Sohn an die Brust und bricht in lautes Klagen aus, wie über dem Leichnam eines Toten.

Der kleine Beduine ist kreidebleich geworden und zittert an allen Gliedern.

«Dein Vater liegt im *Gourbi*», sagt die Alte, «er ist krank, schwer krank. Gewiß ist seine Stunde gekommen. Er läßt dir sagen, du sollst gestehen, wenn du getötet hast, damit Gott uns und dir gnädig ist und du bei dem Ouzrar nicht in Ungnade fällst . . .»

Da beginnt Aly plötzlich krampfhaft zu weinen, und sein ohnehin junges Gesicht wird ganz und gar kindlich.

Sehr leise murmelt er: «Vergebt mir, Muselmanen! Ich habe ein Geschöpf getötet!»

Unter den Reitern und den Beduinen, die sich ihm genähert hatten, geht wie ein Freudenfeuer der Satz um: «Er hat gestanden, er hat gestanden!»

Es ist wie eine große Erleichterung, und sofort wenden sich all diese Leute Aly mit tiefstem Mitleid zu, fast könnte man sagen, mit liebevoller Fürsorge.

Der ansonst so harte Brigadier Ahmed neigt sich persönlich zu Aly herunter und bindet ihm die Hände los.

«Küß die Alte», sagt er.

Es kommt zu langen Abschiedsworten, die immer wieder von Schluchzern, Schreien und Klagen der Frauen unterbrochen werden. Dann entfernt sich die weinende Gruppe, aber noch lange hört man die alte Mutter, die sich mit grausigen Klagelauten das Gesicht zerkratzt.

Der Brigadier gestattet nun auch den Leuten vom Stamm der Zerrath-Zarzour, daß sie sich Aly nähern, ihm Adieu sagen und ihm ein paar Kupfermünzen für sein Essen im Gefängnis geben ... Unter denen, die dem Gefangenen einen Almosen geben, erkenne ich zwei oder drei Greise von den Hadjedj, die Aly und die Seinen noch am Vorabend massakrieren wollten. «Nimm das, wir geben es dir auf den Pfaden Gottes!» sagen sie. Dann entfernen sie sich mit ernster, fast feierlicher Miene.

Bald darauf muß der Brigadier die Versammlung auflösen, denn die Menge der Ouled-Zerrath-Zarzour wird immer dichter, und die Situation könnte gefährlich werden ... Wir setzen unseren Weg nach Moknine fort, quer durch die dichten Olivenhaine, die uns mit Tautropfen berieseln.

SITTEN DES TELL

Fellah

Das Leben der Fellah ist monoton und traurig, genau wie die staubigen Straßen ihres Landes, die sich in der glühenden Sonne endlos durch die unfruchtbaren, rötlichen Hügel schlängeln. Es besteht aus einer ununterbrochenen Kette kleiner Nöte, kleiner Leiden, kleiner Ungerechtigkeiten. Ein Drama geschieht nur selten, und wenn es zufälligerweise doch einmal die Monotonie der Tage durchbricht, ist es angesichts der alltäglichen und zu allem bereiten Ergebenheit doch auf sehr klare, sehr geringe Ausmaße reduziert. In meiner wahren Erzählung wird man also nichts von dem finden, was man von den arabischen Geschichten gewöhnt ist, weder *Fantasias*, noch Intrigen, noch Abenteuer. Nur das gleichmäßig tropfende Elend.

*

Geplagt von dem schneidenden, trotz der Sonne bitterkalten Meerwind führte Mohammed-Aïchouba in seinem schmutziggelben Gewand den primitiven Pflug, gezogen von zwei kleinen mageren Mischlingsstuten. Mohammed strengte sich sehr an, die stumpfe Pflugschar tiefer in den roten, steinigen Boden einzugraben. Aus Gewohnheit, aber auch, weil es ihm an Werkzeugen und an Mut fehlte, begnügte Mohammed sich damit, die Mastixbüsche und die allzu dicken Steine zu umgehen, ohne je zu versuchen, sein armseliges Feld, das *Melk*, das unteilbare Erbgut der Aïchouba, von ihnen zu befreien.

Der kleine Mammar, Mohammeds Sohn, klammerte sich an die erdige *Gandoura* seines Vaters und folgte stumpfsinnig der Furche, die er wohl eines Tages selbst mit dem alten Pflug bearbeiten sollte.

Mohammed ging auf die Fünfzig zu. Groß und sonnengegerbt, mit starkem Knochenbau, hatte er ein längliches, geprägtes Gesicht, umrahmt von einem kurzen, schwarzen Bart. Seine kastanienbraunen Augen hatten einen zugleich listigen, mißtrauischen und verschlossenen Ausdruck. Nur wenn der kleine Mammar dem Pflug zu nahe kam, stieß der Vater ihn sanft zurück, und seine Augen veränderten sich. Ein Lächeln trat in seinen dunklen Blick, in dem sich die jahrhundertelange Knechtschaft gesammelt hatte.

Ein zerrissener, einfach über den Kopf gelegter Schleier verlieh Mohammed mit seinen Lumpen endgültig das Aussehen eines biblischen Ackermanns...

Das Feld lag an einem dürren Hang, mitten in einem Chaos kleiner Hügel, die nach allen Seiten hin von einer bläulichen Bergwand mit verschlungenen Pfaden umgeben waren.

Gegenüber, auf der anderen Seite einer Schlucht, sah man die *Gourbis* der Fraktion der Rabta vom Stamm der Maïne.

Das Heim der Aïchouba lag etwas abseits, am Fuß des schroffen roten Felsens. Es bestand aus vier trockenen Steinmauern und einem Dach aus *Diss*; die Löcher in den Wänden waren mit Erde oder Gras zugestopft. Die niedrige, wie ein Höhleneingang wirkende Tür war die einzige Öffnung. Eine Hecke aus Dornen und Mastixzweigen diente tagsüber als Sichtschutz, so daß die Frauen von außen nicht gesehen werden konnten, während nachts die Viehherde hinter ihr lagerte.

Mohammed war der Älteste, das Familienoberhaupt. Seine beiden jüngeren Brüder wohnten mit ihm unter einem Dach. Der erste, Mahdjoub, war verheiratet. Da er sich nicht für die Feldarbeit interessierte, zog er Lämmer und Ziegen und besuchte die Märkte. Benalia, der Jüngste, hatte gar keine Ähnlichkeit mit seinen Brüdern. Er war achtzehn Jahre alt und weigerte sich zu heiraten.

Er hütete die Herde und wilderte in den Bergen. Trotz der Züchtigung seiner Brüder blieb er ein unverbesserlicher Gelegenheitsdieb; er verbrachte seine Tage auf irgendeinem Felsen vor dem großen goldenen Horizont und spielte Beduinenflöte oder improvisierte Klagelieder. Er war vielleicht der einzige seines Stammes, der die Pracht der Umgebung überhaupt sah, die drohenden Wolken über dem Gipfel der dunklen Berge und die lächelnde Sonne in den Tälern.

Im *Gourbi* bewahrte Benalia ein fast verächtliches Schweigen. Er beteiligte sich weder an den Geldstreitigkeiten seiner beiden älteren Brüder, noch an den endlosen Diskussionen der Frauen.

Und Frauen gab es viele im Halbdunkel des großen *Gourbi*. Mohammed hatte zwei und Mahdjoub eine. Außerdem wohnten dort die noch unverheirateten oder geschiedenen Schwestern, die alten Tanten und die Mutter Aïchouba, die abgelebte Ahnin der zahllosen Kleinen, die auf dem frühzeitig gekrümmten Rücken der Frauen getragen wurden. Obwohl insgesamt ehrfurchtsvoll und schüchtern, war es doch ein recht anspruchsvoller, ränkeschmiedender Familienverband.

Während die Männer draußen ihrer Arbeit nachgingen, pflegten die Frauen den harten Weizen in der schweren alten Mühle zu mahlen und ungesäuerte Fladen zu backen; dazu benutzten sie einen irdenen Ofen, der einem Riesenmaulwurfshügel glich und oben durch einen halb mit Wasser gefüllten Kochtopf abgedichtet wurde.

Wenn die elementaren Feld- und Weidearbeiten nicht nach ihrem Einsatz verlangten, gingen Mohammed und Mahdjoub wie die anderen Männer der Fraktion zu einer Hütte, wo ein mit Kittel und Turban bekleideter Mann Kaffee und Tee verkaufte, und ließen sich auf einer alten Matte nieder.

Dort wurde gemächlich, endlos über die Geschäfte geredet, wobei die Früchte der Erde, deren Entwicklung die Bauern stets aufmerksam verfolgten, meist im Vordergrund standen. Man schätzte die Ernte; man erinnerte sich an die Erträge des letzten Marktes; man verglich die Jahre.

Der Markt spielt eine wichtige Rolle im Beduinenleben. Er übt eine Art Faszination auf die *Fellah* aus, die sehr stolz sind auf den Markt ihres Stammes. «Er geht schon auf den Markt», sagt man, wenn ein Knabe das Alter der Männlichkeit erreicht.

Manchmal erzählte einer von ihnen eine naive, grobe Geschichte von der Entdeckung eines Schatzes, der in den Bergen versteckt war und von Geistern bewacht wurde, Legenden früherer Zeiten oder auch wunderbare Geschichten von den heute noch zahlreichen Panthern und Löwen.

Die Frömmigkeit dieser in den Bergen lebenden Berberstämme, von denen viele noch die Chelha-Mundart sprechen, ist eher lau als glühend, und ihre Unkenntnis des Islam nahezu bodenlos. Nur die Alten spreche die traditionellen Gebete. Die Marabouts hingegen werden sehr verehrt, und es gibt eine Unzahl *Koubbas* oder schlicht und einfach heiliger Stätten, zu denen man im Gedenken an irgendeinen einsamen Gottesfürchtigen eine Pilgerfahrt unternehmen kann.

Bei den Aïchouba betete nur Mohammed; er allein trug den Rosenkranz der Bruderschaft Chadoulia um seinen Hals ...

In resignierter Gedämpftheit flossen die Tage dahin, in der Monotonie des Elends, das man schon immer gelitten hatte.

... Das Jahr ließ sich schlecht an. Zur Zeit der Winteraussaat hatte der Regen den Boden durchnäßt und die arabischen Wege, die schroffen, gewundenen Pfade in reißende Sturzbäche verwandelt. Trotz der so schweren Last der arabischen Steuern haben die *Douars* immer noch keine Verbindungswege; nichts wurde für sie getan, weder für ihre Bequemlichkeit, noch für ihre Entwicklung, noch für ihre Gesundheitspflege. Der machtlose *Fellah* zahlt und schweigt.

Die Böden der Rabta-Fraktion sind dürftig und immer noch von der schlechten Bewirtschaftung erschöpft; Dünger haben sie nie gesehen. Und das Unkraut der Umgebung überwuchert die bestellten Felder.

Dieses Jahr drohte es nicht genug schwarzes Brot und *Maâch*, grobkörniges Couscous, zu geben; es sollte schwer werden, die Steuern zu bezahlen; nach und nach stieg eine dumpfe Klage, ein Angstschrei von den Hügeln und den Tälern auf.

Doch in den Haltungen und den Gesprächen der armen *Fellah* zeigte sich keine Spur von Empörung. Sie waren schon immer arm gewesen. Ihr Boden war schon immer hart und steinig gewesen, und es hatte schon immer eine Regierung gegeben, der man Steuern zahlen mußte. Die Beduinen hatten keine Erinnerung an ein goldenes Zeitalter.

Sie lebten von kurzatmigen Hoffnungen, in der Erwartung bevorstehender Ereignisse, die dem *Gourbi* etwas Wohlstand bringen könnten: Wenn Gott es wollte, würde die Ernte gut ausfallen ... Oder aber die Kälber und die Schafe ließen sich verkaufen und brächten etwas Geld ins Haus. Doch selbst wenn die Dinge zum besten standen, würde all das nichts an dem ewig gleichen Lebenslauf des *Douar* verändern. Immerhin aber half die Hoffnung, die Zeit zu vertreiben und das Elend zu ertragen.

... Der Beduine ist seiner Natur nach streit- und prozeßsüchtig.

Er betrachtet es als eine Lebensnotwendigkeit, fast sogar als eine Ehre, Prozesse zu führen, die Autoritäten sich sogar in seine privaten Angelegenheiten einmischen zu lassen. Mohammed-Aïchouba und sein Bruder Mahdjoub hatten ihre Meinungsverschiedenheiten schon öfters vor den Caïd und sogar vor die Verwaltung gebracht, obwohl sie weiterhin unter ein und demselben Dach lebten. Im *Gourbi* war es vor allem Aouda, die ältere von Mohammeds beiden Frauen, die Streitigkeiten anstiftete. Wortgewandt und zänkisch empfand sie das ständige Bedürfnis, zu streiten und herumzuschreien, die geschickt aufgeschnappten Äußerungen anderer hinter deren Rücken weiterzuerzählen. Wenn die Auseinandersetzungen das gewöhnliche Maß überschritten, nahm Mohammed einen Knüppel und schlug seine Frau aus Leibeskräften, um den Streitereien wenigstens für ein paar Stunden ein Ende zu machen. Doch Aoudas List und Bosheit kannte keine Grenzen. Sie hatte es vor allem auf Lalia abgesehen, die junge Frau ihres Mannes, ein sanftes, hübsches, kaum erst heiratsfähig gewordenes Geschöpf, das Aoudas Gemeinheiten schweigend hinnahm und bisweilen so weit ging, diese Lella *Madame* zu nennen.

Obwohl ohne sichtbare Zärtlichkeit, hatte Mohammed dennoch eine Schwäche für Lalia, und er kam nie vom Markt zurück, ohne seiner neuen Ehefrau irgendein Geschenk mitzubringen, was Aoudas Haß und Eifersucht noch schürte. Letztere hatte zwei Kinder, zwei Mädchen, und sie rechnete damit, daß die Mutterschaft ihren Gemahl daran hindern würde, sie zu verstoßen. Doch mittlerweile waren die Mädchen schon ziemlich groß, und Mammar, Mohammeds Liebling, war der Sohn seiner verstorbenen ersten Frau Khadidja. Es gab also nicht mehr viel, was Mohammed mit Aouda verband.

Wie es bei den in den Bergen lebenden Berbern üblich ist, brachten Aoudas Eltern sie noch zusätzlich gegen ihren Ehemann auf, um eine von ihm ausgehende Scheidung zu provozieren; damit würde er den Anspruch auf den *Sedak*, das Lösegeld seiner Frau, verlieren, und die Eltern könnten sie für eine weitere Summe Geldes wieder verheiraten.

*

Nachdem Mohammed seine Pflugarbeit beendet hatte, maß er das

Korn, und als er sah, daß es nicht genug war, um die Einsaat zu bestellen, schnürte sich sein Herz zusammen. Es fehlte Korn im Wert von etwa fünfzehn Francs. Woher sollte er dieses Geld nehmen? Sollte er sich, wie in den vergangenen Jahren, wieder an Monsieur Faguet oder an die Kabylen wenden, die im «Zentrum» von Montenotte und Cavaignac wohnten? Dem einen wie den anderen schuldete er schon mehrere hundert Francs. Sein Feld und Mahdjoubs Herde dienten als Garantie.

Er hatte schon erlebt, wie ein Gerstenfeld und drei schöne Feigenbäume versteigert wurden und Monsieur Faguet sie von einem seiner *Khammès* kaufen ließ.

Ja, die Wucherer! Nur sie konnten ihn retten. Säen mußte er auf jeden Fall. Mohammed rechnete hin und her und fragte sich, ob er sich an den Roumi aus Ténès oder an die Kabylen der Dörfer wenden sollte. Monsieur Faguet würde ihm das Korn zur doppelten Menge leihen; die Kabylen würden ihn für eine Leihgabe von fünfzehn Francs einen Schuldschein über dreißig Francs unterzeichnen lassen . . .

Langsam ging Mohammed an seinem Feld entlang und dachte an die Wucherer. Der kalte Wind verfing sich in dem alten, zerschlissenen Burnus und der zerlumpten *Gandoura* und umgab all dieses Menschenelend mit seiner grenzenlosen Traurigkeit.

*

. . . Das «Zentrum zu den drei Palmen», auf arabisch Bouzraïa, ist ein Dorf offizieller Schöpfung. Die Gelände der Kolonisation wurden auf dem Weg der Enteignung von den besten Landparzellen abgezweigt, die ursprünglich den Stämmen der Hemis und der Baghadouras gehörten; trotzdem verdankt das europäische Dorf seine relative Prosperität ausschließlich dem großen arabischen Freitagsmarkt.

Auf einem staubigen Hang, unter den Eukalyptusbäumen mit ihrem winterlich-roten Blattwerk herrscht dichtes Gedränge: gräuliche Burnusse, braune Burnusse, weiße Schleier. Im Geschrei und Stimmengewirr von Menschen und Tieren laufen die Beduinen hin und her. Die einen kommen gerade an; die anderen lassen sich nieder. Es erhebt sich ein lauter Lärm: die raubgierigen Schreie einer Menschheit, deren einziger Gedanke dem Gewinn gilt. So teuer wie möglich verkaufen, den anderen nach Bedarf hintergehen, zum niedrigsten Preis einkaufen: das ist das Ziel dieser disparaten Menge, einer wirren Mischung aus Europäern, Arabern, Kabylen und Juden, die sich in ihrer Gewinnsucht alle gleich sind.

... Schon im Morgengrauen waren Mohammed und Mahdjoub zum Markt hinuntergegangen. Den Weg hatten sie gemeinsam zurückgelegt, begleitet von ihrem jüngeren Bruder Benalia, der drei Ziegen, die Mahdjoub verkaufen wollte, vor sich her trieb. Während Mohammed auf seiner kleinen Stute ritt und Mahdjoub hinten aufsitzen durfte, ging Benalia zu Fuß. Er sang: «Der Hirte zog in die Berge. Er war noch klein; er war ein Waisenkind. Er spielte Flöte. Er hütete die Schafe und die Ziegen von Belkassem. Bei Anbruch der Nacht trat der Panther aus dem Wald: er verschlang den kleinen Hirten und die Herde ... Die Kinder von Belkassem beweinten die schöne Herde, die schönen Ziegen ... Doch niemand beweinte den kleinen Hirten, denn er hatte keinen Vater ...»

Benalia improvisierte, und seine kräftige junge Stimme hallte im Wald und in den von zahllosen Schrecken bewohnten Bergen wider. Der naive Poet sprach die Wahrheit seiner Rasse und besang die Wirklichkeit des Lebens im *Douar* ... Doch da er ein Dieb und ein Taugenichts war, schenkte man ihm keine Aufmerksamkeit, und die Männer seines Stammes achteten ihn nicht.

... Als sie den Markt erreicht hatten, trennten sich die drei Brüder nach arabischem Brauch. Mohammed hatte nur etwas Butter zu verkaufen und machte sich gleich auf die Suche nach dem Kabylen, der ihm Geld leihen könnte, Kaci-ou-Saïd.

Bekleidet mit einem blauen Kittel und einem gelben Turban war der große, hagere *Zouaoui* gerade damit beschäftigt, ein großes Paket mit Tüchern und hellem Wollzeug auszupacken. Als er Mohammed-Aïchouba sah, lächelte er.

«Bist du wieder da? Es geht dir wohl nicht gut? Was ist los?»

«Gott sei gelobt, wie auch immer! Es gibt nur Gutes.»

«Brauchst du Geld?»

«Ja, komm etwas zur Seite; da können wir reden.»

«Du schuldest mir schon zweihundert Francs. Du hast auch noch andere Schulden, sogar bei Monsieur Faguet.»

«Ich zahle die Zinsen. Ich arbeite schon nur noch für euch und die Steuern.»

«Ich kann dir nicht mehr zum gleichen Zinssatz leihen. Das ist zu wenig, wenn man so lange warten muß.»

«Du bist kein Muselmane! Gott hat dir verboten, auch nur für einen Pfennig Geld zu verleihen.»

«Wir teilen uns die Sünde: wir verleihen Geld, aber ihr anderen Araber leiht es. Gäbe es nicht eure Raubgier, wem sollten wir es leihen?»

«Die Juden haben euch diesen Beruf beigebracht.»

«Genug, willst du Geld oder nicht und wieviel brauchst du?»

«So wie es um den Hartweizen und die Gerste steht, brauche ich sechzehn Francs.»

«Sechzehn Francs... Du wirst mir einen Schuldschein über zweiunddreißig Francs unterschreiben.»

«Wieder einmal ein echter Judenhandel! Wie soll ich denn so hohe Zinsen bezahlen?»

«Sieh zu, wie du klarkommst.»

Die Feilscherei war lang und zäh. Mohammed verteidigte sich in der Hoffnung, wenigstens etwas zu gewinnen. Kaci-ou-Saïd wußte, daß er seine Beute in der Hand hatte, und machte seelenruhig seine spöttischen Bemerkungen. Schließlich wurde das Geschäft abgeschlossen, ohne daß der Wucherer auch nur einen Pfennig nachgegeben hatte. Sie einigten sich, am nächsten Morgen zum Dolmetscher zu gehen; dort sollte der Schuldschein unterschrieben und, um nicht mit dem Gesetz in Konflikt zu geraten, mit der geringfügigen Lüge «Wert in Korn erhalten» versehen werden, welche jeden Gedanken an einen Wucher ausschloß. Anschließend sollte Mohammed-Aïchouba sechzehn Francs erhalten, um seine Saat zu vervollständigen und nach der Ernte das Doppelte zurückerstatten.

In seinen Burnus gewickelt verbrachte er die Nacht neben dem maurischen Café. Etwas beunruhigte ihn: wie sollte er mit der mageren Ernte, die auf ihn zukam, da das Jahr mit ungewöhnlicher Kälte und übermäßigem Regen begonnen hatte, all die Gelder zurückzahlen, die im August unausweichlich fällig wurden? Doch er tröstete sich, indem er sich sagte: «Gott wird schon dafür sorgen.» Dann schlief er ein.

... Unterdessen, während der Abwesenheit der Männer, war eine alte Frau mit faltigem Gesicht, Hakennase und kleinen, lebhaften, bohrenden, wimpernlosen Augen in das *Gourbi* der Aïchouba gekommen. Es war die Mutter von Mohammeds Frau Aouda.

Sie hatte ihre Tochter beiseite genommen und redete in einer Ecke mit gedämpfter Stimme heftig auf sie ein; bei jeder ihrer ruckartigen Gesten klimperten die silbernen Armreifen an ihren ausgemergelten Handgelenken.

«Du bist eine Eselin. Warum bleibst du bei deinem Mann? Dabei weißt du genau, daß die anderen Frauen in deinem Alter gut angezogen sind und von ihren Männern verwöhnt werden. Du siehst doch, wie er seinen Liebling Lalia behandelt, diese Hündin. Weshalb bist du immer noch hier? Flüchte zu deinem Vater. Und wenn dein Mann dich mit Gewalt zurückholen will, beschwer dich beim Administrator. Danach wird Aïchouba dich verstoßen, denn er hält sich an die Sitten, und wenn du dein Gesicht vor den Roumis entblößt, wollen sie nichts mehr von dir wissen . . . Dann werden wir einen besseren Mann für dich finden.»

«Ich fürchte mich.»

«Dummes Ding! Bist du nicht mein Sorgenkind? Werde ich dich schlecht behandeln? Vor was fürchtest du dich denn? Hast du nicht deinen Vater, und sind deine Brüder nicht zwei echte Löwen?»

Aouda stützte ihre Wangen auf die Hände und dachte nach. Sie empfand nicht die geringste Zuneigung zu ihrem Mann, aber sie fürchtete ihn. Wenn sie eifersüchtig auf Lalia war, so nicht etwa aus dem Gefühl einer in ihrer Liebe und in ihrem Stolz gekränkten Frau heraus. Aouda war nur neidisch, weil Mohammed Lalia mit Geschenken und Schmuck überschüttete.

Aouda faßte einen Entschluß.

«Montag werden sie auf dem Markt von Montenotte sein. Sag meinem Vater und meinen Brüdern, sie sollen mich mit dem grauen Maultier abholen.»

«Mach deinem Mann erst noch eine Szene. Sag ihm, er soll dir die gleichen Geschenke machen wie Lalia und dir erlauben, einige Tage bei uns zu verbringen. Er wird es ablehnen, und du wirst nicht nachgeben. Dann wird er dich schlagen, und schon Dienstag tragen wir dem Administrator unsere Klage vor, falls er dich nicht vorher verstößt.»

Unerwartet kam eine Frau herein, in Tränen aufgelöst. Es war Aïcha, eine Nachbarin. Sie hockte sich in eine Ecke und begann zu klagen. Sie war noch jung, und ohne die Tätowierungen, die ihre Stirn, ihre Wangen und ihr Kinn bedeckten, hätte sie ein freundliches Gesicht gehabt.

«Was hast du, meine Tochter?» fragte die Alte. «Sind deine Kinder krank?»

«Oh! Mutter, Mutter, vor ein paar Tagen, als mein Mann bei dem Caïd auf dem Feld arbeitete, kamen Zouaoua an die Tür. Sie zeigten mir wunderschöne Tücher aus rosa Seide, die nur vier Francs kosten sollten. Ich habe zwei gekauft, weil der Kabyle mir versprach, bis zum Ende des Monats zu warten. Meine Mutter hätte mir das Geld gegeben. Doch jetzt behauptet der Kabyle, ich schulde ihm zwölf Francs, und er zeigt mich beim Gericht an. Mein Mann hat mich geschlagen und will mich verstoßen. Ich weiß nicht, ob er genug hat, um zu bezahlen... Gott, hab Erbarmen!»

«Ich kaufe nie auf Kredit», sagte Aouda. «Statt dessen habe ich Wolle für mehr als drei Francs zurückgelegt, und immer, wenn ich die Butter mache, verstecke ich ein bißchen und lasse sie von den Kindern verkaufen. Auch von dem Korn verkaufe ich heimlich... Und so habe ich Geld genug, um mir zu kaufen, was ich will.»

Doch da näherte sich Mohammeds Schwester Fathma, und die Frauen begannen wieder, das Schicksal der Nachbarin Aïcha zu beklagen.

«Verbrenn ein Stückchen des Stierhorns vom großen Fest, und tu deinem Mann die Asche ins Essen; dann kann er dich nicht mehr verstoßen. Hüte dich aber, selbst davon zu essen, das hindert die Frauen an der Schwangerschaft.»

Die Alte kannte alle möglichen Zaubereien.

Ehrfurchtsvoll legte Aïcha die Hände zusammen und küßte der Arglistigen den schmierigen Zipfel ihrer *Mlahfa*: «Mutter, ich flehe dich an, komm zu mir. Mein Mann ist fort; bereite mir das Horn mit eigenen Händen. Ich habe nur zwei.»

«Danach muß ich mein *Gourbi* vier Tage lang mit Benzoe parfumieren und zwei Kerzen aus Jungfernwachs für Sidi Merouan anzünden. Gib mir sechs Sous; dann werde ich es für dich tun.»

Aïcha holte die sechs Sous aus den Falten ihrer Haartracht und ließ sie der Alten in eine Ecke ihrer *Mlahfa* gleiten, worauf letztere sofort aufstand, ihren *Haïk* und ihren Stab nahm und sich zum Gehen wandte.

«Bis Montag zu Mittag. Und vergiß vor allem die Wolle nicht . . .» flüsterte sie ihrer Tochter ins Ohr.

Zerzaust und vom Regen durchnäßt kam Mohammed in der Nacht des nächsten Tages mit dem Geld des Kabylen, das er nach Unterzeichnung des Schuldscheins im Vorzimmer des Dolmetschers erhalten hatte, nach Hause.

Er fand seinen kleinen Mammar im glühenden Fieber auf Lalias Knien.

Aouda, die sich um den Haushalt kümmerte, schimpfte: «Immer bin ich es, die arbeiten muß! Die andere nie. Ich wette, sie hat wieder Geschenke bekommen. Ich bekomme nie etwas!»

Schmerzlich bestürzt über die plötzliche Krankheit des Kleinen, wandte Mohammed sich zu Aouda um.

«Was knurrst du wie eine Hündin?»

«Ich bitte Gott, Erbarmen mit mir zu haben . . .»

Dann wiederholte sie den ganzen Rosenkranz ihrer Beleidigungen, aber mit ungewohnter Unverschämtheit.

«Sei still», sagte Lalia versöhnlich, «siehst du nicht . . . der Kleine ist doch krank, und der Mann ist müde.»

«Du alte Schlange, du hast mir gar nichts zu sagen. Du bist stolz, weil du gut angezogen bist, giftiges Biest!»

Ungeduldig zuckte Mahdjoub die Schultern.

«Wärst du meine Frau», sagte er, «ich würde dich mit Fußtritten vor die Tür setzen. Der da ist viel zu geduldig.»

Im Grunde hatte Mohammed schon Lust, Aouda zu verstoßen, aber es tat ihm leid um das Geld, mit dem er sie ausgelöst hatte, und so begnügte er sich wie immer, sie durch Prügel zum Schweigen zu bringen.

Am nächsten Tag verschlimmerte sich der Zustand des Kindes. Verzweifelt, mit dumpfer Miene, wachte Mohammed über seinem Bett. Die Mittel der Alten halfen dem Kleinen nicht, und noch in der gleichen Nacht starb er. Als die verkampften Hände leblos herunterfielen, klammerte Mohammed seine schwieligen Hände an den kleinen Leichnam und verharrte dort, schluchzend und klagend wie ein Kind.

Die Frauen hockten sich um die Lumpen, die dem kleinen Mammar als Bett gedient hatten, zerkratzten sich das Gesicht und stießen lange, grausige Schreie aus. Aus Notwendigkeit und aus

Gewohnheit tat Aouda es den anderen gleich, aber in ihren schwarzen Augen glänzte eine bösartige Freude.

Und Mohammed beweinte sein letztes Elend, den Tod seines einzigen Sohnes, des so hübschen und so lebensfreudigen kleinen Mammar, der ihm überall gefolgt war, ihm Zärtlichkeiten entgegengebracht hatte, der seine einzige Freude gewesen war.

Mit der Zeit hörte der *Fellah* auf zu weinen, doch immer noch hockte er regungslos da und betrachtete den Leichnam seines Kindes... Dann hob er die verkrampften Händchen, die sich ihm immer noch hinzugeben schienen, noch einmal hoch, beugte sich über den kleinen Kopf mit den geschlossenen Augen... und mit dem langgezogenen Schrei eines verletzten Tieres ließ er sich wieder auf die Lumpen fallen und weinte, weinte, bis der Tag anbrach und die Frauen ihm den Kleinen nahmen, um ihn zu waschen und ihn in das kleine schmale Leintuch einzuwickeln.

Mammar wurde in dem steinigen Boden auf dem Hügel begraben. Finster und stumm sammelte Mohammed Steine und Äste und baute eine kleine Hütte am Fuß des Feigenbaums, wo er Tag für Tag mit seinem Sohn gespielt hatte. Er brachte ein paar Habseligkeiten an diesen Ort und streckte sich auf einer alten Matte aus. Doch dann brach eine neue Woche an. Das Geld war knapp; man mußte wieder Butter und Honig verkaufen und mit dem Geld des Kabylen Korn kaufen. Dann sollte die Einsaat beginnen. Mahdjoub rief seinen älteren Bruder.

«Bruder, für wen soll ich jetzt noch arbeiten, wo mein Sohn tot ist?» sagte Mohammed, während er sich traurig, ohne Kraft und ohne Mut erhob, um den notwendigen Pflichten nachzugehen.

«Das ist Gottes Wille. Er wird dir sicher einen anderen Sohn schenken...»

Während Mohammeds Abwesenheit kam Aoudas Vater mit ihren Brüdern, um sie abzuholen; sie nahm ihr Hab und Gut und verließ das Haus ohne eine Träne, ohne ein Adieu für all die anderen Frauen, die versuchten, sie zurückzuhalten.

Als sie fort war, sagten die anderen trotz allem erleichtert: «Das Meer möge sie ertränken! Sie ist wirklich zu bösartig!»

Nun mußte Mohammed dem Caïd seine Klage vortragen und seine Frau zurückverlangen. Aber der alte Chef riet ihm, sie zu verstoßen, und sagte ihm zahllose Schwierigkeiten voraus, wenn er sie tatsächlich wieder in das eheliche Heim integrieren wollte. So verstieß Mohammed Aouda und brachte etwas Frieden in das trauernde *Gourbi* des kleinen Mammar.

Dann bestellte Mohammed sein Feld. Er schritt durch die Furchen und streute Saat, und es war ihm schmerzlich, diese rote Erde zu betrachten, die so schwer zu bearbeiten und die schon mit soviel Schweiß getränkt war ...

Jetzt hatte sie ihm auch noch seinen einzigen Sohn genommen, seinen kleinen Mammar, der noch kürzlich wie ein fröhliches Lamm in diesen Furchen gelaufen war.

Plötzlich hielt Mohammed inne, im roten Ton war eine schon fast ausgelöschte Spur zu sehen: die Spur eines kleinen nackten Fußes.

Der *Fellah* hockte sich nieder, ließ seine Arbeit ruhen, und es überkam ihn ein neuer Ausbruch des Schmerzes – der letzte, denn danach ergab er sich seinem Schicksal. Vorsichtig nahm er den Ton mit dem Abdruck des kleinen Fußes, knetete ihn zwischen seinen Fingern und band ihn in den Rand seines Schleiers ein. Abends legte er den Erdklumpen wie einen Talisman in eine Ecke seines *Gourbi*. Dann beugte er sich dem Joch des unausweichlichen Mektoub und arbeitete für das Schwarzbrot seiner Familie.

... Wind und Hagel machten die Ernte fast vollends zunichte, und der große Schrei, die Klage der *Fellah*, deren Echo im Frühjahr von den Tälern und den Hügeln widergehallt war, ertönte nun von einem Horizont zum anderen, von der Chéliff-Ebene bis zum Meer, wie ein Schreckensschrei vor dem drohenden Hunger.

Die Gläubiger wurden erbarmungslos. Das Feld wurde verkauft und der Ertrag zwischen Monsieur Faguet, den Kabylen und der Regierung mit ihren Steueransprüchen aufgeteilt.

Ohne Feldarbeit und ohne Weizen waren die Aïchouba nun auf ihren kleinen Garten mit Melonen und Pasteken angewiesen. Mohammed hatte keinen Boden mehr und war plötzlich arbeitslos, nutzlos wie ein Kind oder ein ohnmächtiger Greis.

Mit düsterer Miene irrte er über die Straßen. Um die Familie zu ernähren, mußte Mahdjoub nach und nach sein Vieh verkaufen.

Auch er beugte sich schweigend dem Joch des Schicksals und wurde allmählich zum Familienoberhaupt, denn Mohammed verließ das *Gourbi* immer öfter, um ziellos umherzuirren. Eines Tages sah Benalia seinen Bruder, wie er mit gesenktem Kopf über das Feld ging, das ihm gehört hatte. Er suchte etwas. Schüchtern, von Angst erfaßt, lief Benalia davon, um Mahdjoub zu verständigen, der sofort zum Feld hinüberging.

«Si Mohammed, was machst du dort? Das Land gehört uns nicht mehr, das ist der Wille Gottes. Komm, man darf dich dort nicht sehen?»

«Laß mich.»

«Aber was suchst du denn?»

«Ich suche die Fußabdrücke meines Sohnes.»

Und Mahdjoub verstand, daß sein Bruder *Derrouïch* geworden war.

Wenige Tage später saß Mohammed schweigend wie immer vor seiner Hütte, während Mahdjoub die Tiere zur Tränke führte; Benalia hatte sich vor dem *Gourbi* niedergelassen und spielte Flöte. Plötzlich kam Mahdjoub im Laufschritt zurück.

«Si Mohammed! Die Gendarmen kommen zum *Gourbi*!»

Aus Gewohnheit bat er den Älteren um Hilfe und Schutz, aber Mohammed antwortete:

«Was sollen sie uns denn noch nehmen, wo mein Sohn tot und das Feld verkauft ist?»

Unter der Führung des mit einem blauen Burnus bekleideten Flurschützen saßen die Gendarmen vor dem *Gourbi* ab. Sie traten beide in den Eingang. Der eine hielt Papiere in der Hand.

«Wo ist Aïchouba-Benalia-ben-Ahmed?»

Benalia war bleich geworden.

«Das bin ich . . .» murmelte er.

Der Gendarm trat zu ihm und legte ihm Handschellen an. Da Mohammed mit aufgerissenen Augen schwieg, kam Mahdjoub zitternd näher.

«Si Aly», sagte er zum Flurschützen, «weshalb nimmt man meinen Bruder fest?»

«War er heute nacht fort?»

«Ja . . .»

«Nun, er ist nach Timezratine gegangen und hat dem Kolonialherrn Gonzales ein Gewehr gestohlen. Doch als der Kolonialherr ihn überraschte, hat dein Bruder auf ihn geschossen. Herr Gonzales ist verletzt und wurde ins Krankenhaus gebracht. Er hat deinen Bruder wiedererkannt.»

Benalia wurde abgeführt, während die Frauen lautes Klagegeschrei anstimmten, als beweinten sie die Leiche eines Toten. Mohammed sprach kein Wort.

Nach einer Weile hob Mahdjoub seine Kanne wieder auf, nahm die Pferdeleine und führte die Tiere zur Tränke. Trotz seines mürrischen und harten Charakters, trotz seiner Geldgier und obwohl er nie ein zärtliches Wort für die Seinigen übrig hatte, empfand Mahdjoub im Grunde tiefe Liebe zu seinem Heim und seiner Familie, eine eifersüchtige Liebe für all die, die seines Blutes waren, und das Unglück seines Bruders schlug ihn nieder. Er fühlte keine Scham, denn die Räuberei galt als Heldentat, die zwar unerlaubt, aber keineswegs schändlich war. Er litt nur das Leid seines Bruders, denn sie waren dem gleichen Leib entsprungen und hatten an der gleichen Brust gesaugt.

Weshalb hatte Benalia sich so zu seinem Nachteil entwickelt, während alle anderen Aïchouba friedliche Feldarbeiter waren? Und wie hatte er es zu einer derart verwegenen Tat gebracht? Der Bankrott der Familie schien Mohdjoub nun vollendet.

Welch ein Jahr! Das Kind war tot, das Feld verkauft, der ältere Bruder verrückt geworden, der jüngere in Fesseln gelegt und seines Urteils gewiß! Der Zorn Gottes lastete auf ihrer Rasse, und es half nichts, man mußte sich ihm beugen: «Gelobt sei Gott, was auch kommen mag!»

Mohammed schien stumm geworden. Er nahm die Nahrung, die ihm hingestellt wurde, ohne ein Wort zu sagen. Lalia zog sich in die dunklen Ecken zurück und beweinte ihr Unglück. Ihre Stiefschwestern warfen ihr vor, sie habe das Unglück und die Schicksalsschläge mit ins Haus gebracht. Aber sie wartete geduldig und wollte nicht fortgehen. In ihrem kindlichen Herzen war eine Art Zärtlichkeit für Mohammed entstanden, denn er war gut zu ihr gewesen und er litt.

Mehrere Monate waren vergangen, seit er sich in Schweigen hüllte; und als Mahdjoub ihm eines Tages die Nachricht von Benalias Verurteilung zu fünf Jahren Haft überbrachte, sagte Mohammed kein Wort; doch als Lalia ihm am nächsten Morgen seine Schüssel brachte, fand sie ihn nicht mehr in seiner Hütte; schon bei

Sonnenaufgang war Mohammed mit seinem Stab aus Olivenholz fortgegangen, immer geradeaus, nach Westen, um sein Brot auf den Pfaden Gottes zu erbetteln.

An diesem Tag, nachdem sie Witwe geworden war, suchte Lalia ihre Habseligkeiten zusammen. In der Kiste aus grünem Holz lagen neben den *Gandouras* und den *Mlahfas* auch zwei Gewänder und ein paar Schuhe, die dem kleinen Mammar gehört hatten. Lalia betrachtete sie, dann verbarg sie die Sachen mit Tränen in den Augen unter ihrer Wäsche und murmelte: «Kleines Lamm, seit deinem Tod ist das Unglück in dieses Haus eingezogen . . .» Und sie ging fort, zurück zu ihren Eltern.

Von Tag zu Tag wurde das Elend schlimmer, denn für den schwachen Mann ist es schwierig, den Berg des Unglücks wieder hochzuklettern; und eines Tages war Mahdjoub von alldem so angewidert, daß er nicht nur seine letzten Tiere, sondern auch den Garten verkaufte.

Dann verstieß er seine kinderlos gebliebene Frau und machte sich auf den Weg in die Stadt, wo er sich als Stalljunge bei einem Weingroßhändler verdingte.

. . . Eines Tages saß Mahdjoub vor der Tür seines Pferdestalls und schnitzte mit dem Messer am Griff seines Stabes herum. Der Winter ging dem Ende zu; seit der Auflösung des Familienverbandes der Aïchouba war schon ein ganzes Jahr ins Land gegangen. Mahdjoub hatte sich sehr verändert. Er konnte mittlerweile etwas Französisch sprechen. Er kleidete sich säuberlich wie ein Stadtbürger, wagte sogar die europäische Tracht, dazu lediglich eine schlichte arabische Mütze, und trank Alkohol wie alle anderen in den Cafés von Orléansville.

. . . Da kam ein Bettler vorbei, ein Mann mit langen grauen Haaren unter einem zerfetzten alten Schleier, den Körper mit Lumpen bedeckt, mit einem langen Stock in der Hand.

«Im Namen Gottes und seines Propheten, gebt mir einen Almosen!»

Mahdjoub zitterte, stand auf und ließ seine Arbeit ruhen.

«Si Mohammed! Si Mohammed! Ich bin dein Bruder Mahdjoub . . . wo gehst du hin?»

Doch der Alte ging vorbei. Seine Augen waren matt, das Licht des Verstandes war vollends erloschen. Da drückte Mahdjoub ihm sein ganzes Geld in die Hand, küßte ihn auf die Stirn und ging wieder in den Stall zurück.

Gegen einen Pfeiler gelehnt begann er zu weinen.

Und der Alte zog weiter, in der Nacht seines erloschenen Verstandes, und bat in Namen Allahs, des Gnädigen und Barmherzigen, um das Brot, das der rote, steinige Boden seines Landes ihm verweigert hatte.*

Ténès, 1902

RÜCKKEHR IN DEN SÜDEN

Auf der Straße von Bou-Saâda

Auf der Flucht vor der Gewöhnlichkeit Algiers, vor dem Lärm und den Massen der Stadt, wollte ich den Süden wiedersehen, das Land der wohltuenden Stille, und, sei es auch nur für einen Augenblick, das freie Leben noch einmal genießen, nach dem ich mich hier, in der feindseligen Atmosphäre der über und über von der «Zivilisation» erstickten großen Städte, schon so lange sehne.

Auf dem schnellsten Wege, fast heimlich kam ich bis nach Bou-Saâda; matt und schläfrig saß ich am Rand eines vom dunklen Grün der Gärten umrahmten Wadi.

Es war eine kurze, schnelle Abfolge von Visionen, wie Schleier, die sich plötzlich über den verschiedenartigsten Landschaften lüften und sich alsbald wieder darüber legen.

Unter einem schwarzen, vom Schirokko vernebelten Himmel sah ich zuerst die Silhouette von Bordj-Bou-Arreridj mit seiner alten, rötlichen Zitadelle; eine kleine Stadt, verloren in der riesigen Weite der von den Erntearbeitern schon kahlgeschorenen Ebene.

In einem von unzähligen Mücken wimmelnden Laden kann ich auf einer glühendheißen Bank eine kurze Ruhepause von einer knappen Stunde einlegen. Der Händler stammt aus dem Souf, vom Stamm der Zegoum. Beide in trauriger Stimmung – jeder auf seine Art – sprechen wir von dem Land, das dort unten, in weiter Ferne, unter der blendenden Sonne erstrahlt.

Schon geht es weiter mit einer schwankenden, mit Brettern bedeckten, zweirädrigen Halbkutsche, die von zwei ausgehungerten Kleppern gezogen und von dem sogenannten Bou-Guettar geführt wird, einem Kutscher, der aussieht wie ein Straßenräuber. Es herrscht drückende Hitze; ein Mückenschwarm verfolgt uns; der Wagen macht ruckartige Sprünge, als hätte er epileptische Anfälle. Allerdings ist das immer noch besser als der «Postwagen».

Mein Weggefährte und Führer ist Si Abou-Bekr, ein Mann von etwa vierzig Jahren, mager und kränklich, mit einem braungebrannten, asketischen Gesicht und einem verschlossenen, traurigen, fast düsteren Blick. Dieser Mann, der mit der Macht der verehrten Maraboutin von Bou-Saâda ausgestattet ist und ungeheure Reichtümer unter seiner Gewalt hat, trägt leuchtend weiße, aber abgenutzte und außerordentlich schlichte *Gandouras* und Burnusse. Sein Lebensstil ist der eines Armen, doch er erfreut sich großer geistiger Gelassenheit und Heiterkeit.

Während wir beide im hinteren Teil des Wagens sitzen und die Füße in der Luft baumeln lassen, unterhalten wir uns unbekümmert über die Dinge des Südens, unter anderem auch über den Glauben und die Rechtsprechung des Islam.

Si Abou-Bekr weiß genau wer ich bin: er kennt meine Geschichte, und nachdem er meinen Fall aufmerksam studiert hat, befürwortet er meine Lebensweise.

Wie auch immer, als ich sehe, wie der Himmel lichter wird und die Landschaft sich verändert, je näher wir dem Süden kommen, kann ich meine Freude nicht mehr für mich behalten ... Die Landschaft wird herber und verlassener. Ab und zu entdecken wir einen kleinen Weiler aus Toub am Hang eines fruchtlosen Hügels. Auf halbem Wege, am Rand des Wadi von M'Sila, liegt eine Raststation; das rechteckige *Bordj* mit seinem großen Torweg, das sich oberhalb des murmelnden Flusses in einem Labyrinth aus Oleander- und Rosenstöcken erhebt, verleiht dieser Station von Medjez trügerische Ähnlichkeit mit einer saharischen Karawanserei.

Wegen meiner Hautfarbe hält man mich für einen Kabylen, und einer der Einwohner von Medjez behauptet, mich in Tizi-Ouzou, wo ich nie gewesen bin, gesehen zu haben; er versteift sich darauf, in der Sprache der Kabylen mit mir zu reden ... Da wir bald wieder aufbrechen werden, belasse ich ihn in seinem Glauben; meine wiedergefundene Fröhlichkeit hilft mir, über derartige kleine Zwischenfälle zu lachen.

Wir fahren weiter und versuchen zu schlafen, ich oben auf einer Kiste und Si Abou-Bekr, zu einer Kugel zusammengerollt, hinten im Wagen ... Ein leichter Schlummer, der ständig unterbrochen wird; ungestalte Träume, durchsetzt mit Bruchstücken der Wirklichkeit.

Schließlich, noch vor der Morgendämmerung, erreichen wir M'Sila. Zu Fuß gehen wir durch eine lange Allee aus Maulbeerbäumen und gelangen zu einem großen Platz; in den Rinnsalen, die dort fließen, singen die Kröten ihr Lied. Ganz hinten sieht man Gebäude aus Toub, und vor einem maurischen Café sind Matten ausgebreitet: dort schlafen die Bürger, die der Hitze ihrer Häuser entfliehen. Nachdem wir einige Grüße mit fremden Leuten ausgetauscht haben, die mir in meinem Halbschlaf wie Geister erscheinen, legen auch wir uns auf eine saubere Matte ...

Wie aus weiter Ferne höre ich noch die gebieterische Stimme eines Mannes, der in Wirklichkeit ganz nahe ist, auf der Schwelle des Cafés; er weckt die Schlafenden: «Das Gebet ist besser denn der Schlaf!» Weiße Gestalten bewegen sich, strecken sich, stehen auf. Mit klingenden Tönen schlagen Blechkannen gegen den Brunnenrand. Dann dämmert alles in das Nichts eines tiefen Schlafes hinüber.

M'Sila

Mittag. – Mit ihren geraden, monotonen Linien schneiden die gräulichen Toub-Mauern in den weißglühenden Himmel. In den staubigen Gassen, im kurzen blauen Schatten der schorfigen, rissigen, alterslosen Mauern schlafen Männer in erdigen Burnussen in kunterbuntem Durcheinander mit den schwarzen Ziegen. Nur die Mücken sind geschäftig und schwirren überall herum, auf dem trockenen Unrat, den schwitzenden Gesichtern, den graubraunen Lumpen.

Alles schläft und seufzt in der zermürbenden Hitze. Mit einem fast unhörbaren hellen Rauschen fließt der Wadi durch sein Bett aus weißen Steinen, und in der Ferne erstrecken sich lustvoll die Gärten von Boudjemline in leuchtendem Grün.

Auf der Eisenbrücke, der häßlichen grauen Eisenbrücke hockt ein blinder alter Bettler und entlockt seinem klangvollen *Benadir* dumpfe Töne, die im gewaltigen Schlaf der Umgebung so klingen, als wollten sie der Klage einen Rhythmus geben, der Klage des

Alten, für den es keine Stunde mehr gibt: «Im Namen des Sidi Abdelkader-Djilani, des Herrn von Bagdad, des Herrn dort oben, gebt mir ein Almosen, o Muselmanen!»

Endlos wiederholt der Blinde seine Litanei, die niemand versteht, der niemand antwortet...

In einer Vertiefung zwischen groben Mauern liegen zwei Männer auf einer Matte und scheinen geheimnisvolle Gespräche zu führen...

Sicher geht es um etwas Ernstes, die komplizierte Politik des Südens oder vielleicht gar um ein Komplott... Aber nein, der eine, ein schmächtiger *Taleb* mit einem schwarzen Bart und einer weißen Kapuze, erklärt seinem Gefährten schlicht und einfach den Ursprung des Traums.

«Die Seele», sagt er, «belebt den Körper. Und manchmal nimmt der Schöpfer sie weg, sei es nur für den Augenblick, wie im Schlaf, oder aber endgültig, wie im Tod. Die Seele ist eine lichtvolle Substanz, die, sobald sie frei ist von den Fesseln des Fleisches, Strahlen aussendet. Und je nachdem, ob diese Strahlen in die sichtbare Welt fallen, auf die Erde, oder ob sie aufs Jenseits ausgerichtet sind, sieht der Schlafende Städte, Landschaften, Bäume, Blumen, Menschen, die Propheten und die Heere, welche die Erde bevölkern... Im Jenseits vermag er manchmal kleine Ausschnitte des Unbekannten nach dem Tode zu erkennen... Dann erlöschen die Strahlen, und die Seele kehrt in ihr dunkles fleischliches Gefängnis zurück...»

Und in der Mattigkeit des schlafenden M'Sila fahren die beiden Sophisten fort, ganz leise und langsam, mit geheimnisvollen Mienen, inmitten der unbeweglichen Kulissen von Erde und Sonne, ihre Dogmen von einst vor sich hin zu murmeln...

*

Nach Sonnenuntergang. – Unter den schwarzen Deckenbalken eines baufälligen Saales aus verräuchertem altem Toub gruppieren sich fünf kaum zu vierkantigen Hölzern behauene Baumstämme, an denen die kräftigen Lebenslinien der dürren Bäume des Südens noch deutlich zu erkennen sind, zu einer seltsamen Familie. Im Schein einer armseligen, qualmenden Lampe sitzen drei Männer mit Kapuzen auf dem Kopf; sie spielen auf rissigen *Benadir*, wiegen sich im Takt und psalmodieren langsam die Litaneien des großen Heiligen von Bagdad, Sidi Abdelkader ... Und das gedämpfte rote Licht der Lampe läßt ihre verzerrten Schatten über die rauhen Wände wandern, auf denen man ab und zu kleine gelbe Skorpione oder graue Taranteln vorüberhuschen sieht.

Ringsum auf den Matten liegen dicht aneinandergedrängt zahllose, in Gewänder gehüllte Gestalten in lässiger Haltung; Adlernasen recken sich zu den Sängern; schmachtende, tiefschwarze oder goldbraune Augen geben sich halb geschlossen ihren Träumen hin ...

Zwei wunderschöne braungebrannte kleine Mädchen mit leuchtend grünen Kleidern, silbernen Spangen und roten, goldbestickten Seidenschals in den schwarzen Haaren stehen aufmerksam lauschend mit ernsten Mienen in der Mitte des maurischen Cafés: Tebherr und Oum-Henni, «Goldstaub» und «Friedensmutter», die beiden Kleinen des Wirts.

... In einer schattigen Gasse öffnet sich eine Tür zu einem schummrig erleuchteten Hof. An der Wand entlang hocken die Frauen, in hellen Kleidern, geschmückt wie Götzenbilder, in Gold erstrahlend; sie bewahren die lange Regungslosigkeit von Statuen, während ihr Blick durch den Zigarettenrauch in die Ferne schweift ... Manchmal nähert sich ein Burnus, schleicht sich durch die Reihen und verschwindet im Hof; der weiße Burnus eines M'Sili, der blaue Burnus eines *Deïra*.

Dann erhebt sich eines der Götzenbilder unter dem lauten Geklimper des Schmucks und folgt dem Besucher in den heißen Schatten der armseligen Zellen.

Und so schläft M'Sila mit seiner Mischung aus Marabouts und Huren matt und feurig in der schweren Hitze der Nacht. Die *Benadir*, die alten religiösen Kantilenen und die klimpernden Armreifen der Ouled-Naïl singen ihm ein sanftes Wiegenlied.

*

M'Sila verbreitet den gleichen Zauber wie ein saharisches Ksar.

Das gleichnamige Wadi, das am Grund einer breiten, tiefen Schlucht über Kieselsteine fließt, teilt den Ort in zwei Teile. Eine Eisenbrücke verbindet die beiden M'Sila.

Wir befinden uns im neuen, erst kürzlich erbauten Teil, wo die

Straßen breit angelegt sind, wo es keine schattigen, geheimnisvollen Ecken gibt, wo alles – selbst die Bequemlichkeit – dem Geschmack des Roumi, seiner Vorliebe für gerade Linien geopfert ist.

Am anderen Ufer liegt die überhäufte, chaotische Altstadt mit all ihren schwärzlichen Toub-Häusern und ihren unbegradigten, namenlosen Straßen ohne Pflaster, lieblich improvisiert und dennoch einander ähnlich.

Den ganzen Tag weht der Schirokko; der heiße, verschlingende Wind hat uns seit der glühenden Hölle der Portes-de-Fer nicht mehr verlassen. Die fernen Horizonte stehen in Flammen und wirken vollends verzerrt, überall wirbeln graue Staubwolken auf und fegen über die Straßen. Die Mücken summen und stechen, außer sich vor Hitze.

Nur die am Rand des Wadi liegende Moschee mit ihren Fenstern, die sich zum Wasser hin öffnen, bietet noch eine einigermaßen kühle Luft; dort verweilen wir den ganzen Tag.

... Gegen Abend wechselt der Wind plötzlich seine Richtung, und während Si Abou-Bekr sich aufmacht, Reittiere zu besorgen und einige Besuche zu machen, setze ich mich allein an die hohe Böschung des Wadi.

Der Himmel ist jetzt fast vollkommen klar, und die Luft ist abgekühlt. In einem leichten, noch gelblich schimmernden Nebel geht die Sonne über der großen nackten Ebene unter, dem westlichen Vorfeld der Hodna-Ebene.

Vor mir zeichnet sich das alte, von leuchtend grünen, üppigen Gärten umgebene M'Sila in warmen Brauntönen von dem durchsichtigen Lila des Horizonts ab, während die Häuser der neuen Stadt hinter mir fast golden aus dem glänzenden Rosa der Abenddämmerung hervorspringen.

Frauen in blauen oder roten Gewändern steigen ins Bett des Wadi herab; sie tragen Behälter aus Ziegenleder oder schwere irdene Krüge ... Da sie barfuß über den Kies und den Sand gehen, scheinen sie wie Geister über den Boden zu gleiten und verleihen dem friedlichen, sanft melancholischen Reiz dieser Landschaft eine besondere Note.

Auch hier bereichert sich der sehr reale Rausch des Ortes und der Stunde um meine eigenen Erinnerungen, um die Bilder jener Gegenden, die so schön sind, daß meine derzeitige Umgebung nur wie ein blasser Widerschein ihrer Pracht wirkt.

Die Frauen von M'Sila können sich nicht im entferntesten mit der eigentümlichen Anmut und dem geheimnisvollen Reiz der jungen Mädchen messen, die bei einbrechender Nacht durch die verzauberten Gärten des Souf schreiten, um das kühle Wasser der Brunnen zu schöpfen . . .

Ah! Könnten die sommerlichen Abenddämmerungen Afrikas doch ewig dauern, könnte man die Träume des Poeten schützen vor der tyrannischen Dummheit der in die Banalität verliebten Menschen!

Doch mittlerweile stehen die Pferde schon vor der Moschee; wir müssen aufbrechen. Man gibt mir eine schöne weiße Stute mit einem roten Ledersattel; wir sitzen auf und steigen ins Bett des Wadi herab. Dort tummeln sich braungebrannte nackte Knaben, die ihre Hengste ins Wasser führen; die feurigen Tiere weiten die Nüstern, bäumen sich auf und grüßen meine zitternde Stute mit lautem Gewieher.

Gegenüber, im samtigen Grün der Gärten, aus dem sich die zerzausten Kronen einiger Dattelpalmen erheben, verstecken sich mehrere kleine, seltsam geformte *Koubbas* aus Toub. Mit ihren gestaffelten, zu einer seltsamen Spitze zusammenlaufenden Dächern wirkt eine von ihnen wie eine chinesische Pagode; ich liebe diesen Anblick, in dem ich die Spuren einer wilden, eigentümlich verwirrenden autochthonen Kunst aus der Vorzeit des Islam sehe.

Ein *Taleb* begleitet uns mit einem braven Maultier, das unser Gepäck trägt. Wir verlassen das Wadi und werfen einen letzten Blick auf M'Sila, ehe wir die große Ebene betreten.

Die Hodna-Ebene

Sie ähnelt der Wüste, diese Hodna-Ebene, die im Halbdunkel des Abends unendlich erscheint . . . Die bläulich schimmernden Berge verwischen in der Ferne und verschmelzen mit dem blassen Himmel, so daß der freie Raum keine Grenzen mehr zu haben scheint.

Die Pferde wittern diese ruhige und freie Weite . . . Sie möchten sich hineinstürzen, sich an einem schwindelerregenden Lauf berauschen.

Die ganze Ebene ist übersät von kleinen, niedrigen, blaßgrauen Sträuchern, Ton in Ton mit dem staubigen Boden. Einige ausgetrocknete kleine Schluchten; keine Welle, kein Hügel. Alles wirkt groß, monoton und einschläfernd. Gemächlich bewegen wir uns voran, lassen die Pferde im Schritt gehen; bald bricht die Nacht herein. Ein milder, schmeichelnder Hauch belebt die unverbrauchte, jungfräuliche Luft, unberührt von jedem Schmutz. Hier finde ich den geliebten Eindruck absoluter Stille wieder, den Eindruck eines gewaltigen Friedens, den nie etwas stört.

... Es ist schon finster, als wir plötzlich vor uns eine schwarze Mauer sehen: das *Bordj* von Si-El-Raâb, das den *Habous* der Zaouïa der Rahmania von Bou-Saâda gehört; die dichten Gärten ringsum bilden eine riesige, wirre schwarze Masse. Nach einem kurzen Essen strecken wir uns auf einer Decke im Hof aus, denn es ist heiß, und in den Toub-Häusern wimmelt es von Skorpionen. Der Garten, das *Bordj* und auch die außerhalb weidenden Pferde und Maultiere sind der Obhut einiger *Tolba*, Gebildeter, anvertraut, die dort ein zurückgezogenes Leben führen, allein in der Ebene, und ihre Freizeit dazu benutzen, alte Bücher zu lesen und zu beten, wie die Mönche.

... Es ist schon die zweite schlaflose Nacht, und uns fallen die Augen zu ... Doch die Flöhe, die Plage der *Douars*, lassen uns keine Ruhe ... Die *Tolba* sind daran gewöhnt und schlafen tief. Schließlich überwältigt die Müdigkeit auch meinen Gefährten. Nachdem ich ganz allein übriggeblieben bin, stehe ich auf und lege mich draußen auf den trockenen, warmen Boden. Dort erwarte ich die Stunde unseres Aufbruchs – ich warte, bis der Mond aufgeht; verträumt ergebe ich mich der Finsternis, dem schwindelerregenden Himmelszelt und lasse die Sterne auf mich fallen ... Ich lausche meinem Herzen, das wieder zum Leben zurückfindet, ich bin glücklich, die Lebenskraft meiner Jugend zu fühlen, die ich angesichts des vielen Leids oft vergesse ...

Endlich, als sich der zur Sichel deformierte fahle Mond über der Ebene erhebt, die mir mit baufälligen Gemäuern übersät und mit kleinen, üppigen Gärten wie mit Lustwäldchen bepflanzt scheint, gehe ich hinein, um Si Abou-Bekr und die *Tolba* zu wecken, die tief in der kühlen Morgenluft schlafen. Wir brechen auf. Schläfrig und

Hätte Isabelle E. 1000 Jahre früher gelebt ...

... dann hätte sie die so bewunderte arabische Kultur auch auf europäischem Boden erleben können. Fast vier Jahrhunderte lang bestand ja ein arabisches Reich in Spanien. Kultur, Industrie und Handel standen in hoher Blüte, und der arabische Denar war die Leitwährung im gesamten Mittelmeerraum. Begriffe wie Darlehen und Wechsel kannte man bereits. Heute noch verwenden wir eine ganze Reihe Wörter arabischen Ursprungs, zum Beispiel Tarif oder Scheck.

Pfandbriefe gab es damals leider noch nicht. Die wurden erst viel später erfunden: 1769.

Pfandbrief und Kommunalobligation

Meistgekaufte deutsche Wertpapiere - hoher Zinsertrag - schon ab 100 DM bei allen Banken und Sparkassen

Verbriefte  Sicherheit

benommen sitzen wir im Sattel. Es herrscht tiefe Stille, nur von Zeit zu Zeit schnaubt oder stolpert ein Pferd. Die *Tolba* versuchen, eines jener langsamen Lieder des Südens anzustimmen, die einem helfen, die großen monotonen Räume zu überwinden: «A-ya-â-â-ya-â-â! ... Ich rief, und niemand gab mir eine Antwort ... A-ya-â-ya-â-ya-â-â! ... Ich flehte und niemand gab mir ein Almosen ...»

Dann verstummt die Traumstimme wieder, und wir setzen unseren Geistermarsch schweigend fort.

Bald darauf gelangen wir in eine Gegend, wo die Pferde nur widerwillig weitergehen, wo sie immer wieder erschreckt zurückweichen: am Boden wächst eine Unzahl runder Büsche, die unten schwarz und oben silbern sind und von weitem wie liegende Menschen oder Gespenster aussehen. Um nicht aus dem Sattel zu fallen, müssen wir nun endgültig wach werden.

... Der Tag bricht an. Aus der bläulich schimmernden Ferne weht uns köstliche Frische entgegen, und die Trägheit der Nacht weicht der jugendlichen, fröhlichen Erneuerung, welche diese erste Stunde des Tages in den grenzenlosen, verlassenen Gegenden des Südens stets mit sich bringt ...

Wir kommen in eine Ortschaft mit etwa zwanzig Toub-Häusern, die verschlafen am Wege stehen, wo nur die wilden Hunde wachen und uns mit heiserem Gebell begrüßen ... Es ist das Dorf Saïda: kein Baum, kein Grashalm.

Danach verschwinden wir wieder in dem silbrigen Gesträuch, aus dem sich die eigentümliche, melancholische Klage des *Kérouan* erhebt, des Wüstenvogels, der auf dem Boden lebt und vorzugsweise nachts sein Nest verläßt, um zu singen.

Als wir die westliche Bucht der Hodna-Ebene erreichen, ist die Nacht endgültig vorbei: Vor uns erstreckt sich eine bräunlichgelbe, einfarbige *Sebkha* mit glatter Oberfläche, ohne eine einzige Unebenheit, ohne ein Gras. Die *Tolba* steigen vom Pferd, um das *Fedjr*, das Morgengebet zu sprechen.

Seit nahezu einem Jahr hatte ich die Härte der arabischen Sättel und Steigbügel nicht mehr gespürt; jetzt fühle ich mich zerschlagen, mit weichen Knien und schmerzhaften Gliedern.

Der *Taleb* Si Ali, der uns die erste Strecke begleitet hatte, verläßt uns, um nach M'Sila zurückzukehren.

Nun besteigt Si Abou-Bekr das Maultier, und wir machen uns auf den Weg durch die *Sebkha*.

Rot und schon voll entflammt geht die Sonne auf. Fast im gleichen Augenblick beginnt die Hitze ...

*

Baniou. – Ein grau-weißes Militär-Bordj auf der Höhe. Eine Pappelallee führt zu den Brunnen, die heißes, trübes, verpestetes Wasser führen. Ringsum stehen einige Toub-Bauten. Unten sieht man Sand, echten Sand, zwar etwas rötlich, aber fein und trocken. Hier und dort finden sich Tamariskenbüsche; an ihren versandeten Wurzeln bilden sich, wie bei allen saharischen Bäumen, kleine Hügel. In ihrem Schatten machen wir Rast; gierig trinken wir den flüssigen Schlamm und einen scheußlichen Kaffee voller Mücken.

Es wird immer heißer, und wir machen uns wieder auf den Weg. Zwei Stunden vergehen, dann erreichen wir Bir-Khali. Dort gibt es einige Toub-Häuser, die den Sommer über leerstehen, und einen Brunnen mit ungewöhnlich reinem und fast kühlem Wasser. Wir trinken voller Gier, wie rasend ... Ein passenderes Wort fällt mir nicht ein.

Dann folgen die drückenden Mittagsstunden in der nackten, ausgeglühten Ebene. Doch vor uns liegen die Berge, die den Horizont beschließen, und zwischen zwei steil aufragenden Hörnern Bou-Saâda auf seinem niedrigen Hügel. Ganz deutlich kann man die *Casbah* oberhalb der Stadt und das Schwarz der Gärten erkennen.

In Wirklichkeit fängt hier die ewige Illusion des Südens wieder an: die Stadt erscheint uns nahe, aber so viel wir auch reiten mögen, der Abstand scheint sich nicht zu verringern. Auf die Dauer wird diese Vision der verzauberten Stadt, die am Horizont entflieht, beängstigend.

Die Hitze ist unerträglich.

Unsere Lippen werden trocken und rissig. Der Schirokko zerfrißt uns die Haut.

Ein Kameltreiber, den wir überholen, gibt uns zu trinken; dann dauert es nicht lange, bis der Mann und sein großes, langsames Tier sich verzerren und ihr Bild mit den kaum sichtbaren Wellen der Grenzenlosigkeit der Ebene verschmilzt.

Bou-Saâda

Bou-Saâda, ein anmutiger Anblick; ich erlebe es wie eine Vision, umgeben und vergoldet vom Strahlenkranz der Sonne, eingefaßt in das lebhafte Smaragdgrün seiner Gärten!

Das Wadi Bou-Saâda fließt im großen Bogen am Fuß der Stadt über die weißen Kieselsteine. Links wachsen die dichten Gärten wie ein Urwald über die gelben Toub-Mauern hinaus, gekrönt von den königlichen Federbüschen der Dattelpalmen. Rechts tauchen hinter einem Gürtel aus Feigen, Oleander und Granatapfelbäumen die hohen, zu einer angenehmen und sehr saharischen Unordnung gruppierten irdenen Häuser auf. Wir waten durchs Wasser, zu dem sich unsere halb verdursteten Tiere hinunterbeugen, und folgen dem Bett des Wadi bis zu einem kühlen Brunnen, der am Fuß der Stadt einem Felsen entspringt: «Aïn-Bessem» – der lächelnde Brunnen. Wir trinken noch einmal.

*

... Auch Bou-Saâda ist durch eine tiefe Schlucht in zwei Städte geteilt, die durch eine Brücke miteinander verbunden sind.

Auf der einen Seite befinden sich die europäischen Bauten, das Arabische Bureau und das Friedensgericht. Auf der anderen das alte Durcheinander von geformter Erde, das wahre Bou-Saâda.

Die zweigeteilte Stadt ist eng von hohen rötlichen Hügeln umschlossen; dahinter ragen die Berge auf, die seltsamen Berge der südlichen Gebirgskette, geschichtet und gestaffelt, mit abfallenden Terrassen, von denen einige weit überhängen.

Das Volk von Bou-Saâda ist ähnlich wie das Volk der Sahara zutiefst an die alten Bräuche, die Sitten von einst gebunden ...

Je mehr man sich von den kosmopolitischen und korrumpierten großen Städte entfernt, um so stärker scheint dieses Volk in die verflossenen Jahrhunderte hinabzusteigen.

Braungebrannte Gesichter unter dem weißen Turban oder dem mit einem Schnürchen aus beigem Kamelhaar befestigten Schleier; männliche und asketische Gesichter, graubraune, in tiefen Höhlen liegende Augen, in denen unter der Burnuskapuze eine dunkle Flamme brennt, Rosenkränze um den Hals, Haltungen aus einer anderen Zeit, fast könnte man sagen, aus einer anderen Welt.

Die weibliche Tracht ist schwieriger zu tragen: die tiefgegurteten, zu einer griechischen Tunika drapierten Mousselingewänder und die voluminöse, in die Breite gehende Haartracht stehen nur großen, schlanken und vor allem sehr geschmeidigen Frauen. Und solche sind es nicht, die man auf der Straße sieht, sondern armselige, verbrauchte alte Mumien, die einen kläglichen Eindruck machen.

... Wir lassen unsere Betten – Matten und Teppiche – unter den Arkaden eines großen Hauses richten, das zur Zaouïa gehört und in einer abgelegenen Ecke des neuen Stadtteils liegt, in der Nähe des Friedensgerichts, von dem es durch ein tiefes Schlammloch mit einem wunderschönen Garten, einem Chaos aus kräftigem Grün, getrennt ist.

Unmittelbar vor uns befindet sich, wie zum Kontrast, ein europäischer Garten, eine dürftige Pflanzung mit Mimosen und schlecht angeschlagenen, schwächlichen Maulbeerbäumen, das Ganze abgegrenzt durch einen traurigen Stacheldraht. – Wie erbärmlich wirken diese Gärten mit ihrer symmetrischen Ordnung, ohne Überraschungen und ohne Charme, neben den prächtigen arabischen Gärten, die völlig willkürlich gepflanzt werden, die einer Phantasie entspringen, welche der Natur sehr nahe steht und ebenso reich ist wie sie!

Die mürrischen Soldaten der Strafkompanien, die armen zerlumpten Gefangenen und ihre Wächter verstehen sich im Gegensatz zu dem unwissenden und poetischen *Fellah* nicht darauf, die hellen Weinreben mit dem dunklen Blattwerk der Feigen zu verbinden, die Lorbeeren zwischen die mächtigen Palmen zu setzen und den dichten Schatten der Apfelbäume mit dem fleischfarbenen Rot der Granatäpfel zu schmücken.

*

Die Zeit verfliegt; im Morgengrauen machen wir uns auf den Weg zu der Zaouïa an der reizvollen Wüstenstraße von Djelfa.

Der Weg folgt zunächst dem Wadi Bou-Saâda, dann schlängelt er sich im hellen Morgenlicht zwischen den bläulichen Bergen hindurch.

Der Sommer hat die Wiesen und das Maquis ausgetrocknet. Alles nimmt die neutralen, aber unendlich verschiedenen Töne des Bodens an. Ziegelrot, Gelblichbraun, Ockergelb, Ockergrün, namenlose, kaum unterscheidbare Aschfarben, alle möglichen Lilaschattierungen, das erstaunliche Spektrum der Grautöne, blasses Rosa und fahles Weiß. Diese Neutralität der Farben, ihre fehlende Schärfe verleihen dem Lichterspiel einen besonderen Reiz, der nirgendwo anders zu finden ist – er ist das Wunder der glühenden Regionen.

In der Zaouïa

Wieder nähern wir uns dem Wadi, das an beiden Ufern mit gleichmäßig grünen Gärten bepflanzt ist; eine fast unwahrscheinlich frische und liebliche Gegend.

Auf einer glatten Fläche erheben sich einige Toub-Häuser: eine weitere Rückzugsstätte der Tolba, die ebenso wie ihre Gärten zu der Zaouïa von El-Hamel gehört.

El-Hamel, «Der Verirrte»: ein poetischer Name, der ausgesprochen gut zu diesem grandiosen wilden Ort paßt, der tatsächlich verloren in einem Tal liegt, das zur einen Seite immer enger wird und sich zur anderen, zum Wadi hin, einem weiten, azurblauen Horizont öffnet.

Nun erscheint auch die Zaouïa auf der Höhe: zwei große Gebäude, ein leuchtend weißes, das eher europäisch wirkt, und das andere aus hellem Toub mit spärlichen, schmalen Öffnungen.

Unterhalb der Zaouïa findet sich eine kleine Ansammlung irdener Häuser, dann folgt das Dorf des Chorfa-Stammes, ein malerisches Durcheinander kleiner Häuser, die wie all diese Toub-Konstruktionen baufällig wirken.

Noch weiter unten entfaltet sich ein Meer aus grünenden Pflanzen, überragt von Dattelpalmen wie von einem prächtigen Baldachin. Das alles hebt sich zart und klar in der reinen Bergluft von den unbestimmten Farbtönen des Hügels ab. Dieser Ort vermittelt ein ganz besonderes, ganz eigenes Bild, das weder an die Sahara noch an die gewöhnliche Landschaft der Hochplateaus erinnert.

In einem kleinen, sehr armseligen und schlichten Zimmer aus Toub in Si Abou-Bekrs Heim schlafe ich sofort auf einem Teppich ein, während ein fröhliches Kommen und Gehen uns willkommen heißt.

Beim Erwachen finde ich dort jene ruhigen, verschwiegenen und höflichen Gespräche wieder, die überall dort, wo die große islamische Sorglosigkeit noch unangetastet und unberührt ist von der zersetzenden europäischen Unruhe, die langen Stunden der immer gleichen Tage vertreiben.

Hier, an diesem abgeschiedenen Ort mit seinem grandiosen und zugleich einfachen Rahmen, erstickt der Lärm unserer erbitterten und nutzlosen Kämpfe im tiefen, regungslosen Schweigen, und die laufenden Ereignisse, die im Grunde immer die gleichen sind, werden nur als Zwischenfälle erlebt.

Um mit diesen verschlossenen und empfindlichen Menschen zu reden, muß man ihre Vorstellungen kennen und sie sich zu eigen gemacht haben, man muß sie auf ihre antike Quelle zurückgeführt und geläutert haben ... Dann ist das Leben leicht, dann kann man sich sanft in dieser Welt der Burnusse und Turbane wiegen – einer Welt, die der Beobachtung des Touristen auf immer verschlossen bleibt, wie aufmerksam und intelligent sie auch sein mag.

Wenig sprechen, viel zuhören, sich niemandem preisgeben: das sind die Regeln, die man befolgen muß, wenn man von den arabischen Milieus des Südens akzeptiert werden und sich dort wohl fühlen will ...

*

Nachdem wir mehrere Vorplätze und weitläufige, düstere Höfe durchquert haben, gelangen wir in einen großen Innenhof, eingeschlossen von sehr hohen und uralten bräunlichen Toub-Wänden. In der Mitte wächst ein junger Feigenbaum, der diesem von tiefer Stille beherrschten Ort in wenigen Jahren seinen Schatten spenden wird. In diesem Hof sahen wir eine Art Bett, eine große polierte, auf vier Steinsockeln ruhende Platte. Es war der Aufenthalt des verstorbenen Marabout Sidi Mohammed Belkassem.

Besuch bei Lella Zeyneb

In einer Ecke, neben der Tür, die zu den Wohnungen führt, sitzt eine Frau in der schlichten weißen Tracht von Bou-Saâda auf einer

Art Steintreppe. Ihr faltiges Gesicht ist von der Sonne gebräunt, denn sie reist viel in der Gegend umher. Sie geht auf die Fünfzig zu. In den schwarzen Augen mit dem außerordentlich sanften Blick flackert das Licht der Intelligenz, wie verschleiert von großer Traurigkeit. Alles, ihre Stimme, ihre Gebärden und die Art und Weise, wie sie die Pilger empfängt, läßt auf große Schlichtheit schließen. Es ist Lella Zeyneb, die Tochter und Erbin Sidi Mohammed-Belkassems.

Der Marabout, der ohne männliche Nachkommenschaft geblieben war, ernannte sein einziges Kind, das er wie den besten *Taleb* auf arabisch unterrichtet hatte, zu seinem Nachfolger im Falle seines Todes. Er hatte seine Tochter auf eine sehr andersartige Rolle vorbereitet als die, welche der arabischen Frau gemeinhin zukommt; und heute leitet sie die Zaouïa und die Khouans, die der Bruderschaft angeschlossen sind.

Die Zaouïas sind keine «Schulen des Fanatismus», wie es manche Autoren behaupten, die sie nur dem Namen nach kennen. Neben der Erteilung des muselmanischen Unterrichts erfüllen die Zaouïas die Funktion, Tausenden von Armen, Waisen, Witwen und Gebrechlichen, die ohne sie ohne Obdach und ohne Hilfe wären, mit den Wohltaten ihrer Barmherzigkeit beizustehen.

Mehr als alle anderen ist die Zaouïa Lella Zeynebs eine Zuflucht für die Ärmsten unter den Armen, die aus allen Himmelsrichtungen herbeiströmen.

Lella Zeyneb, die unter einer schmerzhaften Halsentzündung leidet, kämpft mutig gegen alle Feinde, die ihr aus mancherlei Eifersucht erwachsen; unbeirrt verfolgt sie ihr Werk der Hingabe und Entsagung.

. . . Mein Fall, meine Lebensweise und meine Geschichte stoßen bei der Maraboutin auf lebhaftes Interesse. Nachdem sie alles gehört hat, stimmt sie mir zu und versichert mir ihre immerwährende Freundschaft. Doch plötzlich wird sie traurig; ich sehe Tränen in ihren Augen.

«Meine Tochter . . . ich habe mein ganzes Leben gegeben, um auf den Pfaden Gottes Gutes zu tun . . . Und die Menschen erkennen das Gute nicht an, das ich ihnen tue. Viele hassen und beneiden mich. Obwohl ich auf alles verzichtet habe: ich habe nie geheiratet, ich habe keine Familie, keine Freunde . . .»

Angesichts dieses ungerechten Schmerzes, den sie vielleicht seit Jahren verbirgt und der nur in Gegenwart einer anderen Frau zutage tritt, deren Schicksal ebenso ungewöhnlich ist wie das ihrige, werde auch ich traurig.

Von Zeit zu Zeit erschüttert ein rauher Husten Lella Zeynebs Brust. Mit Schrecken merke ich, wie krank sie ist! Sie, die da ist, um über die große, unglücksreiche Familie zu wachen, die sich um sie schart. Was soll aus der wohltätigen Zaouïa werden, wenn Lella Zeyneb eines sicher nicht mehr fernen Tages stirbt?

Die Persönlichkeit dieser Frau, die im Zölibat lebt und eine wichtige religiöse Rolle spielt, dürfte im muselmanischen Abendland wohl einmalig sein und hätte es sicher verdient, gründlicher studiert zu werden, als ich es während meines viel zu kurzen Aufenthalts in der Zaouïa tun konnte ...

Ich verbringe die Nacht allein, in einem großen, gewölbten Raum. Der von den Bergen kommende Wind rüttelt heftig an den Fensterläden. Es weint und ächzt im ganzen Tal und zwischen den Gräbern des nahen Friedhofs.

... Am frühen Morgen weckt mich eine unerhört sanfte, melancholische Traumstimme.

«Gott ist einzig in seiner Art und er ist hilfreich ... Er wurde nicht gezeugt und er zeugte nicht ... Gott hat kein Ebenbild!» singt die Stimme, langsam, langsam.

Ich stehe auf; traurig und versonnen denke ich daran, daß dies der letzte Tag ist; ich gehe zum Fenster: Unten wandelt ein Greis und rezitiert die Verse des heiligen Buches nach einer uralten Weise.

Ich nahm Abschied von Lella Zeyneb und verließ die Zaouïa von El-Hamel ...

*

In Bou-Saâda besteige ich einen unförmigen, mit Juden überfüllten Lastwagen, der nach Aumale fährt, eine Strecke von hundertdreißig Kilometern über holprige, ausgefahrene Wege.

Zunächst umgibt uns noch rotbrauner Sand, wir sehen vereinzelte Tamarisken, einen weiten, leeren Horizont, der dem Horizont der Sahara gleicht und von dem ich mich wieder einmal entferne.

Die ersten Stationen sind mir noch vertraute, geliebte Bilder: zerfallene *Bordjs* mit Palmengruppen im Hintergrund. Dann verändert sich alles. Wir nähern uns den Hauts-Plateaux, die Landschaft wird streng und traurig, sie strahlt eine Traurigkeit aus, die ich nicht mag. Es ist zu Ende ...

Nach so vielen anderen ist nun auch dieser siebentägige Traum verflogen, und fast möchte ich mich fragen, ob das alles überhaupt stimmt, ob diese ganze blitzartige Zauberei nicht ein Hirngespinst gewesen ist, ob dieses Bou-Saâda, diese Zaouïa und diese Maraboutin in ihren weißen Schleiern nicht nur meinem Heimweh nach dem Vergangenen entsprungen sind.

*

Wie sehr sollte ich mich noch nach Bou-Saâda sehnen, seinem unvergleichlichen Licht, seinem lebhaften und malerischen Gewirr! Wenig später kam ich in das langweilige Ténès, wo ich lange Monate Seite an Seite mit den *Fellah* des Tell lebte. Dort konnte ich die Beziehungen zwischen den Eingeborenen und den Kolonialherren aufmerksam studieren ... Der arabische Bauer hat die gleiche Geduld wie der russische Bauer. Der Kolonialherr ist meistens ein wackerer Mann, der seinen Nachbarn nicht versteht.

Ich fuhr oft nach Algier, um dort zu schreiben. An einem Regentag traf ich Abou-Bekr unter den Arkaden.

«Kommen Sie nicht mehr, uns da unten zu besuchen? ... Die Bäume fangen gerade an zu blühen ... Die Maraboutin spricht oft von Ihnen ...»

Und zwei Tage später war ich wieder auf dem Weg nach Bou-Saâda, trotz der noch kalten Jahreszeit leicht gekleidet und fröhlich, als wollte ich in den Garten gehen und Blumen pflücken.

Tränen des Mandelbaums

Für Maxime Noiré, den Maler der brennenden Horizonte und der weinenden Mandelbäume

Bou-Saâda, die fahlrote Königin, schläft genüßlich im Kleid ihrer dunklen Gärten, unter der Wacht ihrer violetten Hügel am steilfallenden Rand des Wadi, in dem das Wasser über die weißen und rosa

Kiesel rauscht. Wie nachlässig über die kleinen irdenen Mauern gebeugt, weinen die Mandelbäume ihre weißen Tränen, während der Wind ihnen sanft über die Kronen streicht; ihr zarter Duft erfüllt die weiche Lauigkeit der Luft und beschwört eine zauberhafte Melancholie herauf ...

Es ist Frühling: unter dem äußeren Anschein der Mattigkeit, dem Anschein eines rührenden Endes aller Dinge, keimt kraftvolles Leben voller Liebe und voller Glut, und der starke Saft steigt von den geheimnisvollen Quellen der Erde auf.

In Bou-Saâda herrscht die Stille des Südens; wie in allen arabischen Städten sieht man nur wenig Menschen auf den Straßen. Doch im Wadi bewegen sich manchmal lange Züge von Frauen und Mädchen in leuchtender Tracht.

Violette, smaragdgrüne, rosa, zitronengelbe, himmelblaue, orange, rote oder weiße *Mlahfas*, bestickt mit Blumen und bunten Sternen; auf den Köpfen das schwere Gebäude der saharischen Haartracht, bestehend aus Zöpfen, Gold- oder Silberbändern, zierlichen Ketten, kleinen Spiegeln und Amuletten, oft auch gekrönt mit Diademen, an denen schwarze Federn befestigt sind ... Die ganze Pracht zieht vorbei, schillert in der Sonne; Gruppen schließen sich zusammen und gehen auseinander, wie ein in den Farben sich verschiebender Regenbogen, wie liebliche Schmetterlingsschwärme. Und manchmal tritt eine Schar weißgekleideter Männer mit ernsten, braungebrannten Gesichtern und Kapuzen auf dem Kopf schweigend aus den ockrigen Gassen ...

*

Seit Jahren sitzen zwei alte Frauen von morgens bis abends vor einer Hütte aus sonnengetrocknetem Schlamm. Sie sind in dunkelrote *Mlahfas* gehüllt, deren dickes Wolltuch in schweren Falten über ihre erstarrten Körper fällt. Nach dem Brauch des Landes färben sie ihr graues Haar mit Henna in einen leuchtenden Orangeton, flechten es und schmücken es mit roten Wollzöpfen; in den schlaffen Ohrläppchen hängen schwere Ringe, deren Gewicht von Silberketten aufgefangen wird, die in den Seidentüchern der Haartracht befestigt sind. Halsketten aus Goldmünzen, gehärtetem aromatischem Teig und starken ziselierten Silberplatten bedecken ihre welke Brust; bei jeder ihrer seltenen und langsamen Bewegungen klimpert der ganze Schmuck, besonders die Reifen an den Fesseln und den knochigen Handgelenken. Regungslos, wie alte vergessene Götzenbilder sitzen sie da und schauen durch den blauen Rauch ihrer Zigaretten den Menschen nach, die keinen Blick mehr für sie haben, den Reitern, den Hochzeitszügen, den Kamel- oder Maultierkarawanen, den altersschwachen Greisen, die einst ihre Liebhaber waren, der ganzen Bewegung des Lebens, das sie nicht mehr berührt.

Ihre trüben, durch die Kajalstriche übermäßig vergrößerten Augen, ihre trotz der Falten gepuderten Wangen und ihre rotgemalten Lippen – diese ganze Aufmachung wirft eine Art unheilvollen Schatten auf die beiden abgezehrten, zahnlosen alten Gesichter.

... In ihrer Jugend hatten die stets braungebrannte Saâdia mit der feinen römischen Nase und die weißhäutige, zerbrechliche Habiba die Männer aus Bou-Saâda ebenso wie die Nomaden betört.

Jetzt sitzen sie da, reich, geschmückt mit den Produkten ihrer früheren Habgier und betrachten in Ruhe und Frieden den schillernden Schmuck der großen Stadt, in der sich Tell und Sahara begegnen, in der sich die Rassen Afrikas vermischen. Sie sitzen da und lächeln, lächeln über das Leben, das – unbeweglich und ohne sie – weitergeht, oder auch über ihre Erinnerungen ... Wer weiß?

Wenn die langsame, klagende Stimme des Muezzin die Gläubigen zum Gebet ruft, erheben sich die beiden Freundinnen und knien mit ihrem klimpernden Schmuck auf einer unbefleckten Matte nieder. Dann gehen sie an ihren Platz zurück, ebenso versonnen wie zuvor, als erwarteten sie jemand, der nicht kommt.

Nur selten tauschen sie ein paar Worte aus.

«Sieh doch, Saâdia, da hinten geht der Kadi Si Châlal ... Erinnerst du dich an die Zeit, als er mein Liebhaber war? Ein schmucker Reiter war er damals! Wie geschickt er seine schwarze Stute in die Höhe steigen ließ! Und wie freigiebig er war, obwohl noch ein einfacher *Adel*. Und jetzt ist er alt ... Er braucht zwei Diener, die ihm auf sein Maultier helfen, das ebenso brav ist wie es selbst; und die Frauen wagen nicht mehr, ihm ins Gesicht zu sehen ... diesem Mann, der mich mit seiner Glut verzehrte, dem ich die Augen mit Küssen bedeckte!»

«Ja ... Und Si Ali, der Leutnant, der einfache Spahi, der mit Si

Châlal gekommen war und den ich so unbändig liebte? Erinnere dich! Auch er war ein kecker Reiter, ein hübscher Kerl ... Wie habe ich geweint, als er nach Médéa ging! Er dagegen lachte, er war glücklich, man hatte ihn zum Brigadier ernannt ... Er hatte mich schon fast vergessen ... So sind die Männer ... Er starb letztes Jahr ... Gott sei ihm gnädig!»

Manchmal singen sie Liebeslieder, die aus ihren Münden mit den meckernden, schon erloschenen Stimmen recht seltsam klingen. Und so leben sie unbekümmert mit den Geistern verflossener Tage und warten, bis ihre Stunde schlägt.

... Langsam steigt die rote Sonne hinter den von leichtem Nebel verhüllten Bergen auf. Ein purpurner Schein fällt über die Dinge, wie ein Schleier der Scham. Die ersten Strahlen verwandeln die Kronen der Dattelpalmen in Sprühfeuer, und die tönernen Kuppeln über den Marabout-Gräbern wirken wie aus massivem Gold. Für einen kurzen Augenblick entflammt die ganze fahlrote alte Stadt, wie ausgeglüht von einer inneren Flamme, während die unteren Teile der Gärten, das Bett des Wadi und die schmalen Pfade mit unscharfen Umrissen im Schatten verharren, erfüllt von blauem Rauch, der die Formen zerfließen läßt, die Ecken abrundet und geheimnisvolle Weiten zwischen den niedrigen Mauern und den ziselierten Stämmen der Dattelpalmen öffnet ... Am Flußufer wirft der Schein des weißglühenden Tages einen rosigen Hauch über die verstreuten, zu weißem Schnee erstarrten Tränen der nachdenklichen Mandelbäume.

*

Vor dem Heim der beiden alten Freundinnen zerstreut der Wind die Asche des erloschenen Herdfeuers und trägt sie in einem kleinen Wirbel davon. Doch Saâdia und Habiba sind nicht an ihrem gewohnten Platz.

Von innen hört man eine bald heisere, bald schrille Klage. Rings um die Matte, auf der Habiba wie ein formloses Paket aus rotem Stoff liegt, hocken Saâdia und andere ehemals Verliebte und beklagen die starre Regungslosigkeit, bekleidet mit seltsam glitzernden Edelsteinen; die Frauen zerkratzen sich die Gesichter mit den Nägeln, und rhythmisch begleitet der klimpernde Schmuck die Klage der Weinenden. In der Dämmerung war die altersschwache und verbrauchte Habiba ohne Agonie sanft in den Tod hinübergedämmert; die Triebfeder des Lebens war mit der Zeit zerbrochen.

*

Mit reichlichen Wassern wird der Leichnam gewaschen, dann hüllt man ihn in weißes, mit wohlriechenden Essenzen besprengtes Leintuch und legt ihn, das Gesicht nach Osten gewandt, zur Ruhe. Gegen Mittag kommen die Männer und tragen Habiba zu einem der unbegrenzten Friedhöfe, wo der Wüstensand nach Lust und Laune seine ewigen Wellen gegen die zahllosen kleinen grauen Steine branden läßt.

Es ist zu Ende ... und Saâdia, die allein zurückgeblieben ist, hat ihren Platz wieder eingenommen. Mit dem blauen Rauch ihrer ewigen Zigarette verflüchtigt sich der letzte Rest des Lebens, der ihr noch bleibt, während die Mandelbäume an den Ufern des sonnigen Wadi und im Schatten der Gärten nicht aufhören, mit der lächelnden Traurigkeit des Frühlings ihre weißen Tränen zu weinen ...

Bou-Saâda, den 3. Februar 1903

VERGESSENSSUCHER

Die Doktorprüfung

Genf, April 189 . . .

Heute war der Abend lau; langgestreckte weiße Wolken trieben über den noch schneebedeckten Zacken des Jura. Doch in der Luft lag eine große Milde, ein Frieden *der Erwartung* vor dem drängenden Leben des Mais.

Ich weiß sehr wohl, daß ich die Früchte der harten, ja fast ernsthaften Arbeit des ganzen Wintersemesters wieder verliere, wenn ich hier endlos lange Stunden an meinem Fenster sitze und meine eigene Traurigkeit beschaulich durch die vertraute Landschaft dieser melancholischen Vorstadt auf mich einwirken lasse . . . Aber die Langeweile der Gegenwart und ihre Monotonie erdrücken mich, und wie immer vertiefe ich mich in das kontemplative Leben.

. . . Während ich über all die moralischen Nutzlosigkeiten nachdachte, die sich in zunehmendem Maße um mich häuften, klopfte jemand an die Tür.

Es war ein unbekanntes junges Mädchen, klein und zart, mit einem traurigen blassen Gesicht, umrahmt von lockigen braunen, ziemlich kurz geschnittenen Haaren.

Mit einem sanften Lächeln sprach sie mich auf russisch an: «Das Hilfskomitee der russischen Studenten hat mich hierher geschickt. Ich bin gerade aus Rußland angekommen, um mein Medizinstudium hier abzuschließen, und habe keinen Pfennig Geld. Man hat mir gesagt, Sie als Sekretärin des Komitees könnten mir helfen, eine Unterkunft zu finden.»

In dieser kleinen, sehr eigenen Welt der russischen Studenten mit ihrer Verliebtheit in den sozialistischen oder den noch weiteren Traum der Anarchie, wird die Überzeugung sehr ernst genommen: die soziale Pflicht der gegenseitigen Hilfe wird unumwunden in Anspruch genommen und gilt als absolute Lebensnotwendigkeit. Die falsche, unangebrachte Scham des Armen ist aufgehoben, ersetzt durch das Gefühl eines unbedingten Rechts auf das Leben.

Chouchina trug mir ihre Bitte also ohne Scheu und ohne Zögern schlicht und direkt vor.

Ich bot ihr ein kleines Zimmer gleich neben meinem eigenen an, wo sie bis zum Ende ihres Studiums bleiben sollte.

Sie stammt aus Sibirien, Tochter einer kleinbürgerlichen Familie aus Yénisseisk. Sie hat das Ziel, ihre Doktorprüfung so schnell wie möglich abzulegen und dann nach Hause zurückzukehren, um ihren Brüdern, von denen sie mit großer Rührung spricht, zu helfen.

Ihr Selbstverständnis ist das eines äußerst bescheidenen, im Schatten stehenden Soldaten der großen Armee des Fortschritts. Diese Rolle gibt ihr Lebenskraft und macht sie glücklich.

Ah! dieses Glück der Fanatiker, die ihr Dasein in einem Traum vom Absoluten verbringen!

Im Universum sieht Chouchina nur den Menschen – und das Tier –, aber es bleibt zweitrangig. Es gibt eine ganze Welt von Empfindungen – feinsinnigen Empfindungen –, die sie nie wahrgenommen hat und die ihr gleichgültig ist.

Ihrem Charakter nach ist sie voller Ernsthaftigkeit, Bescheidenheit und Sanftmut. Alles in allem eine zauberhafte kleine Gefährtin, mit der ich nie Schwierigkeiten haben werde.

*

Den 3. Mai

Im Zusammenleben ist Chouchina absolut zurückhaltend und von vollendetem Taktgefühl. Sie respektiert meine Träumereien, erträgt meine allzu häufigen Stimmungsumschwünge, nimmt sie lächelnd auf und versucht, mir die schwarzen Stunden der Angst zu versüßen, obwohl diese Angst zahllose und oft geringfügige Gründe hat, die sie selbst gar nicht zu kennen scheint... jene schweren Stunden, die ich seit einiger Zeit durchmache.

Unter unserer stillschweigenden sprachlichen Vertrautheit verbirgt sich keine geistige Nähe, dafür sind wir zu verschieden; aber Chouchina ist eine der seltenen Naturen, deren Gegenwart mich weder irritiert noch stört. Sicher, meine Bindung zu ihr beruht auf einem sehr egoistischen Gefühl des persönlichen Wohlbefindens... Aber weiß sie es überhaupt? Für sie ist diese Medizin, die wir zusammen studieren, weder ein Beruf noch eine Kunst: sie ist ein Priesteramt. So wie sie die Sache sieht, wird Chouchina der Menschheit dienen. Manchmal wundert sie sich, weshalb ich über ihre Theorien lache, denn sie weiß, daß jedes Leid mich zutiefst berührt, und sie sieht, daß ich vielleicht stärker darunter leide, fremdes Leid zu sehen, als sie selbst.

. . . Sie ist sehr zart. Man hat den Eindruck, der geringste Hauch müsse die kleine lebhafte Flamme ganz plötzlich ersticken . . . Und doch ist sie von unentwegter Aktivität, emsig und still wie eine Ameise, in stetiger und geduldiger Ergebenheit. Die Entmutigung scheint ihr ebenso fremd wie der Enthusiasmus.

*

Juli

Chouchina macht mir Sorgen. Ihre Gesundheit ist viel angegriffener, als ich geglaubt hatte. Seit einigen Tagen hat sie Schwächeanfälle. Sie schläft unruhig und wacht oft in kaltem Schweiß gebadet auf. Sie hustet . . .

Und manchmal, wenn ich sie aufmerksamer beobachte, entdecke ich in dem einst so ruhigen Blick ihrer großen lila-grauen Augen einen Ausdruck der Furcht, fast der Angst. Aber sie beklagt sich nicht, sie pflegt sich sorgfältig und arbeitet hartnäckig weiter: im Oktober will sie die Doktorprüfung ablegen.

An meiner eigenen, echten Unruhe merke ich, wie sehr ich mittlerweile unbewußt an diesem kleinen Wesen hänge, das so wenig Platz einnimmt, das außer in Momenten der Schwäche und des Erlöschens tapfer und mutig ist.

Ich versuchte, mit ihr über ihre Gesundheit zu sprechen. Sie antwortete mir mit einem gefaßten Lächeln: «Ja natürlich, ich bin schwindsüchtig . . . schon lange. Als ich Krankenschwester im Lager von Tioumène war, dem Durchgangslager für die russischen Emigranten auf dem Weg nach Sibirien, habe ich schon die ersten Symptome bemerkt. Aber seitdem beobachte ich mich und passe gut auf mich auf. Ich möchte die Doktorprüfung bestehen und dann noch einige Jahre vor mir haben, um zu arbeiten.»

Bei diesen letzten Worten lag ein grauer Schatten in ihrem Blick . . . Sie will nicht weiter auf diese Frage eingehen. Sie *will* nicht zulassen, daß ihre Angst sich *formuliert* . . . Sie fürchtet sich davor.

Angesichts der gefährlichen Krise, die sie derzeit durchmacht, besteht eine schmerzhafte Unvereinbarkeit zwischen den Ansprüchen ihres Gesundheitszustands und den nicht minder tyrannischen Anforderungen der harten und schwierigen Arbeit, die auf ihr lastet. Und ich mit meiner Bewunderung für diesen ruhigen Mut, für ihren festen Willen, zu leben und nützlich zu sein, kann nichts für sie tun, denn sie braucht weder Ermutigung noch Trost.

Sie will auch keinen Arzt aufsuchen, da sie, wie sie sagt, genau weiß, was sie hat und was sie tun muß . . . Auch hier vermute ich eine heimliche Schwäche: fürchtet sie sich nicht, einen anderen mit lauter Stimme, mit Worten von hoffnungsloser Klarheit sagen zu hören, was sie denkt?

*

Oktober

Während der letzten drei Monate hat sich ihr Zustand nicht verändert. Mit wunderbarer Pflege und vor allem mit Energie hat Chouchina sich trotz unserer knappen Geldmittel – ein vorübergehendes Zerwürfnis mit meiner Familie hat mich im Augenblick um alle finanziellen Zuwendungen gebracht – auf den Beinen und an der Arbeit gehalten. Allein, die Unruhe in ihrem Blick trat oft deutlicher hervor und grenzte schon an Entsetzen.

Trotz allem schwand weder die Heiterkeit ihres Charakters noch ihr Arbeitseifer.

Sie wurde zusehends dünner. Der kurze, trockene kleine Husten war fast ein Dauerzustand geworden.

Vor einigen Tagen entschloß sie sich endlich, unsere Freundin Marie Edouardowna, eine erfahrene, freundliche Ärztin, zu konsultieren . . .

«Passen Sie gut auf sich auf. Sie dürfen keinen Zug bekommen. Essen Sie viel, und nehmen Sie Stärkungsmittel, dazu auch etwas Kreosot.»

Zu mir sagte Marie Edouardowna mit traurigem Ernst: «Das Ende ist schon sehr nahe. Dieses Mädchen hat eine ungewöhnliche Willenskraft; das macht die Fortschritte des Übels weniger sichtbar.

Sie hat sich fast zu Tode gearbeitet. Entsetzlich, dieser Tod, genau in dem Augenblick, in dem sie das Ende ihrer harten Mühsal erreicht, in dem sie glaubt, die *wahre* Arbeit beginnen zu können, die ihr Lebensziel war!»

«Glauben Sie, daß sie ihre Doktorprüfung noch machen kann?»

Marie Edouardowna schüttelte zweifelnd den Kopf.

Als ich wieder zu Chouchina kam, saß sie, welch ungewohnter Anblick, untätig auf ihrem Bett und wartete auf mich. Ich erschrak über den ängstlichen, fragenden, fast strengen Blick, den sie mir zuwarf; er enthüllte mir den grausamen Kampf, der sich in ihr abspielte, den Kampf zwischen der Gewißheit, die ihr klarsichtiger Verstand ihr unerbittlich vor Augen führte, und dem hartnäckigen Lebenswillen, der lebendigen Hoffnung.

Nur mit Mühe konnte ich die Gefühle, die mich unter diesem Blick überkamen, beherrschen und ihr sagen: «Marie Edouardowna findet Sie ziemlich entkräftet. Doch im Augenblick besteht ihrer Ansicht nach keine Gefahr, wenn Sie nicht den Mut verlieren und sich gut pflegen.»

Zum erstenmal zeigte Chouchina in meiner Gegenwart eine Regung von innerer Auflehnung und Schwäche zugleich.

Krampfhaft preßte sie die Hände zusammen: «Oh! Noch ein paar, noch ein paar Jahre! Soviel Arbeit, soviel Mühen...»

Sie verstummte, und nach einem langen Schweigen stand sie auf; sie lächelte wieder.

«Heute habe ich Nachtwache auf der Entbindungsstation, wegen einer Geburt, die sich nicht gut anläßt. Beunruhigen Sie sich nicht.»

«Aber lassen Sie sich doch vertreten! Wenn Sie wollen, gehe ich hin.»

«O nein! Sie wissen doch, ich bereite meinen Doktor vor und will mir keine Beobachtungen entgehen lassen, die sind ohnehin schon selten genug.»

Seitdem hält sie aus, immer gleichbleibend, obwohl von Stunde zu Stunde schwächer... Und ich spüre, daß sie in mir eine tiefe Leere hinterlassen wird... viel tiefer, als ich es vermutet hätte, ehe ich von ihrem bevorstehenden Tod wußte.

*

Dienstag, den 28. Oktober

Chouchina starb Freitag nacht.

Acht Tage lang war sie bettlägrig gewesen. Am Freitag hatte sie trotz großer Schwäche, Bedrücktheit und unentwegtem Husten an einer Vorlesung teilnehmen wollen, die sie interessierte. Sie kam spät zurück und meinte: «Ich bin völlig erschöpft. Ich lege mich schlafen. Morgen fange ich an, alles zu wiederholen, was ich für die Prüfung brauche ... Nur noch acht Tage!»

Ich las.

Plötzlich hörte ich ein ersticktes Röcheln in Chouchinas Zimmer, dessen Tür einen Spalt offenstand.

Ich ging hinein.

Aufrecht im Bett sitzend, die Hände an die Bettdecke geklammert, starrte sie mit glänzenden Augen ins Leere. Dann sah sie mich.

«Wann? ... Wann? ... Welches Datum haben wir heute?»

Ich erschrak über ihre veränderte, stockende und fiebrige Stimme.

«Heute ist der 6. Aber warum? Legen Sie sich unter die Decke, es ist kalt.»

Doch ihre Unruhe steigerte sich.

«Der 6.! Der 6.! Aber das sind ja nur noch acht Tage ... und ich habe nichts gemacht, nichts gemacht ...»

Sie war im Delirium. Plötzlich fiel sie auf ihr Kopfkissen zurück, mit geschlossenen Augen, ruhig ... Ich nutzte die Beruhigung und ging hinauf, einen Bekannten zu holen, der Assistenzarzt im Kreiskrankenhaus war; gemeinsam verbrachten wir die Nacht am Bett der bald unruhigen, bald in erschreckende Mattigkeit verfallenden Chouchina.

Sie gelangte nur noch für kurze Momente zum Bewußtsein, um alsbald wieder düsteren Halluzinationen zum Opfer zu fallen, die die Muskeln ihres farblosen, einer welken Blume gleichenden Gesichts vor Entsetzen erstarren ließen und den immer blauer, immer gegenstandsloser werdenden Blick verschleierten.

Jedes Mal, wenn sie aus diesem drückenden Alptraum erwachte, zeigte sie wachsende Angst; verzweifelt verlangte sie nach Tageszeitungen, um das Datum zu sehen und unseren Betrug trotz des Nebels, der ihren Verstand schon trübte, aufzudecken.

«Mein Gott! Ihr erzählt mir Lügenmärchen! Schon seit zwei Tagen sagt Ihr mir, heute wäre der 7.! ... Gebt mir die Zeitungen! Laßt mich meine Prüfung nicht verpassen ...»

Als sie sich wieder beruhigt hatte, nahm sie Vlassofs Hand und sagte mit flehender Stimme und grenzenlos traurigem Blick: «Vlassof! Lieber Freund ... Sagen Sie mir die Wahrheit! Sie wissen, daß ich nicht mehr lange leben werde ... Ich darf diese Prüfung nicht verpassen ... Der nächste Termin ist so lange hin. Sagen Sie mir am Vorabend Bescheid, und ich werde auf den Beinen sein, ganz bestimmt ...»

Der Wille weiterzumachen, ihr Werk zu vollenden, war so stark, daß sie sich durch ihren Glauben an die Allmacht des Willens über ihren eigenen Zustand hinwegtäuschte.

Aber diese ruhigen Momente dauerten nur kurz, und sogleich verfiel sie wieder in das finstere Todesdelirium.

Sie fürchtete vor allem die Einsamkeit. Sie wollte bewacht sein, als hätte sie Angst, ein aus der Ferne schon gesehenes Phantom könne ihr erscheinen, hielte unsere Gegenwart es nicht fern ...

Manchmal wähnte sie sich mitten in der Prüfung, und in der Stille der angsterfüllten Nacht wiederholte sie Formeln, versuchte, sie zu erklären und bemühte sich angestrengt, jeden einzelnen Gedanken aus der grenzenlosen Weite, in die ihr Geist sich schon verflüchtigte, zurückzuerobern.

Seltsamerweise verlor sie nicht einen einzigen Augenblick die klare Einsicht in die Notwendigkeit, sich pflegen zu lassen; mit unbedingter Ergebenheit ließ sie alles mit sich geschehen.

Am letzten Tag wurde sie ruhiger, stiller; ihr schon starrer und unbeteiligter Blick schweifte in die Ferne. Ohne uns zu sehen, heftete sie ihre Augen auf uns und schien durch unsere Körper hindurchzuschauen, in endlose Fernen.

Ihr Leib war ausgezehrt, ihr kantig gewordenes Gesicht zwischen den weißen Laken des großen alten Doppelbettes kaum noch zu erkennen; es verschwand in dem Kissen, auf dem ihr federleichter Kopf einen fast unsichtbaren Abdruck hinterließ.

Marie Edouardowna sagte zu uns: «Ihr dürft sie nicht allein lassen. Das ist das Ende.»

Vlassof und ich blieben neben ihr sitzen, schweigend wie jene, die über die Toten wachen.

Dieses Warten auf etwas Gefürchtetes, Unausweichliches ließ den Tag unendlich lang erscheinen.

Seit mehreren Tagen hatte Chouchina nicht mehr von den Prüfungen gesprochen und auch nicht mehr nach dem Datum der verfließenden Tage gefragt.

Heute war Prüfungstag, und wir waren froh über das Vergessen, das über Chouchina gekommen schien.

Gegen fünf Uhr, als die kühle Herbstdämmerung das Zimmer verdüsterte, begann Chouchina zu sprechen. Zuerst war es nur ein unverständliches, abgehacktes Gemurmel. Doch dann, als wir uns zu ihr herabbeugten und aufmerksam lauschten, hörten wir: «Sonntag, das war, das war der 8. . . . der 8. . . . ja. Montag? Montag der 9. . . .»

Überraschend klar und trotz unseres Betrugs erinnerte sie sich an Tage und Daten . . . Je mehr sie sich dem fatalen Tag, dem 15. näherte, um so stärker wurde ihre Unruhe.

Plötzlich setzte sie sich auf, streckte die Arme aus . . . Ihre Augen waren weit aufgerissen, ihre Wangen belebt, die trockenen Lippen zitterten.

«Aber dann . . . dann . . . Ist heute doch der 15. . . . der Prüfungstag. Und es ist schon Abend . . . Ihr habt mir nichts gesagt . . . Gemein, o wie gemein . . . Aber ich werde es ihnen sagen. Ich werde . . . Gebt mir meine Kleider . . .»

Sie warf die Decken zurück, wollte aufstehen. Doch sie fiel wieder auf das Bett, fahl und bleich, mit geschlossenen Augen.

Ein kurzes, häufiges Zucken schüttelte ihren Körper.

«Sie stirbt . . .» sagte Vlassof über sie gebeugt.

Chouchina wurde ruhig. Noch einmal öffnete sie die Augen . . . sah uns an, und zum erstenmal seit ihrer Bettlägrigkeit war ihr Blick voll bewußt und tief . . . Abgrundtief.

Sie lächelte uns an, sanft, traurig. «So ist es denn zu Ende . . . Und ich hätte so gern gelebt . . . gearbeitet . . . Es ist zu Ende . . .»

Nach einer langen Stille fügte sie mit grausam bitterer Ironie hinzu: «Die Doktorprüfung ist jetzt vorbei . . .»

Dann streckte sich ihre weiße Hand, ihre kleine Totenhand zu den Büchern, die wir auf ihr Drängen hin neben ihrem Bett hatten stehenlassen müssen . . . Sie nahm einen schmalen Band und zog ihn unter großen Anstrengungen an ihre Brust . . . Sie schloß die Augen und verstummte, während sie das Buch wie einen geliebten Gegenstand fest an ihre gequälte Brust preßte.

Langsam quollen zwei schwere Tränen unter ihren geschlossenen Lidern hervor und flossen über ihre hohlen Wangen ... in ihrem Gesicht stand ein Ausdruck grenzenloser Betrübnis, doch ohne Empörung, sanft und resigniert ...

Ihr Körper wurde steif, ihre Hände klammerten sich an das Buch, erstarrten. Ihre Augen öffneten sich, halb leer ...

Tiefe Stille herrschte in dem kleinen Zimmer, in dem Vlassof leise weinte, im rosa Schein des durch den Lampenschirm gefärbten Lichts ...

Von der Straße drang der lärmende Gesang deutscher Studenten herauf, die ihre bestandene Prüfung feierten ...

Yasmina

Groß geworden war sie in einer Landschaft von Gräbern, wo die geheimnisvolle Seele vergangener Jahrtausende die Trostlosigkeit der Umgebung durchwanderte.

Dort hatte sie ihre Kindheit verbracht, in den grauen Ruinen, zwischen den Trümmern und dem Staub einer Vergangenheit, von der sie keine Ahnung hatte.

Die düstere Größe dieser Stätte hatte ihr sozusagen ein Übermaß an Fatalismus und Traum mit auf den Weg gegeben. Fremd, melancholisch unter all den Mädchen ihrer Rasse: also war Yasmina, die Beduinin.

Die *Gourbis* ihres Dorfes erhoben sich neben den römischen Ruinen von Timgad inmitten einer riesigen, staubigen Ebene, übersät von alterslosen, anonymen Steinen, verstreuten Überresten in den bösartig wirkenden dornenreichen Distelfeldern, der einzigen krautartigen Vegetation, die der glühenden Hitze des schwelenden Sommers zu widerstehen vermochte. Disteln gab es dort in allen Größen, in allen Farben: mächtige Pflanzen mit dicken, blauen, seidigen Blüten zwischen den langen spitzen Dornen, kleinere mit goldenen Sternen ... oder auch solche, die sich ganz unten am Boden winden und kleine, blaßrosa Blüten hervorbringen. Hier und dort ein dürrer Brustbeerenstrauch oder ein sonnenverbrannter Mastixbaum.

Ein immer noch aufrecht stehender Triumphbogen öffnete sich in einer kühnen Rundung dem feurigen Horizont. Riesensäulen, manche gekrönt mit Kapitellen, andere zerfallen – eine ganze Legion zum Himmel ragender Säulen, wie eine wütende und zugleich sinnlose Auflehnung gegen den unausweichlichen Tod ...

Ein Amphitheater mit kürzlich freigelegten, stufenförmigen Bänken, ein stilles Forum, verlassene Wege, das ganze Skelett einer großen gestorbenen Stadt, der ganze triumphierende Ruhm der Caesaren, besiegt von der Zeit und aufgesogen vom eifersüchtigen Schoß dieser afrikanischen Erde, die langsam aber sicher alle fremden oder ihrer Seele feindlichen Kulturen verschlingt ...

In der Morgendämmerung, wenn der ferne Djebel Amour in durchsichtigen Lichtern zu schimmern begann, verließ Yasmina ihr bescheidenes *Gourbi* und trieb ihre magere Herde aus schwarzen Ziegen und gräulichen Schafen gemächlich über die Ebene.

Gewöhnlich führte sie die Tiere in die unwegsame wilde Schlucht eines Wadi, ziemlich weit vom Dorf entfernt.

Dort trafen sich die kleinen Hirten des Stamms. Yasmina indes hielt sich abseits; sie beteiligte sich nicht an den Spielen der anderen Kinder.

Sie verbrachte all ihre Tage in der bedrohlichen Stille der Ebene und gab sich sorglos, gedankenlos, ungewissen Träumereien hin, die nicht definierbar, die in keine menschliche Sprache übersetzbar waren.

Zur Zerstreuung pflückte sie manchmal am Grund des ausgetrockneten Wadi ein paar seltsame, von der Sonne verschonte Blümchen und sang arabische Redegesänge.

Yasminas Vater, Elhadj Salem, war alt und gebrechlich. Ihre Mutter, Habiba, war schon mit fünfunddreißig Jahren eine alterslose Mumie, die sich den harten Arbeiten des *Gourbi* und des kleinen Gerstenfeldes verschrieben hatte.

Yasmina hatte zwei ältere Brüder, die beide als Spahis dienten. Man hatte sie weit weg in die Wüste geschickt. Ihre ältere Schwester namens Fathma war verheiratet und wohnte im Hauptdorf der Ouled-Mériem. Im *Gourbi* lebten nur noch die Kleinkinder und Yasmina, die mit ihren vierzehn Jahren die Älteste war.

So hatte die kleine Yasmina vom strahlenden Sonnenaufgang bis zur melancholischen Dämmerung wieder einen Frühling ins Land gehen sehen, genau wie in all den anderen Jahren, die sich in ihrer Erinnerung vermischten.

Eines Abends, als der Sommer gerade begonnen hatte, war Yasmina mit ihren Tieren wieder einmal auf dem Heimweg nach Timgad, das erleuchtet von den letzten Sonnenstrahlen vor ihr lag, bis die endgültige Dunkelheit hereinbrach. Auch die Ebene erstrahlte in unendlich zart gefärbtem rosa Staub ...

... Und auf dem Weg sang Yasmina ein saharisches Klagelied, das sie von ihrem geliebten Bruder Slimène gelernt hatte, als dieser vor einem Jahr im Urlaub heimgekommen war:

*«Junges Mädchen aus Constantine, weshalb kamst du hierher,
die du nicht aus meiner Heimat bist, nicht dazu geschaffen,
in der blendenden Düne zu leben ...
Junges Mädchen aus Constantine, du kamst und hast mein Herz erobert,
und wirst es mit dir nehmen in dein Land ...
Im allerhöchsten Namen hast du Wiederkehr geschworen.
Doch wenn du wiederkommst ins Land der Palmen, wenn du wiederkommst
nach El-Oued, sollst du mich nicht mehr finden im
HEIM DER TRÄNEN ...
Such mich im HEIM DER EWIGKEIT ...»*

Und sanft verflog das Klagelied im grenzenlosen Raum. Und sanft erlosch die erhabene Sonne über der Ebene ...

Sie war so ruhig, die einsame, naive Seele der kleinen Yasmina ... Ruhig und sanft wie die reinen kleinen Seen, die der Regen im Frühjahr für einen Augenblick in den kurzlebigen Prärien Afrikas zurückläßt, in denen sich nichts spiegelt außer dem ewigen Blau des wolkenlosen Himmels.

Als Yasmina nach Hause kam, eröffnete ihr ihre Mutter, daß sie mit Mohammed-Elaour, der in Batna ein Café betrieb, verheiratet werden sollte.

Zuerst weinte Yasmina, weil Mohammed einäugig und sehr häßlich war, und weil diese Hochzeit so plötzlich und so unerwartet kam.

Dann beruhigte sie sich und lächelte, denn es stand geschrieben.

Die Tage vergingen. Yasmina ging nicht mehr zum Weiden. Sie nähte mit ihren ungeschickten kleinen Händen an der dürftigen Aussteuer, wie es für eine verlobte Nomadin üblich war.

Keine der Frauen im Dorf wäre auch nur auf die Idee gekommen, sie zu fragen, ob sie mit dieser Hochzeit zufrieden war. Man gab sie Elaour, wie man sie jedem anderen Muselmanen gegeben hätte. Das war die Ordnung der Dinge, und es gab weder einen Grund, sich über die Maßen zu freuen, noch gab es Anlaß zur Verzweiflung.

Yasmina wußte sogar, daß ihr Los etwas besser sein würde als das der anderen Frauen ihres Stammes, da sie in der Stadt wohnen würde und sich wie die Maurinnen nur um ihren eigenen Haushalt und die Erziehung ihrer Kinder zu kümmern hätte. Nur die anderen Kinder ärgerten sie manchmal, wenn sie ihr zuriefen: «Marte-Elaour – Die Frau des Einäugigen!» Auch vermied sie es, bei Einbruch der Nacht mit den anderen Frauen zum Wasserholen ins Wadi zu gehen. Es gab zwar einen Brunnen im Hof des *Bordj*, wo die Ausgrabungen gemacht wurden, aber der Roumi-Wächter, ein Angestellter der Akademie der Schönen Künste, erlaubte es den Eingeborenen nicht, von dem reinen und frischen Wasser dieses Brunnens zu schöpfen. So waren sie darauf angewiesen, das Brackwasser aus dem Wadi zu benutzen, in dem die Herden von morgens bis abends wateten. Daher auch das kränkliche Aussehen der Stammesmitglieder, die dauernd von bösartigen Fiebern befallen sind.

Eines Tages kam Elaour zu Yasminas Vater, um ihm zu sagen, daß er die Kosten für die Hochzeit und den Brautpreis des jungen Mädchens nicht vor dem Herbst aufbringen könne.

Yasmina hatte ihre Wäsche fertiggenäht, und da ihr kleiner Bruder Ahmed, der nach ihr das Weiden des Viehs übernommen hatte, krank darniederlag, nahm sie ihre Aufgabe als Hirtin und die langen Wege über die Ebene wieder auf.

Wie zuvor gab sie sich ihren verschwommenen unbescholtenen Jungfrauenträumen hin, an denen die bevorstehende Hochzeit nichts geändert hatte.

Sie hoffte nichts, ja sie wünschte nicht einmal etwas. Sie war sich der Dinge nicht bewußt und daher glücklich.

Zu dieser Zeit lebte in Batna ein junger Leutnant, der, abkommandiert zum Arabischen Bureau, soeben aus Frankreich eingetroffen war. Er hatte um seine Versetzung nach Algerien ersucht, weil er das Kasernenleben, das er vor den Toren von Saint-Cyr zwei Jahre lang genossen hatte, zutiefst verabscheute.

Er war abenteuerlustig und verträumt.

In Batna war er schon nach kurzer Zeit zum Jäger geworden; die Notwendigkeit langer Ritte durch das rauhe algerische Land, das ihn von Anfang an sonderbar bezauberte, hatte ihn dazu gezwungen.

Jeden Sonntag im Morgengrauen machte er sich allein auf den Weg und folgte wahllos den holprigen Straßen der Ebene oder den schroffen Bergpfaden.

Eines Tages trieb er sein Pferd, erschöpft von der Mittagshitze, in die wilde Schlucht, wo Yasmina ihre Herde hütete. Yasmina saß auf einem Stein, im Schatten eines rötlichen, von duftendem Wacholder bewachsenen Felsens und spielte zerstreut mit grünen Halmen; dabei sang sie eine Beduinenklage, in der sich, wie im Leben, Liebe und Tod die Hand reichen.

Der Offizier fühlte sich matt, und ihm gefiel die wilde Poetik der Schlucht.

Nachdem er den Schatten, der seinem Pferd Schutz bot, erreicht hatte, näherte er sich Yasmina, und da er kein Wort Arabisch konnte, fragte er sie auf französisch: «Gibt es hier irgendwo Wasser?»

Ohne zu antworten stand Yasmina auf, um fortzugehen, beunruhigt, fast verschreckt.

«Weshalb fürchtest du dich vor mir? Ich will dir nichts Böses tun», sagte er belustigt über diese Begegnung.

Sie aber floh den Feind ihrer besiegten Rasse und wandte sich zum Gehen.

Lange folgte der Offizier ihr mit den Augen.

Yasmina war ihm wie eine Erscheinung, schlank und zart unter ihren blauen Lumpen, mit ihrem scharfgeschnittenen, ovalen, braungebrannten Gesicht, aus dem die großen schwarzen Augen der Berberrasse geheimnisvoll leuchteten, mit ihrem düsteren traurigen Ausdruck, der in eigentümlichem Widerspruch zu der sinnlichen und zugleich kindlichen Form ihrer blutroten, etwas aufgeworfenen Lippen stand. An den anmutigen Ohrläppchen hingen zwei schwere Eisenringe, die das zauberhafte Gesicht umrahmten.

Auf der Stirn, genau in der Mitte, das blaue Berberkreuz, ein unbekanntes, unerklärliches Symbol dieser eingeborenen Völker, die nie Christen waren und die der Islam völlig wild und fetischistisch in seiner Blütezeit des Glaubens und der Hoffnung übernommen hatte.

Auf dem Kopf mit den wolligen, tiefschwarzen Haaren trug Yasmina ein schlichtes rotes Tuch, das zu einem ausgeschnittenen flachen Turban gerollt war.

Alles an ihr trug den Stempel eines fast mystischen Charmes, dessen Natur Leutnant Jacques sich nicht erklären konnte. Lange blieb er auf dem Stein sitzen, den Yasmina verlassen hatte. Verträumt dachte er an die Beduinen und ihre ganze Rasse.

Dieses Afrika, das er freiwillig aufgesucht hatte, erschien ihm wieder wie eine fast chimärische, zutiefst unbekannte Welt, und das arabische Volk versetzte ihn durch alle äußeren Merkmale seines Charakters in dauerndes Erstaunen. Da er fast keinen Umgang mit den Kameraden seines «Kreises» pflegte, hatte er sich auch die in Algerien üblichen Klischees noch nicht angeeignet, die *a priori* allem, was arabisch und muselmanisch ist, ausgesprochen feindlich gegenüberstehen. Er stand noch unter dem Eindruck der großen Verzauberung, des intensiven Rausches seiner Ankunft, und gab sich diesem Zustand lustvoll hin.

Jacques, der aus einer in den Ardennen ansässigen adeligen Familie stammte und in der Strenge eines religiösen Provinzkollegs erzogen worden war, hatte trotz seiner Jahre in Saint-Cyr die Seele eines Bergbewohners bewahrt, relativ verschlossen gegenüber jenem «modernen Geist» voller nörglerischer und skeptischer Vorurteile, der auf schnellstem Wege zu allen möglichen moralischen Verfallserscheinungen führt.

Er war also noch in der Lage, *mit eigenen Augen* zu sehen und seine eigenen Eindrücke ernsthaft auf sich einwirken zu lassen.

Von Algerien kannte er nur das wunderbare Epos der Eroberung und der Verteidigung, den dreißig Jahre lang hier wie dort unentwegt gefeierten Heldenmut.

Doch als intelligenter und wenig mitteilsamer junger Mann fühlte er sich schon gedrängt, seine Empfindungen zu analysieren, seine Gedanken gewissermaßen zu klassifizieren.

So hatte er am folgenden Sonntag, als er bemerkte, daß er wieder den Weg nach Timgad einschlug, deutlich das Gefühl, diese Richtung nur genommen zu haben, um die kleine Beduinin wiederzusehen.

Noch sehr rein und edel, versuchte er keineswegs, sein Bewußtsein zu *täuschen*. Er gestand sich unumwunden ein, daß er der Lust, Bonbons zu kaufen, deshalb nicht hatte widerstehen können, weil er es in der Absicht tat, dieses kleine Mädchen kennenzulernen, dessen sonderbare Anmut ihn so unwiderstehlich in ihren Bann zog, daß er die ganze Woche über nur an sie gedacht hatte.

... Und jetzt, da er schon seit dem Morgengrauen unterwegs war auf der schönen Straße von Lambèse, gab er seinem Pferd die Sporen, ergriffen von einer Ungeduld, die ihn selbst verwunderte... Im Grunde war es nur die Leere seines kaum aus den verzauberten Grenzen der Jugend herausgetretenen Herzens, sein einsames Leben fern von der Heimat, die noch fast vollkommene Unschuld seines Denkens, das keine Spur vom Schmutz der Pariser Ausschweifungen trug; nur diese tiefe Leere trieb ihn hin zu dem beunruhigenden Unbekannten, das er jenseits dieses sich anbahnenden Beduinenabenteuers zu erahnen begann.

... Endlich stieg er hinab in die enge und tiefe Schlucht des ausgetrockneten Wadi.

Hier und dort warf eine Herde von Ziegen und Schafen dunkle und helle Flecken auf das fahlrot schimmernde Graugemisch des Gestrüpps.

Fast ängstlich hielt Jacques Ausschau nach Yasminas Herde. «Wie mag sie heißen? Wie alt mag sie sein? Wird sie dieses Mal mit mir sprechen wollen, oder wird sie wie letztens wieder die Flucht ergreifen?»

Jacques stellte sich all diese Fragen mit wachsender Unruhe. Wie sollte er mit ihr sprechen, da sie doch mit Sicherheit kein Wort Französisch verstand und er nicht einmal das in Algier gesprochene Kauderwelsch konnte?...

Endlich entdeckte er Yasmina im verlassensten Teil des Wadi, zwischen ihren Schafen auf dem Bauch liegend, den Kopf in beide Hände gestützt.

Kaum daß sie ihn erblickte, stand sie auf, feindselig wie zuvor.

Gewöhnt an die Brutalität und die Verachtung der Angestellten und Arbeiter in den Ausgrabungsstätten, haßte sie alles, was christlich war.

Doch Jacques lächelte, und er sah nicht so aus, als hätte er Böses im Sinn. Im übrigen sah sie wohl auch, daß er sehr jung und schön war unter seinem schlichten weißen Stoffgewand.

Neben ihr hing zwischen drei strahlenförmig zusammengesteckten Stäben ein kleiner ziegenlederner Wasserbehälter, eine *Guerba*.

In Zeichensprache bat Jacques sie um etwas Wasser. Ohne zu antworten deutete sie mit dem Finger auf die *Guerba*.

Er trank. Dann hielt er ihr eine Handvoll rosa Bonbons hin. Schüchtern, ohne es noch zu wagen, die Hand auszustrecken, sagte sie halb lächelnd auf arabisch: «Ouch-noua? Was ist das?» Dabei sah sie dem Roumi zum erstenmal in die Augen.

«Das ist was Gutes», meinte er lachend über ihre Unwissenheit, aber glücklich, daß das Eis endlich gebrochen war.

Sie kaute ein Bonbon, dann sagte sie plötzlich mit einem etwas holprigen Akzent: «Merci!»

«Nein, nein, nimm sie nur alle!»

«Merci! Merci! Msiou! Merci!»

«Wie heißt du?»

Lange verstand sie nicht. Aber schließlich, nachdem er ihr alle arabischen Frauennamen aufgezählt hatte, die er kannte, lächelte sie und sagte: «Smina.»

Nun wollte er sie bewegen, sich neben ihn zu setzen, um die Unterhaltung fortzusetzen. Doch sie, von plötzlichem Schrecken erfaßt, ergriff die Flucht.

Jede Woche, wenn der Sonntag nahte, sagte Jacques zu sich selbst, sein eigenes Handeln sei nicht recht, es sei seine Pflicht, dieses unschuldige Geschöpf, das ihm in jeder Hinsicht fremd war und dem er immer nur Leid zufügen würde, in Frieden zu lassen ... Aber er hatte keine freie Wahl mehr, nach Timgad zu gehen oder in Batna zu bleiben, und so brach er auf ...

Bald hatte Yasmina keine Angst mehr vor Jacques. Jedes Mal kam sie von sich aus, setzte sich neben den Offizier und versuchte, ihm Dinge begreiflich zu machen, deren Sinn ihm aber trotz aller Bemühungen des jungen Mädchens meistens entging. Wenn sie dann sah, daß er immer noch nichts verstand, fing sie an zu lachen ... Und dieses Lachen aus ihrer Kehle, bei dem sie den Kopf nach hinten warf und ihre milchweißen Zähne blitzen ließ, erweckte in Jacques ein berauschendes Gefühl der Begierde, eine Vorahnung der Wollust...

In der Stadt lernte Jacques mit größtem Fleiß algerisches Arabisch... Seine Kameraden schmunzelten über den Eifer und meinten nicht ohne Ironie: «Da muß doch ein Beduinenweib dahinterstecken.»

Schon jetzt liebte Jacques Yasmina wie von Sinnen, mit der ganzen überschäumenden Intensität der ersten Liebe eines sehr sinnlichen und träumerischen Mannes, in dem sich die fleischliche Liebe vergeistigt, um die Form wahrer Zärtlichkeit anzunehmen...

Doch das, was Jacques an Yasmina, an der unbedingten Unschuld ihrer Beduinenseele liebte, war ein rein imaginäres Wesen, seiner eigenen Vorstellung entsprungen und der Wirklichkeit ganz gewiß sehr wenig ähnlich...

Lächelnd, gleichwohl mit einem Anflug von Melancholie in ihrem Blick, lauschte Yasmina, wenn Jacques ihr, noch etwas ungeschickt, seine ganze Leidenschaft sang, die zu bezähmen er nicht einmal mehr versuchte.

«Das ist unmöglich», sagte sie mit einer schon schmerzlichen Traurigkeit in ihrer Stimme. «Du bist ein Roumi, ein *Kéfer*, und ich bin Muselmanin. Du weißt, bei uns ist es *haram*, daß eine Muselmanin einen Christen oder einen Juden zum Mann nimmt; und dennoch bist du schön und gut. Ich liebe dich...»

Eines Tages ergriff sie in aller Unschuld seinen Arm und schlug mit einem langen zärtlichen Blick vor: «Mach dich zum Muselmanen... Das ist ganz einfach! Heb deine rechte Hand, so, und sprich mit mir: ‹La illaha illa Allah, Mohammed raçoul Allah›, ‹Es gibt keinen anderen Gott als Gott, und Mohammed ist der Gesandte Gottes›.»

Langsam, nur zum Spiel, um ihr eine Freude zu machen, wiederholte er die wohlklingenden feierlichen Worte, die den, der sie *mit großem Ernst* ausspricht, unwiderruflich an den Islam binden... Doch Yasmina wußte nicht, daß man solche Dinge sagen kann, ohne daran zu glauben, sie dachte, allein das *Aussprechen* des Bekenntnisses zum muselmanischen Glauben durch ihren Roumi mache ihn zu einem Gläubigen... Und Jacques, der keine Ahnung hatte, welch rohe und primitive Vorstellungen sich das schriftunkundige Volk vom Islam macht, war sich keineswegs über die Tragweite dessen im klaren, was er soeben getan hatte.

*

Als an diesem Tag die Abschiedsstunde schlug, gab Yasmina ihm spontan, mit einem glücklichen Lächeln einen Kuß, den ersten ... Für Jacques war es ein namenloser, endloser Rausch ... Von nun an machte er sich, sobald er frei hatte, sobald ihm ein paar Stunden zur Verfügung standen, im Galopp auf den Weg nach Timgad.

Für Yasmina war Jacques kein Roumi mehr, kein *Kéfer* ... Er hatte die absolute Einheit zwischen Gott und der Mission seines Propheten bezeugt ... Und eines Tages gab sie sich ihm ohne weitere Umstände mit der hitzigen Leidenschaft ihrer Rasse hin ...

Sie erlebten einen Augenblick unsäglicher Auflösung, dann erwachten sie, die Seele erleuchtet von einem neuen Licht, als kämen sie aus dem Reich der Finsternis.

... Jacques hatte so schnelle Fortschritte in der arabischen Sprache gemacht, daß er Yasmina jetzt fast all die süßen oder herzergreifenden Dinge sagen konnte, von denen seine Seele erfüllt war ... Manchmal bat er sie zu singen. Dann gab er sich, neben ihr liegend, seinen Kopf auf ihren Knien, mit geschlossenen Augen ungewissen, süßen Träumereien hin.

Seit einiger Zeit quälte ihn eine ganz außergewöhnliche Idee, und obgleich er wußte, wie kindlich, wie unmöglich sie war, ließ er ihr mit seltsamem Genuß freien Lauf ... Alles verlassen, endgültig, seine Familie und Frankreich aufgeben, um für immer mit Yasmina in Afrika zu bleiben ... Sogar seinen Dienst kündigen und fortgehen, mit ihr, unter dem Burnus und dem Turban, ein unbekümmertes, gemächliches Dasein in irgendeinem Ksar des Südens führen ... Wenn Jacques weit weg war von Yasmina, fand er seine ganze Klarsicht wieder und belächelte diese melancholischen Kindereien. Doch sobald er wieder in ihrer Nähe weilte, ließ er sich in einer Art unsäglich sanfter intellektueller Auflösung gehen. Er nahm sie in seine Arme, tauchte seinen Blick in den Schatten ihrer Augen und wiederholte ihr endlose Male das so süße arabische Wort der Zärtlichkeit: «*Aziza! Aziza! Aziza!*»

Yasmina fragte sich nie, welches Ende ihre Liebe mit Jacques nehmen sollte. Sie wußte, daß viele von den Mädchen ihrer Rasse Liebhaber hatten, daß sie sich sorgfältig vor ihren Familien versteckten, die Sache aber meist auf eine Hochzeit hinauslief.

Sie *lebte*. Sie war schlicht und einfach glücklich, ohne weiter darüber nachzudenken und ohne einen anderen Wunsch, als daß ihr Glück ewig währen möchte.

Jacques dagegen sah sehr wohl, daß ihre Liebe so nicht unendlich weitergehen konnte, denn er stellte sich die Unmöglichkeit einer Ehe zwischen ihm, der drüben, in der Heimat, eine Familie hatte, und dieser kleinen Beduinin vor, die er nicht einmal im Traum in ein anderes Milieu, auf einen fernen, fremden Boden hätte verpflanzen können.

Außerdem hatte sie ihm selbst gesagt, man würde sie, wenn der Herbst zur Neige ging, mit einem *Cahouadji* aus der Stadt verheiraten.

Doch dieses Herbstende lag noch in weiter Ferne... Und Jacques überließ sich der Glückseligkeit der Stunde.

«Wenn sie mich dem Einäugigen geben wollen, holst du mich und versteckst mich irgendwo in den Bergen, weit weg von der Stadt, so daß sie mich nie mehr finden. Ich würde gern in den Bergen wohnen, wo es große Bäume gibt, die älter sind als die ältesten Greise, und wo im Schatten frisches reines Wasser fließt... Auch gibt es dort Vögel mit roten, grünen und gelben Federn, zwitschernde Vögel...

Ich möchte sie hören und im Schatten schlafen und das frische Wasser trinken... Du wirst mich in den Bergen verstecken und mich Tag für Tag besuchen... Für dich werde ich lernen, wie die Vögel zu singen. Dann werde ich sie lehren, deinen Namen zu sprechen, damit sie ihn mir sagen, wenn du fort bist.»

Also sprach Yasmina manchmal zu ihm, mit ihrem sonderbaren ernsten und feurigen Blick...

«Aber», meinte sie, «die Vögel von Djebel Touggour sind muselmanische Vögel... Sie können deinen Roumi-Namen nicht singen... Sie können dich nur mit einem muselmanischen Namen rufen... und ich muß ihn dir geben, damit sie ihn von mir lernen... Du sollst *Mabrouk* heißen, das wird uns Glück bringen!»

... Für Jacques klang diese arabische Sprache wie liebliche Musik, weil es ihre Sprache war und weil alles an ihr ihn berauschte. Jacques dachte nicht mehr, er lebte.

Und er war glücklich.

Eines Tages erhielt Jacques die Nachricht, daß er auf einen Posten im Süd-Oranais versetzt werden sollte.

Er las den unwiderruflichen Befehl wieder und wieder, für ihn hatte er keinen anderen Sinn als den, daß er abreisen und Yasmina verlassen mußte, daß sie den einäugigen Wirt heiraten und er sie nie mehr wiedersehen würde ...

Tagelang suchte er verzweifelt nach irgendeinem Mittel, den Wechsel zu verhindern, einen Kameraden, der mit ihm tauschen würde ... aber vergebens.

Bis zum letzten Augenblick, solange ihm noch ein winziger Hoffnungsschimmer blieb, hatte er Yasmina das Unglück, das auf sie zukam, verschwiegen ...

In den fiebrigen, schlaflosen Nächten hatte er sich zu den äußersten Entschlüssen durchgerungen: mal wollte er den lauten Skandal einer Entführung mit anschließender Hochzeit riskieren, mal dachte er daran, seine Entlassung einzureichen, alles aufzugeben für seine Yasmina, wirklich dieser *Mabrouk* zu werden, von dem sie träumte, den sie aus ihm machen wollte ... Doch ein Gedanke hielt ihn immer wieder davon ab: drüben, in den Ardennen, lebten sein alter Vater und seine schon weißhaarige Mutter, die sicher vor Kummer sterben würden, wenn ihr Sohn, «der schöne Leutnant Jacques», wie man ihn daheim zu nennen pflegte, all diese Dinge täte, die ihm in den endlosen Stunden der unruhigen Nächte durch den verliebten Kopf gingen.

Yasmina hatte die Traurigkeit und die wachsende Unruhe ihres *Mabrouk* sehr wohl bemerkt, und da er es noch nicht wagte, ihr die Wahrheit zu gestehen, sagte er ihr, seine alte Mutter daheim, *fil Fransa*, sei sehr krank ...

Und Yasmina versuchte, ihn zu trösten, ihm ihren ruhigen Fatalismus beizubringen!

«*Mektoub*», sagte sie. «Wir alle sind unter der Hand Gottes, und wir alle werden sterben, um zu Ihm zurückzukehren ... Weine nicht, *Ya Mabrouk*, es steht geschrieben.»

«Ja», dachte er bitter, «wir alle müssen uns eines Tages auf immer von allem trennen, was uns lieb ist ... Doch weshalb trennt uns das

Schicksal, dieses *Mektoub*, von dem sie spricht, schon vor der Zeit, solange wir beide noch am Leben sind?»

Schließlich, wenige Tage vor dem unwiderruflichen Datum seiner Abreise, machte Jacques sich auf den Weg nach Timgad ...

Voller Furcht und Angst brach er auf, Yasmina die Wahrheit zu sagen. Indes, er wollte ihr keineswegs sagen, daß ihre Trennung wahrscheinlich, ja sogar gewiß, ewig sein würde ... Er erzählte ihr nur von einer Mission, die drei oder vier Monate dauern sollte.

Jacques erwartete einen Ausbruch herzzerreißender Verzweiflung ...

Doch sie stand vor ihm und regte sich nicht. Sie sah ihm weiter geradewegs ins Gesicht, als wolle sie in seinen geheimsten Gedanken lesen ... und dieser schwere Blick ohne einen ihm verständlichen Ausdruck betrübte ihn unendlich ... Mein Gott! Glaubte sie denn, er wollte sie freiwillig verlassen?

Wie sollte er ihr die Wahrheit erklären, wie ihr verständlich machen, daß er nicht Herr über sein Los war? Für sie war ein französischer Offizier ein fast allmächtiges Wesen, absolut frei, alles zu tun, was ihm beliebt.

Yasmina sah Jacques immer noch geradewegs ins Gesicht, Auge in Auge. Sie schwieg weiter ...

Er konnte diesen Blick, der ihn zu verdammen schien, nicht länger ertragen.

Er riß sie an sich: «*O Aziza! Aziza!* Du bist böse auf mich! Siehst du denn nicht, daß mir das Herz zerbricht, daß ich nie fortgehen würde, wenn ich nur bleiben könnte!»

Sie zog ihre feinen schwarzen Augenbrauen zusammen.

«Du lügst!» sagte sie. «Du lügst! Du liebst Yasmina nicht mehr, deine Geliebte, deine Frau, deine Dienerin, der du ihre Unschuld genommen hast. Du bist es, der weggehen will! ... Und du lügst nochmals, wenn du mir sagst, du kämest bald wieder ... Nein, du kommst nie wieder, nie, nie, nie!»

Und dieses in fast feierlichem Ton hartnäckig wiederholte Wort klang Jacques wie die Totenglocke seiner Jugend.

Abadane! Abadane! Schon im Lautklang dieses Wortes lag etwas *Definitives*, etwas Unerbittliches und Fatales.

«Ja, du gehst fort ... Du wirst eine Roumia heiraten, drüben, in Frankreich ...»

Und eine düstere Flamme entzündete sich in den großen rostbraunen Augen der Nomadin. Fast heftig hatte sie sich aus Jacques' Umarmung gelöst, und mit einer Geste wilder Entrüstung spuckte sie verächtlich auf den Boden.

«Hunde und Hundesöhne, diese Roumis, einer wie der andere!»

«O Yasmina, wie ungerecht du zu mir bist! Ich schwöre dir, ich habe alle meine Kameraden einen nach dem anderen angefleht, an meiner Stelle zu gehen . . . und sie haben nicht gewollt.»

«Ah! Da siehst du doch selbst, wenn ein Offizier nicht gehen will, geht er nicht!»

«Aber *ich* habe meine Kameraden doch gebeten, an meiner Stelle zu gehen, und sie stehen nicht unter meinem Befehl . . . während ich dem Befehl des Generals, des Kriegsministeriums sehr wohl unterstehe . . .»

Doch Yasmina glaubte ihm nicht und blieb feindselig und verschlossen.

Jacques bedauerte, daß der Verzweiflungsausbruch, den er unterwegs so gefürchtet hatte, ausgeblieben war.

So verharrten sie lange, schweigend; schon lag ein Abgrund zwischen ihnen, all diese europäischen Dinge, die sein Leben tyrannisch beherrschten und die sie, Yasmina, nie verstehen würde . . .

Schließlich ging Jacques das Herz über, und er begann bitterlich zu weinen, seinen Kopf auf Yasminas Knien.

Als sie ihn so verzweifelt schluchzen sah, verstand sie, daß er es ernst meinte . . . Sie drückte seinen teuren, geliebten Kopf an ihre Brust und weinte schließlich mit ihm.

«*Mabrouk*! Mein Augenstern! Mein Licht! O kleiner schwarzer Fleck in meinem Herzen! Weine nicht, mein Herr! Geh nicht fort, *Ya Sidi*! Wenn du gehen willst, werde ich mich auf deinen Weg legen und sterben. Dann mußt du über die Leiche deiner Yasmina gehen. Oder wenn du wirklich unbedingt fortgehen mußt, nimm mich mit. Ich werde deine Sklavin sein. Ich werde dein Haus versorgen und dein Pferd . . . Und wenn du krank bist, gebe ich dir das Blut meiner Venen, um dich zu heilen . . . oder ich sterbe für dich. *Ya Mabrouk! Ya Sidi!* Nimm mich mit . . .»

Da er schwieg, niedergeschlagen angesichts der Unmöglichkeit dessen, was sie verlangte, fuhr sie fort: «Dann komm, zieh arabische Kleider an. Laß uns zusammen in die Berge fliehen oder noch weiter, in die

Wüste, in das Land der *Chaâmba* und der *Touareg* . . . Du wirst ganz und gar Muselmane, und dann wirst du Frankreich vergessen . . .»

«Ich kann nicht . . . Verlang nicht das Unmögliche von mir. Ich habe alte Eltern drüben, in Frankreich, sie werden vor Kummer sterben . . . Oh! Gott allein weiß, wie sehr ich mir wünsche, ich könnte dich bei mir behalten, immer und ewig.»

Er fühlte die Zärtlichkeiten Yasminas heißer Lippen sanft auf seinen Händen, mitten im Strom ihrer gemeinsamen Tränen . . . Diese Berührung weckte andere Gedanken in ihm, und sie erlebten noch einen Augenblick so tiefer, so absoluter Freude, wie sie ihn in den Tagen ihres ungetrübten Glücks nie gekannt hatten.

«Oh! Wie sollten wir uns verlassen», stammelte Yasmina, und ihre Tränen flossen weiter.

Noch zweimal kam Jacques zurück, zweimal fanden sie diese unsägliche Ekstase wieder, die sie unzertrennlich und auf immer aneinander zu binden schien.

Doch dann schlug die feierliche Abschiedsstunde . . . die Stunde jenes Abschieds, von dem der eine wußte, er würde ewig sein, während der andere es *ahnte* . . .

In ihren letzten Kuß legten sie ihre ganze Seele . . .

Lange lauschte Yasmina dem rhythmischen Galopp des Pferdes, das Jacques davongetragen hatte . . . Als sie nichts mehr hören konnte und die Ebene wieder in das gewohnte tiefe Schweigen verfallen war, warf die kleine Beduinin sich, das Gesicht der Erde zugewandt, zu Boden und weinte . . .

*

Seit Jacques' Abreise war ein Monat vergangen; Yasmina lebte in einer Art dumpfer Betäubung.

Nun wieder allein in ihrem wilden Wadi, blieb sie den ganzen Tag regungslos am Boden liegen.

In ihr war keine Spur von Auflehnung gegen das *Mektoub*, dem sie, wie sie es seit ihrer zartesten Kindheit gewohnt war, alles zuschrieb, was ihr widerfuhr, das Gute wie das Schlechte . . . Nur ein grenzenloser Schmerz, ein immerwährendes Leid ohne Rast und Ruh, das grausame und *ungerechte* Leid der unschuldigen Wesen, der Kinder oder Tiere, die nicht einmal den bitteren Trost haben, zu *verstehen*, weshalb und wie sie leiden . . .

Wie alle Nomaden, jene wirre Mischung, in der sich das asiatische Blut zwischen all den eingeborenen Stämmen, den *Chaouïya*, den Berbern und anderen verloren hat, hatte auch Yasmina nur eine sehr verschwommene Vorstellung vom Islam. Sie wußte – ohne sich jedoch über die Bedeutung im klaren zu sein –, daß es einen einzigen, ewigen Gott gibt, der alles erschaffen hat und der Rab-el-Alémine ist – der Herrscher des Universums –; sie wußte, daß Mohammed sein Prophet und der Koran der schriftliche Ausdruck der Religion ist. Sie konnte auch die zwei oder drei kurzen Kapitel aus dem Koran rezitieren, die jedem Muselmanen geläufig sind.

Yasmina war nie anderen Franzosen begegnet, außer denen, die die Ruinen bewachten und an den Ausgrabungen arbeiteten, und sie wußte genau, daß ihr ganzer Stamm unter ihnen zu leiden hatte. Daraus schloß sie, alle Roumis seien die unversöhnlichen Feinde der Araber. Jacques hatte sein Möglichstes getan, um ihr zu erklären, daß es auch Franzosen gibt, die die Muselmanen keineswegs haßten ... Aber in seinem Innersten wußte er sehr wohl, daß ein paar dumme und brutale Funktionäre genügten, um den armen, schriftunkundigen und undurchdringlichen Dorfbewohnern ganz Frankreich hassenswert zu machen.

Yasmina hörte alle Araber der Umgebung klagen, sie müßten erdrückende Steuern bezahlen, sie würden von der Militärverwaltung terrorisiert, sie würden um ihr Hab und Gut gebracht ... Daraus schloß sie, daß die guten und menschlichen Franzosen, von denen Jacques ihr erzählte, wohl nicht in ihr Land kamen, sondern irgendwo in der Ferne blieben.

In ihrem armen, brachliegenden Verstand, dessen lebendige Kräfte einen tiefen Schlaf schliefen, war das alles sehr ungewiß, es hatte sie übrigens auch nie beschäftigt.

Erst seit dem Tage, an dem sie geliebt hatte, begann sie, wenn auch noch sehr verschwommen, nachzudenken.

Früher, wenn Jacques sie alleingelassen hatte, um nach Batna zurückzukehren, war sie gewöhnlich nachdenklich sitzengeblieben. Was machte er dort? Wo lebte er? Traf er andere Frauen, *Roumia*, die ohne Schleier ausgehen, die Kleider aus Seide und ähnliche Hüte tragen wie jene, die eines Tages die Ruinen besichtigen kamen? Und eine unbestimmte Eifersucht entzündete sich in ihrem Herzen.

Doch seit Jacques in das ferne Oranais abgereist war, hatte Yasmina viel gelitten, und ihr Verstand begann sich zu schärfen.

Ab und zu, in ihrer trostlosen Einsamkeit, sang sie die Klagelieder, die er geliebt hatte; dabei weinte sie, so daß ein herzzerreißendes Schluchzen die melancholischen Strophen unterbrach; sie rief ihren geliebten *Mabrouk* mit den süßesten Namen, die sie ihm einst gegeben hatte, flehte ihn an, zurückzukommen, als könnte er sie hören.

Sie konnte nicht lesen, und Jacques konnte ihr nicht schreiben, da sie es nicht gewagt hätte, irgend jemandem die Briefe des Offiziers zu zeigen, um sie sich übersetzen zu lassen.

So hatte sie nichts mehr von ihm gehört.

Eines Sonntags, als sie wieder einmal traurig vor sich hin träumte, sah sie einen einheimischen Reiter auf einem feurigen grauen Pferd aus Richtung Batna nahen. Der Reiter, der das Kostüm der eingeborenen Spahi-Offiziere trug, lenkte sein Pferd in das Bett des Wadi. Er schien jemand zu suchen. Als er das kleine Mädchen sah, rief er: «Bist du nicht Smina-bent-Hadj-Salem?»

«Wer bist du, und woher kennst du mich?»

«Also bist du es wirklich! Ich bin Chérif-ben-Aly-Chaâmbi, Unterleutnant der Spahi und ein Freund von Jacques. Du bist es doch, die seine Geliebte war?»

Entsetzt, ihr Geheimnis im Besitz eines Muselmanen zu wissen, wollte Yasmina die Flucht ergreifen. Doch der Offizier packte sie beim Handgelenk und hielt sie mit Gewalt zurück.

«Wo willst du hin, Kind der Sünde? Glaubst du, ich habe diesen ganzen weiten Weg gemacht, um dein Gesicht zu sehen, und daß du mir dann davonläufst?»

Sie versuchte vergeblich, sich loszureißen.

«Laß mich los! Laß mich los! Ich kenne niemand, ich war niemandes Geliebte!»

Chérif begann zu lachen.

«Doch, du warst seine Geliebte, Kind der Sünde! Und ich müßte dir dafür den Kopf abschlagen, obwohl Jacques mir wie ein Bruder ist. Komm dort unten ins Wadi. Niemand darf uns sehen. Ich habe einen Brief von Jacques für dich und werde ihn dir vorlesen.»

Erfreut klatschte sie in die Hände.

Jacques ließ sie wissen, sie könne unbedingtes Vertrauen in Chérif haben und möge sich nur an ihn wenden, wenn ihr je ein Unglück widerfahren sollte. Er sagte ihr, er dächte nur an sie und sei ihr immer treu geblieben. Am Schluß schwor er ihr, sie ewig zu lieben, sie nie zu vergessen und eines Tages zurückzukommen, um sie zu holen.

... Schöne Schwüre, junge, unwiderrufliche *Entschlüsse*, welche die Zeit so schnell auslöscht und vernichtet wie alles Übrige auch...

Yasmina bat Chérif, Jacques zu antworten, auch sie liebe ihn immer noch, sie wolle ihm treu bleiben solange sie lebe, sie wolle seine ergebene und liebende Sklavin sein, am liebsten aber wäre sie *der Boden unter seinen Füßen*. Chérif lächelte.

«Hättest du einen Muselmanen geliebt», sagte er, «hätte er dich nach dem Gesetz geheiratet, du würdest hier nicht sitzen und weinen...»

«*Mektoub!*»

Damit bestieg der Offizier seinen grauen Hengst und galoppierte davon; hinter ihm wirbelte eine Staubwolke auf.

Jacques fürchtete, die Aufmerksamkeit der Leute aus dem *Douar* zu wecken und zögerte den zweiten Brief an Yasmina lange hinaus... so lange, daß er in dem Moment, als er endlich schreiben wollte, erfuhr, Chérif sei auf einen Posten in der Sahara versetzt worden.

Allmählich, nach der großen Verzweiflung der ersten Stunde, war Frieden in Jacques' Herz eingekehrt.

In dem oranesischen Ksar, wo er lebte, hatte er vornehme, sehr gebildete französische Kameraden gefunden, von denen einer eine ziemlich umfangreiche Bibliothek besaß. Jacques hatte angefangen zu lesen, er war Fragen nachgegangen, die ihm bis dahin absolut fremd gewesen waren... Neue Horizonte öffneten sich seinem Geist...

Später wechselte er noch einmal den Posten. In Géryville lernte er eine junge wunderschöne Spanierin kennen, in die er sich verliebte.

Und so trat das bezaubernde Bild Yasminas nach und nach in die flimmernden Fernen der Erinnerung zurück, wo sich alles vernebelt und schließlich in die Finsternis des endgültigen Vergessens hinüberdämmert.

Endlich kam Mohammed-Elaour, um anzukündigen, er könne die Kosten der Hochzeit nun tragen.

Man legte ein Datum in der allernächsten Zeit fest.

Yasmina ergab sich passiv ihrem Los ...

Mit dem Instinkt einer leidenschaftlich Verliebten hatte sie genau gespürt, daß Jacques sie vergessen hatte, daß ihm mittlerweile alles gleichgültig war.

Dennoch zog sich ihr Herz beim Gedanken an diese Hochzeit vor Angst zusammen, denn sie kannte die Sitten ihres Volkes nur allzu gut, um vorauszusehen, welcher Zorn ihren Ehemann überkommen würde, wenn er merkte, daß sie nicht mehr unberührt war.

Sie war schon ganz sicher, die Frau des einäugigen *Cahouadji* zu werden, als Hadj Salem und Elaour plötzlich über Geldangelegenheiten in Streit gerieten.

Wenige Tage später erfuhr Yasmina, sie solle einem anderen Mann gegeben werden, den sie nur einmal kurz gesehen hatte, Abd-el-Kader-ben-Smaïl, einem jungen und sehr gutaussehenden Mann, der als kühn, als unbezwinglich galt, der im Dienst wegen seines Verhaltens zwar einen schlechten Ruf hatte, dafür aber von seinen Chefs ob seines Muts und seiner Intelligenz hoch geschätzt wurde.

Er nahm Yasmina aus Liebe, da er sie in der Blüte ihrer fünfzehn Jahre für sehr schön befunden hatte ... Er bot Hadj Salem ein höheres Ablösegeld als Elaour. Und im übrigen schmeichelte es der Eigenliebe des Alten, seine Tochter in die Hand dieses Jungen zu geben, der aus einer guten Familie aus Guelma stammte, sich allerdings wegen seiner Entscheidung für Yasmina mit seinen Eltern überworfen hatte.

Die Hochzeitsfeier dauerte drei Tage, zuerst im *Douar* und dann in der Stadt.

Im *Douar* wurden einige Gewehrsalven abgeschossen, viele Feuerwerkskörper flogen in die Luft, und mit lauten Schreien, die Menschen und Tiere berauschten, ließ man die ausgemergelten Pferde laufen.

In der Stadt tanzten die Frauen nach dem Klang der beduinischen *Benadir* und der *Rhaïta* ...

Yasmina thronte, bekleidet mit mehreren weißen Mousselinhemden mit langen, weit ausgestellten Ärmeln, einem goldbesetzten blauen Kaftan und einer *Gandoura* aus rosa Seide, einer kleinen spitzen, kirschrot und grün gefärbten Mütze als Kopfschmuck, behängt mit goldenem und silbernem Geschmeide auf dem einzigen Stuhl, der im Raum stand, umringt von den Frauen, während die Männer sich auf der Straße und den Bänken des maurischen Cafés gegenüber vergnügten.

Von den Frauen hatte Yasmina erfahren, daß Chérif-Chaâmbi nicht mehr im Lande war; damit war auch der letzte Hoffnungsschimmer erloschen: sie würde nie wieder etwas von ihrem Jacques hören.

Abends, als sie mit Abd-el-Kader allein war, wagte Yasmina es nicht, ihrem Ehemann in die Augen zu sehen. Zitternd dachte sie an seinen bevorstehenden Zorn und den Skandal, der darauf folgen würde, wenn er sie nicht schon auf der Stelle tötete.

Sie liebte ihren Roumi immer noch, und daß der Spahi an Elaours Stelle getreten war, bereitete ihr nicht die geringste Freude. Im Gegenteil, sie wußte, daß Elaour als sehr wohlerzogen galt, während Abd-el-Kader den Ruf eines gewalttätigen und furchtbaren Mannes besaß . . .

. . . Als er erfuhr, was Yasmina ihm nicht verbergen konnte, geriet Abd-el-Kader in großen Zorn, der sich um so furchtbarer ausnahm, als er sehr in sie verliebt war. Erst fing er an, sie grausam zu schlagen, dann verlangte er, daß sie ihm den Namen ihres Liebhabers preisgab.

«Es war ein Offizier . . . ein Muselmane . . . vor langer Zeit . . . er ist fort . . .»

Durch die Drohungen ihres Mannes in Angst und Schrecken versetzt, sagte sie den Namen des Leutnants Chaâmbi: was machte es schon, da er sowieso nicht mehr da war? Sie wollte die Wahrheit nicht zugeben, sie wollte nicht sagen, daß sie die Geliebte eines Roumi gewesen war, denn das hätte ihr Vergehen in Abd-el-Kaders Augen noch verschlimmert.

Aber die Leidenschaft des Spahi war stärker als sein Zorn . . . Der Leutnant hatte sicher nicht über die Sache gesprochen, er war fort, und niemand würde das Geheimnis je in Erfahrung bringen.

Abd-el-Kader behielt Yasmina also bei sich, aber er wurde zum Schrecken des heimatlichen *Douar* von Hadj Salem; oft ging er dorthin, um Geld von seinen Schwiegereltern zu fordern; sie aber fürchteten ihn und bedauerten sehr, daß sie ihre Tochter nicht dem ruhigen Mohammed Elaour gegeben hatten.

Yasmina, immer noch traurig und schweigsam, verbrachte all ihre Tage mit dem Nähen grober Leinenhemden, die *Doudja*, die alte Tante des Spahi, zu einem mozabitischen Händler brachte.

Im Hause lebte außerdem noch Abd-el-Kaders Schwester, die demnächst einen Kameraden ihres Bruders heiraten sollte.

Wenn der Spahi nicht betrunken war, brachte er seiner Frau Geschenke, Tücher, damit sie sich herausputzen konnte, ja sogar Edelsteine, Früchte und Kuchen ... Sein ganzer Sold ging dabei drauf. Doch an anderen Tagen kam Abd-el-Kader betrunken heim, und dann schlug er seine Frau ohne Sinn und Verstand. Yasmina waren seine Zärtlichkeiten ebenso gleichgültig wie seine Schläge, sie blieb stumm. Nur erstickte sie zwischen den vier weißen Wänden des maurischen Hofes, in den sie eingesperrt war; sie sehnte sich bitterlich nach der freien Weite ihrer heimatlichen Ebene, nach den großen bedrohlichen Ruinen und ihrem wilden Wadi.

Abd-el-Kader fühlte sehr wohl, daß seine Frau ihn nicht liebte, und das brachte ihn außer sich.

Er fing an, sie wie wild zu schlagen.

Doch sobald er sie weinen sah, nahm er sie in seine Arme und bedeckte sie mit Küssen, um sie zu trösten.

Hartnäckig hielt Yasmina fest an ihrer Liebe zu ihrem Roumi, ihrem *Mabrouk* ... immer wieder schweiften ihre Gedanken ins Süd-Oranais, ein Land, das sie nicht kannte und wo sie ihn immer noch stationiert glaubte ...

Voller Angst fragte sie sich, ob ihr *Mabrouk* je wiederkommen würde, und sobald sie unbeobachtet war, begann sie lange und still zu weinen.

*

Jacques hatte den Liebestraum, den er in der Morgenröte seines Lebens einen Sommer lang in der trostlosen Ebene von Timgad geträumt hatte, längst vergessen.

*

Kaum ein Jahr nach seiner Hochzeit wurde Abd-el-Kader wegen Gewalttätigkeit gegen einen Vorgesetzten außerhalb der Dienstzeit zu zehn Jahren Zwangsarbeit im Straßenbau verurteilt ... Seine Schwester war ihrem Ehemann in den Süden gefolgt, und die alte Tante war gestorben.

Yasmina blieb allein und völlig mittellos.

Zu ihrem Stamm wollte sie auf keinen Fall zurückkehren.

Sie hatte jenen befremdlichen, düsteren und schweigenden Charakter bewahrt, der ihr seit Jacques' Abreise zu eigen geworden war ... Da sie nun schon einmal Witwe war, wollte sie nicht noch einmal verheiratet werden ... Sie wollte frei sein, um auf ihren *Mabrouk* zu warten.

Wohl hatte die Zeit auch bei ihr das Herzensleid gemildert ... Doch sie hatte nichts gefunden, was an die Stelle ihrer Liebe hätte treten können, und so fuhr sie fort, den Abwesenden zu lieben, auf dessen Rückkehr sie schon seit langem nicht mehr zu hoffen wagte.

Als auch die letzten Pfennige, die Abd-el-Kader ihr hinterlassen hatte, verbraucht waren, schnürte Yasmina ihr Bündel und gab dem Hauseigentümer seinen Schlüssel zurück.

Bei Einbruch der Nacht brach sie auf zum *Village-Noir*, kaum fünfhundert Meter von Batna entfernt – einem öden Gelände, auf dem sich die Moschee befindet.

Das Dorf selbst ist eine wirre Ansammlung schmutziger, verfallener Holz- oder Piseebauten, bewohnt von einem Volk aus Prostituierten, Negerinnen, Beduininnen, Maurinnen, Jüdinnen und Malteserinnen, die dort auf engstem Raum in buntem Durcheinander mit allen Arten mehr oder weniger verdächtiger Individuen, meist Zuhältern oder entlassenen Sträflingen, lebten.

Dort gibt es maurische Cafés, wo die Frauen bis zehn Uhr abends tanzen und singen, wo die ganze Nacht hinter verschlossenen Türen Kif geraucht wird. Es ist die Vergnügungsstätte der Soldaten von der Garnison.

Nachdem Yasmina allein geblieben war, hatte sie eine Maurin kennengelernt, die gemeinsam mit einer Negerin aus dem Oued Rhir im Village-Noir lebte.

Zohra und Samra arbeiteten in einem Tingeltangel, das einem gewissen Aly-Frank gehörte, der sich als Muselmane und Tunesier ausgab, dessen Name aber einen anderen Ursprung zu verraten schien. Auch er war übrigens ein ehemaliger Sträfling, der noch unter Polizeiaufsicht stand.

Die beiden Sängerinnen hatten Yasmina oft geraten mitzukommen und ihr Zimmer zu teilen, indem sie ihr die angeblichen Vorteile ihrer Stellung vorspiegelten.

Und als Yasmina sich nun endgültig allein und verlassen fühlte, ging sie zu ihren beiden Freundinnen, die sie erfreut aufnahmen.

An diesem Abend mußte Yasmina im Café auftreten und singen.

Es war ein niedriger, verrauchter, langgestreckter Saal; auf dem Boden aus Stampferde wimmelte es von Skorpionen, und die weißgekalkten Wände waren bedeckt mit Inschriften und Zeichnungen, meist von brutaler Obszönität, ein Werk der Kundschaft. Rechts und links standen zwei lange Reihen mit Tischen und Bänken, so daß in der Mitte ziemlich viel Raum blieb. Ein Holztisch ganz am Ende diente als Theke. Dahinter erhob sich eine Art Bühne, bedeckt mit abgenutzten alten Matten.

Dort hockten die Sängerinnen. Sie waren zu siebt: Yasmina, ihre beiden Freundinnen, eine Beduinin namens Hafsia, ein Mädchen aus Bône, Aïcha, und zwei Jüdinnen, Stitra und Rahil. Die letztere, die aus dem Kef stammte, trug das Kostüm der Tänzerinnen aus Tunis im Stil der ägyptischen Mode: weitgeschnittene weiße Hosen, eine kurze farbige Seidenweste und aufgelöste Haare, die nur mit einem breiten roten Band zusammengehalten wurden. Die Füße waren bekleidet mit zierlichen weißen Satinschuhen, die hinten offen waren und sehr hohe Absätze hatten.

Alle trugen Goldgeschmeide und schwere Ringe in den Ohren. Nur die Beduinin und die Negerin hatten saharische Trachten an, eine Art weiten, dunkelblauen, an den Schultern gerafften Schleier in Form einer Tunika. Ihren Kopf schmückte eine komplizierte Frisur, bestehend aus dicken, roten, in die Haare eingeflochtenen Wollzöpfen über den Schläfen, einem regelrechten Turm aus kleinen Tüchern und Schmuck, der mit verschlungenen Ketten befestigt war. Wenn eine von ihnen aufstand, um im Saal zwischen den Zuschauern zu tanzen, sangen die anderen auf der Bühne, klatschten dazu rhythmisch in die Hände oder schlugen Trommeln, begleitet von einem Knaben mit einer arabischen Flöte und einem Juden, der eine Art Mandoline zupfte ...

Ihre Lieder und Bewegungen beim Tanz waren von feuriger Schamlosigkeit, von der sich die an diesem Abend sehr zahlreichen Zuschauer nach und nach anstecken ließen.

Es regnete rohe Scherze und Komplimente auf arabisch und französisch mit mehr oder weniger fränkischem Dialekt.

«Ganz schön rund, das Mädel», sagte ein *Joyeux*, ein nach Afrika verbannter Sprößling aus Belleville voller Bewunderung für Yasmina, als sie an der Reihe war und in den Saal hinunterkam.

Ernst und traurig wie immer, eingehüllt in ihre Resignation und ihren Traum, tanzte sie für diese Männer, deren Beute sie sein sollte, sobald das Lokal geschlossen wurde.

Ein einheimischer Unteroffizier der Spahis, der Abd-el-Kader-ben-Smaïl gekannt und Yasmina schon einmal gesehen hatte, erkannte sie wieder.

«Sieh an!» sagte er. «Die Frau von Abd-el-Kader. Der Mann im Zwangsbau und die Frau im Geschäft, das läuft ja gut!»

Er war es dann auch, der sich an diesem Abend zu Yasmina legte, in der winzigen schwarzen Kammer, die ihr als Zimmer diente.

*

Im Osten, hinter den düsteren Zacken des Aurès-Gebirges, stieg der Vollmond auf...

Ein bläulicher Schein glitt über die Mauern und Bäume, warf tiefe Schatten in alle Löcher und Winkel, die wie Abgründe wirkten.

Mitten auf dem öden, ausgedörrten Gelände, das sich auf der einen Seite bis zur grauen Stadtmauer, der Porte de Lambèse, hinzog und auf der anderen bis zu den ersten Berghängen reichte, erhob sich einsam die Moschee... Tagsüber stillos und ohne jede Anmut, wirkte sie jetzt, im magischen Mondlicht, weißlich-hell, fast durchsichtig, in ein ungewisses Strahlen getaucht.

Vom Village-Noir drangen die gedämpften Geräusche der *Benadir* und der *Gasba* herüber... Vor Aly-Franks Café saß eine Frau auf der Holzbank, beide Ellbogen auf die Knie gestützt, den Kopf zwischen den Händen. Sie schaute den Passanten nach, doch in ihrem Gesicht stand tiefe Gleichgültigkeit, fast Ekel.

Abgemagert bis auf die Knochen, mit dunkelroten Wangen, eingefallenen und sonderbar funkelnden Augen, schmalen und schmerzlich zusammengepreßten Lippen wirkte die frische kleine Beduinin aus den Ruinen von Timgad um zehn Jahre gealtert...

Doch das Dasein, das sie seit drei Jahren führte, hatte auf dieser von Schmerz, ja fast von Agonie gezeichneten Maske nur den Schatten einer noch tieferen Traurigkeit hinterlassen. Und trotz allem war sie immer noch schön, von einer kränklichen und um so rührenderen Schönheit . . .

Oft erschütterte ein schmerzhafter, anhaltender Husten ihre Brust, ein furchtbarer Husten, der ihr Taschentuch rot färbte . . .

Der Kummer, der Alkohol und die tausenderlei schädlichen Einflüsse des Milieus, dem sie ausgeliefert war, hatten die robuste Gesundheit der kleinen, an die reine Luft der Ebene gewöhnten Nomadin zerstört . . .

*

Fünf Jahre nach Jacques' Abreise in den Süden des Oranais hatten ihn die Unstetigkeiten des Soldatenlebens wieder nach Batna verschlagen.

Er kam mit seiner jungen Frau, einer zierlichen hübschen Pariserin: sie hatten sich in einem Frühjahr, als Jacques krank zum Erholungsurlaub nach Nizza gekommen war, an der Côte d' Azur kennen und lieben gelernt.

Jacques hatte sich mittlerweile sehr gut wieder an das erinnert, was er seine «Beduinenidylle» nannte, ja er hatte sogar seiner Frau davon erzählt . . . Aber das alles war so weit weg, und der Mann, zu dem er geworden war, hatte kaum noch Ähnlichkeit mit dem jungen Offizier von einst . . .

«Damals war ich noch ein verträumter und enthusiastischer Junge. Wenn du wüßtest, meine Liebe, welch lächerliche Ideen ich im Kopfe hatte! Stell dir nur vor, daß ich nahe daran war, für diese kleine Wilde alles aufzugeben . . . Hätte ich mich diesem Wahnsinn hingegeben, was wäre wohl aus mir geworden? Das weiß nur Gott allein!»

Ah! Wie lächerlich er ihm jetzt vorkam, der kleine ernsthafte und glühende Leutnant früherer Zeiten!

Und er verstand nicht mehr, wieviel besser und schöner diese erste Form seines bewußten *Ich* gegenüber der zweiten gewesen war, die er dem modernen, eitlen, egoistischen und unzufriedenen Geist zu verdanken hatte, der nach und nach von ihm Besitz ergriffen hatte.

An diesem Abend also war er mit seiner Frau ausgegangen; und da sie den vier oder fünf schnurgeraden Straßen der Stadt keinerlei Charme abgewinnen konnte, schlug Jacques ihr vor: «Komm, ich zeige dir das Eden der Soldaten ... Aber du mußt vor allem sehr nachsichtig sein, denn das Spektakel wird dir an manchen Stellen wohl wie ein eher derber Naturalismus erscheinen.»

Unterwegs trafen sie einen Kameraden von Jacques, ebenfalls in Begleitung seiner Frau. Auch ihnen gefiel die Idee, ins Village-Noir zu gehen, und so gingen sie gemeinsam. Nicht ohne Grund besorgt, den Weg zu beleuchten, hatte Jacques die Vorhut übernommen und seine Frau dem Arm ihrer Freundin überlassen.

Als er aber vor Aly-Franks Café vorbeikam, sprang Yasmina auf und schrie: «Mabrouk! Mabrouk! Du!»

Schon an diesem Namen hatte auch Jacques Yasmina wiedererkannt. Und eine große eisige Kälte kam über sein Herz ... Er fand kein Wort, das er ihr hätte sagen können, ihr, die sich wie närrisch über seine Rückkehr freute.

Innerlich verfluchte er sich selbst wegen der schlechten Idee, seine Frau hierher zu bringen ... Welch ein Skandal würde dieses von Ausschweifung zerrüttete Geschöpf wohl machen, wenn sie erfuhr, daß sie von ihm nichts mehr zu erwarten hatte!

«Mabrouk! Mabrouk! Kennst du mich denn nicht mehr? Ich bin deine Smina! Sieh mich an, küß mich! Oh, ich weiß schon, ich habe mich verändert ... aber das wird vorübergehen, für dich werde ich wieder gesund, jetzt, wo du da bist! ...»

Er zog es vor, gleich deutlich zu werden, um diesem unangenehmen Abenteuer ein Ende zu machen. Mittlerweile beherrschte er die arabische Sprache, von der sie ihm einst die ersten Silben beigebracht hatte, fast perfekt, und so sagte er: «Hör zu ... Rechne nicht mehr mit mir. Zwischen uns ist alles aus. Ich bin verheiratet, und ich liebe meine Frau. Laß mich und versuch nicht, mich wiederzusehen. Vergiß mich, das ist besser für uns beide.»

Erstaunt, mit aufgerissenen Augen sah sie ihn an ...

Es war also wirklich wahr! Die letzte Hoffnung, die sie am Leben hielt, erlosch.

Er hatte sie vergessen, er war verheiratet, und er liebte die Roumia, *seine Frau!* ... Und ihr, die sie ihn bewundert hatte, ihr blieb nichts anderes mehr übrig, als sich in eine Ecke zu legen und dort wie ein ausgesetzter Hund zu sterben.

In ihrer undurchdringlichen Seele stieg Empörung auf gegen die grausame Ungerechtigkeit.

So raffte sie sich auf, entschlossen, bedrohlich: «Warum bist du dann zu mir gekommen und hast mich gesucht am Grunde des Wadi, in meinem *Douar*, wo ich so friedlich mit meinen Ziegen und meinen Schafen lebte? Warum hast du mich verfolgt? Warum hast du keine List und keine Zauberei gescheut, um mich zu verführen, mich zu gewinnen, mir meine Unschuld zu rauben? Warum hast du verräterisch die Worte wiederholt, die denjenigen, der sie ausspricht, zum Muselmanen machen? Warum hast du mich belogen und mir versprochen, eines Tages zurückzukommen und mich für immer mitzunehmen? Oh! Ich trage den Brief, den der Leutnant Chaâmbi mir brachte, immer noch mit meinen Amuletten an der Brust!» ... (Und sie zog einen alten vergilbten, zerrissenen Umschlag heraus, den sie wie eine Waffe, wie ein unwiderlegbares Zeugnis schwang.) «Ja warum, Roumi, du Hund, du Hundesohn, warum kommst du jetzt noch einmal mit deiner dreimal verfluchten Frau und verfolgst mich mit deinem Hohn bis in dieses Loch, in das du mich geworfen hast, als du mich verließt, damit ich in ihm sterbe?»

Schluchzer und ein rauher, dumpfer Husten unterbrachen sie, und sie warf Jacques ihr blutbeflecktes Taschentuch ins Gesicht.

«Da hast du es, Schakal, trink mein Blut! Trink und sei zufrieden, Mörder!»

Jacques litt ... Angesichts dieses Elends überkamen ihn Scham und Reue. Aber was konnte er jetzt noch tun? Zwischen der Nomadin und ihm lag ein Abgrund, tiefer denn je.

Um ihn zu überbrücken und das unglückselige Geschöpf zugleich für immer loszuwerden, glaubte er, mit ein wenig Gold sei es getan ... Er hielt Yasmina seinen Geldbeutel hin.

«Nimm dies», sagte er, «du bist arm und krank, du mußt dich pflegen. Nimm dieses bißchen Geld ... und adieu.»

Er stammelte, plötzlich schamerfüllt über das, was er zu tun gewagt hatte.

Yasmina sah ihn regungslos und stumm eine Minute lang an, wie einst, dort unten, im ausgetrockneten Wadi von Timgad, in der herzzerreißenden Abschiedsstunde. Dann griff sie ihn plötzlich beim Handgelenk, drehte es mit aller Kraft und warf die gelben Münzen in den Staub.

«Hund! Niederträchtiger Feigling! Kéfer!»

Und Jacques ging gesenkten Hauptes fort zu der Gruppe, die ganz in der Nähe im Schutz der Gemäuer wartete . . .

Yasmina war auf ihre Bank zurückgesunken, krampfhafte Schluchzer erschütterten ihren Körper . . . Samra, die Negerin, war ob des Lärms herbeigeeilt und hatte die Goldmünzen des Offiziers sorgsam wieder aufgelesen. Samra schlang ihre schwarzen Arme um den Hals ihrer Freundin.

«Smina, meine Schwester, meine Seele, weine nicht . . . So sind sie alle, die Roumis, diese Hunde und Hundesöhne . . . Aber von dem Geld, das er dir gegeben hat, werden wir Kleider kaufen und Schmuck und Medikamente für deine Brust. Nur darfst du Aly nichts davon sagen, er würde uns das Geld wegnehmen.»

Doch nichts konnte Yasmina mehr trösten.

Sie hatte aufgehört zu weinen und finster und stumm wieder ihre Wartehaltung eingenommen . . . Warten auf wen, auf was? Yasmina wartete nur noch auf den Tod, sie hatte sich ihrem Los schon ergeben.

Es stand geschrieben, es gab keinen Grund zu klagen. Man mußte einfach nur das Ende abwarten . . . In ihr und um sie herum war alles zusammengebrochen, und nichts hatte mehr die Macht, ihr Herz zu berühren, es zu erfreuen oder es zu betrüben.

Doch ihr Schmerz war grenzenlos . . . Sie litt vor allem, Jacques am Leben und in unmittelbarer Nähe zu wissen . . . so nahe und so fern zugleich, so fern! . . .

Oh, wieviel lieber hätte sie ihn tot gewußt, auf dem Friedhof der Roumis hinter der Porte de Constantine.

Dort hätte sie die bezaubernden Stunden von einst, die Stunden des Rausches und der Liebe, die sie im ausgetrockneten Wadi erlebt hatte – unbewußt –, noch einmal wiedererleben können.

Dort hätte sie eine süße melancholische Freude genossen, statt der entsetzlichen Qualen dieser gegenwärtigen Stunde . . . Und vor allem hätte er keine andere Frau, keine Roumia geliebt!

Sie fühlte genau, daß der furchtbare Schmerz sie sterben ließ: bis dahin hatte ihr allein die hartnäckige Hoffnung, Jacques eines Tages wiederzusehen, allein der unbändige Wille weiterzuleben, um ihn wiederzusehen, eine künstliche Kraft gegeben, um gegen die verschlingende, unaufhaltsame Schwindsucht zu kämpfen.

Jetzt war Yasmina nur noch ein Fetzen Fleisch, der Krankheit und dem Tod widerstandslos ausgeliefert ... Mit einem Schlag war die Triebfeder des Lebens in ihr zerbrochen.

Doch in ihrer schon fast erloschenen Seele war keine Empörung mehr.

Es stand geschrieben, und gegen das, was geschrieben steht, gibt es kein Mittel.

*

Gegen elf Uhr kam ein beurlaubter Spahi vorbei. Er wunderte sich, sie noch dort zu sehen, mit dem Rücken gegen die Wand gelehnt, herabhängenden Armen und gesenktem Kopf.

«Hallo, Smina! Was machst du da? Soll ich mit raufkommen?»

Da sie keine Antwort gab, kehrte der schöne rote Soldat noch einmal um.

«Was ist denn los», fragte er überrascht. «Woran denkst du, meine Kleine ... Oder bist du vielleicht betrunken?»

Er nahm Yasminas Hand und neigte sich über sie ...

Doch sogleich richtete der Muselmane sich wieder auf, blaß im Gesicht.

«Es gibt weder Kraft noch Macht außer in Gott!» sagte er.

Yasmina, die Beduinin, war nicht mehr.

Batna, im Juli 1899

Mahmoud-Saadi

Im Land der treibenden Sande

Es gibt besondere Stunden, sehr geheimnisvolle, privilegierte Augenblicke, in denen manche Gegenden uns in einer plötzlichen Intuition *ihre Seele* enthüllen, gewissermaßen ihr eigenes *Wesen*; Augenblicke, in denen wir eine richtige, einzigartige Vision von ihnen bekommen, die auch durch monatelange geduldige Studien weder vervollständigt noch verändert würden.

Doch in diesen heimlichen Momenten entgehen uns zwangsläufig die *Details*, und wir können nur die Gesamtheit der Dinge erkennen ... Ein besonderer Seelenzustand oder ein spezieller Aspekt der Orte, der im Vorübergehen und immer *unbewußt* erfaßt wird?

Ich weiß es nicht ...

So war mir meine *erste* Ankunft in El-Oued vor zwei Jahren eine vollständige, definitive Offenbarung des rauhen und prächtigen Landes namens Souf, seiner eigentümlichen Schönheit und auch seiner gewaltigen Traurigkeit.

Nach der Siesta in den schattigen Gärten der Oase von Ourmès, die Seele gespannt in ängstlicher, spontaner Erwartung einer Vision, von der ich schon ahnte, sie würde mit ihrer Pracht alles übertreffen, was ich bis dahin gesehen hatte, schlug ich mit meinem kleinen Beduinenkonvoi wieder die Straße nach Osten ein, einen schroffen Pfad, der sich bald durch die fliehenden Engpässe der Dünen schlängelte und bald gewagt auf die spitzen Grate hinaufkletterte, in unwahrscheinliche Höhen.

Nachdem wir langsam, wie im Traum, die kleinen verfallenen, eingefriedeten Städte um El-Oued, Kouïnine, Teksebeth und Gara durchquert hatten, erreichten wir den fliehenden schrägen Kamm der hohen Düne, die Si Ammar-ben-Ahsène genannt wird, nach dem Namen eines Toten, der dort, an dem Platz, wo er einst getötet wurde, begraben liegt.

Es war die auserwählte, die wunderbare Stunde Afrikas, in der die große Feuersonne endlich verschwindet, um dem Boden im blauen Schatten der Nacht Ruhe und Erholung zu gönnen.

Vom Gipfel dieser Düne entdeckt man das ganze Tal von El-Oued, in dem sich die schlafsüchtigen Wellen des großen Ozeans aus grauem Sand zusammenzudrängen scheinen.

Das stufenweise am südlichen Hang einer Düne aufsteigende El-Oued, diese sonderbare Stadt mit den zahllosen kleinen runden Kuppeln, wechselte allmählich seine Farbe.

Auf dem Gipfel des Hügels erhob sich das weiße Minarett des Sidi Salem, im westlichen Widerschein regenbogenfarbig, schon rosa schimmernd.

Die Schatten aller Dinge zogen sich maßlos in die Länge, verzerrten sich und verblaßten auf dem Boden, der ringsum lebendig geworden war, ohne daß man eine Stimme hörte.

All diese aus leichtem Gipsschutt gebauten Städte im Land der treibenden Sande wirken wild, baufällig und verfallen.

Und ganz in der Nähe Gräber über Gräber, eine völlig andere Stadt, die Totenstadt, Seite an Seite mit der der Lebenden.

Die langgestreckten, niedrigen Dünen von Sidi-Mestour, die im Südosten hinter der Stadt aufragen, erschienen jetzt wie fließende Ströme aus weißglühendem Metall, entzündete Feuerstätten von unglaublich intensiv gefärbtem lila Rot.

Über die kleinen runden Kuppeln, die zu Ruinen zerfallenen Mauerreste, die weißen Gräber und die zerzausten Kronen der großen Dattelpalmen kroch der Schein einer Feuersbrunst und verherrlichte die graue Stadt im Glanz der Apotheose.

Regenbogenfarben, eingetaucht in den Widerschein eines silbrig-gemsfarbenen Tons, zeichnete sich vor dem dunklen Purpur des Sonnenuntergangs das wirre Meer der Riesendünen an der anderen verlassenen Straße ab, die nach Touggourt führt, das wir über Taïbeth-Guéblia verlassen haben.

Niemals, in keinem Land der Erde, hatte ich je einen Abend gesehen, der sich mit so magischer Pracht geschmückt hätte! Um die Stadt von El-Oued zog sich kein Wald aus dunklen Dattelpalmen, wie es in den Oasen steiniger oder salziger Gegenden gewöhnlich der Fall ist . . .

Die graue Stadt, die so verloren in der grauen Wüste liegt, verschmilzt ganz und gar mit ihrem Leuchten und mit ihren Blässen, sie ist wie die Wüste und in der Wüste, in den verzauberten Morgenstunden rosa und vergoldet, zur flammenden Mittagszeit weiß und blendend, am strahlenden Abend purpurn und violett . . . und unter den fahlen Himmeln des Winters grau, grau wie der Sand, aus dem sie geboren ist!

Einige leichte weiße Schwaden zogen durch die Glut des tiefen Zenit und schwammen jetzt purpurn mit ausgefransten Goldrändern weiter, zu anderen Horizonten hinüber, wie die Fetzen eines kaiserlichen Mantels, zerstreut vom launischen Odem der Brise . . .

Und während all dieser Metamorphosen, während der ganzen großen Zauberei der Dinge immer noch kein Wesen, kein Laut.

Die engen Gassen mit den verfallenen Häusern öffneten sich verlassen der gewaltigen, in Feuer entflammten Weite der zerfließenden Friedhöfe ohne Mauern und ohne Grenzen.

Unterdessen färbte sich der purpurne Himmel, der sich im Chaos der Dünen zu spiegeln schien, immer dunkler, immer phantastischer.

Die übergroße rote und strahlenlose Sonnenscheibe versank endgültig hinter den niedrigen Dünen des westlichen Horizonts, bei *Allenda* und *Araïr*.

Plötzlich traten aus all den ausgestorbenen Gassen lautlos lange Züge von Frauen, im antiken Stil mit dunklen blauen und roten Lumpen verschleiert, Frauen, die auf dem Kopf oder auf den Schultern große grobe Krüge aus gebrannter Erde trugen ... in der gleichen majestätischen Haltung, wie die Frauen vom auserwählten Blute Sems vor Tausenden von Jahren, wenn sie sich auf den Weg machten, Wasser aus den Brunnen von Kanaan zu schöpfen.

Im grenzenlosen Ozean des roten Lichts, das die Stadt und die Friedhöfe überschwemmte, wirkten sie wie über den Boden gleitende Phantome, diese Frauen mit ihrem dunklen Stoffüberwurf, der sie in hellenistische Falten kleidete, auf ihrer schweigsamen Wanderung zu den tiefen, in den Feuerdünen verborgenen Gärten.

In weiter Ferne begann eine Rohrflöte unendliche Traurigkeit zu weinen, und diese zarte, modulierte, zugleich schleppende und wie von Schluchzern unterbrochene Klage war der einzige Laut, der diese Traumstadt ein wenig belebte.

Doch schon ist die Sonne verschwunden, und beinahe im gleichen Moment verdunkelt sich der Glanz der Dünen und der Kuppeln, geht über in ein Violett, das an die Wasser des Meeres erinnert, und die tiefen Schatten, die dem verfinsterten Boden zu entspringen scheinen, steigen kriechend in die Höhe, um den Schein, der die Gipfel noch erleuchtet, nach und nach zu löschen.

Die kleine Zauberflöte ist verstummt ...

Plötzlich erhebt sich von den zahlreichen Moscheen eine andere, feierliche und gedehnte Stimme.

Allahou Akbar! Allahou Akbar! Gott ist der Größte! ruft der *Muezzin* in alle vier Himmelsrichtungen.

Oh, wie sonderbar sie klingen, diese tausendjährigen Erinnerungen des Islam, wie verzerrt und verdüstert durch die wilden rauhen Stimmen, durch den schleppenden Tonfall der *Muezzins* dieser Wüste!

Von allen Dünen, von allen verborgenen Tälern, die eben noch wie ausgestorben wirkten, strömt das ganz in Weiß gekleidete Volk ernst und schweigend zu den Zaouïas und den Moscheen. Hier, fern von den großen Städten des Tell, sieht man keines dieser abscheulichen Wesen, dieser Bastardprodukte der Entartung gekreuzter Rassen wie die Landstreicher, die fliegenden Händler, die Lastenträger und das ganze schmierige und unwürdige Volk der Ouled-El-Blassa.

Hier hat die rauhe und stille Sahara mit ihrer ewigen Melancholie, ihren Schrecken und ihren Verzauberungen eifersüchtig über die verträumte und fanatische Rasse gewacht, die einst von den fernen Wüsten ihrer asiatischen Heimat kam.

Sie sind sehr groß und schön, die Nomaden mit ihren biblischen Kleidern und Haltungen, die durchs Land ziehen, um zu dem einzigen Gott zu beten; nicht der leiseste Zweifel wird je ihre gesunden, einfältigen Seelen befallen.

Und hier sind sie wirklich an ihrem Platz, in der großen Leere ihres grenzenlosen Horizonts, wo das prachtvolle Licht in seiner Majestät herrscht und lebt ...

Auf dem weißen Minarett des Sidi Salem, auf dem Kamm der Dünen von Tréfaouï, von Allenda und Débila ist nun auch der letzte purpurne Schein erloschen. Jetzt ist alles einfarbig blau, fast durchsichtig, und die niedrigen rundlichen Kuppeln verschmelzen mit den rundlichen Gipfeln der Dünen, weiter und weiter, als erstrecke die Stadt sich plötzlich bis an die äußersten Grenzen des Horizonts.

Die Sommernacht senkt sich endgültig über den einschlummernden Boden ... Die Frauen mit den altertümlichen Trachten sind in die zerfallenen Gassen zurückgekehrt, und wieder legt sich die große schwere Stille, die für einen kurzen Augenblick von menschlichen Geräuschen unterbrochen war, über El-Oued.

Die gewaltige Sahara scheint sich wieder ihrem melancholischen, ihrem ewigen Traum hinzugeben.

Zwei Jahre später war es mir gegeben, die süßen Freuden der nie gleichen Morgenröten und der abendlichen Apotheosen monatelang jeden Tag zu genießen ... Jeder Widerschein, der sich allabendlich auf ein bestimmtes Mauerstück legte, jeder Schatten, der sich zur gleichen Zeit am gleichen Ort in die Länge streckte, jede Kuppel der Stadt und jeder Stein der Friedhöfe, all die bescheidensten Details dieser zutiefst geliebten Wahlheimat sind mir vertraut geworden, und bis heute sind sie mir in der wehmütigen Erinnerung einer Verbannten gegenwärtig.

Doch nie wieder hat sich mir die Seele dieses Landes der treibenden Sande so tief, so geheimnisvoll offenbart, wie an diesem, im Rückblick der Tage schon so fernen ersten Abend.

Solche einmal durch einen einzigartigen Zufall erlebten Stunden, solche Trunkenheiten sind unwiederbringlich.

Amara, der Sträfling

Halb aus Notwendigkeit, halb aus Lust studierte ich die Sitten der Hafenbevölkerung Algeriens.

Eines Tages schiffte ich mich an Bord der *Félix-Touache* in Richtung Philippeville ein.

Als bescheidener Passagier vierter Klasse, in blaues Tuch gehüllt und mit einer Mütze auf dem Kopf, zog ich keinerlei Aufmerksamkeit auf mich. Meine Reisegefährten hegten kein Mißtrauen und änderten nichts an ihren gewohnten Verhaltensweisen.

Es ist in der Tat ein schwerer Irrtum zu glauben, man könne Volkssitten studieren, ohne sich selbst mit dem Milieu zu vermischen, das man untersuchen will, ohne sein Leben zu leben ...

Die Reise begann an einem klaren Mainachmittag; für mich war es eine fröhliche Abreise, wie jeder Aufbruch zu dem geliebten Boden Afrikas.

Die Touache war fast fertiggeladen, und wieder einmal beobachtete ich das aufgeregte Treiben der Einschiffung.

Auf der Brücke warteten schon einige Passagiere auf die Abfahrt, solche, die wie ich kein Adieu zu sagen, keine Eltern zu küssen hatten ...

Eine Gruppe von Soldaten mit gleichgültigen Mienen ...

Ein junger Gefreiter von den Zuaven, stockbetrunken, der, kaum, daß er das Schiff betreten hatte, der Länge nach auf die feuchten Bretter geschlagen war und regungslos, wie leblos dort liegenblieb ...

Abseits, auf dem Tauwerk sitzend, bemerkte ich einen blutjungen Mann, dessen eigentümliche Person meine Aufmerksamkeit erregte.

Sehr dünn, mit braungebranntem, bartlosem Gesicht und kantigen Zügen, trug er eine zu kurz geratene Stoffhose, Espadrilles, eine Art gestreifte Jagdweste, die seine knochige Brust unbedeckt ließ, und einen verschlissenen Strohhut.

Seine zurückliegenden, rötlich flackernden Augen hatten einen seltsamen Blick, in dem man eine Mischung von Furcht und scheuem Mißtrauen lesen konnte.

Da er mich mit einem Pferdehändler aus Bône arabisch hatte sprechen hören, setzte der Mann mit dem Strohhut sich nach langem Zögern neben mich.

«Woher kommst du?» fragte er mit einem Akzent, der keinen Zweifel mehr über seine Herkunft ließ.

Ich erzählte ihm irgendeine Geschichte, ich hätte in Frankreich gearbeitet, sei gerade auf dem Rückweg.

«Danke Gott, wenn du in Freiheit gearbeitet hast und nicht im Gefängnis», sagte er.

«Und du, kommst du gerade aus dem Gefängnis?»

«Ja. Ich war acht Jahre in Chiavari, in Korsika.»

«Und was hattest du verbrochen?»

«Ich habe einen Kerl umgebracht, zwischen Sétif und Bou-Arreridj.»

«Aber wie alt bist du denn eigentlich?»

«Sechsundzwanzig Jahre ... Jetzt haben sie mich bedingt auf drei Monate entlassen ... Drei Monate sind viel.»

Während der restlichen Überfahrt hatten wir keine Gelegenheit mehr, miteinander zu sprechen, der Sträfling aus Chiavari und ich.

... Die hohe See hatte sich etwas beruhigt. Die Nacht brach herein, und in der Nähe der afrikanischen Küste war die Luft milder geworden ... Eine berauschende Lauigkeit erfüllte den Halbschatten der Dämmerung.

Am südlichen Horizont kündigten ein etwas dunkler abgesetzter Streifen und eine Unzahl trüber Dünste das Land an. Bald darauf, als es endgültig dunkel geworden war, tauchten die Lichter von Stora auf.

Der Sträfling lehnte an der Reling und starrte unentwegt auf diese noch fernen Lichter; seine Hände klammerten sich an das glitschige Holz.

«Das ist doch Philippeville, da drüben», fragte er mich mehrmals, und seine Stimme zitterte vor Erregung ...

... Im verlassenen Hafen, neben dem Kai, wo einige Lastenträger auf den Bohlen schliefen, schien die regungslose *Félix-Touache* nach dem Ausladen ebenfalls zu schlafen, im rosa angehauchten Schein des abnehmenden Mondes.

Die Luft war lau. Ein undefinierbarer Duft wehte berauschend vom Land herüber.

Oh, diese glücklichen Stunden, diese verführerischen Stunden der *Rückkehr* nach Afrika, nach einer fernen, trostlosen Verbannung!

Ich hatte beschlossen, bis Anbruch des Tages an Bord zu bleiben, um dann meine Reise nach Constantine fortzusetzen, wo ich der Form halber der Urteilsverkündung des Mannes beiwohnen mußte, der sechs Monate zuvor drüben, im fernen Souf, versucht hatte, mich zu ermorden.

... Ich hatte meine Decken an Backbord zur Wasserseite hin auf der Brücke ausgebreitet und mich mit einem tiefen, fast wollüstigen Wohlgefühl ausgestreckt. Doch der Schlaf ließ mich im Stich.

Der bedingt Entlassene, der die Nacht ebenfalls an Bord verbrachte, kam, mir Gesellschaft zu leisten. Er setzte sich neben mich.

«Gott hüte und bewahre dich vor dem Gefängnis, dich und alle Muselmanen», sagte er nach langem Schweigen.

«Erzähl mir deine Geschichte.»

«Gott sei gelobt; ich dachte, ich würde dort unten sterben ... Es gibt dort einen Friedhof, wo man die unsrigen begräbt, und manche, die vor mir kamen, sind schon gestorben ... Sie haben nicht einmal ein Grab auf muselmanischem Boden.»

«Aber wie hast du in so jungen Jahren töten können, und weshalb?»

«Hör zu», sagte er. «Du bist in den Städten groß geworden und du weißt nicht ... Ich dagegen komme aus dem *Douar* der Ouled-Ali im Einzugsbereich von Sétif. Bei uns zu Hause sind wir alle Hirten. Wir haben viele Herden und auch Pferde. Außerdem haben wir Felder, auf denen wir Gerste und Weizen säen. Mein Vater ist alt, und ich bin sein einziger Sohn. Zu unserer Herde gehörte eine schöne graue Stute, der die Zähne des vierten Jahres noch nicht gewachsen waren. Mein Vater sagte mir immer: ‹Amara, diese

Stute ist für dich.› Ich hatte sie ‹Mabrouka› genannt und ritt sie oft. Sie war schnell wie der Wind und böse wie ein Panther. Wenn man sich auf ihren Rücken setzte, bäumte sie auf und wieherte, und alle Hengste der Gegend stimmten mit ein. Doch eines Tages war meine Stute verschwunden. Ich suchte sie eine Woche lang; schließlich erfuhr ich, daß ein Hirte von den Ouled-Hassène, unseren nördlichen Nachbarn, sie mir gestohlen hatte. Ich trug unserem Cheikh meine Klage vor und schenkte ihm ein halbes Pfund Butter, damit er mir Gerechtigkeit widerfahren ließ.

. . . Als Ahmed, der Dieb, aber hörte, daß die Leute vom Makhzen kommen wollten, die Stute zu holen, und er sie nicht verkaufen konnte, weil sie zu bekannt war, brachte er sie in eine Schlucht und schnitt ihr die Kehle durch. Als ich vom Tod meiner Stute erfuhr, weinte ich. Dann schwor ich, mich zu rächen.

. . . In einer dunklen Nacht verließ ich heimlich unser *Douar* und ging zu den Ouled-Hassène. Das *Gourbi* meines Feindes Ahmed stand etwas isoliert und war umgeben von einer kleinen Dornenhecke. Ich wartete, bis der Mond aufging, dann schlich ich mich heran. Um die Hunde zu beruhigen, hatte ich die Innereien eines Schafes mitgenommen, das am Tag geschlachtet worden war. Im Mondschein entdeckte ich Ahmed, der vor seinem *Gourbi* lag, um die Schafe zu hüten. Das Gewehr lag unter seinem Kopf. Sein Schlaf war tief. Ich band meine *Gandoura* mit einem Tuch zusammen, damit ich nirgendwo hängenblieb, und so konnte ich die Hecke überwinden. Meine Beine waren schwach, glühende Hitze wallte in mir auf. Ich zögerte, dachte an die Gefahr. Aber es stand geschrieben, und die gesättigten Hunde begannen zu knurren. Da griff ich Ahmeds Gewehr, zog es mit einem Ruck unter seinem Kopf weg und schoß ihm aus nächster Nähe in die Brust. Dann ergriff ich die Flucht. Die Menschen und die Hunde des *Douar* verfolgten mich, aber sie holten mich nicht ein. Da machte ich einen Fehler: niemand hatte mich gesehen, und ich hätte sofort ins Haus meines Vaters zurückkehren sollen. Doch aus Angst vor der Justiz der Christen floh ich ins Maquis, auf die Hänge. Drei Tage und drei Nächte lang versteckte ich mich in den Schluchten und ernährte mich von Berberfeigen. Ich fürchtete mich. Nachts wagte ich nicht zu schlafen. Das geringste Geräusch, jeder Windhauch in den Büschen ließ mich erzittern. Am dritten Tag fanden mich die Gendarmen und nahmen mich fest. Die Geschichte mit der Stute und mein Verschwinden hatten alles ans Licht gebracht; und obwohl ich nie gestanden habe, wurde ich verurteilt.

... Wegen meiner Jugend waren die Richter nachsichtig und ließen mich am Leben. Drei Monate blieb ich in den Gefängnissen von Sétif, Constantine und Philippeville. Dann wurde ich auf ein Schiff gebracht und nach Korsika überführt. In der Strafanstalt waren wir fast alle Muselmanen; mit Gottes Hilfe und guter Führung geht es einem nicht allzu schlecht. Aber trotzdem, es ist und bleibt ein Gefängnis, man ist fern von der Familie, im Land der Ungläubigen. Gott sei Dank hat man mich freigelassen. *Drei Monate* sind viel!»

«Tut es dir jetzt leid, daß du diesen Mann getötet hast?»

«Warum? Es war mein gutes Recht, denn er hatte meine Stute umgebracht, obwohl ich ihm nie Schaden zugefügt hatte! Nur hätte ich nicht fliehen dürfen.»

«Dein Herz bereut also nicht, was du getan hast, Amara?»

«Hätte ich grundlos getötet, wäre es eine große Sünde.»

Ich sah, daß der Beduine seine Tat trotz der Leiden, die er deshalb durchgemacht hatte, allen Ernstes nicht als Verbrechen betrachtete.

«Was tust du jetzt?»

«Ich bleibe bei meinem Vater und arbeite. Ich werde unsere Herde weiden. Doch sollte mir in der Nacht, im Maquis je einer von den Ouled-Ali begegnen, die meine Festnahme möglich gemacht haben, bringe ich ihn um.»

Auf all meine Argumente antwortete Amara: «Ich war nicht ihr Feind. Sie sind es, die Feindschaft gesät haben. Wer Dornen sät, kann keinen Weizen ernten.»

Morgens, im Zug nach Constantine.

Mit freudigen, weit aufgerissenen Augen und einer Art Staunen betrachtete Amara das Land, das langsam an unseren Augen vorüberzog.

«Sieh mal», sagte er plötzlich, «sieh mal: da ist Weizen... Und da, da hinten ein Gerstefeld... Oh! sieh doch, Bruder, die muselmanischen Frauen, die die Steine von dem Feld auflesen!»

Große Erregung war über ihn gekommen. Seine Glieder zitterten; und angesichts dieser so geliebten, von dem Beduinen hoch verehrten Frucht, angesichts der Frauen seiner Rasse, begann Amara wie ein Kind zu weinen.

«Lebe in Frieden, wie deine Ahnen», sagte ich ihm. «Dann wirst du den Frieden des Herzens finden. Überlaß die Rache Gott.»

«Wenn man sich nicht rächen kann, erstickt man, man leidet. Ich muß mich an denen rächen, die mir so viel Böses zugefügt haben!»

... Am Bahnhof von Constantine schieden wir als Brüder. Amara nahm den Weg nach Sétif, zu seinem *Douar*.

Ich sollte ihn nie wiedersehen.

Der Zauberer

Si Ab-es-Selem bewohnte ein kleines, baufälliges, grob mit Kalk geweißtes Haus aus rohem Stein, an dessen Dach der gekrümmte Stamm eines alten Feigenbaums mit großen dicken Blättern Halt suchte.

Zwei Räume dieses Refugiums waren zu Ruinen zerfallen. Die beiden anderen, etwas höher liegenden, beherbergten die stolze Armut und die geheimnisvollen Betrachtungen von Si Ab-es-Selem, dem Marokkaner.

In dem verwahrlosten Hof, neben dem großen Feigenbaum, der dem Brunnen und dem losen Pflaster Schatten spendete, standen ein paar Jasminsträucher, der einzige Luxus dieses sonderbaren Heims.

Ringsum die erhabene Kulisse der Hügel und die grünenden Täler, die das weiße Annaba wie einen Edelstein rahmten ...

Die Sonne war hinter dem eigenwilligen hohen Idou versunken und die purpurne Feuersbrunst der Sommerabende über dem ermatteten Land erloschen. Si Ab-es-Selem erhob sich.

*

Er war ein Mann von etwa dreißig Jahren, groß und schlank in den weiten Kleidern, deren strahlendes Weiß durch einen schwarzen Burnus gedämpft wurde. Ein weißer Schleier umrahmte sein gebräuntes Gesicht, ausgezehrt von den langen Nächten, doch von großer Schönheit in den Zügen und im Ausdruck. Der Blick seiner länglichen schwarzen Augen war ernst und traurig. Er trat in den Hof hinaus, das Gebet des Maghreb zu sprechen.

«Die Nacht wird klar und schön, ich werde hinausgehen zu den Eukalyptusbäumen des Goldflusses, um nachzudenken.»

Nachdem er das Gebet und das *Dikr* des seligen Cheikh Sidi Abd-el-Kader-Djilani von Bagdad beendet hatte, verließ Si Ab-es-Selem sein Haus. Hinten, über dem ruhigen Meer, an dem kaum von leichten, leingrauen Dunstschwaden getrübten Horizont stieg der Vollmond auf.

Plötzlich begannen die wilden kleinen Hunde der Beduinenhäuser in der Nähe des Friedhofs zu knurren, erst verhalten, dann immer lauter; schließlich ertönte jaulendes Gebell von der Straße nach Sidi-Brahim. Si Ab-es-Selem hörte den verängstigten Schrei einer Frauenstimme. Überrascht, doch ohne Eile durchschritt der Einsiedler die Prairie, und als er die Straße erreichte, sah er eine Frau, eine reich geschmückte Jüdin, die zitternd an einem Baumstamm lehnte.

«Was machst du hier mitten in der Nacht», fragte er.

«Ich suche den *Sahâr*, den Zauberer Si Ab-es-Selem, den Marokkaner. Ich fürchte mich vor den Hunden und den Gräbern ... Schütze mich.»

«Mich suchst du also zu dieser späten Stunde, und ganz allein. Komm mit. Die Hunde kennen mich, und die Geister halten sich fern von dem, der auf den Pfaden Gottes wandelt.»

Die Jüdin folgte ihm schweigend. Ab-es-Selem hörte das Zähneklappern der jungen Frau und fragte sich, wie dieses schmuckbehängte, ängstliche Geschöpf ganz allein nach Einbruch der Dunkelheit wohl hierher gelangt sein mochte.

Sie erreichten den Hof, und Si Ab-es-Selem zündete ein qualmendes altes Beduinenlämpchen an. Dann hielt er inne, um seine seltsame Besucherin zu betrachten. Schlank und hochgewachsen stand die Jüdin mit ihrem zartblauen Brokatkleid und ihrer anmutigen maurischen Frisur vor ihm; sie war schön, von verwirrender, fremdartiger Schönheit. Sie war noch sehr jung.

«Was willst du?»

«Man hat mir gesagt, du könntest die Zukunft voraussagen ... Ich habe Kummer und bin hergekommen ...»

«Weshalb kommst du nicht bei Tage, wie die anderen auch?»

«Was geht dich das an? Hör mich an und sage mir, wie mein Schicksal aussehen wird.»

«Setz dich», sagte er.

Sogleich begann die Jüdin zu erzählen.

«Ich liebe einen Mann, der grausam zu mir war und mich verlassen hat. Er hat mich allein gelassen, und ich leide. Sag mir, ob er wiederkommen wird.»

«Gib mir seinen Namen und den seiner Mutter, damit ich die Berechnung anstellen kann, welche die Weisen des Maghreb, meiner Heimat, mich gelehrt haben.»

«El-Moustangar, Sohn der Fathima.»

Si Ab-es-Selem malte Zahlen und Buchstaben auf ein kleines Brett; dann sprach er mit einem Lächeln: «Jüdin, dieser Muselmane, der deinem trügerischen Charme erlegen ist und den lobenswerten Mut hatte, dich zu fliehen, wird zurückkommen.»

Die Jüdin tat einen Freudenschrei.

«Oh», meinte sie, «ich werde dich reichlich belohnen.»

«Kein Reichtum wäre ein würdiges Entgelt für den unschätzbaren und bitteren Schatz, den ich dir gegeben habe: das Wissen um die Zukunft . . .»

«Jetzt, Sidi, habe ich noch eine Frage an deine Wissenschaft. Ich bin Rahil, Tochter des Ben-Ami.»

Sie nahm das Schilfrohr, das dem Zauberer als Feder diente, und drückte es an ihr Herz, während ihre Lippen schnelle, unverständliche Worte murmelten.

«Du solltest lieber nicht versuchen, genauer zu wissen, was dich erwartet.»

«Weshalb? Oh! antworte, antworte!»

«Sei es.»

Und wieder nahm Si Ab-es-Selem sein geheimnisvolles Zauberbuch. Mit einem Schlag zeichnete heftiges Erstaunen seine Züge; aufmerksam betrachtete er die Frau. Si Ab-es-Selem war ein Poet, und er genoß den seltsamen Zufall, der sein Dasein in Berührung mit dem Dasein dieser Jüdin brachte, die nach seiner Berechnung außergewöhnliche Qualen erleiden und tragisch enden sollte.

«Hör mich an und zeihe nur dich selbst ob deiner Neugier. Du hast den Mann, den du liebst, ins Unglück gestürzt. Er weiß es nicht, aber vielleicht ist er instinktiv geflohen. Er wird jedoch zurückkommen, und dann wird er es wissen. O Rahil, Rahil! Nun ist es genug, oder muß ich dir alles sagen?»

Bleich und zitternd nickte die Jüdin bestätigend mit dem Kopf.

«Mit dem, der zurückkommen wird, sollst du noch eine Stunde der Freude und der Hoffnung leben. Dann wirst du im Blute enden.»

Diese Worte fielen in die große Stille der Nacht, ohne Widerhall.

Die Jüdin barg ihr Gesicht in den Kissen, wie ausgelöscht.

«Es stimmt also! Vorhin, im Maghreb, fragte ich die alte Tyrsa, die Zigeunerin von der Porte du Jeudi . . . und ich habe ihr nicht geglaubt. Ich habe sie beschimpft. Und du, du wiederholst mir den Spruch noch grausamer . . . Sterben? Weshalb? Ich bin jung . . . Ich will leben.»

«So ist es . . . Du bist selbst schuld! Du warst der kurzlebige Schmetterling, dessen Flügel in den leuchtendsten Farben schimmern, der über den Blüten flattert und seine Stunde nicht kennt . . . Du hast alles wissen wollen, und jetzt gleichst du dem melancholischen Reiher, der in den fiebrigen Sümpfen träumt.»

Die Jüdin war auf den Teppich gesunken und schluchzte.

Si Ab-es-Selem betrachtete sie und überlegte mit der tiefen Neugier seines durch die Einsamkeit geschliffenen, forschenden Geistes. In seinem Blick war kein Mitleid. Warum sollte er diese Rahil beklagen? Stand nicht alles, was ihr widerfahren sollte, unwiderruflich geschrieben? Und bewies sie nicht die Gemeinheit und Ignoranz ihres Geistes, indem sie über das jammerte, was das Schicksal ihr zuteil werden ließ, ein weniger banales Los als das der anderen, mit mehr Leidenschaft und mehr Abwechslung in weniger Jahren, die sie vor Ekel und Langeweile bewahrten?

«Rahil», sagte er, «Rahil! Hör mich an . . . Ich bin, der verletzt und der heilt, der aufweckt und der einschläfert. Hör mich an, Rahil.»

Sie hob den Kopf. Tränen rannen über ihre erblaßten Wangen.

«Hör auf zu weinen und warte auf mich. Es ist die Stunde des Gebets.»

Si Ab-es-Selem nahm ein in goldbesetzte Seide eingebundenes Buch von einer erhöhten Nische, und nachdem er es ehrfürchtig geküßt hatte, ging er damit hinaus, in einen anderen Raum. Dann betete er im Hof das Acha-Gebet.

Rahil, die allein zurückgeblieben war, hatte sich erhoben; nachdenklich und zusammengekauert saß sie da, und ihre Gedanken waren finster ... Sie bereute bitterlich, daß sie das Schicksal hatte versuchen, daß sie hatte wissen wollen, was ihr zustoßen würde ...

Lächelnd kam Si Ab-es-Selem zurück.

«Nun», sagte er, «wußtest du denn nicht, daß du früher oder später sterben würdest?»

«Ich hatte die Hoffnung zu leben, glücklich zu sein und in Frieden zu sterben.»

Si Ab-es-Selem zuckte verächtlich die Schultern.

Rahil stand auf.

«Was willst du zum Lohn?»

Die Stimme der Jüdin war hart geworden.

Er schwieg, schaute sie an. Nach einer Weile antwortete er: «Wirst du mir geben, um was ich dich bitte?»

«Ja, wenn es nicht zuviel ist.»

«Ich nehme den Lohn, der mir beliebt.»

Er griff sie bei ihren Handgelenken.

Sie wurde vermessen: «Laß mich gehen! Ich gehöre dir nicht. Laß mich los!»

«Du bist wie der reife Granatapfel, der vom Baum gefallen ist: er gehört dem, der ihn aufliest; das gefundene Gut ist Gottes Gut.»

«Nein, laß mich gehen.»

Sie riß sich los.

Si Ab-es-Selem schüttelte den Kopf.

«Geh dein Schicksal, ich gehe das meinige.»

*

Rot, glühend, in purpurnes Gold getaucht, erhob sich die Sonne über dem lilagetönten, perlmuttartig schimmernden Meer, auf dem leichte Silberschlangen tanzten und blitzartig davonhuschten.

Si Ab-es-Selem wandelte bedächtig und träumerisch unter den bläulichen Eukalyptusbäumen des ruhigen, klaren Wadi Deheb.

Plötzlich sah er auf dem verlassenen Strand zwischen dem hohen grünenden Kraut, den weißen Muscheln und dem schwarzen Geröll den Leib einer auf dem Rücken liegenden Frau mit einem Kleid aus rosa Brokat, eingehüllt in einen großen Kaschmirschal.

Er trat näher, lüftete den Schal und beugte sich herab.

Er erkannte die Jüdin, jung und schön, mit geschlossenen Augen, die Lippen zu einem schmerzlichen Lächeln verzerrt.

Zwei Stiche mit dem Bajonett hatten ihren Leib durchbohrt, und das Blut quoll aus ihrer Brust.

Si Ab-es-Selem richtete sich wieder auf.

Eine Weile schaute er den Leichnam an und ließ sich die sanften Erinnerungen an eine ferne Nacht in allen Einzelheiten durch den Kopf gehen; dann setzte er seinen Spaziergang in der strahlenden Pracht des blendenden Tages ungemindert ruhigen Schrittes fort.

Oum-Zahar

In dem großen niedrigen Zimmer mit den unregelmäßigen Wänden aus gelbem Ton lag die Mutter, auf eine Matte gebettet. Man hatte sie mit einem dunkelblauen Schleier bedeckt, auf dem sich die starre Form steif und eckig abzeichnete.

Sie war tot.

Neben ihr, in einer kleinen irdenen Lampe von antiker Gestalt, brannte ein Docht; das eigenwillig flackernde Flämmchen warf einen trüben Schein auf die Wände und ließ große Totenschatten tanzen.

Auf der Matte hockten mehrere Frauen, ausgemergelte Gestalten, die sich unter rhythmischem Wiegen ihrer Klage hingaben.

Sie hielten Totenwacht.

Nur ihre unheimliche Stimme hallte durch die große geheimnisvolle Stille der Sahara; noch in weiter Ferne war sie zu hören und beunruhigte die dumpfen, abergläubischen Seelen der Rouara.

Unter den Frauen waren auch Oum-Zahar und Messaouda, die beiden Töchter der Verstorbenen.

Oum-Zahar war die ältere. Sie war zwölf Jahre alt, und ihr Vater suchte einen Ehemann für sie.

Aber sie war traurig. Groß und schlank unter ihren blauen Schleiern wirkte sie wie die leibgewordene, seltsam gequälte und düstere Seele dieser Mischlingsrasse aus dem Wadi Rhir, einer Mischung aus Berbern und saharischen Negern, über die die gewaltige Traurigkeit und die halluzinierenden, fiebrigen Ausströmungen ihres Landes einen ewigen trüben Schatten warfen.

Oum-Zahar hatte ein ovales Gesicht mit regelmäßigen Zügen und einem dunkelbraunen Teint. Ihre Augen waren übermäßig *groß*, ihr Blick verwirrend starr und leuchtend zugleich.

Schon als kleines Kind hatte sie nie an den Spielen ihrer Altersgefährten teilgenommen und ganze Tage im heißen Schatten, in der fiebrigen Feuchtigkeit der von Salzwasser überschwemmten Gärten verbracht, wo der Salpeter eigentümliche Arabesken auf die abgesetzte rote Erde der Wassergräben malt.

Messaouda, ihrem Typ nach heller und sanfter, befand sich in ihrem elften Jahr. Nur der große Schrecken des Todes hatte ihr fröhliches, unbeschwertes Wesen für einen Augenblick verdüstern können; zitternd saß sie da und klagte.

Die Seele der Rouara ist ganz anders als die arabische Seele. Das große Licht des Islam hatte die Finsternis des Aberglaubens und des mystischen Schreckens nicht aus diesem Land vertreiben können, in dem alles zu trübsinniger Träumerei verführt.

Im Angesicht des Todes empfindet der Rhiri nicht die heitere Gelassenheit des Arabers; für ihn ist das Grab alles andere als ein Ort der Ruhe, der sich durch nichts mehr stören läßt, alles andere als ein strahlender Eintritt in die ewige Zukunft.

Diese primitiven Völker haben die Angst vor dem Reich der Finsternis mit seinen Geistern, das Grauen vor den Dingen der Nacht und des Todes aus der heidnischen Antike bewahrt.

Doch Oum-Zahar schien diesen dunklen Schrecken noch tiefer zu spüren, und ihre bräunlichen goldenen Augäpfel weiteten sich seltsam.

Indes, alle beiden fühlten doch genau, daß sie das einzige Wesen verloren hatten, welches sie geliebt, welches sich mitleidig und sanft über ihre Kindheit geneigt hatte, über ihr armes kleines Beduinenleben, das sie beinahe vom ersten Schritt an zu der harten Hausarbeit verdammte, das sie der allmächtigen Autorität eines stets düsteren und undurchdringlichen Vaters unterwarf, den sie nur selten sahen, weil er draußen in den Gärten arbeitete, und vor dem sie genau wie ihre Mutter zu erzittern gelernt hatten ...

In der heißen Nacht, in der drückenden Stille beweinten Oum-Zahar und Messaouda fast noch unbewußt den einzigen Sonnenstrahl, den einzigen Anschein von Glück, der einer Beduinenfrau gegeben ist: die schmerzliche, abgöttische Mutterliebe, die bei ihnen noch heftiger, noch gewaltiger ist als bei allen anderen Frauen ...

Der Vater war abends in die Gärten gegangen und hatte den Frauen die Sorge überlassen, die Dahingeschiedene zu beklagen.

Hatte er sie geliebt?

Vielleicht könnte El Hadj Saad es selbst nicht so genau sagen. Obwohl sie ihm fünfzehn Jahre lang eine ergebene Sklavin gewesen war.

Sie dagegen hatte ihn sicherlich geliebt, bis ihr erstes Kind kam. Danach war all ihre Liebe auf ihre Tochter übergegangen, auf Oum-Zahar, den kleinen Trost, die intelligente Gefährtin, die in der Traurigkeit der Umgebung so schnell zur Frau wurde. Dann war Messaouda zur Welt gekommen und hatte einen Freudenschein in das alte Haus gebracht – die unschuldige Freude der kleinen Vögel, die schlicht und einfach glücklich sind, zu leben.

Hinfort sollten Oum-Zahar und Messaouda ihrem Vater allein dienen. Zur gegebenen Zeit würde er sie den Männern geben, die er selbst ausgesucht hätte und deren Dienerin sie sein sollten ... Schließlich würden auch sie die erhebende Stunde der Mutterschaft erleben.

Und so würde es weitergehen, von Generation zu Generation.

Endlich brach der helle Tag an, und ein rosa Schein glitt über die bläulichen Kronen der Dattelpalmen, über die ockernen Mauern, über den salzigen, schorfigen Boden der Oase von Ourlana im Wadi Rhir.

Oum-Zahar und Messaouda ließen die Frauen allein mit ihrem Klagegesang in dem Zimmer, wo die altertümliche Lampe allmählich erlosch; sie traten in den Hof hinaus; an dem gewohnten Platz, an dem ihre Mutter einen Haufen grauer Asche hinterlassen hatte, zündeten sie das Herdfeuer an: der Kaffee mußte aufgesetzt werden, denn bald würde der Vater heimkommen.

Sorgsam faltete Messaouda die weißen *Gandouras*, den Mousselinturban und den neuen Burnus ihres Vaters und legte sie auf eine saubere Matte in einem kleinen erhöhten Raum, der über ein paar Stufen aus Tonerde zu erreichen war: dort würde der Vater sich für die Beerdigung anziehen.

Danach warteten sie, mit trostlosen Mienen.

El Hadj Saad trat ein. Er war groß und hager wie alle Rouara. Er war vielleicht vierzig Jahre alt, und sein längliches, herbes Gesicht trug einen verschlossenen, düsteren Ausdruck. Er setzte sich auf eine Matte im Hof. Oum-Zahar brachte ihm schweigend den Kaffee.

Dann ging er hinauf, um sich umzuziehen. Kein Wort fiel in dem Heim, *in das der Tod eingetreten war.*

Noch ehe die Mittagshitze ihre Mattigkeit verbreitete, trugen die Männer den erstarrten Leib der Mutter auf einer Bahre fort ... Sobald sie vor der Tür waren, befahl El Hadj Saad seinen Töchtern, sich in das obere Zimmer zurückzuziehen und den Vorhang herunterzulassen ...

Die Mutter war fort, begleitet vom rhythmischen Gesang der Tolba, die Worte der Verheißung und der Ewigkeit über ihrer leblosen Hülle sprachen ...

Dann kehrte alles wieder in die alte monotone Ordnung ein ... Jeden Morgen standen die beiden jungen Mädchen im Morgengrauen auf, und nachdem sie das bescheidene Frühstück des Vaters angerichtet hatten, hockten sie sich vor die primitive Handmühle, die sie mit einer Stange in Bewegung setzten ... Stundenlang drehten sie den schweren Stein unter kaum hörbarem, leisem Gesang, ebenso monoton wie ihr Dasein.

Seit dem Tod der Mutter war Oum-Zahar noch dünner geworden, und das seltsame Feuer ihres Blicks hatte sich verfinstert ...

Messaouda hatte viel geweint und schien sich dann an die große Leere des Hauses zu gewöhnen; sie wußte, daß sicherlich bald eine Stiefmutter kommen würde ...

In einer abgelegenen Ecke der Oase, an der Straße nach Sidi-Amram liegt eine Art von Gärten gesäumte Lichtung. In ihrer Mitte erhebt sich eine verwitterte, befremdende Koubba aus Ton, ein gelblicher Würfel, überdacht von einer länglichen, spitz zulaufenden Kuppel. An den vier Ecken und auf der Spitze befinden sich barbarische, fratzenschneidende Figuren, überkommene Formen aus der fetischistischen Antike, die das islamische Gebäude entstellen ...

Ringsum einige ebenfalls aus Tonerde bestehende Gräber, markiert mit einem gebogenen schwarzen Zweig des saharischen Strauchwerks, an dem bunte, vom Wind ausgefranste und von der Sonne verblichene Tücher als wilde Votivbilder flattern.

Dort, im kühlenden Schatten der Koubba, lag Elloula, die Mutter Oum-Zahars und Messaoudas. Eigenhändig hatten sie ein grobes Monument aus ockerfarbenem Ton gebaut, einen länglichen Hügel, der an beiden Enden mit einem aufgerichteten Ziegelstein befestigt war.

Und jeden Freitag kamen sie Hand in Hand, ihre Mutter zu besuchen. Sie kauerten sich nieder und schauten schweigend auf Elloulas Erde. Wo mochte sie sein? Sah sie ihre Töchter?

Wenn sie Kummer hatten, wenn ihr Vater sie geschlagen hatte, kamen sie zum Grab und erzählten flüsternd von ihrem Leid.

Eines Tages, als sie wieder einmal zum Friedhof gingen, fanden sie neben dem Grab eine unbekannte Frau, bekleidet mit dunklen Lumpen, die ein in Fetzen gehülltes Kind von etwa einem Jahr auf ihrem Schoße hielt. Diese Frau war auffallend mager, noch sehr jung, und ohne den starren, fiebrigen Blick ihrer riesigen schwarzen Augen, ohne das wilde Durcheinander ihrer aufgelösten langen Haare, die das schwarze Band auf dem Kopf nicht bändigen konnte, wäre sie sogar schön gewesen.

Erschreckt drängte Messaouda sich an ihre Schwester, doch Oum-Zahar richtete ihren ernsten Blick fest auf die Fremde und fragte: «Wer bist du und was tust du dort, bei unserer Mutter?»

Die Frau gab keine Antwort, doch sie erhob ihre dünnen Arme über den Kopf und rief ein einziges Wort: «Waisenkind! Waisenkind! Waisenkind!»

«Sie ist verrückt; sie ist eine *Maraboutin*», murmelte Messaouda, die an allen Gliedern zitterte.

In der Sahara leben die harmlosen Verrückten in unbeschränkter Freiheit und irren durchs Land. Sie sind zahllos und genießen die Liebe und die Verehrung des Volkes.

Sowohl ihrem Typ als auch ihrem Akzent nach stammte diese Frau nicht aus dem Wadi Rhir.

«Woher kommst du?» fuhr Oum-Zahar fort.

«Von fern!»

«Bist du aus dem Souf?»

Die Unbekannte schüttelte den Kopf.

«Aus Biskra?»

Sie wiederholte die verneinende Geste.

«Sie sieht aus wie Saharia, die Hebamme von den Ouled-Amor im Ziban», murmelte Messaouda.

Oum-Zahar war nähergetreten. Diese befremdende, erschrekkende Kreatur zog sie unwiderstehlich an. In einem Zipfel ihres Schleiers hatte Oum-Zahar ein Stück Fladen mitgenommen.

Sie nahm es heraus, reichte es der Fremden und setzte sich ganz nahe vor sie.

«Gott ist der Größte», sagte die Frau und begann zu essen.

«Wie heißt du?» fragte das junge Mädchen nach langem Schweigen.

Die Frau verstand. «Keltoum!»

Ihre Aussprache war trocken und abgehackt, ihr Atem keuchte. Das Kind schien zu schlafen, es war beängstigend abgemagert...

... Unvermittelt stand sie auf und ging schnellen aber unsicheren Schritts davon. Seit diesem Tage wurde Oum-Zahar noch schweigsamer und düsterer. Manchmal, in der Nacht, schreckte sie laut schreiend aus dem Schlaf.

«Die Frau hat dich verhext», sagte Messaouda, die sich vor Oum-Zahar zu fürchten begann.

Als El Hadj Saad die Krankheit seiner Tochter bemerkte, schickte er Messaouda, die Zauberin aus dem Dorf, Saharia, zu holen. Die Alte schüttelte den Kopf, und nachdem Messaouda von ihrer seltsamen Begegnung erzählt hatte, meinte sie: «Sie hat das junge Mädchen verhext. Jetzt ist sie drüben, in Ayela, und hat die Oase in Unruhe und Schrecken versetzt. Man sagt, sie irre des Nachts mit grausigen Schreien über die Friedhöfe. Man sagt auch, das Kind, das sie mit sich herumträgt, sei schon lange tot, und sie hindere den Körper durch ihre Zauberei am Verfall... Sie kam ganz allein zu Fuß aus dem Westen, aus dem Metlili-Land, im Gefolge einer Karawane von Mozabiten.»

Saharia war eine äußerst einfühlsame, sanfte und durchaus vernünftige alte Frau... Doch sie mochte noch so viel Zärtlichkeit an Oum-Zahar verschwenden, das junge Mädchen empfand heftigen Widerwillen gegen sie und weigerte sich sogar, auch nur ein Wort mit ihr zu sprechen.

El Hadj Saad, der bitterlich bedauerte, keinen Sohn zu haben – die Ehre und der Ruhm eines patriarchalischen Hauses –, hatte Oum-Zahar schon immer vorgezogen.

«Sie hat die Intelligenz und den Mut eines Mannes», pflegte er zu sagen.

Und er war sehr berührt von ihrer Krankheit.

Unterdessen hatte El Hadj Saad beschlossen, wieder zu heiraten; er wünschte, dieses Mal möchte Gott seine Verbindung segnen und ihm einen Sohn schenken.

Seit Oum-Zahar erfahren hatte, daß eine Fremde in ihre Familie kommen sollte, war sie noch finsterer geworden.

In ihrem eigentümlichen Herzen war eine grenzenlose Liebe zu der toten Mutter entstanden, und die Ankunft der Fremden erschien ihr wie eine Schändung. Sie würde die Kleider der Verstorbenen tragen, ihren Platz im Beruf einnehmen und Burnusse weben, sie würde die Ziege melken, die Datteln trocknen und Oum-Zahar und Messaouda schlagen, denn sie wäre ihre Stiefmutter.

Bei dieser Vorstellung erfüllte sich Oum-Zahars Herz mit Bitterkeit, und seltsam versonnen begann sie an Keltoum zu denken. Sie hatte diese Frau neben dem Grab ihrer Mutter gefunden: *folglich hatte diese sie geschickt* . . . Der Gedanke an die Verrückte ließ Oum-Zahar nicht mehr los. Eines Tages fragte Messaouda schüchtern, was sie an diesen stillen Tagen, die das alte verfallene Haus verfinsterten, im Sinn habe.

«Ich denke an *meine Mutter Keltoum*», hatte Oum-Zahar geantwortet.

Messaouda war verstummt; ihr flößte die Verrückte tiefen Schrecken ein.

El Hadj Saad bewarb sich erfolgreich um die Hand der Tochter eines Nachbarn namens Saadia, und die Hochzeit wurde auf den *Mouled* festgelegt, den Geburtstag des Propheten im August. Bis zu diesem Datum waren es noch fünfzehn Tage, doch Oum-Zahar fühlte schmerzliche Erregung; abends, ehe die Sonne unterging, machte sie sich auf den Weg zum Grab.

Sie war erwachsen und hätte eigentlich nicht mehr hinausgehen dürfen; doch als ihr Vater versucht hatte, sie daran zu hindern, das Grab ihrer Mutter zu besuchen, war sie mit einem lauten Schrei zu Boden gefallen und hatte sich eine halbe Stunde lang in entsetzlichen Verrenkungen gewunden. Da hatte Saharia El Hadj Saad gesagt, seine Tochter sei von dem heiligen Feuer befallen und er dürfe sie nicht mehr zurückhalten: sie war zur *Maraboutin* geworden.

Von dem kleinen melancholischen Friedhof hatte man einen

weiten Blick über die trostlose Ebene, wo die versalzten *Sebkhas* den feuchten Boden mit fahlen weißen Flecken durchsetzten.

Unter den Palmen hörte man das sanfte Rauschen der salzigen *Séguias*, jener Wassergräben, die der Oase Fruchtbarkeit schenken, die aber gleichzeitig auch das Fieber und die Visionen erzeugen; ein leichtes Murmeln im Schatten im Geheimnis des dunklen Waldes mit seinem Ring aus Tonmauern ...

Oum-Zahar saß neben dem Grabhügel, ihr regungsloses Gesicht auf die Hand gestützt ... Doch ein kaum hörbares Stammeln bewegte ihre Lippen.

«Mutter, Mutter! Kleine Mutter, meine Freundin! Wo bist du hin? Warum hast du deine kleine Tochter Zaheïra als Waisenkind zurückgelassen?»

Manchmal, zwischen den Schluchzern und den abgebrochenen Sätzen, hätte man den Namen Keltoum vernehmen können.

Auf sehr eigentümliche Weise hatte sich Keltoums Bild in der Vorstellung des Kindes mit dem Bild der Toten vermischt, und indem sie Keltoum rief, glaubte Oum-Zahar die Erscheinung derer zu sehen, die sie gewiegt und geliebt hatte!

Plötzlich kam Keltoum mit ihrem beklagenswerten Säugling hinter der irdenen Mauer hervor: sie ging zu Oum-Zahar und nahm sie bei der Hand. Wie im Traum stand das junge Mädchen auf; wie gebannt folgte sie der Verrückten durch die Oase auf die Straße der großen salzigen *Chotts*.

*

Unter einem fast schwarzen Winterhimmel, über den trübe graue Wolkenfetzen trieben, erstreckten sich die fahlen Dünen des Wadi Souf, wo sich die toten Sande sammeln, die nicht mehr teilnehmen am launischen Spiel der Winde. Mitten in dem Chaos aus rundlichen Bergen, die den gewaltigen Rücken zusammengekauerter Ungeheuer gleichen, erhebt sich in einem unfruchtbaren, grauen, kleinen Tal eine seltsame, baufällige, schiefstehende Koubba.

Schmal und hoch, mit ihrer spitzen Kuppel, hat sie eine schon fast schwarze Farbe angenommen, den alterslosen Teint der Souf-Bauten. Sie ist das Grabmal eines Heiligen, der in diesem Totenland vergessen wurde: die Koubba des Rezerzemoul-Guéblaouïa.

Die eiskalte Nacht breitete ihre Dunkelheit über diese erstarrte Stätte; es herrschte tiefe Stille.

Vor dem Mauerwerk hockte Keltoum; neben ihr lag Oum-Zahar der Länge nach auf dem Boden. Keltoum trug nicht mehr das mysteriöse Kind, dessen Geheimnis sie ihrer Gefährtin nie preisgegeben hatte.

Keltoum schien die eisige Kälte und den durch die Düne pfeifenden Wind nicht zu spüren; sie saß da und gab sich ihrem schwarzen Traum hin.

Seit Monaten irrten sie gemeinsam aber schweigend durch die Wüste, genährt von der Nächstenliebe der Gläubigen. Sehr schnell hatte sich Oum-Zahars Seele den Reichen der Finsternis geöffnet, und in der Einsamkeit hatten sich schreckliche Szenen abgespielt: grauenvolle gemeinsame Anfälle, Anfälle des Bösen, das Keltoum mit der furchtbaren Macht begabte, seine Keime auf ihrem Weg zu säen ... Eines Nachts, in der großen Salzwüste des Chott Melrhir *hatte sich das Schicksal des Kindes vollendet*; mit ihren Nägeln hatte Keltoum eine Kuhle in den salpeterhaltigen weichen Boden gegraben.

In den letzten Tagen hatte ein schlimmer Husten Oum-Zahars ausgetrocknete Brust unablässig erschüttert; wo sie spuckte, färbte der Sand sich rot ...

Jetzt hustete sie nicht mehr, ihr keuchender rauher Atem war still geworden; friedlich ruhend lag sie da. Keltoum aber schien das grausame Stechen des Windes nicht zu spüren und gab sich ihrem schwarzen Traum hin.

Plötzlich, bei einem der unvollständigen und folgenlosen Gedanken, von denen sich ihre kaum menschliche Existenz leiten ließ, stand Keltoum auf und rief: «Oum-Zahar! Oum-Zahar!»

Doch das junge Mädchen schwieg. Die Verrückte neigte sich über sie und berührte sie: Oum-Zahar war tot.

Keltoum kniete nieder; wie für ihren Kleinen scharrte sie beharrlich wie ein Tier im Sand, ohne Tränen und ohne Worte ...

Als die Grube tief genug war, richtete sie sich auf, nahm Oum-Zahar und legte sie auf den Grund. Mit einer heftigen Bewegung breitete sie ein Stück des blauen Schleiers über das zarte, schmerzliche Gesicht, über das bräunliche Gold der eigentümlich sanft gewordenen, weit in die Nacht geöffneten Augen; dann bedeckte sie den Körper schnell mit Sand und trat ihn mit bloßen Füßen fest.

Sie ging fort, ohne sich noch einmal umzudrehen, durch Nacht und Wind, in unbekannte Fernen ...

Vergessenes Land

Cagliari, den 1. Januar 1900

«Ich bin allein, sitze vor der riesigen grauen Weite des murmelnden Meeres ... Ich bin *allein* ... allein, wie ich es schon immer und überall war, wie ich es durch das bezaubernde und enttäuschende große Universum hindurch immer bleiben werde, *allein*, hinter mir eine ganze Welt enttäuschter Hoffnungen, abgestorbener Illusionen und Erinnerungen, die von Tag zu Tag in weitere Ferne rücken, fast irreal geworden sind. Ich bin allein, ich träume ...

Und in diesem Augenblick habe ich nur einen Wunsch: mich so schnell wie möglich wieder in die geliebte Person zu verwandeln, die in Wirklichkeit die wahre ist, und zurückzukehren nach Afrika, zu diesem Leben ... Ich bin hierher gekommen, um die Trümmer einer langen, dreijährigen Vergangenheit zu fliehen.»

*

Von allen Ländern Europas ist die große sardische Insel sicherlich das unbekannteste, vergessen zwischen seinen Nachbarn Korsika und Sizilien, welche die Künstler mit Pinsel und Palette stets zu einfühlsamen und begeisterten Werken bewegt haben.

Aber gerade dank dieser Vergessenheit, weil niemand auf die Idee gekommen ist, Sardinien «auf den Stand der Mode» zu bringen, konnte es sein herbes, altmodisches Gesicht bewahren, seine mittelalterlichen Bräuche und den ganz und gar afrikanischen Charme seiner zu Ruinen zerfallenden Städte ...

Es wäre wünschenswert, daß es noch lange im Schaten und in der Vergessenheit bleiben könnte, denn die stillen Ecken der inneren Sammlung sind um so wertvoller, als sie immer seltener werden.

Hoch über der großen blauen Bucht liegt Cagliari, die Hauptstadt, vergoldet auf einem weißen Felsen, vor dessen Hintergrund das versprengte rote Erdgeröll wie Blutflecken wirkt, ausgewaschen und chaotisch.

Ganz oben, auf dem Gipfel des unzugänglichen Hügels, befindet sich die Altstadt, das feudale *Castello*, das durch seine tote Jahrhunderte hindurch von der Sonne verbrannten, mit eckigen Türmen versetzten Festungsanlagen von den unteren Vierteln abgeschnitten ist.

Will man vom *Corso Vittorio Emanuelle* nach *Castello* gelangen, führt der Weg durch ein hohes, altersschwarzes Gewölbe mit einem gräulichen Gewirr von Spinnennetzen, wo die Fledermäuse hausen. Über dem Eingang hängt immer noch das alte eiserne Fallgatter, verrostet und für immer stillgelegt.

Die Straßen führen steil bergauf, mit einem Pflaster aus spitzen kleinen Steinen und schmalen Fußgängerstiegen, deren Bohlen vom vielen Gehen glattpoliert und glitschig sind . . . Doch nie fährt ein Auto über diese stillen Wege, und zwischen den grauen Steinchen wächst das kümmerliche Gras fleißig nach. Weiter oben findet man steile Treppen, und durch finstere Gewölbe gelangt man bis zur *Piazzetta Màrtiri d'Italia* und der *Porta Prìncipe Amedeo*.

Castello besteht aus mehreren kleinen treppenförmig übereinanderliegenden Terrassen, darunter eine, die ausgebaut ist zu einer schönen breiten Esplanade, umgeben von einer Brüstung und mit Mittelmeerpinien bepflanzt; von hier erstreckt sich die Sicht weit und unvergleichlich über das Land von Cagliari und das Meer.

Im Osten ein üppiger Garten auf einem schmalen Streifen Land, zwischen dem rötlichen Felsen mit den Kasernen und dem heutigen Gefängnis und den Vierteln, die ganz unten ans Meer angrenzen. Von dort schaut man herunter in ein bewaldetes Tal, in dem die Vororte und der *Campo santo* liegen, eine Art befestigter Steinbruch am Hang eines rötlichen Hügels, auf dessen Gipfel eine gewaltige Ruine steht . . . am westlichen Horizont säumen kiefernbestandene Berge das Tal.

Im Norden, auf einem anderen Hügel gegenüber der Stadt, erhebt sich das alte verlassene, zu Trümmern zerfallene *Castello San Mìghele* mitten in einem Pinienwald.

Von dieser Seite gesehen ist das hügelige Land über und über mit Ruinen bedeckt, mit kleinen Mauern aus Tonerde und Hecken aus

Berberfeigen zwischen zahllosen Olivenbäumen, wie eine Ecke der rauhen Landschaft Afrikas ...

In den dunklen *vìcoli* von Castello gewähren einem die schweren, eisenverstärkten Türen manchmal einen Blick auf die Steintreppen und die mit weißen Platten ausgelegten Innenhöfe, erfüllt vom leisen Gemurmel der mit Efeu und Wein umrankten Brunnen.

In diesem bis zum Fanatismus katholischen Land, wo es niemanden gibt, der nicht gläubig wäre, stehen die Kirchentüren immer weit offen. Im feuchten Schatten der Innenräume werfen die flackernden Kerzen einen phantastischen Schein auf den schweren barbarischen Luxus der Schreine, der Votivbilder und aller möglichen Goldsachen, die ihren Glanz schon verloren haben.

Die Gewölbe von *Castello* beherbergen unsägliche schwarze, stinkende Höhlen, tiefe Keller, in denen sich entsetzliches Elend verschanzt, in denen die nackte Armut haust, ganze Familien, zusammengepfercht, ausgezehrt, zitternd von Blutarmut und Fieber, wie Pflanzen, die kein Licht und keine Luft bekommen. Niemals dringt auch nur ein Sonnenstrahl in diese tödliche Finsternis, wo zahllose Wesen in Fäulnis und Krankheit dahinvegetieren. Aus diesen Löchern kommen ausgehungerte, abgemagerte, alterslose, in Lumpen gehüllte Frauen; Männer, die aussehen wie heruntergekommene Landstreicher und ganze Scharen kaum bekleideter, erbärmlicher, rechtloser Kinder, die sich den Vorübergehenden hartnäckig und verzweifelt an die Fersen heften, um zu betteln.

Nonnenhauben, Kutten und Mönchskappen irren wie Erscheinungen durch dieses Labyrinth. Es herrscht ein beißender Geruch salpeterhaltiger Feuchtigkeit, ein modernder Geruch von Altertum ... und Totenstille, sobald die *bambini* außer Reichweite sind.

Ohne Zweifel, das italienische Elend hat nicht die ausgelassene Größe, die den von der großen reinigenden Sonne geläuterten und erleuchteten Armen in den Ländern des Islam kennzeichnet!

Dort hüllt der Bettler sich mit der Majestät eines abgesetzten Fürsten in die erdigen Fetzen seines Burnus und bettelt im Namen Gottes, doch es käme ihm nie in den Sinn, demütig zu flehen.

Hier ist er unterwürfig, erniedrigt, ängstlich, er fällt vor dem Reichen und dem Fremden auf die Knie, von einer kriechenden Ehrfurcht, die ihm jede Menschenwürde nimmt.

Bei Einbruch der Nacht kommen in manchen Vierteln abgerissene Frauenzimmer in alten schmutzigen Lumpen aus ihren Kellerhöhlen heraus und warten in kraftloser, tierischer Haltung auf die Matrosen und die Soldaten.

Doch der wahre sardische Typ ist schön, vor allem auf dem Lande, bei den Bauern und den Fischern. Die kräftigen braungebrannten Männer sind von stattlicher Figur, ein Gemisch aus Stolz und Scheu. Sie haben sowohl etwas vom Griechen als auch vom Araber an sich. Die Frauen wirken gleichgültig und fast ebenso verschlossen wie im Orient, sie haben den Typ der maurischen Eroberer bewahrt: das regelmäßige ovale Gesicht und die großen schweren Augen.

Auch die Tracht des sardischen Bauern ist nahezu maurisch geblieben: eine rote Mütze, die wie ein spitz gefaltetes Kopftuch auf die Schultern zurückfällt, eine kurze Jacke mit geschlitzten Ärmeln über der bortenbesetzten Weste mit den zweireihigen kleinen, runden Seidenknöpfen. Die Hose allerdings ist bis zu den Gamaschen hinunter relativ eng; aber die Sarden pflegen das runde weiße Hemd über den ebenfalls weißen Beinkleidern zu tragen.

Seltsamerweise haben die Frauen von Cagliari die Nationaltracht nicht beibehalten; sie tragen den Rock und das ungraziöse *caraco* der Italienerinnen, dazu ein helles Tuch in den schwarzen Haaren, solange sie jung sind, und ein dunkles Tuch, wenn sie alt sind.

Hier gibt es keine Klasse von Frauen, die der Halbwelt entspräche: das Freudenmädchen lebt im schmutzigsten Elend und kommt übrigens allemal nur durch zahllose Schicksalsschläge zu diesem Stand. Die wenigen einigermaßen hübschen und frischen jungen Frauen, die man auf der *Via Roma* oder auf dem *Corso* sieht, sind Italienerinnen.

Die meisten Frauen aus dem Volk von Cagliari gehen barfuß. Gleichwohl habe ich nirgendwo auf der Welt so viele Schusterläden gesehen. Für wen mögen sie arbeiten, all diese *calzolai*, die oft selbst keine Schuhe tragen?

Alle Gespräche in den *trattorie* oder *bottiglierie* drehen sich um die ewigen Klagen des italienischen Volkes über seine Armut, das teure Leben und die drückenden Steuern.

Kräftige junge Männer, die man den ganzen Tag auf den Bänken in den Gärten oder Festungen herumliegen sieht, sagen einem: «Es gibt nichts zu tun ... Außerdem wäre es *una vergogna per me*, wenn ich anfinge zu arbeiten. Ich bin adelig, das ist unmöglich.»

Von was sie leben, all diese Adeligen, all diese abgerissenen *signori* und *cavalieri*, weiß Gott allein. Aber die Faulheit des Sarden aus dem Süden ist ebenso unbezwinglich wie die des Neapolitaners, und trotz ihrer dauernden Klagen bin ich überzeugt, daß sie glücklich sind; ein wenig wie die smaragdgrünen Eidechsen, die es sich auf den alten Mauern von *Castello* bequem machen und sich von der Mittagssonne bescheinen lassen.

Das Familienleben der Adeligen und der Bürger ist hier fast ebenso streng und fast ebenso abgeschlossen wie in den höheren Klassen der muselmanischen Gesellschaft. Die Frauen gehen wenig aus, selten allein und werden eifersüchtig bewacht.

Doch im Halbdunkel sieht man fast überall, unter den Balkons, von denen es allerdings nicht viele gibt, unter allen Fenstern, geheimnisvoll wirkende junge Männer, die sich stundenlang an den Mauern herumdrücken, mit erhobenen Augen zu den hinter kaum geöffneten Vorhängen und dicken Gittern verborgenen *donne* emporschauen und glühende Liebeserklärungen mit ihnen austauschen – *durch Gesten*.

Das ist es, was man hier *far' l'amore* nennt ... In den Bräuchen werden die Serenaden gepflegt, oft sieht man einen jungen Mann in Begleitung seiner Freunde, der unter dem Fenster seiner unsichtbaren Schönen Mandoline oder Gitarre spielt und ihr sein Lied vorträgt.

Sardiniens Lieder sind traurig, seine Weisen von einer zarten, säuselnden Monotonie, ganz und gar arabisch ... In der ersten Zeit, wenn ich solche Laute aus der Ferne hörte, fragte ich mich manchmal, ob es nicht wirklich Weisen meiner afrikanischen Heimat waren, die in der Nacht zu mir heraufstiegen.

Wenn die Bergbauern durch ihre düsteren Wälder oder die Fischer über das Gestade gehen, improvisieren sie ihren Gesang, ganz wie die beduinischen Kameltreiber.

*

... Schmerz und Trauer, die sich in Liedern Luft machen, verlieren ihre unheilvollen Züge. Oben, über der Esplanade von *Castello*, geht die Sonne unter.

Ein junges Mädchen lehnt über der Steinbrüstung einer hochgelegenen Terrasse; sie scheint in der roten Feuersbrunst des Abends zu träumen. Sie trägt ein leichtes, hellblaues Mousselinkleid. Ein Schleiertuch aus weißer Spitze mildert den Glanz ihres schwarzen Haars, ihrer dunklen Augen. Sie wirkt aufrichtig und melancholisch ...

Unten, am Stamm einer Pinie, lehnt ein junger Carabiniere; auch er *scheint* hergekommen, um die Zauberei des zur Neige gehenden Tages zu genießen. Er sieht gut aus mit seiner dunklen Uniform, der dreieckigen schwarzen Mütze mit dem roten Pompon und seinem weiten schwarzen Mantel, der lässig über den Schultern hängt; sein Lächeln *scheint* allein den fernen Horizonten zu gelten, wo die Wolken im rosa Schein der Abendsonne dahinziehen.

Doch durch eine kaum sichtbare Geste seiner mit einem Handschuh bekleideten Hand verrät er dem jungen Mädchen seine Gefühle, und zitternd gibt ihr Fächer aus weißen Straußenfedern Antwort. Mit ihren zerstreuten, nachdenklichen, stummen Mienen *lieben sie sich* ...

... In einer flachen Bucht der Küste von San Bartholomeo hat man Kanäle angelegt und Salzlagunen unter Wasser gesetzt. Auf den höher liegenden Rundgängen schieben Posten mit aufgestecktem Bajonett Wache. Unten, auf den schweren Kähnen und den Treidelpfaden, sieht man lange Züge grau gekleideter Männer mit kleinen roten Käppchen und kahlgeschorenem Kopf, die sich schweigend und dumpf wie traurige Lastentiere in der glühenden Sonne plagen.

Es sind die *galeotti*, die Sträflinge.

Voraussetzung, diese Arbeit an der frischen Luft überhaupt tun zu dürfen, sind *sieben Jahre* beispielhafter Führung in der stumpfen Atmosphäre und der Grabesstille des *càrcere duro*.

Und alle haben sie den gleichen Ausdruck tierischer Gleichgültigkeit auf ihren frühzeitig gealterten, erschreckend affenartigen Gesichtern.

Der grauenhafte Apparat einer blutigen Guillotine in der düsteren Klarheit einer Morgendämmerung des Todes ist nicht so unmenschlich schrecklich und vor allem nicht so *ungerecht* wie das Schauspiel eines Bagno, das grausamste Schauspiel überhaupt.

Der Tod erhöht, veredelt alles, was er berührt, denn er ist die höchste Absolution ... Aber dieses Gehenna, wo nur der Körper überlebt, wo die Seele wissentlich brutal zerstört wird, diese Hölle hat keinen Namen, keine Entschuldigung.

Wenn die *galeotti* von Italien herüberkommen und die Schiffsbucht erreichen, löst sich am Kai von Cagliari ein kleines Boot, das sie fast bequem übernimmt; es ist besetzt mit Carabinieri, die in ihren schwarzen Uniformen so wirken, als seien sie zu einer Beerdigung gekommen ... Hintereinander an eine Kette gebunden nimmt man sie mit, die Handgelenke qualvoll mit zwei verschraubten Eisenbarren zusammengequetscht. Unter dem Arm tragen sie ihr mageres Bündel: ein paar schmutzige Kleidungsstücke, letzte, armselige Andenken an die Welt der Lebenden, vielleicht, um sie später, in der *città dolente*, über lange Jahre in Erinnerung zu behalten.

Im Westen nimmt der Hügel von Cagliari ein jähes Ende; plötzlich steht man vor tiefen Schlammlöchern, schroff abfallenden Klippen. Zwischen abgerutschten Felsbrocken, die von schwachen kleinen Mauern aufgehalten werden, entfaltet sich ein Gewirr von Weingärten; auch sie wirken sehr afrikanisch mit ihren Hecken aus Berberfeigen, den Agaven, die ihren Riesenschaft bis zu den Felsen vortreiben, mit den Feigenbäumen und dem dunklen, silbern gesprenkelten Velours der Oliven.

Dahinter, in der Ferne, eine riesige trostlose Ebene mit einem Labyrinth von Kanälen und Gräben, das die regungslosen, wie Wüstenchotts daliegenden Salzlagunen miteinander verbindet; in dem bleifarbenen Ton spiegelt sich der klare Himmel und verleiht dem toten Wasser den trügerischen Schein bodenloser Tiefe.

All das glänzt und glitzert in der Sommersonne, als wäre die rötliche Ebene mit Spiegelteilchen übersät.

*

... Die sardische Eisenbahn ist hoffnungslos langsam, schlimmer noch als die afrikanische: der Schnellzug, der *Reale*, braucht eineinhalb Tage, um die Insel der Länge nach von Cagliari bis Porto Tórres zu durchfahren.

Von der Hauptstadt aus führen die Gleise zunächst an den Lagunen entlang, dann geht es recht steil bergauf bis Macomer, einem kleinen, melancholisch aussehenden Marktflecken in einer ernsten Kulisse von Bergen und Kieferngehölz.

Man durchquert seltsame Landschaften: verworrenes, dichtes Gebüsch, Pinienwälder an den schroffen Hängen ausgezackter Berge, wilde Schluchten, in denen friedliche Bäche fließen, die sich plötzlich in tosende Kaskaden verwandeln ...

Hier und dort kleine Dörfer aus Tonerde, überragt von einem zierlichen Campanile mit heiligem Namen: San Giovanni, Sant'-Anna, Santa Maddalena.

Das Land um Macomer ist übersät mit dicken, kubisch geformten Steinen, die wie von Menschenhand behauen wirken: man könnte meinen, es seien die Überreste irgendeiner gigantischen toten Stadt.

Sassari, die alte Republik mit ihren rohen, handelsorientierten Sitten, ist seit undenklichen Zeiten die Rivalin des feudalen Cagliari, dem sie stets die Hegemonie der Insel streitig machen wollte.

Sassari ist eine flache Stadt, neuer und freundlicher als Cagliari, aber auch ohne dessen altmodischen großen Charme.

Sie liegt auf einem fruchtbaren, weiten, leicht ansteigenden Hochplateau. Die Einwohner sind gewinnsüchtige Handwerker und Landwirte, ganz das Gegenteil der Träumer und Faulenzer des Südens.

Die sassarischen Frauen tragen eine wunderschöne alte Tracht: einen kurzen, unten rot gestreiften Rock, eine bestickte Schürze, weite, seitlich geschlitzte Puffärmel, die an den Handgelenken mit zahllosen Bändchen zusammengebunden werden, an deren Enden kleine Kugeln aus Gold oder poliertem Kupfer hängen ... Auf ihrem schönen gescheitelten Haar tragen sie ein helles Tuch, das mit Hilfe von Knoten oder Stärke die Gestalt eines kleinen kegelförmigen Dachs annimmt.

Sie haben nicht die schüchterne Anmut und die Gleichmütigkeit der Cagliaritanerinnen. Sie sind fröhlich und munter und recken ihr zartes ausdrucksvolles Köpfchen stolz in die Luft.

Zwischen den Cagliaritanern und den Sassaresern (man nennt sie *Cagliaritano* und *Sassarese*) besteht ein unversöhnlicher, ewiger Haß.

«Che volete? Quest'uomu è un facchinu frustu, una bruta bestia di Sassari», sagt der Cagliaritaner. Und der Sassarese antwortet: *«É un lazzarone che viva della carità cristiana!»*

Der Mann aus dem Süden wirft dem Mann aus dem Norden

seine fehlende Lebensart vor, seine republikanische Grobschlächtigkeit ... Der Kaufmann und der Ackermann werfen dem Mann der Gleichmut und des Traumes seine Faulheit vor ... Nur in einem Punkt sind sich alle Sarden einig: in ihrem Haß und ihrer Verachtung gegenüber dem Italiener, dem Eindringling, dem *continentale*. Sie sehnen sich nach Unabhängigkeit. *Continentale* ist im Mund eines Sarden fast schon ein Schimpfwort. Nach seiner Nationalität gefragt, antwortet er stolz: «*Som' Sardo!*»

Die Räuberei ist für Sardinien zwar nicht mehr an der Tagesordnung, doch die Berge genießen immer noch den Ruf der Unsicherheit.

Die Erinnerung der Cagliaritaner ist noch voll von den Heldentaten der Bergpiraten, ja sogar noch von denen der Seeräuber aus einer fernen Vergangenheit. Im Grunde ihrer ungestümen, dunklen Seele sehnen sich die ruinierten *marchesi* und *conti*, die in ihren rissigen schwarzen *palazzi* weiterhin nach den alten Sitten des niedergegangenen Feudalwesens leben, nach der Zeit ihrer Ahnen zurück, als der Mutigste, der Kühnste als unangefochtener Herr über die Stadt herrschen durfte.

Die eifersüchtige Bewahrung der alten Bräuche beschäftigt die Sarden ununterbrochen, vor allem im Süden; auf den meisten Grabmälern des *Campo santo* von Cagliari steht geschrieben: «*Der Verstorbene hat sich stets verdient gemacht durch die gewissenhafte Erfüllung seiner Bürger- und Familienpflichten und die treue Pflege der alten Sitten seines Vaterlandes.*»

*

In der Ebene, an der Straße des Campo Santo, am Ortsausgang von Cagliari, steht eine Ruine in einem rötlichen Tal. Vor einer eingefallenen niedrigen Mauer erheben sich drei Dattelpalmen, von denen sich eine melancholisch zur Seite neigt. Diese Stätte vor dem Hintergrund der Stadt, die vergoldet von der Patina der Zeit auf ihren weißen und roten Felsen liegt, wirkt, als wäre irgendein Stück Berberland unter den milderen Himmel Italiens verplanzt worden.

*

Mein Aufenthalt in Cagliari war kurz, und meine dortige Umgebung vulgär und unverständig. Es war mir nicht gegeben, das

Leben des sardischen Volks zu leben, wie ich es an anderen Orten habe tun können; die Eindrücke, die ich von dort mitgebracht habe, sind flüchtig, vielleicht sogar etwas verschwommen ...

Ich verließ Cagliari, als der Frühling seinen Einzug hielt, nach einem Wintermonat, der sich ähnlich ausnahm wie ein Sommer in Nordfrankreich ... Cagliari hinterließ mir einen letzten Eindruck, umgeben mit dem Heiligenschein eines schon helleren, schon etwas blendenden Lichts, das die knospenden Bäume zum Blühen gebracht hatte und sie wie mit einem Nebelschleier mit zartem Grün umhüllte. Die Mandelbäume breiteten einen Teppich aus Schneeblüten über den Boden. Die Apfelbäume hatten sich ein Kleid aus reinen Blüten angelegt, mit einem Tropfen roten Bluts in jedem Kelch ... In den Bergen und im Tal, zwischen den Gräbern und den Ruinen beeilten sich die violetten Schwertlilien und die weißen Asphodelen, schnell aus dem Boden zu sprießen, ehe die nahende Sommersglut hereinbrach.

Die berauschende Lauigkeit der duftenden Nächte vervielfachte die Anzahl der stummen Verliebten in den dunklen Straßen, unter den schwarzen Gewölben; und die EWIGE LIEBE, die in allen Ländern und in allen Jahrhunderten herrscht, erfüllte die tote alte Stadt mit einer starken, fruchtbaren Trunkenheit, als Schöpferin des unsterblichen LEBENS.

Der Anarchist

Der Vater, Terenti Antonoff, in Rußland wegen seiner libertären Gesinnung verfolgt und der Verbannung entgegensehend, war nach Algerien geflüchtet, auf der Suche nach einem neuen Boden, einer Wahlheimat, wo die Menschen unter einem gnädigeren Himmel weniger vom Alltäglichen verkrustet waren.

Noch einigermaßen reich, hatte er in einer freundlichen Ecke des Tell eine Farm gegründet und dort, zwischen den Feldern und den Büchern, seinen Traum von einer besseren Menschheit fortgesetzt. Doch bei den europäischen Kolonialherren war er auf die gleiche Feindseligkeit gestoßen und hatte sich nach und nach zurückziehen, in sich selbst kehren müssen.

Der Geist seines einzigen, schon fast erwachsenen Sohnes Andrei war durch die plötzliche Verpflanzung in tiefe Wirren geraten. Die ganze Ungewißheit, das ganze anziehende Geheimnis der feurigen Horizonte war berauschend in seine nordische Seele eingezogen.

Da sie abgeschieden lebten, waren es nicht die Menschen, sondern es war der Boden Afrikas selbst, der ihn in tiefe Unruhe versetzt hatte.

«Du bist ein Dichter der Natur», sagte ihm sein Vater nachsichtig lächelnd, «wie ich ein Dichter der Menschheit war ... Wir ergänzen uns.»

Doch Andrei konnte sich nur schwer an das abgeschiedene Leben gewöhnen, welches der Lebensmüdigkeit des Alten durchaus genügte. Der quälende Gedanke an das Unbekannte, das Heimweh nach einem Woanders, wo er harmonisch ohne dieses nie gesättigte Sehnen hätte leben können, bedrückten ihn. Manchmal schlug er monatelang kein Buch mehr auf und verbrachte seine Tage damit, durch die Beduinendörfer zu streichen und mit den Leuten aus dem einfachen Volk, mit den Gebrechlichen zusammenzusitzen, denn sie erinnerten ihn an die *Muschiks* seines Landes, die zu lieben und zu verstehen sein Vater ihn gelehrt hatte.

Der alte Philosoph verdammte diese Irrfahrten nicht, dieses Nomadenleben, dessen Charme und wohltuenden Einfluß er wohl verstand, weil er sie einst selbst empfunden hatte.

«Du hast ganz recht, geh nur und verschaffe deinem Geist frische Luft ... Geh und iß das schwarze Brot, und nimm brüderlich teil am Elend und der Dunkelheit ... Das wird dir guttun.»

Ganz allmählich ließ Andrei sich für immer von dem rauhen Boden und dem Beduinenleben gewinnen. Sein Geist ermattete, doch gleichwohl blieb er empfindlich und neugierig. Sein Lebensdrang verlangsamte, und geringschätzig sah er die Eitelkeit jeder heftigen Anstrengung, jeder verschlingenden Aktivität voraus.

Da er die französische Staatsangehörigkeit angenommen hatte, mußte er seinen Militärdienst bei den Afrikanischen Chasseurs absolvieren; als er auf einen Beobachtungsposten in den Süden abkommandiert wurde, traten seine Lustlosigkeit und sein Abscheu, Soldat zu sein, in den Hintergrund und machten einer großen Freude über die Reise und die unerwartete, flammende Offenbarung des Südens Platz.

Die sanftere Pracht des Lichterspiels im Tell erschien ihm hier, im Land des Schweigens und der blendenden Sonne, blaß und fad.

Auf einem nackten Felsen, mitten in einer erschreckend unfruchtbaren Wüste, stand ein Bordj, über dem sich ein hoher eckiger Turm erhob ...

Keine Pflanze, kein Baum warf einen Schatten auf den geplagten, ausgeglühten, ockerfarbenen Boden ... Und jeden Tag stieg dieselbe unerbittliche Sonne am Himmel auf, um der Erde ihre letzte Feuchtigkeit zu entziehen und ihr eifersüchtig zu verbieten, außerhalb ihrer eigenen launischen Spiele in den opalen Morgen- und den purpurn vergoldeten Abendstunden ein eigenes Leben zu leben.

Da verstand Andrei den Kult früherer Gesellschaften um die großen Himmelslichter, um das allmächtige, zeugende und tötende Feuer.

Andrei liebte dieses Bordj, an dessen Tor irgendein spöttischer Joyeux den Spitznamen *Eden Purée* geschrieben hatte.

Da er umgeben war von Kameraden, die ungeduldig auf die Rückkehr brannten und sich nur mit Absinth darüber hinwegtrösten konnten, dort unten im Süden zu sein, hatte Andrei sich von ihnen abgesondert, um den glücklichen Verwandlungsprozeß, den er dumpf in den Tiefen seines Wesens fühlte, besser genießen zu können.

Die Unruhe, das unbestimmbare Leid, das ihn in den Jahren seiner Jugend gequält hatte, wich allmählich einer ruhigen, sanften Melancholie, einem dauernden Traum.

Er las nicht mehr, er begnügte sich damit, zu leben ... Er gab seinen Entschluß nicht auf, eines Tages der Poet des geliebten Bodens zu werden, mit seiner besonders empfindsamen nordischen Seele die Traurigkeit, die Rauheit und die Herrlichkeit Afrikas widerzuspiegeln.

Aber er fühlte sich noch unvollständig, und sein Werk sollte vollkommen sein ... Und so beobachtete er mit verliebten Augen langsam und bedächtig, er wartete, bis die Eindrücke sich auf ganz natürliche Weise als kleine zerbrechliche Schichten in ihm sammelten.

Und der ungesättigte Trieb zu lieben, hüllte dieses ganz aus Schweigen und Träumerei bestehende Dasein in eine nicht reizlose Traurigkeit.

Andrei hatte sein Jahr Militärdienst beendet und kehrte, schon erfüllt vom Heimweh nach dem Süden, zu seinem Vater zurück; gerade noch rechtzeitig, ehe dieser krank wurde und starb.

«Bleib immer ehrlich mit dir selbst ... Beug dich nicht der Scheinheiligkeit der Konventionen; lebe auch weiterhin unter den Armen, und schenk ihnen deine Liebe.»

Dies war das moralische Testament, das der Vater ihm in einer klaren Stunde hinterließ, die das Fieber ihm noch gönnte.

Der unendliche Schmerz über diesen Verlust verdunkelte Andreis lächelnden Lebenshorizont für lange Zeit. Der freundliche, sanfte alte Mann, der verkannte bescheidene Gelehrte, der ihn gelehrt hatte, das Schöne zu lieben, allem Leid barmherzig und brüderlich zu begegnen, der Erzieher, der eifersüchtig darüber gewacht hatte, daß kein Schmutz in die Seele des Kindes und des Jugendlichen drang, der nicht zugelassen hatte, daß die soziale Scheinheiligkeit ihren deprimierenden Stempel auf sein Herz prägte, Terenti war nicht mehr ... Und Andrei fühlte sich ganz allein und tödlich verwundet mitten unter den Menschen, die er als feindselig oder gleichgültig empfand.

Doch seine Pflicht, die Angelegenheiten seines Vaters in Ordnung zu bringen, war ihm eine wohltuende Ablenkung.

Außerdem stellte sich das beunruhigende Problem: was sollte aus ihm werden? Andrei erinnerte sich an sein Leben im Süden und sehnte sich danach zurück. Träumerisch dachte er: «Weshalb sollte ich nicht dorthin zurückkehren, jetzt, wo ich für immer frei bin?»

Er verkaufte die Farm, brachte die Bücher seines Vaters zu einer alten Freundin, die aus Polen geflohen war und nun den bescheidenen Beruf einer Hebamme in Oran ausübte; und nachdem er alle Schulden bezahlt hatte, blieben ihm einige zehntausend Francs, um seinen Plan zu verwirklichen.

Er kehrte zum Grab des Vaters zurück, um ein letztes Mal andächtig niederzuknien; zum kreuzlosen Grab des alten Philosophen auf einem kleinen Friedhof, auf einem Hügel über der Bucht von Mostaganem ...

Dann brach er auf.

Andrei war zu der Überzeugung gelangt, daß es ausreichte, die wertvolle Gabe der Traurigkeit zu besitzen, um glücklich zu sein ...

Im heißen Schatten der Dattelpalmen von Tamerna-Djedida, im salzigen Bett des unterirdischen Wadi Rhir wollte er sich niederlassen.

Er hatte ein paar Palmen gekauft, eine salpeterhaltige Quelle, die den Garten mit ihren hellen Rinnsalen belebte, und ein kleines würfelförmiges Haus aus rötlichem Toub.

In seinem Haß auf jedes zivile und obendrein auch noch unabhängige Element hatte das Arabische Bureau, dem die Oase unterstellt ist, alles versucht, um Andrei von seinem Plan abzubringen. Man hatte alle Hebel in Bewegung gesetzt, von hinterlistigen Überredungsversuchen bis zur Einschüchterung. Er war auf den Dünkel, die Selbstgefälligkeit der improvisierten Offiziere in der Verwaltung gestoßen, aber sein ruhiger Entschluß hatte ihren Widerstand besiegt.

Er wußte allerdings, daß das Klima in dieser Gegend mörderisch ist, daß dort das Fieber herrscht und selbst die Eingeborenen tötet. Aber hatte er nicht lange Monate in der Niederung des Wadi Rhir verweilt, in der Nähe seiner Mündung ins Chott Melrhir? Er war nie krank gewesen, und er würde es aushalten ...

Er liebte dieses geheimnisvolle, halluzinierende Land, wo sich die ganze verborgene Chemie der Materie auf dem Erdboden ausbreitete, wo das jod- und salzhaltige Wasser wunderliche weiße Arabesken auf den zarten Kräutern der murmelnden *Séguias* hinterließ, oder den unteren Ansatz der kleinen Toub-Mauern, die die Gärten in ein echtes dunkles Labyrinth verwandelten, rostrot färbten.

Überall sickerte das Wasser, grub Löcher und tiefe Höhlen in die regungslose, reizvolle Oberfläche, auf der sich die schlanken Palmenzweige, die fleischigen Feigenblätter und die roten Granatäpfel spiegelten ...

Dahinter tat sich abrupt und ohne Übergang die Wüste auf, flach und riesig, blendend weiß. Der durchlässige Boden bedeckte sich mit einer dünnen Salzschicht, mit dem groben Schorf brauner Feuchtigkeit.

All das flackerte und glitzerte so weit das Auge reichte; nur am fernen Horizont sah man kleine schwarze Flecken, andere Oasen.

Und in der sommerlichen Mittagssonne spielte die Fata Morgana in der toten Ebene, von der Gottes Segen sich zurückgezogen hatte ...

Im Winter füllten sich die Chotts und die *Sebkhas* mit klarem azurblauem oder milchigem Wasser, und die Unebenheiten des Bodens bildeten bunt schillernde Inselmeere in diesen tückischen Seen ...

Gekleidet wie die Eingeborenen, lebte Andrei ihr Leben; er wurde von ihnen akzeptiert und bald auch geliebt, denn er war anpassungsfähig und sanft und konnte ihnen fast immer helfen, wenn sie ihn wegen irgendeiner Krankheit um Rat baten.

«Eines Tages wird er Muselmane», meinten sie, denn sie hatten ihn oft sagen hören, Mohammed sei ein Prophet wie Jesus oder Moses, die alle gekommen seien, um den Menschen bessere Wege zu weisen.

Die Einwohner von Tamerna waren von der dunkelhäutigen Sahara-Rasse der Rouara; ein schweigsames, düster wirkendes Volk voll glühender Gottesfurcht, gemischt mit einem fetischistischen Glauben an die Amulette und die Toten.

Die bedrohliche Magie, das Schweigen der Wüste im Widerstreit mit dem Geheimnis und dem lebendigen Gemurmel der überschwemmten Gärten, hatten den Geist der Einwohner geprägt und verdunkelten die Schlichtheit des monotheistischen Islam. Groß und hager unter ihren wehenden Kapuzengewändern, mit langen Rosenkränzen aus gelbem Holz um den Hals, glitten die Rouara wie Phantome durch das Buschwerk ihrer Gärten.

Um ihre Datteln vor Verzauberung zu schützen, befestigten sie fetischistische Knochen an den reifenden Trauben. Sie schmückten das Gesims und die eierrunden Kuppeln ihrer Koubba und ihrer aus Toub gebauten Moscheen mit fratzenschneidenden Figuren. Die Ecken ihrer wie Bienenstöcke wirkenden Häuser waren gespickt mit schwarzen Hörnern von Gazellen oder Ziegen. In der Nacht von Donnerstag auf Freitag, der Nacht des Schicksals, entzündeten sie kleine Öllampen neben den verstreut in der Landschaft liegenden Gräbern.

Sie fühlten sich verfolgt vom Jenseits, den Dingen der Nacht und des Todes.

Andrei ließ all diese Glaubensvorstellungen in seine weit geöffnete Seele dringen, ohne eine bestimmte Wahl zu treffen; dieser naive Aberglaube empörte ihn nicht, denn im Grunde erkannte er in ihm das gleiche Bedürfnis, mit dem Unbekannten zu kommunizieren, das er selbst empfand.

Die Frauen, vor allem die Mischlinge, waren ungewöhnlich schön, mit ihrem dunklen Teint und der komplizierten Tracht der Sahararinnen, die ihnen das Aussehen alter Idole verlieh. Gekleidet mit roten oder blauen Schleiern, über und über mit Gold und Silber behängt und einer ausladenden Flechtfrisur mit hochgebundenen Zöpfen über den Schläfen, die Ohren mit schweren Ringen bedeckt, hüllten sie sich, wenn sie hinausgingen, in ein dunkelblaues Tuch, unter dem der Glanz des Geschmeides erlosch.

Ihr fremdartiger Charme, ihr geheimnisvoller Blick zogen Andrei an.

Wollüstig, doch stets auf der Suche nach den berauschenden, erleuchteten Genüssen des heiligen Scheins der Liebesillusion ohne die Brutalität des Hungers, hatte Andrei immer nur einen sehr mittelmäßigen Geschmack an jenen Befriedigungen gefunden, die entblößt waren von dem Nimbus des Traums. Was ihn vor allem von ihnen fernhielt, waren ihre Banalität und der Abscheu vor dem unvermeidlichen schnellen Erwachen.

Er liebte das Schauspiel der jungen Mädchen, die sich in der Feuersbrunst des Abends mit Krügen auf dem Kopf in langen Zügen rhythmischen Schritts davonbewegten, zu den Brunnen, die reineres Wasser spendeten, an die Grenzen der Wüste, wo die untergehende Sonne ihre Schatten auf dem verbrannten Boden in die Länge wachsen ließ.

... In glücklicher Ruhe, monoton, doch ohne Langeweile floß Andreis Leben dahin.

In der beschwingten Stunde der Morgenröte pflegte er aufzustehen, um die belebende Frische der leichten Brise zu genießen, die durch das Blattwerk der Palmen und die aromatischen Pflanzungen der Gärten rauschte.

Auf seinem Pferd, das er mit jener mitleidigen Zärtlichkeit liebte, die er für all die ergebenen arglosen Tiere empfand, ritt er durch die Wüste, manchmal bis zu den zahlreichen benachbarten Oasen des Tals, die sich zu dieser frühen Stunde mit goldenen und karminroten Schimmern schmückten.

Der große freie Raum berauschte ihn, die unberührte Luft weitete seine Brust, und eine große unbewußte Freude verjüngte sein Wesen, vertrieb die sehnsüchtige Mattigkeit der Nacht, die der glühenden Hitze des Tages folgte.

Dann kehrte er zurück und irrte durch die Gärten, sah den braungebrannten Bauern zu, die im roten Schlamm der Pflanzungen arbeiteten und die verstopfenden Salzablagerungen aus den *Séguias* entfernten.

Es war Sommer, und die Palmenhaine erschienen ihm in all ihrer Pracht. Unter der gewaltigen Krone hingen die Datteltrauben, prall im Saft, in reichen Farben je nach der Art . . . Die einen noch grün, bedeckt von silbrigem Staub, der die Früchte wie mit Samt umgab, die anderen strohgelb, goldgelb, orange, knallrot oder purpurn, eine warme Skala matter oder leuchtender Töne.

Lange beugte Andrei sich über das plätschernde Wasser, das den geheimnisvollen *Untergründen* des unsichtbaren Flusses entströmte.

Dann kehrte er in die Frische seines kahlen Zimmers zurück, legte sich auf sein Bett aus geflochtenem Schilfrohr und gab sich der tödlichen, verzaubernden, schmachtenden Schläfrigkeit der Siesta hin.

Als der Schatten der Dattelpalmen auf dem erschöpften Boden länger wurde, weckte Hadj Hafaïd, sein Diener, ihn sanft auf und lud ihn zum genußvollen Bad.

Manchmal, wenn ihn das Bedürfnis der Arbeit überkam, begann Andrei zu schreiben, und ab und zu, in langen Zeitabständen, brachte er sich mit Erzählungen über das Traumland, in die er ein wenig *von seiner Seele* und von seinem Leben einfließen ließ, bei Kennern der feinsinnigen Literatur in Erinnerung.

An der Straße nach Touggourt, unweit der großen eingefriedeten Friedhöfe, lebten zwei Frauen; die Alte, Mahennia, und ihre Tocher Saadia, die von ihrem Mann verstoßen worden war, weil man sich im Land erzählte, sie und ihre Mutter seien Zauberinnen.

Sie lebten armselig vom Lohn der Alten, die als Hebamme, Kräuterfrau und geschickte Knocheneinrenkerin etwas Geld verdiente.

In ihrer Umgebung waren sie geachtet und gefürchtet der Gerüchte wegen über ihre Zauberei und den unerklärlichen Tod von Saadias Ehemann kurz nach der Scheidung.

Die beiden Fauen waren nahezu arabische Mischlinge; doch sie erinnerten sich an semitische Ursprünge und rühmten sich ihrer.

Saadia war schön, und ihr dunkelhäutiges warmes ovales Gesicht war geprägt von der ernsten Traurigkeit ihrer Augen. Sie lebte bescheiden bei ihrer Mutter, und trotz ihrer Schönheit wurde sie von den abergläubischen Rouara gemieden.

Andrei hatte sie bei seinen einsamen Ausritten des öfteren gesehen, und die Alte, beunruhigt über den Erfolg des Roumi als Gesundmacher, legte keinen Wert darauf, sich seine Feindschaft zuzuziehen. So bot sie ihm den Kaffee als Zeichen der Gastfreundschaft an und versteckte ihre Tochter nicht vor ihm.

Saadia bediente ihn aufmerksam und schweigend.

Andrei wußte von den geheimnisvollen Gerüchten, die über die beiden Frauen in Umlauf waren, und er fand die Eigentümlichkeit ihres Daseins anziehend und reizvoll.

Saadias Schönheit und Traurigkeit waren ihm ein köstlicher Fund, und von nun an kehrte er oft bei der Alten ein.

Er begehrte Saadia, und diese sträubte sich nicht gegen seine Begierde.

Wäre die Liebe dieses geheimnisumwitterten Mädchens und eine vollständigere Verquickung seiner Seele mit der Seele der auserwählten Erde, vermittelt durch ein Geschöpf der eingeborenen Rasse, nicht eine Verschönerung seines allzu einsamen Lebens?

Lustvoll gab Andrei sich der berauschenden Glut seiner Begierde hin. Saadia blieb undurchdringlich und verriet ihre Gedanken allein durch den schwereren Blick, mit dem sie diesen blonden Mann mit seinen grauen Augen und dem sanften, träumerischen Gesicht umschlang.

Saadia brachte diesem einzigen Mann, der sie nicht mied, die ganze Empörung ihrer einsamen Jugend entgegen, ihr ganzes Bedürfnis, geliebt zu werden und nicht wie eine aufgeblühte Blume in der stummen Wüste zu vertrocknen.

Bald begann sie, weniger schüchtern, mit ihm zu sprechen, sie nannte ihm die Namen der getrockneten Kräuter, die in Garben unter dem Dach ihres Hauses hingen, und erzählte ihm von ihren wohltuenden und ihren giftigen Eigenschaften.

«Das ist das duftende *Nanâ*, dessen Saft die Bauchschmerzen heilt, und das ist der graue *Chich*, dessen Rauch den Husten vertreibt.»

Ihre vibrierende, manchmal stockende Bruststimme gab der arabischen Sprache, die Andrei mittlerweile beherrschte, einen seltsamen Akzent.

Manchmal nannte Saadia auch die Namen der Edelsteine, mit

denen sie sich schmückte. Eines Tages, um sie besser zu verstehen, fragte Andrei sie, woran ihr Ehemann gestorben sei.

«Wenn die Stunde gekommen ist, kann niemand sie hinauszögern, nicht einmal um die Zeit eines Augenzwinkerns ... Und wer schwere Ungerechtigkeit begeht, zieht sich den Zorn Gottes zu.»

Ein Schatten trübte Saadias Blick.

Eines Tages traf er sie allein zu Hause an. Ihr Haus stand isoliert und verdeckt hinter einem Schutzwall aus Palmen.

Sie lächelte ihn an und lud ihn ein, dennoch hereinzukommen.

«Kommt die Mutter bald zurück?»

«Nein, sie kommt nicht ... Aber bist du nur um ihretwillen hier? Sie ist alt, und ihre Tage sind verflossen.»

Und Andrei betrachtete sie in der schmerzlichen Trunkenheit der Liebe.

Lächelnd, mit weicherem Blick, stand sie einladend vor ihm. Zum erstenmal erlebte Andrei die ganze Sinneslust, die er bewußt vorbereitet hatte, damit sie seinen Traum verschöne. Als der Abendmond das Zimmer mit seinem Licht erfüllte, verabschiedete Saadia ihn sanft, aus Vorsicht ...

«Mach einen Umweg ... Ich weiß nicht, ob die Alte das vergeben wird. Es ist besser, wenn ich allein vorfühle.»

Andrei ging davon.

Die rote Wüste brannte, und ein blauer Schatten lag wie ein Schleier unter den Palmen, deren Kronen sich wie Feuerbüsche entzündeten.

Andrei hielt inne, mit zusammengeschnürter Brust und einem Gefühl grenzenloser Dankbarkeit gegenüber der so schönen ERDE und dem so guten Leben.

Der Major

Dieses Algerien war ihm in jeder Hinsicht eine Offenbarung gewesen ... nahezu Anlaß zur Verwirrung – zur Angst. Der übermäßig sanfte Himmel, die übermäßig strahlende Sonne, die Luft, die einen Hauch von Mattigkeit verbreitete, die zur Gleichmütigkeit und zum gemächlichen Genießen verführte, der tiefe Ernst des weißgekleideten Volkes, dessen Seele er nicht durchdringen konnte, die Vegetation mit ihrem satten Grün im Kontrast zu dem grauen oder rötlichen Boden mit seiner trostlosen Dürre, seinem unfruchtbaren Aussehen ... und dann etwas Undefinierbares aber Beunruhigendes und Berauschendes, von dem er nicht wußte, woher es kam; all das hatte ihn aus dem Gleichgewicht gebracht, hatte neue Quellen der Empfindungsfähigkeit in seinem Gemüt offengelegt, deren Existenz er nie geahnt hatte.

Als er aus Pflicht hierhergekommen war, ähnlich wie er aus Pflicht Medizin studiert hatte, um seiner blinden Mutter, seinen beiden Schwestern und seinem zarten kleinen Bruder das Leben zu erleichtern, hatte er sich, seinem bisherigen Leben und Denken entsprechend, einfach der Notwendigkeit der Dinge gebeugt, ohne die geringste Begeisterung, ohne daß er sich von diesem ihm unbekannten Land angezogen fühlte.

Doch seit seiner Einberufung hatte er sich geweigert, irgend etwas über dieses Land zu lesen und zu wissen, in das er sein stilles, ruhiges Leben und seinen traurigen, beschränkten Traum, den er nie auszudrücken versucht hatte, verlagern sollte.

Er wollte es mit eigenen Augen, allein, unabhängig sehen, ohne irgendeinem Einfluß zu erliegen.

Gleich nach seiner Ankunft hatte er die warnenden Reden seiner neuen Kameraden anhören müssen, jener Männer, die seinen Empfang feierten, ihm jedoch ironisch, bevormundend erschienen, die ihn wegen seiner Unerfahrenheit, seiner Jugend herablassend behandelten und vor allem darum besorgt schienen, einen starken Eindruck auf ihn zu machen ... Gleichgültig ließ er ihre Klagen und Kritiken über sich ergehen: keine Gesellschaft, nichts, was man unternehmen könnte, trostlose Langeweile. Ein Land ohne jeden Charme, die Algerier brutal und nur auf Gewinn bedacht, die Eingeborenen widerwärtig, falsch, wild, unter aller Kritik, lächerlich ...

All das war ihm egal und gab ihm nur Aufschluß über eben diese Kameraden, mit denen er nun leben sollte ...

Dann, eines Tages, war er, das Kind der waldigen und grünenden Alpen, der begrenzten und klaren Horizonte, plötzlich in die große Ebene eingetreten, die grenzenlose, immer gleiche Ebene ohne Vordergrund, wo es kaum etwas gab, was den Blick festhielt.

Zuerst überkam ihn Übelkeit, Beklommenheit. Er fühlte, wie die ganze Unendlichkeit, die Ungewißheit dieses Horizonts in ihn einzog, wie sie ihn durchdrang, wie schließlich auch seine Seele von der Grenzenlosigkeit und dem Unsäglichen ermattete, als wäre sie in Nebel eingetaucht. Plötzlich aber spürte er, wie sich sein Traum in einer überwältigenden Ruhe erweiterte, wie er sich ausdehnte, besänftigte und sich der Stille der Umgebung fügte. Und er sah die Pracht dieses Landes, das triumphierende Licht als einziges Element, welches die Ebene, den schorfigen Boden belebte, indem es die Monotonie jeden Moment zerstörte'... Das Licht, die Seele dieser rauhen Erde, wirkte wie ein Zauber. Er war bereit, sie anzubeten, denn die wunderbare Vielfalt ihrer Spiele schien ihm ein bewußter Akt.

Er erlebte die fröhliche Leichtigkeit, die ruhige Unbekümmertheit in den durchsichtigen Gold- und Purpurtönen der Morgenstunden... Die Unruhe, den bis zur Angst sich steigernden, ergreifenden und drückenden Zauber der blendenden Mittagszeit, wo die trunkene Erde unter der mörderischen Liebkosung des sich verzehrenden Lichts zu stöhnen schien... Die unbestimmte Traurigkeit, sanft wie eine endgültige Entsagung, der goldenen und karminroten Abende als Vorspiel des bedrohlichen Mysteriums der Nächte, die bald dunkel, voll des Unbekannten, und bald klar erschienen, wie eine verschwommene Morgendämmerung, die alle Dinge in blauen Nebel taucht.

Und er liebte die Ebene.

Farblose, aufgetürmte, zusammengedrängte, unruhig bewegte Dünen, die mit jeder Stunde ihren Teint veränderten, empfänglich für alle Wandlungen des Lichts und doch unbeweglich, als schliefen sie einen ewigen Traum, zogen sich dicht um das farblose Ksar, in dessen zahllosen Kuppeln sich das Wogen der Dünen fortsetzte.

Kleine, gewundene Gassen, gesäumt von verfallenen Gipshäusern, Ruinen, die an manchen Stellen den Weg versperrten, ab und zu der schlanke Schatten einer Dattelpalme, der über die dem Licht ebenfalls gehorchenden Dinge wanderte, kleine Plätze mit stillen Sträßchen, die den Blick unerwartet, ja heimtückisch auf die weißglühende Riesenhaftigkeit der Wüste freigaben... Ein kleines weißes Bordj, das sich isoliert aus dem Sand erhob und von dessen Terrasse man das nicht endende wilde Durcheinander der Dünen mit dem schwarzen Samt der Dattelpalmen in den tiefen Senken beobachten konnte ... Hier und dort das Gerüst eines primitiven Brunnens, ein großer, schräg zum Himmel ragender Balken mit einem Seil am Ende, einer Riesenangel gleich ... Das Ganze wurde überragt von einem großen eckigen Turm auf dem Gipfel des Hügels, der die Durchsichtigkeit der Umgebung mit seinem schneidenden Weiß durchbrach, von dem zur Mittagszeit blendender Glanz ausging, während er abends die letzten roten Strahlen des Sonnenuntergangs an sich riß: dem Minarett der Zaouïa von Sidi Salem.

Ringsum, versteckt in den Dünen, lagen vereinsamte Dörfer, traurig und verfallen; ihre Namen klangen in Jacques' Ohren wie fremde Musik: El-Bayada, Foum-Sahheuïne, Oued-Allenda, Bir-Araïr ...

Der erste Eindruck, der Jacques traf und ihn beinahe beängstigte, war ein Gefühl der Eingeschlossenheit in diesem ganzen Sand, hinter all den Einöden, die er in den letzten acht Tagen durchquert, von denen er geglaubt hatte, sie zu verstehen, die er schon angefangen hatte zu lieben ...

Jetzt, wo dieser weite Raum ihn von Biskra trennte, wo er die letzten ihm etwas bekannten, etwas vertrauten Kulissen verlassen hatte, erschien ihm das alles übermächtig, tyrannisch und feindselig, fast bis zur Verzweiflung ...

Ein Hauptmann, zwei Leutnants vom Büro für die Angelegenheiten der Einheimischen, zwei Offiziere von den Tirailleurs und ein Unterleutnant von den Spahis, ein alter Araber, ein unter der Rüstung abgelebter Greis – dies waren seine neuen Gefährten ... Kaum daß er mit ihnen bekannt geworden war, hatte eine große Kälte sein Herz überkommen. Sie waren höflich, gelangweilt und ihm so fern, so unendlich fern ... In der Angst vor diesem Land, das ihn jetzt erschreckte, fühlte er sich kläglich und allein. Schweigsam, überzeugt von der Richtigkeit seines ersten Eindrucks, stets gehorsam in seiner Beziehung zu den anderen Männern, zog er sich in sich selbst zurück. Man hielt ihn für griesgrämig und nichtssagend, diesen blassen Blonden mit den blauen Augen, dessen Blick nach innen gekehrt schien. Dadurch, daß er sich mit seiner weiter entwickelten Intellektualität und seiner gepflegten, feinfühligen Erziehung ganz tief innen vom ersten Augenblick an den anderen überlegen gefühlt hatte, wurde die Kluft zwischen ihnen endgültig besiegelt.

Gewissenhaft studierte er die heisere, singende Sprache, deren Akzent ihm sofort gefallen hatte, deren Harmonie er mit den Horizonten aus Feuer und versteinerter Erde begriffen hatte ... So würde er mit ihnen sprechen können, diesen Menschen, die sich mit gesenktem Blick und verschlossenem Herzen unterwürfig erhoben, um ihm im Vorbeigehen die Ehrenbezeigung zu erweisen.

«Die Eingeborenen sind samt und sonders gehalten, jeden Offizier zu grüßen», hatte Hauptmann Malet gesagt, ein Mann, der ebenso steif und durch den Beruf verhärtet war wie Rezki, der Turko.

«Ich verpflichte Sie, diese Leute nie näher an sich herankommen zu lassen, sie stets auf den ihnen gemäßen Platz zu verweisen. Immer Strenge walten zu lassen, ohne Ausnahme ... Das ist das einzige Mittel, mit ihnen fertig zu werden.»

Hart, kalt, den Befehlen seiner Vorgesetzten blind ergeben, ohne die geringste spontane Regung, ohne Güte noch Grausamkeit, unpersönlich, lebte Hauptmann Malet seit fünfzehn Jahren unter den Eingeborenen, ohne daß sie ihn oder er sie kannte, ein vollendetes Räderwerk in der großen Herrschaftsmaschinerie. Von seinen Gehilfen verlangte er die gleiche Unpersönlichkeit, die gleiche Eiseskälte ...

Jacques lehnte sich vom ersten Tag an dagegen auf; er wollte er selbst sein und nach seinem eigenen Gewissen handeln, das ihn vorsichtig auf die Fehlschläge, die Ernüchterungen und eine dauernde Unsicherheit vorbereitete.

Der Hauptmann zuckte die Schultern.

«Da haben wir's», sagte er zu seinem Adjutanten, «wieder eine Quelle neuer Schwierigkeiten. Der andere, Jacques' Vorgänger, soff sich die Hucke voll und machte uns lächerlich ... Dieser hier kommt mit Neuerfindungen, stellt alles auf den Kopf, urteilt und kritisiert ... Ich wette, er ist vollgestopft mit sozialen und anderen *humanitären* Ideen ... vom gleichen Schlage. Glücklicherweise ist er nur Arzt und hat in der Verwaltung nichts zu suchen ... Aber ärgerlich ist es trotzdem ... Im Grunde war der andere noch besser ... Er stand einem weniger im Wege. Außerdem, weshalb schickt man uns Kinder hierher! Wenn es wenigstens Algerier wären!»

Von nun an legte der Hauptmann Wert darauf, seine absolute Mißbilligung offen zu zeigen. Das aber betrübte Jacques. Auch wenn er sich dem Urteil dieser Männer nicht beugen wollte, litt er doch unter ihrem Haß, wenn nicht gar ihrer Verachtung.

Was ihm im Umgang mit ihnen am meisten und in zunehmendem Maße widerstrebte, war ihre Vulgarität, ihr Bemühen, wie alle Welt zu sein, zu denken und zu handeln, es den anderen gleichzutun und jedem Fremden ihre unpersönliche, engstirnige Sicht aufzuzwingen.

Diese Verfügungsgewalt über die Freiheit des anderen, diese Einmischung in seine Gedanken und seine Handlungen wunderten ihn und berührten ihn unangenehm ... Sie gaben sich nicht damit zufrieden, selbst inexistent zu sein, nein, diese Leute wollten auch noch seine Persönlichkeit auslöschen, seine Gedanken reglementieren, die Unabhängigkeit seiner Handlungen einschränken ... Und nach und nach stieg aus der ursprünglichen, etwas schüchternen und nach Zärtlichkeit verlangenden Sanftmut seines Charakters dumpfe Gereiztheit, Groll und Empörung auf. Weshalb war er bereit, die Unterschiedlichkeit der Menschen zu akzeptieren, weshalb sollte er das freie und fruchtbare Aufblühen der Individuen predigen, deren ungestörte Entwicklung fördern, warum hatte er nicht den geringsten Wunsch, die Charaktere nach seinem Bild zu formen, die Energien auf den Pfaden gefangenzuhalten, die ihm gefielen, und warum verkörperten die anderen diese Intoleranz, diesen tyrannischen Bekehrungseifer zur Mittelmäßigkeit?

In diesem beschränkten Milieu, in dem er zusammengeballt alle Häßlichkeiten sah, die ihm sonst, zerstreut in der bunten, mobilen, Masse, entgangen waren, schritt die Entwicklung seines Geistes und seines Charakters schnell voran.

Unterdessen beruhigte sich die große Verwirrung, welche die abrupte Offenbarung dieses ihm so fremden Landes in seiner Seele ausgelöst hatte, langsam aber deutlich.

Dort, wo er zunächst tiefe, schmerzliche Verwirrung empfunden hatte, entdeckte er allmählich die Quellen eines wohltuenden Friedens und einer fruchtbaren Melancholie.

Von Anfang an hatte er das Land, in dem er mindestens achtzehn Monate isoliert sein sollte, nicht *besichtigen* wollen. Er hatte weder die Neugierde noch die Eile eines Touristen. Er zog es vor, die

Einzelheiten langsam, Schritt für Schritt, nach den Wechselfällen des Lebens und den täglichen Spaziergängen ohne Ziel und Absicht zu entdecken. Aus dieser fortschreitenden Sammlung von Eindrücken würde in seinem Geist von allein, auf natürliche Art und Weise ein ganzheitliches Bild entstehen.

Er hatte sein Leben so organisiert, daß er weniger litt und mehr denken konnte ...

Am Tag nach seiner Ankunft hatte er sich morgens ins Arabische Bureau begeben müssen, um die zivilen, die einheimischen Kranken zu untersuchen. Ein junger Tirailleur von weiblicher Schönheit, mit langen Wimpern und dunklen, sehnsuchtsvollen Augen diente ihm als Übersetzer. Ein zum Krankenpfleger ausgebildeter Gefreiter mit hochrotem, lustigem, etwas ironischem Gesicht assistierte ihm.

In einem schmalen langen Hof hockten etwa zwanzig Eingeborene in geduldiger Haltung und warteten, ohne Eile.

Als Jacques auftauchte, standen die Kranken auf, einige nur mühsam, und salutierten militärisch, ungelenk.

Die fünf oder sechs Frauen erhoben ihre ungraziös geöffneten Hände über den gesenkten Kopf, als wollten sie um Gnade bitten.

Aus dem Blick dieser Leute sprach unverkennbar Angst, fast schon Mißtrauen.

Hier die Gruppe der Männer in ihren verdreckten Burnussen, mit braungebrannten Gesichtern, energischen Zügen und glänzenden Augen unter den schmutzigen, verschlissenen Tüchern ... Dort die der Frauen, die etwas düsterer wirkte. Die faltigen, zahnlosen Gesichter der Alten mit einem schweren Turm aus weißen, mit Henna rotgefärbten Haarzöpfen, einem Geflecht aus roter Wolle, Ringen und Tüchern auf dem Kopf ... Die sinnlichen und verschlossenen Gesichter junger Mädchen mit etwas starken aber klaren und harmonischen Zügen, einem dunklen Teint, staunenden und furchtsamen übergroßen Augen ... Das Ganze eingehüllt in dunkelblaue, fast schwarze, auf altertümliche Art drapierte *Mlahfas*.

Jacques untersuchte seine Kranken sorgfältig; er korrigierte den schroffen Tonfall, den der Übersetzer seinen Fragen verlieh, durch die Sanftmut seines Blicks, durch die liebevolle, beruhigende Gutmütigkeit seiner Gesten; er empfand Mitleid für all dieses Elend, für all dieses Leid, das er lindern sollte. Die Untersuchung dauerte lange ... Er bemerkte das ironische Erstaunen des Gefreiten ... Der Tirailleur wirkte teilnahmslos.

Doch trotz der neuen Haltung, die dieser Doktor ihnen entgegenbrachte, öffneten sich die Eingeborenen nicht, sie gingen nicht auf ihn zu. Jahrhundertelanges Mißtrauen, jahrhundertelange Knechtschaft standen zwischen ihnen.

Als er fortging, fühlte Jacques sehr deutlich, daß die Aufgabe, deren bescheidener Diener er sein wollte, gewaltig, erdrückend war ... Aber er ließ sich nicht entmutigen: wenn alle ihre Arme ohnmächtig vor dem zu bewältigenden Werk niedersinken ließen, wenn niemand mit gutem Beispiel voranging, würde das Böse immer und unheilbar triumphieren. Auch glaubte Jacques an die lebendige Kraft der Wahrheit, an die gute, erlösende Tugend der Arbeit.

Im Militärkrankenhaus begegnete er den gleichen verschlossenen, verhärteten Gesichtern wie bei seiner Ordonnanz, erstarrt, von jeder Menschlichkeit verlassen. Die nicht einmal hinter einer Fassade verborgene Armseligkeit ihres Lebens verblüffte ihn: der maschinelle Dienst mit den wenigen, immer gleichen Bewegungen und Gesten, die zuerst aus Furcht und dann aus Gewohnheit endlos wiederholt wurden. Ansonsten hatte das reale, das persönliche Leben ihnen zwei Dinge gelassen: den Stumpfsinn des Alkohols und den augenblicklichen, billigen Genuß im Freudenhaus. Dort, in diesem engen Kreis, verbrachten sie die aktiven Jahre ihres Lebens ...

... Acht bleiche, verwelkte Kreaturen, die auf den Steinbänken vor einer Art Kabaret herumsaßen ... Helle, fleckige, abgerissene, schmutzige, aber stark parfümierte Kleidung. Schlaffe, vernarbte Haut, verbraucht vom vielen Kneten durch brutale Hände, von den verwurmten Wollmatratzen und den oft müden Umarmungen für wenig Geld, die aus Notwendigkeit, ohne eine Regung, ohne das Erbeben befreundeten Fleisches vollzogen wurden ... Flaschen voll gewalttätiger Flüssigkeit, die eine trügerische Hitze verschafft, falsche Freude, die sie in sich selbst nicht fanden – dies war die Ecke des persönlichen Lebens, in die sie sich flüchteten, diese Männer, die für die Sicherheit, etwas Brot im Magen und einen Strohsack unter dem Kopf zu haben, ihre Freiheit verkauften, die letzte der menschlichen Freiheiten: dorthin zu gehen, wo man will, die Gosse auszuwählen, in der man die Grauen des Hungers, den stechenden Frost der Kälte erleiden wird ...

In seiner Naivität glaubte Jacques, ihr Leid mitfühlen zu können, indem er ihnen jene Gefühle zusprach, die ihr Leben ihm selbst bereitete ... Er glaubte, ihr ständiges Klagen gegen ihr Schicksal sei ein Resultat des Bewußtseins von ihrer elenden Situation ... Doch dann sah er mit Erstaunen und Verwirrung, daß sie gar nicht darunter litten, so zu leben. Sie sagten «*Scheißberuf*», «*dreimal verfluchtes Leben*», «*noch so viele Tage über die Runden zu bringen ...*» Sie zählten die Tage des Elends. Wenn sie aber am Ende ihrer Dienstzeit in die Freiheit entlassen wurden, verpflichteten sie sich erneut, ohne den Mund zu verziehen ... Und wenn sie zufällig doch einmal nach sechs Monaten fortgingen, um mittellos im Leben umherzuirren, kamen sie gewöhnlich nach kürzester Zeit zurück, ihr gebrochenes Genick wieder unter das Joch zu legen ... Jacques beklagte sie, so zu sein, nicht unter ihrer Erniedrigung und ihrer Knechtschaft zu leiden.

*

Jacques hatte immer von der zivilisatorischen Rolle Frankreichs geträumt, er hatte gehofft, im Ksar Männer zu finden, die sich ihrer Aufgabe bewußt wären, die sich darum bemühten, die Lebensbedingungen derer zu verbessern, die sie so uneingeschränkt verwalteten ... Doch bald wurde ihm klar, daß das herrschende System sich ganz im Gegenteil das Ziel gesetzt hatte, den *Status quo* aufrechtzuerhalten.

Es galt, bei dem Eingeborenen keinerlei Denken anzuregen, ihm keinen Wunsch einzuflößen und erst recht nicht die Hoffnung auf ein besseres Los. Nicht nur, daß der Versuch unterlassen wurde, sie uns anzunähern, sondern sie wurden im Gegenteil so weit wie möglich von uns entfernt, ganz unten im Schatten gehalten ... es galt, ihre Bewacher zu bleiben und nicht etwa ihre Erzieher zu werden.

Und war das nicht im Grunde selbstverständlich? Denn auch in ihrem natürlichen Element, in der Kaserne, machte niemand von diesen Leuten auch nur den zaghaftesten Versuch, die niedere Masse, die unpersönliche Menge einem etwas menschlicheren Dasein näherzubringen; sie waren es gewöhnt, da zu sein, um jeden

Ausdruck der Unabhängigkeit, jede Änderung zu verhindern; wie hätten sie, die sie durch einen Zufall an diesen Ort einberufen worden waren, einen Zufall, den sie als glücklich bezeichnen konnten, weil er sowohl ihren Interessen als auch ihrer Ambition diente, eine Zivilbevölkerung zu *beherrschen*, die ihrem Leben doppelt fremd war, zum einen als *Nicht-Soldaten* und zum anderen als Eingeborene; wie hätten sie ihrem Kriterium der militärischen Pflicht untreu werden wollen: der Nivellierung jeder Individualität und ihrer Reduktion auf die strengste Unterwerfung, der Unterbindung einer Entwicklung, die mit Sicherheit eine weniger bedingungslose Folgsamkeit der Betroffenen mit sich gebracht hätte?

Und er kam zu dem Schluß: Nein, es ist nicht ihr Beruf, die Zivilbevölkerung zu beherrschen ... Nein, sie werden nie Erzieher sein ... Jeder von ihnen wird, wenn er fortgeht, die Dinge in dem Zustand hinterlassen, in dem er sie bei seiner Ankunft vorgefunden hat, ohne die geringste Verbesserung, ohne neue Voraussetzungen geschaffen zu haben. Es ist die Herrschaft der Stagnation, und diese militärisch verwalteten Gebiete sind wie durch eine Chinesische Mauer vom Rest der Welt, von dem lebendigen, vibrierenden Frankreich, ja sogar von dem wahren Algerien abgeschnitten; eine Mauer, die bewußt aufrechterhalten wird, die man am liebsten noch erhöhen, die man für immer undurchdringlich machen möchte – ein Lehen der Armee, allem verschlossen, was nicht von der Armee ist.

Eine große Traurigkeit überkam ihn bei dem Gedanken an diese Aufgabe, die so fruchtbar hätte sein können und die so verdorben war.

Seine persönliche Ohnmacht, nichts an diesem Zustand der Dinge ändern zu können, obwohl er seine soziale und nationale Gefahr deutlich erkannte, verstärkte die Bitterkeit seiner Unzufriedenheit.

Da er nur eine unscheinbare Position in der alles beherrschenden Hierarchie innehatte, einer Hierarchie, die *an der Seite* des allmächtigen Arabischen Bureaus die Basis aller Dinge war, da er keinerlei Autorität besaß, mußte er in der Rolle des untätigen Zuschauers verharren.

Anfangs hatte er natürlich versucht, in der Masse über diese Probleme zu reden, aber er war auf das unerschütterliche Vorurteil, auf die ernsthafte und hartnäckige Überzeugung dieser Leute gestoßen und nicht zuletzt auch auf ihre Ironie, die ihn endgültig zum Schweigen brachte.

«Sie sind noch jung, Doktor, Sie haben keine Ahnung von diesem Land, von diesen Eingeborenen ... Wenn Sie sie erst einmal kennen, werden Sie das gleiche sagen wie wir.» Hauptmann Malet hatte diese Worte in einem Tonfall spöttischer Herablassung gesprochen, die Jacques erstarren ließ.

Seit er angefangen hatte, die arabische Sprache zu verstehen, seit er sich selbst etwas besser ausdrücken konnte, hatte er die angenehme Gewohnheit angenommen, sich auf einer Matte vor den maurischen Cafés auszustrecken und den Leuten zuzuhören, ihren Gesängen, frei wie in der Wüste und unergründlich wie er selbst, ihren einfachen Reden. Nach und nach gewöhnten sich auch die Souafas an diesen *Roumi*, an diesen Offizier, der nicht hart, der nicht überheblich war, der ihnen ein offenes Lächeln entgegenbrachte, wenn er mit ihnen sprach, der sich zu ihnen setzte und sie mit einer Handbewegung davon abhielt, sich zu erheben und zu salutieren ...

Weshalb war er so? Sie wußten es nicht, verstanden es nicht. Aber sie sahen, daß er all ihren Nöten hilfsbereit gegenüberstand, daß er geduldig, Schritt für Schritt gegen ihr Mißtrauen, ihr Unwissen ankämpfte. Beruhigt durch den Ruf der Güte, den der Doktor genoß, strömten die Kranken ins Arabische Bureau, sie sprachen ihn bei seinen Spaziergängen an und unterbrachen seine Träumerei auf den Matten vor den Cafés ... Statt ungeduldig zu werden, merkte er den Fortschritt, der in dieser Haltung zum Ausdruck kam, und freute sich darüber. Die Schwierigkeit seiner Aufgabe schreckte ihn ebensowenig wie die Undankbarkeit vieler.

Abends, beim Sonnenuntergang, legte er eine Stunde köstlicher Ruhe ein und gab sich seinem sanften, melancholischen Traum hin. Gewöhnlich ging er in ein kleines maurisches Café, schräg gegenüber dem Arabischen Bureau; dort betrachtete er, auf seiner Matte liegend, die täglich wiederkehrende, nie gleiche Zauberei der purpurnen Stunde.

Die vor ihm liegenden milchigen Gebäude des *Bordj* färbten sich zunächst rosa, um sich dann, nach und nach, über und über mit Rot zu bedecken, dem schmerzenden, blendenden Ton glühender Kohlen ... Alle Linien, die sich, gerade oder krumm, von dem Purpur des Himmels absetzten, schienen mit Gold besetzt ... Hinter den Kuppeln der Stadt, die einer einzigen Feuersbrunst glichen, flammten die großen Dünen ...

Dann wurde alles stufenweise wieder blasser und blasser, kehrte zu den rosa- und regenbogenen Farben zurück ... Ein fahler, silbrig-gemsfarbener Nebel zog über die Giebel der Gebäude, über den Gipfel der Dünen. Von den tiefen Befestigungsanlagen, den engen Gängen zwischen den Dünen, krochen die violetten Schatten der Nacht herauf und stiegen aufwärts bis zu den flammenden Gipfeln, um die Feuersbrunst zu löschen ... Schließlich dämmerte alles in einem tiefen marinblauen Halbschatten.

In diesem Augenblick ertönte vom großen Minarett von Sidi Salem und den kleinen Terrassen der anderen verfallenen Moscheen die heisere, schon fast wilde, schleppende Stimme der *Muezzin*. Mit dieser Traumstimme verstummten die letzten menschlichen Geräusche der Stadt, in der es kein Pflaster und keine Autos gab, und allabendlich stimmte drüben, in den verfallenen Gassen im Westen von El-Oued, wo die Messaaba wohnen, eine kleine Beduinenflöte ihr Lied von der grenzenlosen, *definitiven* Traurigkeit an.

Jacques träumte.

Mittlerweile liebte er dieses Land. Die tägliche Arbeit genügte seinem jugendlichen Bedürfnis nach Aktivität ... Und die unendliche Traurigkeit, das unergründliche Geheimnis, das im Zauber dieses Landes liegt, befriedigte seine Lust am Träumen.

Aus Liebe zu einer gewissen moralischen Ästhetik, aber auch aus Schüchternheit war Jacques immer sehr keusch geblieben. Doch hier, in der sehnsuchtsvollen Mattigkeit dieses monotonen Lebens, in der seelischen Einsamkeit empfand er die große Verwirrung der Sinnesbegierde weit stärker als drüben, in Frankreich. Das hatte er nicht vorausgesehen ... Doch zunächst war ihm dieses Begehren, das die Intensität aller Gefühle in ihm steigerte, angenehm, obwohl ungesättigt. Er hielt seine Seele offen für jeden Rausch, jeden Schauder.

Bald aber waren seine überreizten Nerven dieser unnatürlichen, erschöpfenden Anspannung überdrüssig; Jacques merkte, wie ihn eine grundlose Gereiztheit, eine unbezwingliche Nervosität überkam, die seine sanfte Ruhe störte.

Er ärgerte sich über sich selbst, kämpfte gegen diese Aufgereiztheit an, über deren fast ganz und gar materielle Natur er sich nicht hinwegtäuschte.

Eines Abends schlenderte er einsam und ziellos durch eine Gasse des Achèche-Viertels im Norden El-Oueds, wo alle Häuser wie Ruinen wirkten und einen unbewohnten Eindruck machten. Er liebte diese stille und verlassene Ecke. Die Einwohner waren gestorben, ohne Erben zu hinterlassen; manche waren in die Wüste gegangen, nach Ghadamès, nach Bar-Es-Sof oder gar in noch weitere Fernen . . . Die Nacht brach herein; Jacques saß auf einem Stein und träumte.

Plötzlich bemerkte er in einer der Ruinen das Licht einer kleinen Laterne . . . Eine rhythmische Stimme erhob sich, begleitet von klirrenden Armreifen . . . Eine leise singende Frauenstimme . . . Es kam ihm vor wie eine Inkantation, soviel mysteriöse Traurigkeit lag in diesem Gesang . . . Der ewige Wind des Souf rauschte in den Trümmern, und sein lauter Atem verströmte einen Duft von Benzoe.

Das Lied verstummte, und auf der Schwelle eines etwas weniger verfallenen Hauses erschien eine Frau. Groß und schlank unter ihrer schwarzen *Mlahfa* lehnte sie sich anmutig an die Wand.

Im blassen, noch leicht violett getönten Schein konnte Jacques sie sehen. Etwas bleich und matt, war sie sehr schön, ja von abgöttischer Schönheit.

Sie sah ihn und zuckte zusammen. Aber sie ging nicht ins Haus zurück . . . Lange schauten sie sich an, und Jacques fühlte, wie ihn unsägliche Verwirrung überkam.

«*Arouah!* . . .» flüsterte sie, «komm!»

Und er näherte sich, ohne zu zögern.

Sie nahm ihn bei der Hand und führte ihn durch die Dunkelheit der Ruinen zu dem kleinen Licht, das an einem an der Wand befestigten Eisenhaken hing; es war eine kleine flackernde altertümliche Lampe: eine Art eckige eiserne Räucherpfanne, in deren Öl ein grober Docht schwamm. Hinter dem kleinen Innenhof öffneten sich zwei noch bewohnbare Räume. In einer Ecke war eine Feuerstelle, auf der ein Topf mit kochendem Wasser stand. Eine fröstelnd zusammengerollte große schwarze Katze träumte unter kaum hörbarem, glückseligem Schnurren im roten Schein des Feuers.

Die Frau hatte Jacques eingeladen, sich auf die Schwelle des Zimmers zu setzen, und stand nun schweigend vor ihm. Jacques nahm ihre Hände. Die seinen zitterten, und er fühlte einen köstlichen Schwindel. Aus seiner bedrückten Brust stieg eine sanfte, fast erstickende Wärme in seine Kehle auf... Nie hatte er eine so starke Trunkenheit der Lust erlebt; am liebsten hätte er diese köstliche Qual unendlich hinausgezögert. Und doch, ohne es zu wissen, stammelte er: «Aber... Wer bist du eigentlich? Und wieso bist du hier?»

Sie hieß Embarka, *die Gesegnete*. Ihr Mann, ein armer Landarbeiter aus dem Stamm der Achèche, war gestorben... Sie selbst war ein Waisenkind und hatte nur noch einen Bruder, der als Wasserträger in den großen Städten des Tell arbeitete; wo, wußte sie nicht mehr ganz genau. Sie war allein zurückgeblieben und hatte sich mit den Tirailleurs und den Spahis vergnügt: sie war mit ihnen ausgegangen und hatte mit ihnen getrunken. Da sie nun niemand mehr zur Ehefrau wollte, hatte sie sich in das alte Haus ihres Bruders geflüchtet und lebte dort mit ihrer blinden Tante. Für das tägliche Brot prostituierte sie sich. Und nun fürchtete sie das Arabische Bureau... Alles hing von ihm, dem Doktor, ab, und sie flehte ihn an, sie nicht ins Freudenhaus zu schicken, ihr Geheimnis zu wahren. Jacques beruhigte sie... Embarka sprach wenig. Ihr Bericht war schlicht und kurz... Sie schien beunruhigt.

Sie ließ Jacques allein, um den Eingang mit Brettern und Steinen zu verschließen: manchmal kamen die Soldaten mitten in der Nacht...

Dann kehrte sie zurück und stellte die kleine Lampe in das leere, kahle Zimmer: eine Decke auf dem Tisch und ein paar Lumpen waren das ganze Mobiliar. Dort erlebte er plötzlich das große Glück, beinahe das Glück seiner Träume... Und das Leben schien ihm einfach und gut.

*

Auch in der Vertraulichkeit war Embarka schweigsam und zurückhaltend geblieben, von absoluter Ergebenheit, jedoch ohne sich zu öffnen. Und dieser mysteriöse Schatten, mit dem sie sich unbewußt umgab, ohne Jacques im entferntesten beunruhigen zu wollen, bezauberte ihn. Wenn sie ihn träumen sah, blieb sie still, hockte sich in den kleinen Hof und beschäftigte sich mit ihrem Haushalt. Oder aber sie sang, und diese langsame, sanfte, etwas näselnde Stimme erschien ihm wie der Rhythmus seines eigenen Traumes.

Jeden Abend kam er zu ihr, entfloh der langweiligen Offiziersmesse; das Heim dieser arabischen Prostituierten war sein Zuhause geworden. War sie ihm treu? Er hatte keinen Zweifel.

Vom ersten Tag an hatte sie diese neue Lebensart akzeptiert, ohne Überraschung, ohne Zögern. Ihr fehlte nichts. Des Abends kamen keine betrunkenen Soldaten mehr, die ihre Liebe kaufen wollten und das Recht, sie zu schlagen, ihr für ein paar Pfennige Leid zufügen zu dürfen. Embarka war glücklich.

Im Viertel und im Arabischen Bureau stellte Jacques einen großen Fortschritt fest. Kein düsteres Mißtrauen mehr in den Blicken, keine mit wildem Haß gemischte Furcht; er glaubte im Ernst, all diese Leute gewonnen zu haben.

Sicher, sie waren ihm gegenüber etwas nachlässiger geworden. Sie hatten es nicht mehr so eilig, ihm zu dienen, sie waren weniger folgsam, leisteten seinen Befehlen oft keinen Gehorsam und gaben dies auch ohne Angst zu, da er von seinem Recht, zu strafen, keinen Gebrauch machen wollte.

Jacques war viel zu klarsichtig, um das alles nicht zu bemerken. Aber war es nicht ganz natürlich? Wenn diese Menschen seinen Kameraden bis zur völligen Aufgabe jedes menschlichen Willens ergeben waren, so nur unter dem Zwang der Angst. Man beeilte sich sogar, ihnen eher zu dienen als zu gehorchen ... Aber eben nur widerwillig. Ihm gegenüber dagegen schienen sogar die Dienste des so steifen, so erstarrten Rezki *zuvorkommend*. Sogar in seinem unentwegten Kampf gegen die Unwilligkeit der Eingeborenen, die seinen Vorschriften nicht folgen und vor allem ihre Hygiene nicht verbessern wollten, hatte Jacques einige Siege davongetragen. Er hatte die Liebe der Verständigsten unter ihnen, der *Marabouts* und der *Tolba*, gewonnen. Durch die Achtung, die er ihrem Glauben entgegenbrachte, durch seinen sichtbaren Wunsch, sie näher kennenzulernen, ihr Erleben, ihre Gedanken und Gefühle zu begreifen, hatten sie ihn schätzen gelernt und ihm damit auch viele andere, schlichtere und dunklere Herzen erschlossen.

Warum sollte man durch Schrecken herrschen? Warum Furcht

einflößen, die nur eine andere Form der Ablehnung, des Schreckens ist? Warum sollte man absolut am blinden, passiven Gehorsam festhalten? Jacques stellte sich diese Fragen, und das ganze System der zerstörerischen Unterdrückung empörte ihn von Grund auf. Er wollte es nicht übernehmen.

Eines Tages ließ der Hauptmann den Doktor in sein Büro rufen. «Hören Sie, mein lieber Doktor! Sie sind noch sehr jung und neu im Beruf ... Sie brauchen einen guten Rat ... Also, ich bedaure sehr, es Ihnen sagen zu müssen, aber Sie scheinen sich hier noch nicht so ganz zurechtzufinden. Sie sind übertrieben nachsichtig zu diesen Menschen ... Sie werden Verständnis haben, daß ich als Oberbefehlshaber über die Disziplin wachen muß ...

Aber das alles ist noch nicht so schlimm wie Ihre Haltung gegenüber der eingeborenen Zivilbevölkerung. Sie pflegen einen viel zu vertrauten Umgang mit ihnen; Sie tragen sich nicht mit der dauernden und notwenigen Sorge, diesen Menschen Ihre Überlegenheit und Ihre Autorität zu zeigen. Glauben Sie mir, sie sind alle gleich, sie müssen mit eiserner Hand geführt werden. Ihre Haltung kann die ärgerlichsten Folgen haben. Sie könnte sogar Verwirrung in diese wilden, fanatischen Seelen bringen. Sie glauben an die feierliche Versicherung ihrer Ergebenheit, an die angenehme Freundschaft ihrer religiösen Oberhäupter ... Aber das ist alles nur Betrug ... Seien Sie vorsichtig ... Seien Sie vorsichtig! Ich sage es Ihnen in Ihrem eigenen Interesse; außerdem bin ich verpflichtet, Sie vor den Folgen Ihrer Haltung zu warnen ... Verstehen Sie, ich trage hier die ganze Verantwortung!»

Zutiefst gekränkt, vor allem aber verärgert, ließ Jacques sich zu einem Zornesausbruch hinreißen, und er erklärte dem zuerst bestürzten, dann immer finsterer ausschauenden Hauptmann seine Vorstellungen, alles, was sich aus seinen Beobachtungen ergab.

Hauptmann Malet runzelte die Stirn.

«Doktor, mit solchen Ideen ist es unmöglich, daß Sie Ihren Dienst hier tun. Nehmen Sie Abstand davon, ich bitte Sie. Das ist alles nur Literatur, reinste Literatur. Mit solchen Ideen hätte man es hier nicht schwer, einen Aufstand zu provozieren!»

Angesichts dieses so trostlosen Unverständnisses fühlte Jacques sich von Wut und Verzweiflung übermannt.

«Denken Sie, was Sie wollen, Doktor, aber ich bitte Sie, setzen Sie derartige Lehren hier nicht in die Praxis um. Im übrigen würde ich das nicht dulden können. Wir sind hier nur so wenige Franzosen, und mir scheint, statt solche Unstimmigkeiten zwischen uns heraufzubeschwören, sollten wir uns besser verstehen ...»

«Ja, für eine nützliche, menschliche und französische Aktion!» schrie Jacques.

Von oben herab gab der Hauptmann zurück: «Wir sind hier, um die französische Fahne hoch und fest in der Hand zu halten. Und ich glaube, wir erfüllen sie loyal, diese Pflicht des Soldaten und Patrioten ... Anders kann man es nicht machen, ohne seine Pflicht zu verfehlen. Wir sind Soldaten und nur Soldaten. Also, ich habe Sie gewarnt ...»

Jacques verließ den Hauptmann; seine glückliche Ruhe war dahin; er fühlte sich verärgert und gereizt. Der Abschied war kühl.

Doch Jacques mit seinem starken Bewußtsein veränderte seine Haltung keineswegs.

Von Tag zu Tag fühlte er die Feindseligkeit seiner Kameraden wachsen. Seine Beziehung zu ihnen blieb höflich, aber sie beschränkte sich auf das Notwendigste. Er war überflüssig, er störte.

*

Jacques zog sich noch mehr in sich selbst zurück, und das kleine, zerfallene Haus wurde ihm noch lieber als zuvor. Dort ruhte er sich aus, in dieser geliebten Kulisse; dort war er fern von all dem, was ihm das Leben im *Bordj* hinfort unerträglich machte. Embarka fragte ihn nicht nach den Gründen seiner Traurigkeit, doch sie setzte sich zu seinen Füßen und sang ihm seine bevorzugten Klagelieder, oder sie lächelte ihn an ...

Liebte sie ihn? Jacques hätte es nicht definieren können. Aber er litt nicht unter dieser Ungewißheit, denn das, was ihn anzog, das, was ihn am meisten bezauberte, war das Geheimnis, das ihr ganzes Wesen umgab. Sie mit ihrer Traurigkeit, mit ihrem Schweigen, ihrer absoluten Unfähigkeit zur Fröhlichkeit und zum Lachen, war für ihn sozusagen die Verkörperung ihres Landes und ihrer Rasse ... Embarka lachte nie.

In ihrem Lächeln entdeckte Jacques Quellen der Traurigkeit und der Wollust. Und im übrigen liebte er sie so, unerklärtermaßen, unbekannterweise, weil ihm das die berauschende Möglichkeit gab, seinen eigenen Traum in ihr zu lieben ...

Unter anderen Bedingungen, wäre er länger mit dem Land und der arabischen Rasse vertraut gewesen, und vor allem, wenn ihre seltsame Liebe einfacher begonnen hätte, hätte Jacques Embarka vielleicht in einem anderen Licht gesehen...

Nach und nach wurde Jacques wieder ruhig und mutig, er vergaß die Warnung des Hauptmanns, deren drohenden Unterton er nicht wahrgenommen hatte. Genüßlich ließ er sich vom Leben treiben.

Nun war er schon fünf Monate da. Mittlerweile beherrschte er die Sprache der Wüste, er kannte diese Menschen, die ihm anfangs so geheimnisvoll erschienen waren, die aber im Grunde nur Menschen waren wie alle anderen auch, weder schlechter noch besser, nur *anders*. Und eben wegen dieser *Andersartigkeit*, weil sie die plumpe Form der Vulgarität, die er in Europa so verabscheut hatte, nicht kannten, liebte Jacques sie.

Und der Horizont aus grauem Sand, der die graue Stadt umlagerte, flößte Jacques keine Angst mehr ein: seine Seele stand in Verbindung mit dem Unendlichen.

*

In der klaren fröhlichen Morgenröte, in der köstlichen Frische des leichten Windes verließ Jacques die Ruinen. Grenzenlose Freude weitete seine Brust. Leichtfüßig, trunken von Lebenslust und Jugend, ging er durch die erwachenden Straßen. Dieses geliebte Land schien ihm ganz neu, als hätte bisher ein Schleier über ihm gelegen, der nun plötzlich heruntergerissen war. El-Oued in seinem unbeweglichen Rahmen aus zahllosen Dünen offenbarte sich Jacques in einer noch ungeahnten Pracht.

Oh! wie gern würde er auf immer dort bleiben, nie mehr fortgehen! Wie gern würde er die gute, zugleich mühselige und fesselnde Aufgabe seines Apostelamts erfüllen; sich zu anderen Zeiten all den sanften Köstlichkeiten der Kontemplation hingeben und sich schließlich, in den lauen Nächten, ganz und gar von dem wunderbaren Sog dieser Liebe, die er nicht gesucht hatte, mitreißen lassen. Jacques hätte nicht sagen können, was er über dieses Abenteuer, über diese Frau dachte, was aus diesem kaum angebrochenen Traum folgen würde; er wollte seine Gefühle nicht analysieren. Wenn er zufälligerweise einmal darüber nachdachte und versuchte, etwas Ordnung in diese neuen Eindrücke zu bringen, überstürzten sich seine dichten Gedanken mit einer Schnelligkeit, die alles auseinanderriß; und er zog es vor, sein Leben in der Traurigkeit, in der großen Ruhe, die nie von etwas gestört wurde, dahintreiben zu lassen...

Er hatte den Eindruck, daß die Tage und die Monate in diesem Land sanfter und harmonischer dahinflossen als andernorts. Seine Nervosität hatte sich gelegt, und seine Seele atmete die Stille der Dinge, ganz sanft, ohne zu leiden. Er merkte sehr wohl, daß er nach und nach, unmerklich, zu nachlassender Aktivität neigte, doch er gab sich diesem Zustand genüßlich hin...

Er hatte beschlossen, den Antrag zu stellen, dort zu bleiben, immer und ewig, denn er empfand nicht den geringsten Wunsch, die Stätte und die Menschen Europas wiederzusehen, nicht einmal das satte, feuchte Land und das Grün.

Er liebte sein feuriges, melancholisches Souf und hätte sein Leben dort, in aller Sanftheit und ruhigen Schönheit beschließen mögen.

*

Als der Hauptmann ihn Mitte Januar erneut zu einem Gespräch zu sich rief, überfiel Jacques eine nie gekannte düstere Vorahnung. Dieses Mal war der Chef der Zweigstelle kalt und kurz angebunden.

«Ich habe Sie schon wiederholt gewarnt, Doktor, daß Ihre Haltung Ihrem Rang und Ihren Funktionen nicht gerecht wird. Aber nicht genug, daß Sie meinen Rat hinsichtlich Ihres Verhältnisses zu den Eingeborenen und Ihren einheimischen Patienten in den Wind geschlagen haben, nein, nun sind Sie zu allem Überfluß auch noch eine Beziehung zu einer eingeborenen Frau eingegangen, die einen äußerst schlechten Ruf genießt. Sie haben sie zu Ihrer Geliebten gemacht, Sie leben bei ihr. Zur Zeit stellen Sie Ihre Beziehung derart zur Schau, daß Sie abends auch noch mit ihr spazierengehen. Sie werden zugeben, daß ein solches Verhalten unmöglich ist. Ich bitte Sie daher, diese ebenso lächerliche wie Ihrem und unser aller Ansehen abträgliche Beziehung abzubrechen... Ich bitte Sie, brechen Sie mit dieser Frau. Das ist die reinste Kinderei, und das muß auf der Stelle ein Ende nehmen, sonst machen wir uns zutiefst lächerlich. Sie können sich sicher vorstellen, wie unangenehm es mir ist, so mit Ihnen sprechen zu müssen ... Doch entschuldigen Sie meine Grobheit. Ich kann einen solchen Zustand nicht dulden ... Denken Sie doch einmal nach! Sie installieren sich im maurischen Café, neben den ganzen verlausten Kerlen, denen Sie schon das Salutieren abgewöhnt haben ... Sie pflegen kompromittierende Freundschaften mit den Marabouts ... Und dann noch diese Beziehung, diese unglückliche Beziehung!»

Jacques protestierte. Er war also nicht mehr Herr über sein eigenes Privatleben, über seine Handlungen außerhalb der Dienstzeit! Weshalb konnten andere Offiziere *zu Hause*, im *Bordj*, Negerinnen halten, die ihnen von den eingeborenen Oberhäuptern geschenkt wurden ... Weshalb brachten andere Offiziere Europäerinnen mit hierher, abscheuliche Weibsbilder aus den schlechtesten Vierteln von Algier oder Constantine, die sich anmaßten, in der Messe, im Militärkasino, ja sogar im Arabischen Bureau zu thronen und zu verlangen, daß die angesehensten Eingeborenen sie grüßten und die Männer von der Truppe ihnen gehorchten!

«All das befleckt die Ehrwürdigkeit dieser Offiziere nicht im geringsten ... Die Negerinnen sind nur Dienerinnen, Haushälterinnen, das ist alles. Man darf die Dinge nicht so tragisch nehmen. Was die Europäerinnen betrifft, so hat eine Beziehung zu ihnen nichts Tadelnswertes an sich, außerdem ist es ganz natürlich, daß die zivilen oder militärischen Eingeborenen gegenüber einer Französin zu größerem Respekt gezwungen sind. Den Unterschied zwischen den harmlosen Beziehungen dieser Offiziere und der Ihrigen, so exzentrischen, Ihrem Ansehen so abträglichen, müssen Sie schon selbst erkennen.»

«Die meinige ist mit Sicherheit moralischer und menschlicher, Herr Hauptmann.»

«Nun, ich verzichte auf diese peinliche Diskussion, und da Sie mir keine andere Möglichkeit lassen wollen, muß ich Sie warnen, daß ich mich, falls Sie Ihre Lebens- und Handlungsweise nicht vollständig verändern, falls Sie sich den Gebräuchen, die uns der Verstand und die Notwendigkeit der Okkupation vorschreiben, nicht fügen wollen, in die für mich sehr unangenehme Pflicht genommen sehe, meine Vorgesetzten um Ihre Versetzung von diesem Posten zu ersuchen.»

*

Jacques kannte den trockenen und harten Charakter des Hauptmanns, aber an diese, jetzt so schrecklich vor ihm stehende Möglichkeit hatte er nie gedacht. Er kehrte in sein Zimmer zurück und blieb lange regungslos am Boden liegen. Seinen Lebensstil verändern, wie die anderen werden, seiner Persönlichkeit entsagen, seinen Überzeugungen, ein Automat werden, das gute, schon begonnene Werk fallen lassen ... Embarka aus seinem Leben vertreiben ... Sich selbst vernichten. Warum dann noch hierbleiben, in dieser Stadt, die zum Gefängnis würde.

So wurde ihm die Notwendigkeit klar, fortzugehen; ein grausamer Eingriff, als würde ihm ein Teil seiner Seele und seines Fleisches entrissen.

Nein, er würde sich nicht unterwerfen. Er würde er selbst bleiben ...

Trostloser Kummer überkam sein Herz. Doch mutig entschlossen veränderte er nichts an seinem Lebensstil.

*

Aber schon erwartete ihn neuer Schmerz. Er bemerkte, daß seine Freunde, die Marabouts und die eingeborenen Oberhäupter in seiner Gegenwart befangen waren, daß sie sich nicht mehr wie früher über seine Besuche freuten, daß sie ihn nicht mehr aufzuhalten, ihn nicht mehr zu locken versuchten. Sie waren wieder kalt und respektvoll geworden. Im Café erhob man sich trotz seines Protests, man grüßte ihn, und die Gruppen zerstreuten sich, sobald er sich näherte.

Der Zauber seines Lebens war gebrochen ... Er war wieder ein Fremder ... Irgendeine geheime und bösartige Macht hatte alles Mißtrauen, alle Furcht wieder aufgeweckt. Sein noch unvollendetes Werk brach kläglich zusammen, plötzlich und grausam zu Boden geschleudert ...

Die Krankenpfleger hatten unverkennbar ironische Mienen angenommen; statt der belustigten Gutmütigkeit, zu der er sie hatte bewegen können, sprach nun manchmal Vermessenheit, ja fast schon Verachtung aus ihrer Haltung.

Seine Freunde und Gefährten, die ihn auf weiten Ausritten begleitet hatten, die Spahis des Arabischen Bureaus, hatten sich wieder in drückendes Schweigen verschanzt, in die kühle Unterwerfung der ersten Tage.

Es blieb nur Embarka.

Aber die Gewißheit, daß dieser ganze Traum, an dem er sich seit einem halben Jahr berauscht hatte, zu Ende ging, daß alles zusammenstürzte, daß er die Agonie seines Glücks erlebte, hatte die Ruhe seines zerfallenen, bezaubernden Heims für ihn zerstört . . .

Jacques verbrachte bittere Stunden in diesem Haus; er dachte an die glücklichen, auf immer vernichteten Tage und an die Gründe seines Niedergangs.

Ihm wurde klar, daß der Hauptmann und seine Adjutanten den einheimischen Oberhäuptern nur zu sagen brauchten, wie sehr sie die Haltung des Doktors verdammten, wie unerwünscht sein Umgang für seine Vorgesetzten war, um sie in ihrer absoluten Unterwerfung zu zwingen, ihn aufzugeben . . .

Grenzenlose Traurigkeit schnürte Jacques das Herz zusammen. Ein zufälliges Ereignis beschleunigte den endgültigen Zusammenbruch des gesamten Gebäudes, das er sich errichtet hatte, um in ihm zu leben und zu denken.

Embarka pflegte gelegentlich eine Freundin zu besuchen, die mit einem Messaaba verheiratet war. Aus der Unbekümmertheit einer Deklassierten heraus verschleierte sie ihr Gesicht gewöhnlich nicht.

Eines Abends, als sie von diesem recht weit entfernten Viertel nach Hause zurückkehrte, wurde sie von Amor-ben-Dif-Allah, dem Pächter des Freudenhauses, beleidigt und beschimpft . . . Heftig und furchtlos setzte Embarka sich zur Wehr . . . Die Frauen des Hauses mischten sich in den Streit ein, und schließlich brachte der Polizeibeamte Embarka ins Gefängnis . . .

Der heimlichen Prostitution überführt, wurde sie 15 Tage eingesperrt und in das Register eingetragen . . . Jacques protestierte heftig, es zerriß ihm das Herz, daß sein Traum so in den Schmutz gezerrt enden sollte.

«Oh! Verdammt, das war Ihre Geliebte? Daß es die war, habe ich nicht gewußt . . . Oh, wie ärgerlich!» schrie der Hauptmann. «Aber da sehen Sie mal, wie recht ich hatte, Sie zu warnen! Welch ein Skandal . . . Jetzt wird alle Welt über die Geliebte des Doktors reden. Was soll man unter solchen Umständen nur machen?

Ich kann sie Ihnen nicht zurückgeben, denn wenn Sie sich nach einer solchen Geschichte wieder mit ihr zusammentäten, gäbe das einen entsetzlichen Skandal. Ah! Warum haben Sie denn bloß nicht auf mich gehört! . . .»

Zitternd vor Erregung und vor Zorn antwortete Jacques: «Dann lassen Sie sie also im Gefängnis . . . Wie lange?»

«Sie wissen doch, daß die Prostitution sehr streng reglementiert ist . . . Diese Frau kann nur aus dem Gefängnis entlassen werden, um anschließend ins Bordell einzutreten.»

«Sie war keine Prostituierte mehr, sie lebte ehelich mit mir zusammen!»

«Man hat sie in der Nähe des Freudenhauses gefunden, mit unverhülltem Gesicht; sie war es, die den Skandal verursacht hat . . . Dann wurde sie festgenommen . . . Die Auskünfte, die wir über sie eingeholt haben, beweisen, daß sie nie aufgehört hat, ihren häßlichen Beruf auszuüben . . . Finden Sie sich damit ab, Doktor. Diese Frau kann Ihnen unmöglich zurückgegeben werden, in Ihrem eigenen Interesse . . . Wie ich sehe, sind Sie außerordentlich romantisch . . . Aber was soll ich denn machen!»

Der Hauptmann war aufgeregt, doch er wollte einen höflichen und versöhnlichen Tonfall wahren.

Plötzlich faßte Jacques, dem diese Diskussion äußerst peinlich war, einen Entschluß, den einzigen, der ihm noch übrig blieb.

«Wenn es so aussieht, Hauptmann, werde ich heute noch eine Depesche abschicken und meine Versetzung beantragen . . . aus Gesundheitsgründen . . .»

Ein Freudenschimmer erhellte den undurchdringlichen Blick des Hauptmanns.

«Vielleicht haben Sie recht. Ich verstehe, wie schwierig der Aufenthalt in El-Oued für Sie sein muß, mit Ihren Ideen, die sich zweifellos bald ändern werden . . . Wir werden Sie sicher sehr vermissen, aber für Sie ist es wohl besser, fortzugehen.»

«Ja, aber ich muß Ihnen sagen, ich gehe mit der unbedingten und unerschütterlichen Überzeugung, daß Ihr Verwaltungssystem absolut falsch ist und eine wachsende Gefahr für die französischen Interessen darstellt.»

Der Hauptmann zuckte die Schultern: «Jeder hat seine eigenen Ideen, Doktor . . . *Im Grunde* sind Sie frei.»

«Ja, ich will auch frei sein!»

Mit diesen Worten verließ Jacques den Raum.

Von nun an wartete er ungeduldig auf den Befehl, dieses Land, das er über die Maßen liebte, wo er immer und ewig hätte bleiben mögen, zu verlassen.

Seit er sicher war, daß er fortgehen mußte, hatte Jacques seltsamerweise den Eindruck, das Souf schon verlassen zu haben; die Stadt und das Land, die sich vor seinen Augen erstreckten, kamen ihm vor wie irgendein beliebiger Ort auf dieser Welt, aber sicher nicht wie sein strahlendes und trostloses Souf. Er betrachtete diese vertraute Landschaft mit dem gleichen Gefühl nachdenklicher Gleichgültigkeit, das man empfindet, wenn man bei einem kurzen Zwischenaufenthalt von der Brücke eines Schiffs aus einen unbekannten Hafen betrachtet, den man nie besucht hat und den man nie besuchen würde.

*

Ein Geschenk an den Wächter verschaffte ihm die Möglichkeit, einen Augenblick in Embarkas Zelle zu verbringen ... Dieser Besuch ernüchterte ihn noch mehr, verstärkte seinen Groll: sie empfing ihn mit einer Flut bitterer Vorwürfe, mit Tränen und Schluchzen. Er liebte sie nicht; er, ein Offizier, dem alle Möglichkeiten offenstanden, hatte es zugelassen, daß sie eingesperrt, in das Register eingetragen wurde ... Und sie beschimpfte ihn, verschlossen und feindselig; auch sie war ihm für immer verlorengegangen.

Jacques verließ sie.

*

Nun war alles aus ...

Doch wenigstens das kleine, zu Ruinen zerfallene Haus, in dem er so glücklich gewesen war, wollte er noch einmal wiedersehen.

Wie allein er jetzt war; und wie sehr das Gebäude, das er so fest, so beständig geglaubt hatte, nun diesem Gewirr nutzloser grauer Ruinen glich!

Jacques litt. Resigniert ging er wieder fort, so unfähig fühlte er sich, hier noch ein anderes, doch nur banales, sinnentleertes Leben zu beginnen.

*

Unter dem weiten, noch klaren und lichten Frühlingshimmel, unter der drückenden Sommerhitze erstreckten sich die Dünen des Souf, eine wogende Landschaft, die sich bläulich in grenzenlose Fernen zog... Jacques hatte beschlossen, das geliebte Land zur geliebten Stunde zu verlassen, beim Sonnenuntergang.

Zum letztenmal betrachtete er diese Kulisse, die er nie wiedersehen sollte, und sein Herz wurde schwr.

Zum letztenmal spielte sich vor seinen Augen die Zauberei der klaren Abende ab...

Als er die große Düne von Si-Omar überquert hatte und El-Oued hinter der hohen Mauer aus purpurnem Sand verschwunden war, fühlte Jacques, wie eine tiefe, traurige, resignierte Gelassenheit sein Herz friedlicher werden ließ... Er war ruhig geworden und betrachtete das Defilee der kleinen traurigen Weiler, der niedrigen Zeribas mit ihren Palmzweigen, der Häuser und Kuppeln; er sah zu, wie sich die violett getönten Schatten der beiden Pferde und der im roten Abendlicht seltsam leuchtenden Spahis übermäßig in die Länge zogen.

Und plötzlich kam ihm die Idee, daß er gewiß so beschaffen war, daß all seine Unternehmungen und all seine Träume das gleiche Ende nehmen würden, daß er alle Ecken der Welt, in denen er leben und lieben könnte, als Verbannter, ja Vertriebener verlassen würde.

In der Tat, er war nicht wie die *anderen*, und er wollte sich dem Joch ihrer tyrannischen Mittelmäßigkeit nicht beugen.

Die Djich

Die Ouled-Daoud, eine Fraktion der in Fragen der Religion andersdenkenden Amouria, zählten nur noch ein Dutzend Mitglieder. Seit Monaten hielten sie den Berg besetzt und lauerten, völlig ausgehungert, den wenigen mageren Herden auf, die sie überfallen könnten.

Die Lumpen, mit denen sie bekleidet waren, hatten den rötlichen Ton des Bodens angenommen. Wild wachsende Bärte überwucherten ihre von Sonne und Wind verbrannten knochigen Gesichter. Über ihren ausgefransten Überwürfen, über den fahlroten

Burnussen trugen sie alte lederne Patronengürtel, die ihre leeren Mägen zusammenschnürten. Sie waren elend, wild und scheu, mißtrauisch wie die Wüstentiere, vom Hunger getrieben und verfolgt.

Nach der Affäre von Taghit war die Straße des Südens zu gefährlich für sie geworden; sie hatten sich in den Norden zurückgezogen und strichen nun um die *Douars* und die Lager, tauchten überall auf, wo es Schießpulver gab.

Eingeschlossen in die unfruchtbaren Schluchten und das Buschwerk von Beni-Smi, hatten sie entsetzlich unter dem Hunger gelitten.

Schließlich aber erlebten sie doch wieder einen glücklichen Tag: es war ihnen gelungen, in der Nähe von Ich einige Schafe und Kamele zu rauben. Daraufhin waren sie von den Bergen herabgestiegen, Richtung Figuig. Bei hereinbrechender Nacht folgten sie den hohen fahlroten Toub-Mauern des Ksar Andarhir am Eingang des verlassenen Tals. Mit gierigen Blicken verschlangen ihre schwarzen Augen die fruchtbaren Gärten, die großen und verschlossenen und stummen Häuser aus Tonerde, und Freude belebte ihre Pupillen, wie die der Geier.

Hoch und rund, mit kleinen Schießscharten versehen, zeichneten sich die irdenen Wachtürme an den Ecken der Mauern in mattem Gold zwischen dem regungslosen Laubwerk der schwarzen Dattelpalmen vor dem Rot des zur Neige gehenden Abends ab. Am Fuß der Festungsanlagen, einer heruntergekommenen Stätte der Prostitution, schlugen die Amouria ihr Lager mit etwa zwanzig niedrigen, gräulichen Zelten auf. Kleine qualmende Feuerstellen warfen einen hellen Widerschein auf die Zelte und die Mauern; hier und dort machten sie im wachsenden Schatten die schwarze Silhouette einer in dunke Fetzen gehüllten Frau sichtbar.

Die ausgehungerte *Djich* stürzte wie ein Raubvogel im Flug neben den Zelten nieder und tauschte fröhliche Begrüßungsworte mit den Mädchen der eigenen Rasse und den wenigen abgemagerten Nomaden aus, die sich neben den Feuern ausgestreckt hatten.

Man warf trockenes Strauchwerk auf die Asche, und plötzlich loderte eine sehr hohe, lichte, geradewegs zum Himmel aufsteigende große Flamme in der ruhigen Luft auf. Riesig tanzten die verzerrten Schatten der Menschen und der Dinge im glanzlosen

Staub. Stimmen und Freudenschreie erhoben sich in der Freude der Rückkehr, der vorläufigen Sicherheit der Stunde.

Die ausgezehrten Frauen mit den tätowierten Gesichtern kamen und gingen, hießen die Wegelagerer willkommen, erkannten sie wieder und erkundigten sich nach ihren Gefährten. Da aber die meisten von ihnen tot waren, da sie den Berg mit ihren grablosen Gebeinen übersäten, riefen die Frauen die göttliche Barmherzigkeit für die Verstorbenen an.

Gierig labten sich die Amouria an gepfeffertem Couscous und magerem Fleisch; der Sand knirschte zwischen den Zähnen. Dann bereiteten sie mit ernster Miene selbst den Tee, eine Aufgabe, die den Männern vorbehalten ist.

Grüppchenweise ließen sich die entkräfteten Gestalten in wohliger Entspannung auf alten Teppichen nieder. Dennoch behielten alle ihre Gewehre neben sich, teils aus Gewohnheit, teils weil *Makhzen*-Reiter des Pascha von Oudarhir, eines Freundes der Christen, in der Nähe waren.

Die Flamme der Feuerstelle ließ einen blutroten Schein über ihre ausgedörrten Gesichter wandern, die im Profil an Falken erinnerten; von dem großen Khartani-Neger, der sich zu ihnen gesellt hatte, sah man nur das Weiß der Augen und den matten Glanz der Zähne. Man tauschte Neuigkeiten aus, erzählte sich alte Geschichten von Plünderungen, rühmte den Wert der einen und verfluchte die Abtrünnigkeit der anderen. In all diesen Reden tauchte ein Name immer wieder auf, ein ehrfürchtig gesprochener Name, der die Erinnerung an den Meister, den verehrten Cheikh, heraufbeschwor: Bou-Amama. Jedesmal, wenn dieser Name genannt wurde, erhoben alle Anwesenden die rechte Hand an Stirn und Lippen, zum Zeichen der Unterwerfung und des Respekts. Immer wieder hörte man ihn, den Namen Bou-Amama. Es gab Ouled-Daoud und sogar ganz kleine braungebrannte Amouria, die Bou-Amama hießen.

An diesem Abend im Lager der Frauen wurde viel Tee getrunken. Dann erhob sich ein rhythmisches, monotones Lied. In regelmäßigen Abständen hob sich die Stimme und stieg in klaren Oboentönen in unwahrscheinliche Höhen hinauf ... Dann erlosch sie allmählich in einer traurigen Klage. Die Wegelagerer sagten:
«*Gestern habe ich den ganzen Tag geweint und gestöhnt; heute ging die*

Sonne auf und schenkte mir ein Lächeln. Unser Land ist das Land des Schießpulvers, und unsere Gräber im Sand sind schon gezeichnet.» Und die kleinen *Djouaks* aus Schilfrohr begleiteten die Traurigkeit, das Totenlied der Straßenräuber, mit leisem Flötenspiel.

Die stummen Stunden der Nacht waren vorangeschritten, die Feuer niedergebrannt. Langsam, ihren muskulösen ledrigen Körper dehnend, erhoben sich die Amouria und folgten den Frauen in den heißen Schatten der Zelte, zu glühenden Umarmungen nach der langen Keuschheit des Krieges. Einen Moment lang hörte man rasselnden Silberschmuck. Ein vages, leises und lustvolles Murmeln zog durch die Zelte und legte sich über das wilde Los der Nomaden. Ab und zu hörte man das Blöken der aufgewachten Schafe, das heisere Bellen der Hunde, die umgeben von all diesem Fremden unruhig wurden.

Dann verstummten all diese Geräusche; tiefe Stille kam über das Lager der Prostituierten, über das im feuchten Schatten seiner Palmenhaine mit den großen, bläulichen Seen schlummernde Figuig.

In rosa und lila Tönen erhob sich der Tag über dem Tal mit seinen harmonischen Linien. Der zackige Gipfel der schroffen hohen Berge entzündete sich mit roten Lichtern, metallische Reflexe glitten über den blauen Samt der Gärten.

Vergoldet entflammten die fahlroten *Ksour* in der unbeschwerten Freude der Morgenstunde.

Aus den Mauern von Oudarhir traten Männer mit ungewöhnlich ernsten Gesichtern, gekleidet in *Djellabas* aus marinblauem Tuch, mit Gewehren bewaffnet. Allen voran ein großer, magerer Marokkaner in einer weißen *Djellaba*; auf den eigentümlichen Locken seiner graumelierten Haare trug er eine rote Mütze mit einer Falte in der Mitte. Sein bleiches Gesicht war häßlich und sein Blick unstet.

Erschreckt sprangen die Amourias auf und griffen nach ihren Gewehren. Der *Makhzen*-Offizier des Pascha trat näher: «Friede sei mit Euch! Wer seid Ihr und weshalb seid Ihr hier?»

«Wir sind Amouria und kommen aus dem Norden; wir bitten die Einwohner von Figuig um Gnade und Gastfreundschaft.»

Der Pascha hatte sich verpflichtet, keine Andersdenkenden und keine Plünderer aufzunehmen: «Geht fort von hier!»

Mit gesenktem Haupt und scheuem Blick hörten die Amouria seine Worte; sie waren nur zehn. Wenn das Schießpulver losging, war der Tod ihnen gewiß.

Ohne ein Wort zu sagen, sammelten sie ihre erdigen Lumpen auf und zogen sich durch das Tal nach Westen zurück, anderen Plünderungen entgegen.

Die Frauen und die *Makhzen*-Reiter des Pascha verfolgten mit den Augen, wie sie sich in der rosigen Klarheit des ruhig und lächelnd aufsteigenden Tages entfernten.

Beni-Ounif, November 1903

ISLAMISCHE BLÄTTER

KRÄFTE DER FINSTERNIS

Der Magier

Um zu meiner Unterkunft zu gelangen, mußte man zahllose Straßen hinaufsteigen, gewundene maurische Straßen, unterbrochen von düsteren Gängen mit einem ganzen Wald aus lose herabhängendem Schimmel.

Vor den auf ungleicher Höhe liegenden Läden streifte man Gemüsehaufen in den zartesten Farben, Körbe mit leuchtenden Orangen, blassen Zitronen und blutroten Tomaten. Man wandelte im Duft leichter Blumengirlanden aus Orangenblüten oder blaßrosa arabischem Jasmin mit kleinen roten Blütenbüscheln an den Spitzen.

Man sah maurische Cafés mit Rosmarintöpfen vor den Türen, rote Fische, die in runden Glasbehältern unter den Papierlaternen schwammen, poröse Krüge mit Mastixsträußen.

Daneben verräucherte Kneipen mit feuchten Salaten und glänzenden Oliven, Auslagen arabischer Zuckerbäcker mit Gerstenzucker und gepfeffertem Kleingebäck, Kifstuben, in denen Flageolett gespielt wurde.

Man traf Maurinnen mit weiten Hosen und taubenhalsfarbigen oder nilgrünen Tüchern, Spanierinnen, die sich Papierrosen in ihr wallendes schwarzes Haar gesteckt hatten.

Man konnte alles kaufen, man hörte alle Sprachen, das ganze Geschrei des unter freiem Himmel lärmenden Mittelmeerlebens, vermischt mit den Verschwiegenheiten und dem Geflüster des maurischen Lebens.

Am Ende einer Sackgasse trat man schließlich durch eine morsche Tür in einen kühlen, bedeckten Innenhof, der von jahrhundertealtem Schatten erfüllt war.

Eine ausgetretene Steintreppe, eine weitere Tür, und schon stand man auf meiner schmalen, schwarz-weiß gekachelten Terrasse, die alle Terrassen und alle Höfe Algiers überragte und sich sanft zum Wasserspiegel des Hafens herabneigte, dessen große, vor Anker liegende Schiffe mir am Ende dieses heiteren Sommers von fernen Reisen erzählten.

Mein Zimmer war klein, gewölbt, hellblau gestrichen, mit Nischen in den Wänden und dunkelbraun getönten Deckenbalken, die ein kunstvoll altmodisches Bild abgaben.

Die Geräusche drangen nur gedämpft, verschwommen hier herauf, und nichts zeigte den Lauf der Zeit an, außer den schrägen Sonnenstrahlen, die in den schläfrigen Stunden über die anonymen Hauswände gegenüber wanderten.

Welche wohltuende Atmosphäre herrschte in dieser kleinen alten Berberwohnung; man konnte träumen und sich endloser Untätigkeit hingeben, den Wunsch nach langsamer Vernichtung einer matten Seele verfolgen, ohne aufgerüttelt zu werden.

Vor allem abends lastete klösterliche Stille auf meiner Unterkunft, wo nie jemand hinkam, wo nie gesprochen wurde. Doch ich hatte einen Nachbarn, unten, auf einer anderen Terrasse.

Mit der Zeit machte er mich neugierig: er pflegte sehr spät nach Hause zu kommen, nie vor elf Uhr. Nach einer Weile stieg ein Gemurmel von seinem Zimmer auf, eine Art tiefer Psalmodie, die manchmal bis Tagesanbruch dauerte.

Eines Abends, als der Mond schien und ich nicht schlafen konnte, lehnte ich mich an die alte, moosbewachsene Brüstung.

Durch das offene Fensterkreuz fiel mein Blick in das Zimmer meines Nachbarn: ein schlichtes möbliertes Hotelzimmer mit unpersönlichen, wackeligen Möbeln und uraltem Staub auf den verblichenen Wandteppichen.

In der Mitte stand ein Mann von etwa fünfzig Jahren, ein Europäer; er hatte ein weißes Band um die Stirn gebunden und trug eine Art langes schwarzes Chorhemd mit einem großen, aus Silberfäden gestickten Tierkreis auf der Brust; darunter ein gestärktes Hemd und eine Krawatte.

Vor dem Mann stand ein Dreifuß und darauf ein kleiner arabischer Tonofen, in dessen Glut sich Gewürze und Benzoe verzehrten. Im flackernden Schein einer winzigen gelben Wachskerze stieg bläulicher Rauch auf, geradewegs von der Wärmepfanne dem Himmel entgegen; daneben, auf einem Hocker, lag ein aufgeschlagenes Buch, das der Geisterbeschwörer gelegentlich konsultierte.

Dann nahm er seine Pose wieder ein, streckte die Arme über der Räucherpfanne aus und psalmodierte hebräische Worte.

Nach und nach wurde sein Gesicht blasser, seine Augen mit den grünlichen Pupillen weiteten sich, und ein Zittern durchfuhr seinen Leib. Seine Haare und sein Bart sträubten sich, seine Stimme wurde abgehackt und heiser.

Schließlich fiel er auf das alte Sofa, dessen Sprungfedern ein quietschendes Geräusch von sich gaben, und blieb lange, endlos lange mit geschlossenen Augen dort liegen.

. . . Der blaue Rauch wurde dünner, verflüchtigte sich. Die gelbe Kerze brannte herunter und erlosch.

Der Mann in seiner Ekstase war unbekannten Träumen anheimgefallen; er verharrte unbeweglich und stumm im glühenden Reich der Finsternis.

*

Am nächsten Tag erkundigte ich mich nach meinem Nachbarn. Ich erfuhr nur ganz banale Dinge: der Mann mit dem Tierkreis und den Inkantationen stammte aus Deutschland und übte den Beruf eines Klavierstimmers aus.

Das ist alles, was ich je über ihn erfahren habe.

Die Hand

Eine schon vier Jahre alte Erinnerung an das rauhe und flammende Souf, den geliebten, fanatischen, prächtigen Boden, der mich fast für immer behalten hätte, aufgebahrt in einer seiner grenzenlosen Totenstädte ohne eine Spur von Traurigkeit.

Es war nachts, im Norden von El-Oued, auf der Straße von Behima.

Wir, ein Spahi und ich, kehrten von einem Ausflug zu einer fernen Zaouïa zurück; wir schwiegen.

Oh! diese Mondnächte in der Sandwüste, diese unvergleichlichen Nächte voller Herrlichkeit und Geheimnis! Das Chaos der

Dünen, die Gräber, die Silhouette des großen weißen Minaretts von Sidi Salem über der Stadt – alles verwischte, alles zerschmolz und nahm nebelige, unwirkliche Züge an.

Rosa, meergrüne, blaue Lichter mit silbrigen Reflexen glitten durch die mit Phantomen bevölkerte Wüste. Kein einziger klarer und scharfer Umriß, keine deutliche Form im endlosen Funkeln des Sandes.

Die fernen Dünen wirkten wie aufgetürmte Nebelschwaden am Horizont, während die näheren verschmolzen mit der grenzenlosen Klarheit des Himmels.

Wir kamen über einen schmalen Pfad, der oberhalb eines kleinen grauen, mit aufgerichteten Steinen übersäten Tales verlief: der Friedhof von Sidi-Abdallah.

Lautlos schritten unsere matten Pferde im trockenen und bewegten Sand voran.

Plötzlich sahen wir eine schwarze Gestalt, die den anderen Hang zum Tal herabstieg, auf den Friedhof zu.

Es war eine Frau; sie trug die dunkle, auf antike Art drapierte *Mlahfa* der Soufia.

Überrascht und leicht beunruhigt hielten wir inne und verfolgten sie mit den Augen. Zwei frische, in einen Erdhügel eingepflanzte Palmen wiesen auf ein Grab hin, das noch nicht alt sein konnte. Die Frau, deren altes, zerfurchtes und runzliges Gesicht jetzt vom Mondschein erhellt wurde, kniete nieder, nachdem sie die Palmen entfernt hatte.

Dann begann sie, mit flinken Händen im Sand zu graben, wie die Wühltiere der Wüste. Ihre Bewegungen zeugten von einer Art Verbissenheit.

Nach kürzester Zeit öffnete sich das schwarze Loch über dem anonymen Schlaf, über der Verwesung, welche die Erde an dieser Stelle geborgen hatte.

Schließlich neigte die Frau sich über das offene Grab. Als sie sich wieder aufrichtete, hielt sie die am Gelenk abgeschnittene Hand des Toten, eine traurige Hand, starr und fahl.

Hastig schüttete die Alte das Loch zu, pflanzte die grünen Palmen wieder ein. Dann verbarg sie die Hand in ihrer *Mlahfa* und machte sich auf den Rückweg zur Stadt. Da nahm der Spahi bleich und keuchend sein Gewehr, lud es und legte an.

Ich stellte mich dazwischen: «Was soll das? Was geht uns das an? Gott ist ihr Richter!»

«O Herr, o Herr», wiederholte der Spahi entsetzt.

«Laß mich die Feindin Gottes und seiner Geschöpfe töten!»

«Sag mir lieber, was sie wohl mit dieser Hand anfangen will!»

«Ach, das weißt du nicht! Sie ist eine verfluchte Hexe. Mit der toten Hand wird sie Brot kneten. Dann wird sie es irgendeinem Unglücklichen zu essen geben. Und der das Brot gegessen hat, das von einer in der Nacht des Freitags bei Vollmond ausgegrabenen Totenhand geknetet wurde, dessen Herz wird vertrocknen und eines langsamen Todes sterben. Er wird gleichgültig gegenüber allem, und eine schreckliche *Schrumpfung der Seele* bemächtigt sich seiner. Er wird schwach und scheidet dahin. Gott bewahre uns vor dieser Hexerei!»

Im milden Schein der Nacht hatte die Alte sich davongemacht, ihrem finsteren Werk entgegen. Schweigend nahmen wir unseren Weg wieder auf, unseren Weg zur Stadt der tausend kleinen runden Kuppeln, die sich im monströsen Rücken des Erg-Gebirges von einem Horizont zum anderen fortzupflanzen schienen wie eine durchsichtige Riesenstadt aus Tausendundeinernacht, bevölkert mit Geistern und Zauberern.

Die Sandschrift

Eine alte Weinrebe windet sich am versengten Kalk der Mauern hinauf und läßt sich von oben auf das grüne, noch glänzende Steingut des türkischen Brunnens hinabfallen, umgibt ihn mit einer matten, brüderlichen Umarmung.

Eigenwillig schlängelt sich die schwarz gepflasterte, schmale Straße den Hang hinauf, eingezwängt zwischen den altersschwachen, zusammengesunkenen, hundertjährigen Häusern, die sich mit den oberen Etagen zu ihr hinabneigen. Unauffälliges grünes Tageslicht gleitet durch das Chaos der von der Zeit vergoldeten Gemäuer. In den dicken Mauern öffnen sich geheimnisvolle kleine Schießscharten, schwarze Löcher, die nichts enthüllen. Die beschlagenen Türen sind niedrig, verstärkt, rätselhaft.

Weiter oben mündet die Gasse in ein flaches dunkles Gewölbe. Alles ist tot, alles schweigt in dieser Ecke des berberischen alten Algier.

Nur ein arabischer Obstladen bringt Leben in die Finsternis all der Dinge hier. Ein schmaler Laden, wo sich in den verschiedenartigsten Körben goldene Äpfel, schillernde Fische, üppiges Gemüse und rosige Karotten häufen, helle und dunkle Weintrauben, schwer und prall von honigsüßem Saft, grüne Zitronen und vor allem Tomaten, die scharlachrote Herrlichkeit der Tomaten, die unter den wenigen, gebrochenen Strahlen der eindringenden Sonne bluten...

Daneben, in einer noch kleineren Nische unterhalb der Straße, wohnt der marokkanische *Taleb* El Hadj Abdelhadi-el-Moghrebi, ein Zauberer und Erfahrungsarzt.

El-Moghrebi mag etwa fünfzig Jahre alt sein. Er ist hochgewachsen und wirkt sehr dünn unter seiner braunen *Djellaba*; auf dem Kopf trägt er einen wuchtigen Turban, der in eigentümlichem Kontrast zu der knochigen Ausgezehrtheit seines braungebrannten Gesichts mit den durchdringenden, lebhaften Augen steht. Er lächelt nie. Sein Mobiliar ist karg: eine Matte, zwei gelbe Batikkissen, eine rot-grüne *Djeridi*-Decke als einziges Bett, zwei oder drei peinlich bearbeitete und in grellen Farben gestrichene marokkanische Regale, beladen mit vergilbten alten Büchern, kleinen Flaschen voller Heilmittel und Tinte; daneben stehen ein paar kleine Töpfe und eine arabische Wärmepfanne aus gebrannter Erde, ein kupferner Mörser und eine *Meïda*, ein niedriger, kleiner runder Tisch.

El-Moghrebi hockt auf seiner Matte und wartet mit nachdenklicher Gleichgültigkeit auf seine Kunden.

Seit zwanzig Jahren sind die Einwohner des Viertels daran gewöhnt, zu sehen, wie der *Taleb* seinen Laden vor Tagesanbruch öffnet, wie er seine Waschungen am Brunnen vornimmt und dann zurückkehrt, um zu beten und selbst seinen Kaffee zu bereiten.

Manchmal hält ein Passant inne, wünscht dem *Taleb* Frieden und göttliche Barmherzigkeit, zieht dann seine Schuhe aus, tritt ein und hockt vor El-Moghrebi nieder.

Mal ist es irgendein alter Maure in einer hell getönten Tracht, mal ein angesehener Herr aus dem Inland, der reichlich mit Wolltuch und weißer Seide bekleidet ist und einen hohen *Guennour* mit Kamelhaarkordeln auf dem Kopf trägt, mal irgendein bescheidener, in graubraune Lumpen gehüllter Bauer oder ein altes Klageweib, eine Botin jener schönen Damen aus ehrenwertem Geschlecht, die nie ausgehen, mal eine freie Hetäre aus der Oberstadt ...

Gegenüber allen Menschen beweist El-Moghrebi die gleiche ernste und freundliche Höflichkeit. Mit den Frauen ist er etwas nachlässiger, manchmal auch etwas vertraulicher.

Die meisten Kunden befragen den *Taleb* nach der Zukunft, sie kommen mit dem erstaunlichen und unvernünftigen Durst, mit dem alle Menschen den wohltuenden Nebel der unbekannten Zukunft zerstreuen wollen.

El-Moghrebi verwendet ein sehr altes Verfahren: *die Sandschrift*. Er überreicht dem Kunden ein Schilfrohr und fordert ihn auf, dessen Spitze gegen das Herz zu drücken, während er *in sich selbst* seine Frage formuliert.

Dann fragt er nach seinem Namen und dem seiner Mutter und zeichnet unverständliche Dinge auf ein poliertes gelbes Holzbrett, ein Quadrat, das aus arabischen Buchstaben besteht und unten zu einem Dreieck ausläuft. Er beginnt nach einer nur ihm bekannten Weise zu rechnen, dann sagt er dem Kunden, fast immer ohne zu fehlen, die Art seines Wunsches: Geld, Ehren, Liebe, Rache. Nie präzisiert er die Sache selbst, er gibt nur die Art an. Schließlich weissagt er, ob der Ansucher den Gegenstand seiner Wünsche erhalten wird oder nicht. Die Stammkunden von El-Moghrebi bestätigen, daß er sich nie irrt ...

Die Schlußworte seiner Vorhersagen sind immer dieselben, ganz gleich, ob das Ergebnis gut oder schlecht ist: «Geduld, mein Sohn, denn die Geduld ist gut. Sie ist der Schlüssel zum Trost.» Ohne Murren akzeptiert der *Taleb* jeden Lohn, der ihm gegeben wird.

Manchmal kommen auch Kunden, die sich an seine Erleuchtungen als *Khakim*, als Arzt, wenden. An den geweißten Deckenbalken seines Ladens hängen gewöhnliche Bündel mit getrockneten Kräutern. Mit vollendeter Kenntnis ihrer verschiedenen Eigenschaften versteht er sich darauf, diese Kräuter zu mischen. In der Chirurgie dagegen ist sein Wissen sehr beschränkt und geht kaum über das eines französischen Knocheneinrenkers vom Lande hinaus. Mit der absoluten Überzeugung ihrer Wirksamkeit braut er Elixiere oder Liebestränke und stellt Amulette her.

Im Gegensatz zu den europäischen Scharlatanen meidet El-Moghrebi die Massen ebenso wie jeden Tumult; er gibt sich nicht die Mühe, Reklame für sich zu machen. Für ein paar weiße Münzen tut er die Dienste, um die man ihn bittet, ohne sich je vom Fleck zu bewegen, ohne irgend etwas zu unternehmen, um Kunden anzulocken. Diese Monotonie des Alltäglichen ist wie die unerläßliche Bedingung seines Lebens. Eine Veränderung würde er sicherlich als Unannehmlichkeit, wenn nicht gar als Mißgeschick ansehen.

Über seine Herkunft, seine Vergangenheit und seine Familie schweigt El-Moghrebi sich aus. Man weiß nur, daß er aus Oudjda stammt und seit seiner Rückkehr aus Mekka vor zwanzig Jahren in Algier lebt . . . seit zwanzig Jahren antwortet er auf alles, was nicht seine Kunst betrifft, mit Regungslosigkeit und Schweigen.

Seine Gewohnheiten sind ebenso unbeweglich wie der Dekor seiner Gasse; seine Tage fallen ins Nichts, wie Wassertropfen in den Sand.

Der Durst nach dem Wunderbaren und dem Unbekannten, der in den einfachen Herzen brennt und jene Seelen beängstigt, die der geheimnisvollen Natur noch nahe sind, wird mindestens ebensolange währen wie das Leben El-Moghrebis und seiner Nacheiferer, ebensolange, wie ihre alte, aus der Mode gekommene Wissenschaft, die sich in die letzten Schatten und friedenspendenden Winkel der Städte von einst geflüchtet hat.

Der heilige Illuminator

Unter den kleinen, von der Sonne vergoldeten Kuppeln reihen sich die winzigen Läden aneinander, uneben wie Höhlen. Die wackeligen Tresen bestehen aus hohen Brettern. Im müden Licht summen die Fliegen, geködert, berauscht vom gärenden Saft der Datteln.

Kurze violette Schatten schneiden das Flimmern der Dinge, und die Mattigkeit der Stunde läßt die Geräusche verstummen.

Einer der Ladeninhaber sitzt auf einer Truhe, die Ellenbogen auf den Tresen gestützt, die Kapuze über die Stirn gezogen; er schläft mit halbgeschlossenen Augen in der matten, aber lebendigen Haltung einer ruhenden Katze.

Hinten im Laden geht Si El Hadj Hamouda mit großer Geduld seiner Arbeit als Illuminator nach, eine Beschäftigung, welche die Monotonie der Stunden sanft verstreichen läßt: Mit einer speziellen Rohrfeder kopiert er die Worte der heiligen Bücher und ziert die nach Ambra duftenden Seiten mit Gold und Zinnober, nachdem er die erste ehrfurchtsvoll mit der Formel versehen hat: «Rühret nicht daran, so Ihr nicht rein seid.»

Langsam, mit ruhiger und geschickter Hand, windet Hadj Hamouda die Traumbuchstaben zu Spiralen, umrahmt sie mit aufgelösten Arabesken, hebt das verblassende Gold mit Rot- oder Grüntönen hervor und trennt die Verse durch naive Sternchen statt durch Punkte.

Trotz der einschläfernd drückenden Luft, trotz der Fliegenplage arbeitet der Illuminator, wobei er das Pergament schlicht und einfach auf sein Knie legt, während die Tinte in kleinen schartigen Tassen neben ihm steht.

Eingehüllt in weiße Burnusse, die Kapuze über den Kopf gezogen und einen langen Rosenkranz um den Hals, verfolgt Hadj Hamouda, ein Mann mit ausgezehrtem, braungebranntem Gesicht, regelmäßigen Zügen und einem leicht ergrauenden Bart, sein geduldiges Werk. Sein Blick ist ruhig und ausdruckslos, läßt kaum etwas von seinen Ambitionen erkennen. Manchmal, wenn ihm die gelungene Anordnung einer Seite oder die Anmut einer Verzierung gefällt, tritt eine Andeutung von Lächeln auf seine Lippen.

Er lebt von dieser reizvollen Arbeit in glücklicher Sorglosigkeit und bewohnt seinen Laden mit der gastlichen Frömmigkeit des Islam. Nach Jahren ist er immer noch der diskrete Gast, der sich nicht in das alltägliche Treiben einmischt, kaum einmal in Gespräche.

Manchmal sucht irgendein angesehener, höflicher *Taleb* den Kalligraphen auf, küßt ihm die Stirn zum Zeichen des Repekts und läßt sich dann mit ernsten Gesten auf seiner Matte nieder. Es folgen zahllose *Salam*, ohne jede Eile, und dann langwierige Reden über schon sehr alte Dinge. Selbst die Kinder wagen nicht, vor dem Laden zu spielen; es scheint, als wäre er durch Hadj Hamoudas Anwesenheit geheiligt.

Wenn der klagende Ruf des Muezzin über El-Oued erklingt, steht der Illuminator auf, wirft seine Burnusse mit einer ausladenden, schönen Geste über die Schulter und begibt sich zur Moschee der Messaâba.

Zwischen den letzten Häusern des Ortes und den ersten Dünen, die wie eine Fortsetzung der Kuppeln in helleren Farben wirken, erhebt sich ein von niedrigen, verwitterten Mauern umgebener grauer Dom in einer Einfriedung mit jungen Dattelpalmen, die das strahlende Licht durch einen blauen Schein dämpfen.

In der Nähe des Brunnens, dessen Gerüst aus Palmstämmen durchdringende, schrille Quietschgeräusche von sich gibt, vollziehen die Gläubigen in einem Gipsbecken die rituellen Waschungen.

Dann knien sie im kahlen, nackten Innenraum auf ausgetrockneten, gelblichen Matten nieder und bezeugen die absolute Einheit Gottes. Hadj Hamouda befindet sich in der ersten Reihe; mit lauter Stimme rezitiert er die wohlklingenden Verse: er ist der weiseste unter den Anwesenden, er ist der Imam. Dann geht er gemessenen Schritts zu seinem Laden zurück, nimmt seine Rohrfeder und setzt seine altmodische Arbeit fort.

Abends, wenn alles rot wird und die Sonne den Ksar entzündet, führt Hadj Hamouda, immer allein, seinen sanften und beschränkten Traum, seine Melancholie ohne erkennbare Gründe, auf dem Gipfel der Dünen spazieren und läßt ihn zwischen den zerstreuten Gräbern über die grauen Wege wandern.

Manchmal bleibt er stehen, erhebt die Hände, öffnet sie wie ein Buch und spricht eine *Fatiha* vor irgendeinem anonymen Grab oder irgendeiner weißen *Koubba*, die verlassen in der Wüste liegt. Nach dem Acha-Gebet kehrt er in den Laden zurück und setzt auf seiner Matte das in der Moschee begonnene Gebet fort. Sitzend, mit geneigtem Kopf, läßt er die Perlen seines Rosenkranzes durch die Finger gleiten, den Blick verschleiert von einem fernen Traum.

Dann legt er sich auf das bescheidene, einsame Lager und schläft ohne Sehnsucht und Begierde ein.

Befreit von Zorn und Leidenschaft, ohne Familie und ohne Sorgen, lebt Hadj Hamouda in der friedlichen Erwartung der unbekannten Stunde ...

Der Meddah

In den heruntergekommenen, engen Abteilen der Dritten Klasse drängt sich eine lärmende Menschenmenge in erdfarbenen Burnussen. Der Zug ist schon abgefahren und rollt träge über die glühenden Gleise; die Beduinen sind noch damit beschäftigt, sich einen Platz zu suchen und sich niederzulassen. Es herrscht ein großer, fröhlicher Tumult ... Sie klettern hin und her über die niedrigen Absperrungen, verstauen ihre Säcke und ihre zerschlissenen Bündel, richten sich ein wie für eine sehr lange Reise ... An große freie Räume gewöhnt, rufen sie sich mit lauter Stimme, lachen, scherzen, tauschen freundschaftliche Neckereien aus.

Endlich haben es sich alle bequem gemacht; die Luft in den winzigen, käfigartigen Abteilen wird immer stickiger, da immer wieder schwere, mit schmierigem schwarzem Ruß beladene Rauchwolken hereinwehen.

Allmählich wird es einigermaßen ruhig.

Aus den unförmigen Bündeln ragen die *Djouak*, die *Gasba*, die *Benadir* und eine *Rhaïla* heraus, das ganze unvermeidliche Orchester der arabischen Pilgerfahrten.

Im mittleren Abteil steht plötzlich ein Mann auf, ein junger, großer, kräftiger Mann, stolz in seinen Burnus gehüllt, dessen reines Weiß sich deutlich vom irdenen Ton der anderen abhebt ... Sein auffallend regelmäßiges schönes Gesicht, typisch für den Mann aus dem Süden, ist braun gebrannt, gegerbt von Sonne und Wind. Seine schmalen tiefschwarzen Augen schauen mit sonderbarem Glanz unter den wohlgeformten, geschwungenen Brauen hervor.

Mit seiner schmalen, von jeder Arbeit verschonten Hand gebietet er Schweigen.

Es ist El Hadj Abdelkader, der *Meddah*. Er wird singen; alle anderen knien auf den Bänken oder lehnen sich über die Absperrungen, um ihm zuzuhören.

Ganz sanft und leise beginnen die *Djouak* und die *Gasba* eine schleppende, zarte, grenzenlose Traurigkeit zu verbreiten, während die noch sehr zurückhaltenden *Benadir* den monotonen Takt schlagen.

Die zauberhaften Rohrflöten verstummen, und der *Meddah* beginnt, eine fremdartig anmutende Weise zu singen, einen Redegesang auf den Sultan der Heiligen, Sidi Abdelkader-Djilani von Bagdad.

> «Heile mich, o Djilani, Flamme der Finsternis!
> Heile mich, o wunderbarste aller Kreaturen!
> Mein Herz ist von Furcht geschlagen.
> Aber Du bist mein Schutz.»

Während die ersten Worte jedes Verses lebhaft vorgetragen werden, wird die Stimme am Ende immer schleppender, wie bei einer Klage. Am Schluß ertönt ein langgezogener, trauriger Schrei, der alsbald von der schrillen *Rhaïla* aufgegriffen wird, die verloren, wie verzweifelt zu schluchzen und zu wüten beginnt...

Und nachdem die wilden Töne der *Rhaïla* verstummt sind, setzt das Rauschen der *Djouak* und der *Gasba* wieder ein, wie Wasser, das über die Kieselsteine rinnt, wie eine Brise im Schilfrohr... Dann wieder die tiefe und klagende Stimme des arabischen Sängers.

Immer wieder heben die begeisterten Zuhörer bestimmte Passagen durch ein bewunderndes *Allah! Allah!* hervor.

Der Zug fährt wie eine schwarze Schlange durch die ausgeglühte Landschaft und bringt die Pilger mit ihrer Musik und ihrer naiven Fröhlichkeit zu irgendeiner weißen *Koubba* des afrikanischen Bodens.

*

Im Norden versperren die hohen Berge an der äußersten Grenze der Medjoua den Horizont. Von Gipfel zu Gipfel fallen sie nach Süden hin langsam zur riesigen Hodna-Ebene hinab.

Oben auf einem erhabenen Hügel sieht man eine Art zerklüftete rote Terrasse ohne einen Baum, ohne einen Grashalm, auf der sich eine kleine, milchige *Koubba* erhebt; sie liegt verlassen im trostlosen Chaos der unfruchtbaren, rauhen Hügel, vom weißglühenden Sommerlicht mit feurigem Glanz bedeckt.

In der prallen Sonne bewegt sich eine unruhige Menge ständig wechselnder Gruppen, die in einen einheitlich hellbraunen Ton getaucht scheinen... Die Beduinen kommen und gehen, bewegen sich mit lauten, singenden Rufen um den *Makam*, der dort zur Ehre Sidi Abdelkaders, des Herrn der überirdischen Höhen, errichtet wurde.

In den zerschlissenen Tuchzelten schenken Kabylen in Hemd und Turban grobgemahlenen Kaffee in angeschlagenen Tassen aus. Angelockt von der gezuckerten Flüssigkeit sammeln sich die von der Hitze erschöpften Fliegen auf den schwitzenden Gesichtern, den Hemden und den Augen der Bewirteten.

Die Fliegen summen und die Beduinen diskutieren, lachen, sie streiten unermüdlich, als hätten sie eherne Kehlen. Sie reden über die Angelegenheiten ihres Stammes, über die Märkte der Gegend, den Preis der Waren, die Ernte, über gerissene kleine Geschäfte mit dem Vieh und über die Steuern, die bald gezahlt werden müssen.

Etwas abseits, in einem großen, gestreiften, niedrigen Zelt schwatzen und flüstern die unsichtbaren, aber dennoch anziehenden Frauen, die allein durch ihre Nähe faszinierend auf die jungen Männer des Stammes wirken.

Sie streifen so nahe als möglich um das glückselige Frauenzelt herum; und manchmal enthüllt ein haßerfüllter Blick, der einem anderen mit drohendem Unterton in der Stimme oder der Gebärde zugeworfen wird, einen langen, geheimnisvollen Roman, der sich möglicherweise schon bald in ein blutiges Drama verwandeln wird.

. . . Aufgestützt auf einer Matte liegend, ruht der *Meddah* mit halbgeschlossenen Augen aus.

Der wegen seiner wunderschönen Stimme und seinem unerschöpflichen Repertoire hochgeschätzte El Hadj Abdelkader läßt sich nicht von seiner Zuhörerschaft beeinflussen. Gewöhnlich gelassen und sehr sanft, gerät er in furchtbaren Zorn, wenn man ihn bedrängt. Er hält sich selbst für eine bedeutende Persönlichkeit und singt nur, wenn es ihm gefällt!

El Hadj Abdelkader stammt aus dem – durch jahrhundertelange Prostitution erblich belasteten – Stamm der Ouled-Naïl; seit seiner Kindheit war er herumvagabundiert und hatte die *Meddah* begleitet, die ihn ihre Kunst gelehrt hatten; schließlich war es ihm gelungen, im Gefolge eines großen frommen Marabout eine Pilgerfahrt zu den heiligen Stätten zu unternehmen. Gerissen und egoistisch, aber von Neugier beseelt, hatte er bei seiner Rückkehr in die Heimat den Weg der Gelehrten eingeschlagen: er hatte Syrien, Kleinasien, Ägypten, Tripolitanien und Tunesien bereist, hatte hier und dort wunderbare Geschichten gesammelt, fromme Gesänge und sogar die Liebeslieder und gefühlvollen *Nefra* der Beduinen . . .

Er versteht es vorzüglich, diese Geschichten wie auch seine eigenen Erinnerungen mit einer unbewußten Kunstfertigkeit vorzutragen. Obwohl er nicht lesekundig ist, genießt er selbst unter den *Tolba* allgemeine Hochachtung, die seiner Erfahrung und seiner Intelligenz huldigen. Der träge, mit wenigem zufriedene *Meddah*, der sein eigenes Wohlbefinden über alles liebt, wollte nie etwas mit den undurchsichtigen Diebesgeschichten zu tun haben, denen er gelegentlich begegnete; das einzige, was er sich vorzuwerfen hat, sind die oft gefährlichen Abenteuer, zu denen ihn seine Natur als Genießer und Verliebter trieb, dessen Ruf verpflichtet.

In seinem Stamm erfreut er sich der schmeichelhaften Berühmtheit als Hahn im Korb, als Frauenheld, der seinen Kopf für die schwer erreichbaren Schönen riskiert, und trotz der Sitten, trotz der unbändigen Eifersucht, begegnet man dieser Art von Heldenmut mit relativer Nachsicht; nur müssen Konflikte mit den Betroffenen vermieden werden. Vor allem wäre es fast immer fatal, sich auf frischer Tat ertappen zu lassen.

Für den Fremden entfällt diese Art Toleranz weitgehend, was den Heiligenschein des Mutes, mit dem der *Meddah* sich umgibt, ob der gesteigerten Gefahr und Kühnheit zusätzlich verherrlicht.

Während des ganzen Festes sind die Augen des Nomaden leidenschaftlich damit beschäftigt, unter dem geheimnisvollen Schleier des Frauenzelts irgendein kaum wahrnehmbares Zeichen zu entdecken, das eine mögliche Eroberung verheißt.

... Nach den Tänzen, den Kämpfen, nach der langen Versammlung um den *Meddah*, dessen kräftige Brust nicht müde wird, nachdem der *Oukil* schließlich die spärlichen Opfergaben entgegengenommen und die Spender mit Segenswünschen bedacht hat, rollen sich die ermüdeten Beduinen zu später Stunde in ihre Burnusse und legen sich auf dem heimischen Boden, der ihrem vertrauensseligen Elend Zuflucht gewährt, zum Schlafen nieder. Nach und nach verbreitet sich tiefe Stille; nur der Mond läßt seinen rosa Schein über die auf dem nackten Boden schlafenden Gruppen wandern ...

Zu dieser Stunde sieht man eine Erscheinung vorüberhuschen und ins ausgetrocknete Bett des Wadi hinabsteigen, wo der *Meddah* in berauschender Ungewißheit auf einem Stein sitzt und wartet ... Wie wird sie sein, die Unbekannte, die ihm bei untergehender Sonne unter der schweren Zeltplane ein Handzeichen gab?

.. Auf Karren oder Maultieren sitzend, zu Fuß oder kleine bepackte Esel vor sich her treibend, ziehen die Pilger Sidi Abdelkaders von dannen; am Fuß des Hügels zerstreuen sie sich, um in ihre Dörfer zurückzukehren, die verborgen irgendwo im trostlosen Flammenmeer der Landschaft liegen. Und der *Meddah* schlägt auf gut Glück irgendeinen Weg ein, das magere Bündel mit seinen Habseligkeiten über der Schulter. In aufrechter Haltung, mit erhobenem Kopf, macht er sich bemessenen Schritts auf die Wanderschaft, anderen *Koubbas* entgegen, anderen Pilgergruppen, die er mit seiner schönen Stimme bezaubern wird, deren Mädchen ihn im schützenden Dunkel der Nacht lieben werden . . .

Sorglos zieht El Hadj Abdelkader von einem Beduinen- oder Kabylen-Stamm zum anderen, verweilt bei den Seßhaften oder den Nomaden, übernachtet in den maurischen Cafés, wo er für ein paar Strophen oder ein paar Geschichten beherbergt und beköstigt wird; im Sommer begibt er sich nach Norden, während er im Winter die eisigen Hauts-Plateaux durchquert, um in den lächelnden Häfen der Sahara Station zu machen: Biskra, Bou-Saâda, Tiaret . . .

So irrt er von Markt zu Markt, von Taam zu Taam, meist glücklich, beseelt von dem vergänglichen, unkomplizierten Glück jener Menschen, die zu Vagabunden geboren sind . . .

Arglistig und unvermeidlich nähert sich der Tag, an dem diese Wanderschaft durch die vielen kleinen Freuden, welche die Schicksalsschläge vergessen lassen, ein Ende nimmt.

Die schöne Gestalt El Hadj Abdelkaders ist gebrochen, sein Schritt unsicher geworden, der Glanz seiner flammenden Augen erloschen: der schöne *Meddah* ist alt geworden.

Als blinder Bettler zieht er weiter durch die Lande, langsamer als früher, geführt von irgendeinem kleinen Jungen aus der zahllosen Heerschar, die über die große Straße schwärmt . . . Der Alte bittet um Almosen, und der Kleine streckt die Hand aus.

Gelegentlich beginnt der alte Vagabund, von namenloser Traurigkeit ergriffen, mit meckernder Stimme irgendwelche Bruchstücke alter Verse zu singen oder wirre, zusammenhanglose Teile der schönen Geschichten von einst herauszustottern, die sich in seinem erlöschenden Hirn vermengt haben . . .

*

Eines Tages finden Beduinen auf dem Weg zum Markt den erstarrten Körper des Bettlers, der in erhabener Gleichmut unter der lächelnden Sonne entschlafen ist, am Wegesrand ... «*Allah iarhemou*», sagen die vorüberkommenden Muselmanen ohne den geringsten Schauder ...

Und der Leib erkaltet unter der letzten Zärtlichkeit des anbrechenden Tages, welcher dem ewigen Leben und dem ewigen Tod, den Blumen am Wegesrand und dem Leichnam des *Meddah* mit der gleichen geheimnisvollen Freude zulächelt ...

Bou-Saâda, Februar 1903

Die Derouïcha

Getrieben von pfeifendem Wind jagen zerrissene Wolken über den schwarzen Himmel. In der Ferne, hinter den Bergen, wo eine Unheil verkündende Dunkelheit die Tore zur grenzenlosen Finsternis zu öffnen scheint, brandet und brüllt das Meer, während die schlammigen Wadis unter tosendem Lärm entwurzelte Bäume und Felsbrocken forttragen, die sich aus den brüchigen Hängen der hohen roten Hügel gelöst haben. Das ganze Land ist von reißenden Bächen verheert, umgeben von verschachtelten Bergketten, aufgedunsen von einem Chaos kleiner Hügel, auf denen das Gestrüpp unansehnliche Muster bildet. Es ist kalt und trostlos, es regnet ...

Eine Frau versucht, sich mühsam einen Weg durch die spitzen Steine und die eisigen Wasserlachen des namenlosen Pfades zu bahnen; es ist der einzige Weg zum *Douar* von Dara. Die gräulichen Lumpen, mit denen sie bekleidet ist, sind zerzaust, wie Segel vom Wind aufgeblasen. Ausgezehrt, mit krummem Rücken – wie ihn die Beduininnen, die ihre Kinder mit sich herumtragen, sehr früh bekommen –, stützt sie sich auf einen Stock aus Olivenholz. Ihr Gesicht ist alterslos und knochig. Die großen starren Augen haben den trüben Glanz stehender, verschmutzter Gewässer. Strähnige schwarze Haare fallen auf ihre Stirn; ihre Wangen sind von Kälte blaugefroren, und die aufgequollenen Lippen kleben an ihren spitzen, gelblichen Zähnen. Sie geht immer geradeaus, wie die vom

Wind getriebenen Wolken ... Vielleicht geht sie, ohne es zu wissen.

Wenn sie einen der vereinzelten Hirten oder *Fellah* trifft, die sich zur Arbeit begeben, geht sie gleichgültig und stumm an ihnen vorbei.

Nach langen Stunden in der grausamen Kälte kommt sie an das Tor eines *Bordj*, ganz am Ende einer Schlucht, überragt von hohen, pechschwarzen Bergen und treibenden fahlen Wetterwolken.

Schmutzigbraune Hunde mit struppigem Fell, wildglänzenden, verschlagenen kleinen Augen und einer spitzen Schnauze, dazu geschaffen, in blutigem Fleisch zu wühlen, stürzen sich mit dumpfem Knurren, das nichts vom fröhlichen Gebell der gutartigen europäischen Wachhunde hat, auf die Bettlerin. Mit ihrem Stock schützt sie ihre dünnen Beine. Ohne zu rufen und ohne anzuklopfen betritt sie den Hof und geht durch die niedrige Tür in ein *Gourbi* hinein, aus dem beißender Rauch und murmelnde Frauenstimmen nach außen dringen.

Zwischen vier Steinen brennt ein Feuer aus feuchtem Holz; mehrere Frauen in weißen *Mlahfas* sind damit beschäftigt, das erste Mahl des langen Fastentages vorzubereiten.

«Seid willkommen, Mutter Kheïra!» sagen die Frauen mit einem Anflug von Hochachtung in der Stimme und räumen der Fremden einen Platz neben dem Feuer ein.

Mutter Kheïra gibt einsilbige Antworten, und ihre Züge bewahren die beunruhigende Regungslosigkeit. Auch in der angenehmen Wärme des *Gourbi* entzündet sich kein Schein im trüben Wasser ihrer Augen.

Die Gruppe wird zahlreicher. Fünf oder sechs der Anwesenden umringen eine Frau von etwa dreißig Jahren mit einem harten Profil, das unter der spitzen Mütze der oranesischen Frauen herausschaut. Sie ist über und über mit Schmuckstücken behängt und sauberer gekleidet als die anderen. Ihre Stimme und Gebärden wirken gebieterisch. Es ist Batha, die Frau des Caïd, eines alten, sanftmütigen und stets freundlichen Beduinen-Marabout.

Mit kurzen Befehlen teilt die Gattin des Caïd die Arbeit der Frauen am Herd und an den Töpfen ein.

Doch gegenüber der *Derouïcha* Kheïra ist auch die hochmütige Dame zuvorkommender und sanfter. Die böse Falte um ihre Lippen entspannt sich zu einem Lächeln.

«Wie bist du bei so furchtbarem Wetter hierhergekommen, Mutter Kheïra, woher kommst du?»

«Von weit her ... Gestern war ich im Maine und habe die Tochter des El Hadj Ben-Halima gewaschen und in Leintuch gehüllt ... Noch in derselben Nacht bin ich aufgebrochen ... es ist kalt ... Gott sei gelobt!»

«Gott sei gelobt!» wiederholen die Frauen seufzend, während sie die *Derouïcha* bewundernd anschauen; seit dem Vorabend hat sich diese gebrechliche und verbrauchte Kreatur zu Fuß durch Kälte und Wind geschlagen, getrieben von ihrer mysteriösen Berufung, um sich achtzig Kilometer von jenem Ort entfernt, wo sie gestern noch ihren grausigen Beruf als Totenwäscherin ausübte, ihr Essen zu holen.

«Hast du denn keine Angst, Mutter Kheïra?» fragen die Frauen.

«Gott lenkt seine Diener. Die Hyänen und die Leichenfresser fliehen, wenn ein Betender des Weges kommt. Gott sei gelobt!»

In diesem erloschenen Hirn ist nur der Glaube an Gott noch lebendig.

Vom Menschlichen hat Mutter Kheïra nur noch jenes Bedürfnis nach einer letzten Zuflucht, das auch die verhärteten Herzen erweicht: bei den einfachen Leuten umfaßt dieses Bedürfnis die ganze Poesie ihrer Seele.

Plötzlich bricht die Nacht herein, und die Männer kehren heim; die Stunde ist gekommen, wo das Fasten unterbrochen werden darf; für die Männer ist Mutter Kheïra nur eine Frau unter den Frauen, sie achten nicht auf sie, lassen sich bedienen und führen ihre eigenen Gespräche ... Als ich einen von ihnen nach der Geschichte der *Derouïcha* frage, erzählt er sie mir kurz.

«In ihrer Jugend war sie eine schöne Frau. Ihr Vater war bettelarm, und sie ging am liebsten in die Berge, das Vieh zu hüten. Sie flocht Kränze aus wilden Blumen und parfümierte ihre Lumpen mit Myrthe und Thymian, deren Blüten sie zwischen zwei Steinen zerrieb. Als sie heranwuchs, lernte sie die verbotene und wechselhafte Liebe der jungen Männer kennen, die den Mädchen und Ehefrauen des Nachts am Rand der Dörfer auflauern und die bereit sind, für die verbotenen Freuden ihr Leben aufs Spiel zu setzen.

Sie wurde von mehreren geliebt, und eines Nachts tauschten zwei junge Männer – beide Söhne großer Zelte, die wie Löwen kämpften – um ihretwillen Messerstiche aus . . . Der eine starb, und der andere verpflichtete sich bei den Spahis, um der Rache der Eltern seines Opfers zu entkommen.

Voller Scham über seine Tochter gab Vater Kheïra, ein ehrlicher, einfältiger und gottesfürchtiger Mann, sie einem Mann zur Frau, der ebenso arm war wie er selbst und schon zwei Ehefrauen hatte. Alle harten Arbeiten wurden Kheïra auferlegt. Streng bewacht, gebrochen von der vielen Arbeit und den häufigen Schlägen, alterte sie schnell. Ihr Ehemann starb, und sie flüchtete sich zu ihrem Vater, der Mitleid mit ihr hatte und sie behielt.

Eines Tages nahm sie den Stab und machte sich auf die Wanderschaft über die Straßen; unterwegs bat sie um Almosen im Namen Gottes. Sie wurde eine *Derouïcha*; sie pflegt das Gebet. Seit fünf Jahren irrt sie umher, sie ist unschuldig, und ihr Leben ist rein geworden. Sie wäscht die Toten und sie bettelt. Was man ihr gibt, teilt sie mit allen Armen, denen sie begegnet, und oft behält sie nichts für sich selbst . . . Sie ist sanft geworden wie ein Lamm, das neben seiner Mutter spielt; die Unschuld ihres Lebens schützt sie vor allem Übel . . . Gott vergebe unsere Sünden und die aller Muselmanen!»

Der alte Mann verstummte, aber der nachdenkliche Blick seiner auf der *Derouïcha* haftenden dunklen Augen gab wohl zu erkennen, was seine Lippen verstummen ließ . . .

Als sie gegessen und Gott gelobt hatte, erhob sich Mutter Kheïra trotz der inständigen Bitten der Frauen; sie nahm ihren Stab und trat in den Schrecken und den Sturm der Nacht hinaus, mit erloschener Seele, ebenso unberührt von den menschlichen Unruhen und Leidenschaften wie von dem beißenden Wind und der Drohung der Finsternis.

Der Taleb

Trotz seiner Jugend wurde Si Abderrahmane-ben-Bourenane von seinen Mitbürgern aus Tlemcen sehr verehrt, denn er war außergewöhnlich gelehrt und führte ein strenges und reines Leben. Auf dem Rücken seines weißen Maultieres pflegte er bescheiden zu reisen und ließ sich nur von einem einzigen Diener begleiten. So zog der Gelehrte von Stadt zu Stadt, um sein Wissen zu erweitern.

Eines Tages gelangte er im Morgengrauen an die wilden Schluchten des Oued Allala, in der Nähe von Ténès.

An einer überraschenden Straßenkehre hielt Si Abderrahmane sein Maultier an und lobte Gott mit lauter Stimme, so schön war das Schauspiel, das sich seinen Blicken bot. Die Berge traten auseinander und öffneten sich zu einem harmonisch geformten Tal. Ganz unten schlängelte sich der Oued Allala dem Meer entgegen, das den Horizont abschloß. Auf der Rechten schob sich der Berg von Sidi-Merouane mit seinem hohen, gewagten Vorgebirge ins offene Meer hinaus.

In einer Windung des Oued am Fuß des Berges tauchte das Ténès der Muselmanen wie ein weißes Amphitheater zwischen den warmen Brauntönen der Erde und dem kräftigen Grün der Feigenbäume auf.

Ein leichter violetter Nebel umgab den Berg und das Tal, während der östliche Horizont hinter dem Djebel Sidi-Merouane sich allmählich an einem orange- und rotgefärbten Lichterschein entzündete.

Bald glitten die ersten Sonnenstrahlen über die graubraunen Dachziegel, über das weiße Minarett und die ebenso weißen Stadtmauern.

Tal und Berg lagen in einem rosa Hauch. Ténès offenbarte sich Si Abderrahmane zu dieser anmutigen Stunde in den reinsten Farben.

In der Nähe der alten, von der Zeit geschwärzten, ausgehöhlten Festungsmauern, zwischen den zerfallenen, in Trümmern liegenden Häusern mit ihrem Schleier aus unbeflecktem Kalk, öffnet sich ein kleiner Platz – belebt von einem einzigen kahlen und verrauchten maurischen Café mit einer Bogenlaube aus hohen Stangen vor der Tür, an denen sich die Reben eines hundert Jahre alten Weinstocks emporranken. Ein breiter, mit abgenutzten Matten bedeckter Gipsdiwan dient als Sitzgelegenheit.

Von dort sieht man den Eingang der Schluchten, die Pinienwälder, den Djebel Sidi-Abdelkader mit seiner weißen *Koubba* und die Ruinen der alten Zitadelle, der sogenannten *Smala*. Ganz unten, zwischen den abgestürzten Felsbrocken und dem Oleander, fließt der Oued Allala mit seinen klaren Wassern.

Tagsüber pflegte Sidi Abderrahmane den Koran und das Gesetz in der Moschee zu lehren. Man hielt ihn für einen großen Gelehrten und belästigte ihn mit Beweisen der Hochachtung, denen er zu entfliehen suchte.

Jeden Abend, vor der roten Stunde der untergehenden Sonne, begab er sich zu der Bogenlaube, um sich unter den Weinreben auszustrecken.

Dort genoß er köstliche Augenblicke, ganz allein in einer schlichten und ruhigen Umgebung.

Weit entfernt vom ehelichen Heim, vermied er sorgfältig alle Gedanken und vor allem alle Schauspiele, welche die Sinne ansprechen und wecken könnten.

Doch eines Abends ließ er sich hinreißen, eine Gruppe junger Mädchen zu betrachten, die am Brunnen Wasser schöpften.

Ihre Haltungen und Gesten waren voller Anmut. Da sie fast noch Kinder waren, bespritzten sie sich spielend mit Wasser und brachen in lautes Gelächter aus.

Nur eine von ihnen wirkte ernst. Sie war etwas größer als ihre Gefährtinnen und verschleierte die Schönheit ihres Gesichts und die Pracht ihrer Augen halbwegs unter einem alten *Haïk* aus weißer Wolle, den sie mit der Hand zurückschlug. Ihren großen Krug aus gebrannter Erde in der Hand, saß sie auf einem Trümmerhaufen und schien nachdenklich die Feuersbrunst der Abendsonne zu betrachten, die ihr selbst einen purpurnen Glanz verlieh und einen leichten Heiligenschein um ihre schlanke Gestalt legte.

Seit diesem Augenblick lernte Si Abderrahmane alle Freuden und Schrecken der Liebe kennen.

Er hatte keine Macht mehr über sich selbst, sein gefestigter Verstand ließ ihm im Stich. Er fühlte sich schwächer als ein Kind.

Von nun an wartete er fieberhaft auf den Abend, um Lalia wiederzusehen; er hatte ihren Namen zufällig gehört.

Eines Tages schließlich konnte er dem Wunsch, mit ihr zu sprechen, nicht mehr widerstehen; fast unterwürfig bat er sie um Wasser.

Ernst, mit abgewandtem Kopf, reichte Lalia dem Gebildeten ihren Krug.

Doch da Si Abderrahmane schön war und er das junge Mädchen

nun jeden Abend ansprach, faßte sie sich ein Herz und lächelte ihm zu, sobald sie ihn auftauchen sah.

Er erfuhr, daß sie die Tochter armer Bauern war, daß man sie einem Schuster aus der Stadt versprochen hatte; bald würde sie nicht mehr zum Brunnen kommen, da ihre jüngere Schwester Aïcha nahezu von einer Verletzung geheilt war, die sie ans Bett gefesselt hatte. Sobald ihre Gesundheit es zuließ, würde sie, die noch nicht heiratsfähig war, die Wege nach draußen übernehmen.

Da die Blicke und das Gelächter ihrer Gefährtinnen Lalia erröten ließen, flüsterte sie Si Abderrahmane eines Abends zu: «Komm in die Sahel, auf die Straße von Sidi-Merouane, sobald die Nacht hereingebrochen ist.» Trotz seiner Willensanstrengungen und der Gewissensbisse stieg Si Abderrahmane bei Anbruch der Nacht ins Tal hinab.

Zitternd erschien Lalia, um sich in die Arme des *Taleb* zu flüchten.

*

Da ihre Mutter einen festen Schlaf hatte, konnte Lalia jede Nacht entkommen. Eingehüllt in den Burnus ihres abwesenden Bruders, traf sie Si Abderrahmane heimlich in der Sahel, zwischen dichten Oleanderbüschen und leichten Tamarisken.

Manchmal, vor allem in den Mondnächten, liefen sie zu den Hängen des Chârir hinüber, um in den duftenden *Liazir* und dem *Klyl*, dem hohen grauen Lavendel und dem wilden Rosmarin, zu schlafen . . . Wenn sie dicht aneinandergedrängt in der Unsicherheit und Zerbrechlichkeit ihrer Vereinigung dalagen, empfanden sie eine melancholische Freude, eine fast bittere Wollust, die ihnen manchmal Tränen entlockte.

*

Eine Zeitlang genossen die beiden Liebenden ihr verborgenes Glück. Dann setzte das Schicksal ihm ein plötzliches Ende; der Vater Si Abderrahmanes lag im Sterben, und der *Taleb* mußte so schnell als möglich nach Tlemcen zurückkehren.

Am Abschiedsabend brach Lalia zunächst in Verzweiflung und Schluchzen aus. Dann faßte sie sich und wurde ruhiger. Sie führte ihren Geliebten zu einem kleinen, alten, mit Moos bewachsenen Brunnen unterhalb der Festungsmauer.

«Trink», sagte sie, und ihre Bruststimme bekam einen feierlichen Ton. «Trink, es ist das Wunderwasser des Aïn-Djaboub. Es hat die Kraft, jeden, der davon getrunken hat, zur Rückkehr zu zwingen. Jetzt geh, o Geliebter, geh in Frieden. Doch wer vom Aïn-Djaboub getrunken hat, wird zurückkommen, und an jenem Tag werden die Tränen deiner Lalia trocknen.»

«So Gott will, werde ich zurückkommen. Hat er nicht gesagt: ‹Es ist das Herz, das unsere Schritte lenkt›?»

Und der *Taleb* machte sich auf den Weg. Er, den die Reisen einst leidenschaftlich begeistert hatten, der sich von der Vielfalt der Landschaften bezaubern ließ, dieser Si Abderrahmane fühlte, daß ihm alles dumpf und farblos erschien, seit er Ténès verlassen hatte. Die Reise langweilte ihn, und die Orte, die ihm früher gefallen hatten, erschienen ihm häßlich und ohne jede Anmut.

«Ach», dachte er, «nicht die Dinge haben sich geändert, sondern meine trauernde Seele.»

*

Si Abderrahmanes Vater starb, und die Leute aus Tlemcen zwangen ihn gewissermaßen, die Stellung des Verstorbenen als großer *Mouderres* zu übernehmen.

Dank seines großen Wissens und seines Lebensstils, dessen Reinheit an Heiligkeit grenzte, wurde er mit Ehren überschüttet.

Er hatte eine junge und charmante Frau zur Gattin und erfreute sich großen Reichtums.

Dennoch blieb Si Abderrahmane düster und besorgt. Mit seinen Gedanken weilte er in Ténès, bei Lalia.

Trotzdem hatte er den Mut, seine Funktionen als *Mouderres* fünf Jahre lang wahrzunehmen. Doch als sein jüngerer Bruder, Si Ali, so weit herangereift war, daß er sich in Gelehrsamkeit und in Verdiensten aller Art mit ihm messen konnte, trat Si Abderrahmane zu seinen Gunsten von der Aufgabe zurück. Er verstieß seine Frau und machte sich auf den Weg.

Er würde Lalia wiederfinden und sie heiraten ...

So dachte Si Abderrahmane, wie ein kleines Kind; er vergaß, daß der Mensch nie zweimal das gleiche Glück genießt.

*

Als er in Ténès ankam, fühlte Si Abderrahmane sich, als wäre er in die Heimat zurückgekehrt, und sein Herz hüpfte vor Freude; doch von Lalia fand er nur ein kleines graues Grab im schwachen Schatten eines Eukalyptusbaumes im Tal.

Lalia war gestorben, nachdem sie mehr als zwei Jahre unter Tränen auf den *Taleb* gewartet hatte.

Da stand Si Abderrahmane plötzlich am Rande des grenzenlosen Abgrunds, des Nichts aller Dinge.

Er verstand die Eitelkeit unseres Willens und den verhängnisvollen Wahn unseres gierigen Herzens, das uns treibt, nach dem Unmöglichen zu trachten: der Wiederbelebung der toten Stunden.

Si Abderrahmane legte seine städtischen Seidenkleider ab und hüllte sich in grobe Wolle. Er ließ seine Haare wachsen und machte sich barfuß auf den Weg ins Gebirge, wo er mit ungeschickten Händen ein *Gourbi* baute. Dorthin zog er sich zurück und lebte hinfort von der Wohltätigkeit der Gläubigen, welche alle Einsiedler und Armen verehren.

Sein Ruhm als Marabout verbreitete sich allenthalben. Er lebte im Gebet und in der Kontemplation, so sanftmütig und friedfertig, daß sich die scheuen Waldtiere vertrauensvoll zu seinen Füßen niederließen.

Und doch sah der Einsiedler mit den Augen der Erinnerung die Dinge der Vergangenheit, das in purpurnes Gold getauchte Ténès und die von einem Heiligenschein umgebene Gestalt der unvergessenen Lalia; er sah den schützenden Schatten der Feigenbäume der Sahel und die Mondnächte über den Hängen von Chârir, über dem silbernen Lavendel und über dem Meer, das sich tief unten schlaftrunken seinem ewigen Gemurmel überließ.

Der Marabout

Rote Bergwände umschlossen das tiefe Tal, und das düstere Gestrüpp legte sich wie ein Teppich über die Schluchten und die ausgewaschenen, rissigen Felsen, die im Winter von den reißenden Wadis in Mitleidenschaft gezogen werden. Wilde, gewundene, unfreundlich wirkende Oliven- und große Mastixbäume mit steifem, regungslosem Astwerk und metallischen Blättern warfen ihre blauen Schatten auf den holprigen, harten Boden. Am Grunde des Tals entsprang der Ansar-Ed-Dèm, der «Blutquell», aus einem dunklen Spalt, mitten in einem wilden Durcheinander aus Geröll und vergoldeten Stalaktiten, während das unterirdische Wasser rötliche Rostspuren zwischen dem schwarzen Moos und dem anmutigen Farn hinterließ.

Wenn die Hirten morgens kamen, fanden sie manchmal deutliche Anzeichen der nächtlichen *Nefra*, der Kämpfe im niedergetretenen Gras und am feuchten Ufer des Rinnsals; Panther und Hyänen pflegten hier ihren Durst zu stillen, und gelegentlich brachen die schlimmsten, heimtückischen Kämpfe zwischen den mächtigen Nachtschwärmern aus.

Am westlichen Hang der Berge, die den Talkessel abschließen, lagerte eine *Forka*, eine Stammesfraktion, die sich nur kläglich von den unergiebigen kleinen Feldern ernähren konnte, die sie dem feindlichen Berg hatte abringen können.

Die Einwohner dieser Gegend sprachen Arabisch, aber das Tal trug den Bernamen Taourirt und seine *Forka* den recht eigentümlichen Namen Ouled-Fakroun, «Söhne der Schildkröte».

Auch die ältesten Bauern wußten nicht, woher dieser seltsame Name kam ... Es war ihnen übrigens auch ziemlich egal. Sie waren viel zu sehr damit beschäftigt, ihre undankbaren Felder zu bestellen, ihre mageren Herden zu weiden und bei Gelegenheit etwas zu wildern.

Über den Strohhütten der Fraktion erhob sich auf dem Gipfel eines kahlen, felsigen Hügels das geräumigere und stabiler gebaute *Gourbi* von Sidi Bou-Chakour, dem alten, hochverehrten Marabout der Gegend. Neben dem *Gourbi* wuchs eine baumartige Dum-Palme mit einem eigentümlichen Schirm aus fächerförmigen Wedeln, in deren Schutz sich der fromme Alte mit Vorliebe auf einer Matte niederließ, um zu meditieren, seinen Rosenkranz zu beten oder die Pilger zu empfangen.

Doch Sidi Bou-Chakour verachtete die niedrige und harte Arbeit der Bauern nicht. Er bestellte sein Feld mit eigenen Händen, säte das Korn ein und bewachte seine Herde, die von Kindern im Gebirge geweidet wurde.

Der Beduine pflegt sein Vieh bei dem charakteristischen Namen

El mêl, «das Glück», zu rufen ... Diese Tradition des nomadischen Hirtenlebens stammt schon aus uralten Zeiten.

Sidi Bou-Chakour war ein hochgewachsener, hagerer, aber dennoch kräftiger Greis. Sein ovales Gesicht von wahrhaft arabischer Schönheit war braungebrannt und wach, erhellt von dem immer noch lebendigen Glanz seines Blickes: unter den weißen Brauen funkelten die schwarzen Augen des Marabout wie in den Tagen seiner Jugend.

Als Sidi Bou-Chakour merkte, daß er alt wurde, hatte er seine beiden jüngeren Frauen ohne böse Worte und ohne Härte entlassen, um nur die weise und ruhige Aouda zu behalten.

«Der alte Mann ist wie der Stamm eines jungen Baumes, der die Reifezeit erreicht: Er beugt sich nicht mehr.

Wir werden die Strömung des Flusses, mit der Gott uns hat vorantreiben lassen, nie wieder hinaufschwimmen; es geziemt dem alternden Geschöpf nicht, sich verjüngen zu wollen. Für mich ist die Stunde gekommen, alle Dinge dieser Welt, die nicht unbedingt lebensnotwendig sind, hinter mir zu lassen und mich einzig der Anbetung des allerhöchsten Gottes zu widmen, Gutes zu tun und ihm auf dem rechten Pfad zu dienen.»

Aber die Bauern der Ouled-Fakroun zwangen ihren Marabout, die zeitlichen Angelegenheiten nicht vollständig aufzugeben. Sie hatten großes Vertrauen in ihn und fragten ihn bei allen Schwierigkeiten um Rat.

In der Tat, der Alte ließ sich von niemandem knechten, nicht einmal von den *Hakkam*, den Autoritäten. Wenn ihm eine Sache gerecht erschien, trat er mutig für deren Verteidigung ein; schon so manches Mal hatte er teuer für diesen Geist der Unabhängigkeit bezahlen müssen. Hätten noch andere seine Haltung geteilt, wäre dies eine sichere Gewähr für ein Wiederaufleben der gesamten Rasse gewesen.

Häufig hatte Sidi Bou-Chakour Meinungsverschiedenheiten mit den Caïds gehabt, die den Beni-Bou-Abdallah – dem Stamm, von dem die Ouled-Fakroun abhängig waren – in den letzten dreißig Jahren vorgestanden hatten. Im Grunde aber hatten diese Männer, die selbst Beduinen waren, stets Respekt vor dem Marabout bewahrt und ihn zugleich ob seiner Klarsichtigkeit und seiner Meinungsfreiheit gefürchtet, so daß sie es vorzogen, höfliche Beziehungen zu Sidi Bou-Chakour zu unterhalten.

Doch eines Tages wurde ein junger Mann zum Caïd der Beni-Bou-Abdallah ernannt, der bis zu seiner Nominierung kein anderes Leben gekannt hatte als das der Unterdrückung durch seine Familie. Von sklavischer Ergebenheit gegenüber jeder Autorität zeigte sich dieser Caïd besonders hart gegenüber den schutzlosen Bauern, die seiner Verwaltung unterstanden.

Als Sohn eines Vaters, der sich bei den Beni-Bou-Abdallah hatte einbürgern lassen, hatte er das Gymnasium von Oran – mit übrigens kläglichen Ergebnissen – besucht und war dank der hohen Protektionen, die ihm zuteil wurden, sehr jung zum Caïd ernannt worden; Caïd Salah hatte große Ambitionen, er war skrupellos und hielt seine Rasse im Grunde für unter seiner Würde.

Diese zerlumpten Beduinen, die nicht bereit waren, freiwillig auch nur einen *Duro* herauszurücken, die geschwätzig wurden, sobald es um ihre Selbstverteidigung ging, die unentschlossen, aber starrköpfig wirkten, waren in den Augen des Caïd nur ein gemeiner Haufen Vieh, der es verdiente, hart an die Kandare genommen und so gut als möglich ausgebeutet zu werden. Er brachte ihnen keinerlei brüderliche Gefühle entgegen und hatte zu allem Überfluß noch die erstaunliche und etwas lächerliche Naivität, sie wie Wilde zu betrachten, wie Wesen *einer ganz anderen Rasse* ...

Sklavisch ergeben gegenüber den Autoritäten, war Caïd Salah hochmütig gegenüber den Armen, seinen Untertanen. Durch diese Härte zu all denen, die er verächtlich und recht einfältig die «Araber» nannte, und seine gleichzeitige Unterwürfigkeit hoffte er, etwas zu bekommen, was man fälschlicherweise als *Ehren* bezeichnet, Abzeichen und Orden, und wer weiß, vielleicht eines Tages irgendeinen *Aghalik*.

Kaum daß er sein Amt angetreten hatte, kaum daß er Sidi Bou-Chakour zum erstenmal begegnet war, spürte der Caïd, daß der Marabout sein eingefleischter Feind sein würde. Da er es nicht anders gewöhnt war, beeilte er sich, den Marabout bei seinem Vorgesetzten und sogar in Algier als einen Mann anzuprangern, der «*unserer* Herrschaft mit äußerst unfreundlicher Gesinnung gegenübersteht».

Doch da man wußte, was man von den polizeilichen Fähigkeiten des Caïd zu halten hatte, wurde der Marabout in Frieden gelassen. Jedesmal, wenn der Caïd versuchte, sich in die Angelegenheit der

Forka der Ouled-Fakroun einzumischen, scheiterte er an der Besonnenheit und der Energie des Marabout, der nicht zuließ, daß die verängstigten und einfältigen Bauern hintergangen wurden.

Eines Tages wagte der Marabout sogar, dem Caïd, der die Bauern mit verschlagenen, unterschwellig drohenden Worten drängte, ihre Böden zugunsten der Kolonisierung abzutreten, vor der versammelten *Djemâa* zu sagen: «Nimm uns, was du willst, aber behaupte nicht, unser Wohltäter zu sein.»

All diese Mißerfolge schürten den Haß des Caïd Salah gegen den Marabout. Trotz der falschen «Pariser Art», welche der Caïd sich zugelegt hatte, war der Kampf, der vom ersten Tag an zwischen ihm und Sidi Bou-Chakour ausgebrochen war, ein echter Beduinenkampf, finster und voller Arglist.

Doch in der *Forka* herrschte vollkommene Ordnung; die Haltung des Marabout war untadelig, und die Verwaltung hatte trotz all der geschickten Anspielungen und giftigen Verleumdungen des Caïd keinerlei Grund, einzugreifen. Im übrigen täuschte Caïd Salah sich absolut über die Wirkungen, die sein Benehmen und sein Vorgehen hervorbrachte; er glaubte, gut angesehen zu sein, obwohl er in Wirklichkeit verachtet wurde. Man bediente sich seiner schlicht und einfach für jene Aufgaben, die man anderen vorsichtshalber nicht zumutete, wollte sich aber auch keine unnötigen Feinde schaffen, um ihm zu schmeicheln.

Unglücklicherweise brachte die traurige und finstere Affäre um Margueritte Panik und Unordnung in alle Seelen. Froh über die gute Gelegenheit, denunzierte der Caïd Sidi Bou-Chakour als fanatisch und gefährlich. Und eines Tages legte man dem Alten Handschellen an und führte ihn ab in das ferne Taâdmit, dessen Name schon die algerischen Araber erzittern läßt.

Stolz und gelassen antwortete der Marabout auf die hinterhältigen Anschuldigungen des Caïd mit einer scharfen, mitleidslosen Anklagerede gegen seinen Kläger: jenen Mann, den Frankreich zu ihnen geschickt hatte, um sich ein liebenswürdigeres Ansehen und Respekt zu verschaffen, der es aber ganz im Gegenteil hassenswert machte, indem er in seinem Namen Ungerechtigkeiten beging.

In dem Durcheinander, welches die Affäre um Margueritte hervorgerufen hatte, ging die Stimme des Marabout verloren; er aber nahm sein Schicksal mit der schlichten Ergebenheit des wahren

Muselmanen hin, einer Resignation, die nichts mit Schwäche zu tun hat.

In den fernen Bergen über den Hochplateaus arbeitete Sidi Bou-Chakour, ohne je von einem Gericht verurteilt worden zu sein, mit zahllosen anderen Internierten als Sträfling; er mußte bei eisiger Kälte ohne eine einzige Decke auf dem Boden schlafen und bekam keine andere Nahrung als ein halbes Brot von eineinhalb Pfund pro Tag ...

Nachdem ihr Ehemann in die leidvolle Verbannung gegangen war, wurde die von Kummer geschlagene alte Aouda grausam von dem *modernen* Caïd mit seinem frechen Pariser Mundwerk und den so einzigartig vornehmen Manieren verfolgt. Ihres geringen Besitztums unter dem Vorwand beraubt, Sidi Bou-Chakour habe keinen rechtmäßigen Anspruch auf das Eigentum gehabt, mußte Aouda sich zu irgendwelchen Bauern flüchten. Ein unwilliges Raunen ging durch die Fraktion der Ouled-Fakroun und den ganzen Stamm, doch da sie die Rache des «*Roumi-Caïd*» fürchteten, schwiegen sie und senkten den Kopf.

Monate gingen ins Land. Die fromme alte Frau schied bald dahin, ohne Trost gefunden zu haben. Als Sidi Bou-Chakour auf den Einspruch eines tapferen, geradlinig denkenden Beamten aus Algier freigelassen wurde und nach Taourirt zurückkehrte, war er ein gebrechlicher Greis mit unsicherem Schritt und verlorenem Blick. Sein kleines Feld war in fremde Hände übergegangen, sein *Gourbi* zerfallen, seine alte Gefährtin tot und seine Dum-Palme, in deren Schatten er einst so gern gesessen hat, war abgeholzt.

Gelassen und ergeben, ohne eine Spur von Empörung, kauerte der alte Marabout sich unter den Mastixbaum der *Djemâa*, betete zu Gott, bat in dessen Namen um Almosen und wartete, bis seine Schicksalsstunde schlug.

Sidi Bou-Chakour starb kurz nach seiner Rückkehr von Taâdmit unter der höchsten Verehrung der armen und einfältigen Bauern der Fraktion der Ouled-Fakroun. Man beerdigte ihn neben dem «Blutquell»; sein Grab wurde ein Wallfahrtsort für alle Beduinen der Umgebung, denn der bescheidene, heilige Mann hatte sie geliebt und ihnen beigestanden.

FRAUEN

Das Portrait der Ouled-Naïl

Dem neugierigen Blick der Fremden wird in allen Schaufenstern ein bestimmtes Portrait der Frau aus dem Süden angeboten: sie trägt eine eigentümliche Tracht und hat das beeindruckende Gesicht einer geisterhaften Erscheinung oder eines alten Götzen aus dem Orient ... Ein Raubvogelgesicht mit geheimnisvollen Augen. Wie viele sonderbare Träumereien mag dieses Portrait der «Ouled-Naïl» bei den Beschauern ausgelöst haben, bei all den Passanten, in denen dieses Bildnis Verwirrung auslöst; wie viele Vorahnungen des trübsinnigen und prachtvollen Südens mag es in den feinsinnigen Seelen heraufbeschworen haben?

Doch wer kennt die Geschichte dieser Frau, wer könnte vermuten, daß sich in ihrem unbekannten Leben, in der zugleich so nahen und so fernen Fremde, ein echtes menschliches Drama abgespielt hat, daß ihre undurchdringlichen Augen und ihre geschwungenen Lippen dem Schatten des Glücks zugelächelt haben?

Zunächst einmal muß gesagt werden, daß die Bezeichnung «Ouled-Naïl», die dem Portrait der Achoura-bent-Saïd gegeben wird, trügerisch ist: Achoura, die zweifellos noch in irgendeinem verlorenen Beduinen-Gourbi lebt, ist eine Tochter des menschenscheuen Stammes der Chaouïya aus dem Aurès-Gebirge.

Ihre bewegte und traurige Geschichte füllt eines jener arabischen Liebesgedichte, die sich in der uralten Kulisse erstarrter Sitten abspielen und nur von Hirten oder Kameltreibern gesungen werden; nur sie verstehen es, mit einer ganz und gar intuitiven und ungekünstelten Schönheit lange Klagelieder über die Lieben ihrer Rasse, die Ergebenheit, die Rache, die *Nefra* und die *Rezzou* zu improvisieren, Klagelieder von der gleichen Monotonie wie die Wüstenstraßen.

Als Tochter eines Holzfällers hatte Achoura angesichts der weiten, erhabenen Horizonte über dem Gebirge und der düsteren Zedernwälder lange Zeit den unendlichen Traum der arglosen Unschuld geträumt. Dann aber hatte man sie in viel zu jungen Jahren verheiratet, und ihr Ehemann hatte sie mitgenommen in das traurige, öde Batna, die Stadt der Kasernen und Mauern, eine Stadt ohne Vergangenheit und ohne Geschichte. Von der Außenwelt abgeschnitten, der unerträglichen Langeweile eines Daseins ausgesetzt, für das sie nicht geboren war, hatte Achoura alle Schrecken des ungestillten Bedürfnisses nach Freiheit kennengelernt. Nach kurzer Zeit von ihrem Mann verstoßen, hatte sie sich anschließend in einer der baufälligen Hütten des «Negerdorfs» niedergelassen – dem unvermeidlichen Anhängsel der Kasernen jeder Garnison.

Dort hatte sich ihr eigentümlicher Charakter gefestigt. Unzugänglich und hochmütig gegenüber ihresgleichen und den Kunden mit den roten Westen oder den Soldatenhosen, stand sie den Armen und den Gebrechlichen hilfreich zur Seite.

Dennoch berauschte sie sich genau wie die anderen am Alkohol und verbrachte lange Stunden wartend auf ihrer Türschwelle, die unvermeidliche Zigarette im Mund und die Hände über dem angezogenen Knie gefaltet. Doch stets bewahrte sie jene traurige und ernste Miene, die so gut zu ihrer düsteren Schönheit paßte, und in ihren Augen mit dem gedankenlosen, in die Ferne schweifenden Blick flackerte die Flamme der Leidenschaft.

Eines Tages kam der Sohn eines großen Zelts, Si Mohammed-el-Arbi, dessen Vater das Amt eines *Aghalik* im Süden innehatte; er bemerkte Achouras Schönheit und wurde ihr Geliebter. Mutig und von schöner Gestalt, begabt mit der Fähigkeit zu heftiger Leidenschaft, brachte der junge Chérif Glück in das Leben der Chaouïya, das einzige Glück, das ihr zugänglich war: ein bitteres, mit Leid vermischtes Glück. Eifersüchtig und durch die niedrige Promiskuität in seinem Stolz verletzt, konnte Si Mohammed-el-Arbi es kaum ertragen, Achoura den Soldaten ausgeliefert im Negerdorf zu lassen. Doch es wäre ein Skandal gewesen, sie von dort zu entfernen, und der junge Chérif fürchtete den väterlichen Zorn ...

Wie alle Verliebten fühlte auch Achoura sich wie neugeboren. Sie hatte den Eindruck, nie zuvor gesehen zu haben, wie die Sonne den azurblauen Höhenzug der Berge vergoldete, wie das Licht eigenwillig in den dicht belaubten Bäumen des Gebirges spielte. Weil sie selbst von Freude erfüllt war, fühlte sie eine ebenfalls nach ewiger Liebe schmachtende Freude von der Erde aufsteigen.

Wie alle Mädchen ihrer Rasse betrachtete auch Achoura die Käuflichkeit ihres Körpers als einziges Mittel zur Befreiung, das einer Frau zur Verfügung stand. Sie wollte nicht mehr in der Häuslichkeit gefangen sein, sie wollte am hellen Tageslicht leben und schämte sich ihrer Lebensweise nicht im geringsten. Was sie tat, schien ihr legitim und störte ihre Liebe zu dem Auserwählten keineswegs, ja, sie kam nicht einmal auf die Idee, ihre unsäglichen Rauschzustände mit dem zu vergleichen, was sie zynisch als «Geschäft» bezeichnete ...

Achoura liebte Si Mohammed-el-Arbi. Ihm öffnete sie Schätze des Zartgefühls und Köstlichkeiten mit einem Hauch von Wildheit.

Kein anderer durfte auf der weißen Wollmatratze schlafen, die dem Chérif vorbehalten war; keiner legte seinen Kopf auf das bestickte Kissen, auf dem Si Mohammed-el-Arbi zu ruhen pflegte ... Wenn er seinen Besuch angekündigt hatte, kaufte sie bei den «Roumi-Gärtnern» einen duftenden Blumenstrauß und streute die Blüten über die Matten und das Bett, bis in ihrem bescheidenen Zimmer nichts mehr von der gewohnten Kulisse der käuflichen Orgien übrigblieb ...

Die ärmlich Unterkunft, die gewöhnlich grobe Trunkenheit und alltägliche Ausschweifungen beherbergte, verwandelte sich in ein zärtliches, geheimnisvolles Liebesnest.

Achoura, die sich den anderen Männern von ihrer gebieterischen, wunderlichen und harten Seite zeigte, war dem Chérif gegenüber sanft und ergeben, ohne deshalb passiv zu sein. Sie war glücklich, ihm zu dienen, sich vor ihm zu demütigen; und sie fand großen Gefallen an seinen Gebaren als despotischer Herr. Nur die Eifersucht des Geliebten bereitete ihr zuweilen grausames Leid.

Die Zugeständnisse, die Achouras Stellung verlangten, verletzten das angeborene Zartgefühl des Chérifs sicherlich, doch er war durchaus bereit, sich insoweit Gewalt anzutun und sie zu akzeptieren, um sich nicht durch die Zurschaustellung einer fast ehelichen Verbindung offen gegen die Sitten zu erheben. Doch es gab etwas anderes, was er fürchtete, was ihn, sobald er nur den geringsten Verdacht hegte, in schrecklichen Zorn geraten ließ: die *Liebe* der anderen, die mögliche *Ernsthaftigkeit* in den Beziehungen, die Achoura während der Abwesenheit ihres Herrn mit Unbekannten unterhielt. Er war beseelt vom Mißtrauen seiner Rasse, und der Verdacht quälte ihn.

Eines Tages schloß er aus irgendwelchen vagen Anzeichen auf einen Verrat. Sein von ernsthaftem Schmerz geschürter Zorn war schrecklich. Er schlug Achoura und ging davon, ohne ein Abschiedswort, ohne ein Wort der Vergebung.

Si Mohammed-el-Arbi wohnte in einem einsamen *Bordj* im Gebirge, weit von der Stadt entfernt. Ganz allein machte Achoura sich in der eiskalten Winternacht zu Fuß auf den Weg, ihn um Vergebung zu bitten. Des Morgens fand er sie kraftlos vor der Tür des *Bordj* im Schnee liegend. Gerührt erklärte Si Mohammed-el-Arbi sich bereit, ihr zu verzeihen.

Gewinnsüchtig und geldgierig gegenüber den anderen, war Achoura äußerst selbstlos, wenn es um den Chérif ging; sie zog seine Anwesenheit allen Geschenken vor.

Eines Tages aber erfuhr der Vater des jungen Mannes von dem Gerücht, sein Sohn unterhalte eine Beziehung zu einer Frau aus dem Dorf.

Er kam nach Batna und erzielte Achouras sofortige Ausweisung, ohne Si Mohammed-el-Arbi auch nur ein Wort zu sagen.

Unter Tränen flüchtete sie sich in einen jener kleinen Läden, welche die Ouled-Naïl in der schwülen, übelriechenden Hitze von Biskra bewohnen.

Doch seinem Vater zum Trotz nutzte Si Mohammed-el-Arbi jede Gelegenheit, seine Geliebte wiederzusehen. Und da sie beide füreinander gelitten hatten, wurde ihre Liebe immer schöner und menschlicher.

... In den matten Stunden der Siesta lag Achoura auf ihrer Matratze und verlor sich in langen Betrachtungen der heißgeliebten Züge eines verblichenen Photos, das sie mit Küssen bedeckte ... So wartete sie auf die gesegneten Augenblicke, wo er bei ihr war und sie die schmerzliche Trennung vergessen konnten.

Doch Achouras Glück sollte nicht lange währen. Si Mohammed-el-Arbi bekam einen hochbezahlten Posten als Caïd im Süden;

noch vor seiner Abreise schwor er Achoura, sie nach Touggourt zu holen, wo sie wenigstens in seiner Nähe wäre.

Achoura wartete geduldig. Die Briefe des Caïd waren ihr einziger Trost, doch bald wurden auch diese Ermutigungen immer seltener. In dem neuen Land, in dem neuen Leben, das so anders war als die verträumte Untätigkeit, die er zuvor genossen hatte, ließ Si Mohammed-el-Arbi sich von anderen Trunkenheiten berauschen, von anderen Augen fesseln. Und es kam der Tag, wo der Caïd keinen Brief mehr schrieb . . . Für ihn hatte das Leben kaum erst begonnen. Für Achoura war es zu Ende gegangen.

Seit dem Tag, an dem sie die Gewißheit erlangt hatte, daß Si Mohammed-el-Arbi sie nicht mehr liebte, war irgend etwas in ihr erloschen. Und mit dem Erlöschen dieses Lichts war es auch um Achouras Seele finster geworden. Gleichgültig und trübsinnig hatte sie angefangen zu trinken, um alles zu vergessen. Angezogen von teuren Erinnerungen, kehrte sie schließlich nach Batna zurück. In den Dorfspelunken lernte sie einen Spahi kennen, der sie liebte und dem sie sich ergab, ohne daß er ihr am Herzen lag. Nachdem der Spahi seinen Militärdienst hinter sich hatte, verkaufte sie ihre Edelsteine und behielt nur jenen Schmuck, den der Chérif ihr gegeben hatte.

Einen Teil des Geldes überließ sie armen Pilgern, die gerade nach Mekka aufbrechen wollten; dann heiratete sie El-Abadi; doch als Trinker und Spieler war dieser dem zivilen Leben nicht gewachsen, und er verpflichtete sich wieder beim Militär.

Achoura zog sich in den Schatten und die Einsamkeit des muselmanischen Heims zurück, wo sie seither ein beispielhaftes, stilles Leben führt.

Sie hat diese Zuflucht gewählt, um in aller Ewigkeit an Si Mohammed-el-Arbi denken zu können, den schönen Chérif, der sie seit langer Zeit vergessen hat, und den sie immer noch liebt.

Die Verlobte

Mohammed strich mit der rechten Hand über seinen noch spärlichen Bartflaum.

«Schau her, Emmbarka», sagte er feierlich, «diesen Bart möge man mir abrasieren, auf daß ich einer Frau gleiche, wenn ich mein Wort nicht halte und dich nicht in das Zelt meines Vaters bringe! Mögen meine beiden Augen erblinden und ich mein Leben als Bettler im Namen Gottes beschließen, wenn ich dich vergesse!» Emmbarka war kraftlos auf den schweren, bunten Schlafteppich gesunken und weinte still vor sich hin.

Ihr anmutiger Körper war jugendlich schlank, und ihr ovales Gesicht mit der samtweichen, ambraduftenden Haut strahlte zauberhafte Frische aus. Ihre schmalen, tiefschwarzen Augen waren rotgeweint von den vielen Tränen, die sie seit dem Vorabend vergossen hatte, als Mohammed gekommen war, ihr anzukündigen, daß er mit der Reiterabteilung seines Stammes ins Süd-Oranais aufbrechen müsse.

«Ja, das sagst du jetzt, und dann ziehst du in den Krieg, und selbst wenn Gott dich lebend zurückkehren läßt, wirst du die arme, nichtswürdige Emmbarka vergessen haben!»

Mohammed beugte sich zu ihr hinab, umarmte sie und trocknete zärtlich ihre Tränen.

«Weine nicht, sowohl das Leben als auch der Tod und das Herz des Menschen liegen in Gottes Händen. Was mich betrifft, so habe ich nur ein Wort; Gott möge mich verfluchen, wenn ich die Schwüre des heutigen Tages vergesse! Für dich habe ich meine Frau, die Mutter meines Sohnes, verlassen, für dich habe ich es ertragen, ständig von meinem Vater gequält zu werden . . . Bleib in Frieden hier, Emmbarka, und warte auf meine Rückkehr; verlaß dich auf Gott und auf mich!»

Da er seine Rührung kaum noch beherrschen konnte, stand Mohammed auf und ging abrupt hinaus: es gehörte sich nicht für einen Mann, für einen *Djouad*, einen Adeligen, vor einer Frau zu weinen.

Und Emmbarka blieb allein in ihrem elenden Zimmer zurück, dem weißgekalkten Laden in einer der schlammigen, verlassenen Gassen von Aflou.

Ein paar Monate zuvor, als Mohammed-Ould-Abdel-Kader,

Sohn eines der größten Zelte des Djebel Amour, zur Jagd ins Gebirge gekommen war, hatte er Emmbarka an einer Wasserstelle gesehen, wo sie ihren großen Krug aus gebrannter Erde füllte. Noch kaum heiratsfähig, war Emmbarka unter ihren Nomadenlumpen schon eine schöne junge Frau, und Mohammed hatte sie begehrt. Mit der Passivität der Mädchen ihrer Rasse hatte sie nachgegeben, denn Mohammed war schön, jung, von hohem Geschlecht und freigebig, von jener unbekümmerten arabischen Freigebigkeit, die an Verschwendung grenzt.

Als er nach Aflou zurückkehren mußte, war sie ihm gefolgt und hatte sich bei den Freudenmädchen niedergelassen, deren leuchtend bunte Kleidung einen Hauch von Fröhlichkeit in die finstere Kulisse aus grauem Gestein, rosa Erde und dunklem Grün dieses winzigen und traditionsreichen Prostituiertenzentrums brachten.

Und Mohammed, der das väterliche Zelt unter durchsichtigen Vorwänden verließ, suchte sie trotz des Zornes seines Vaters und der Warnungen aller ehrbaren Muselmanen hartnäckig immer wieder dort auf.

Zwischen Mohammed und Emmbarka war eine jener seltsamen, zugleich heftigen und zärtlichen Lieben entbrannt, wie man sie häufig zwischen adeligen Arabern mit Aussicht auf eine gute Stellung und irgendwelchen dunklen Prostituierten findet.

Mohammed überschüttete seine Geliebte mit Geschenken, machte um ihretwillen Schulden und trotzte den Folgen seines Verhaltens mit ungewöhnlicher Kühnheit.

Der Befehl, mit der Reiterabteilung seines Onkels, des Caïd, aufzubrechen, hatte Mohammed mitten in seinem Traum überrascht. Widerwillig gehorchte er; ein paar Monate zuvor wäre er glücklich von dannen gezogen, voller Begeisterung und Stolz: er sah den Krieg unter dem verlockenden, berauschenden Aspekt einer großen gefährlichen Fantasia.

*

... Die Sonne war gerade aufgegangen; rot stand sie am Himmel, über den steinigen Hügeln, die mit ihren unbefleckten blaßrosa Tönen unendlich durchsichtig wirkten. Der erste kühle Herbstwind rauschte durch die silbrig schimmernden Pappeln, welche die französischen Straßen säumten. Die Kapuzen auf dem Kopf, zogen die Nomaden in ihren weißen oder schwarzen Burnussen auf ihren mageren, aber dennoch feurigen kleinen Pferden vorbei. Stolz auf ihre Patronengürtel und ihre Gewehre durchquerten die Gum-Reiter ohne jede Notwendigkeit die ganze Stadt, um die noch schlaftrunkenen Frauen auf die Schwellen ihrer Häuser zu locken. Es gab endlose Abschiedszeremonien mit den tätowierten Schönen, und immer wieder wurden im Vorübergehen scherzhafte Worte ausgetauscht.

Nach Lust und Laune reizte Mohammed seine schöne braune Stute, die sich fröhlich wiehernd an der Spitze der Reiterabteilung aufbäumte. Mit seiner himmelblauen, goldverbrämten Weste, seinen roten Stiefeln und seinem Burnus aus feiner weißer Seide sah der Nomade großartig aus. Eine unbefleckte Mousselin-*Lithoua* umrahmte sein regelmäßiges, scharfgeschnittenes Gesicht mit polierten Bronzeplättchen und dämpfte den wunderbaren Glanz seiner braunen Augen durch einen leichten Schatten.

Vor Emmbarkas Tür hielt er inne, neigte sich aus seinem mit Silber besetzten Pantherfell-Sattel zu ihr herab und verabschiedete sich bewegt und taktvoll von ihr, die seit dem Morgengrauen in ihren durchsichtigen Mousselin-Gewändern und ihren Brokattüchern, geschmückt und regungslos wie ein Götzenbild, gewartet hatte.

Bleich und bekümmert lächelte sie ihm zu und folgte ihm, solange er in Sicht war, mit den Augen, wie er zwischen seinen Mannen hin und her tanzte – bis er zwischen den dunklen Flecken der Thuja-Pflanzen auf dem gräulichen Hochplateau verschwand.

*

Tage und Wochen verflossen: für Emmbarka in absoluter Monotonie, für Mohammed zunächst voll unverhergesehener Ereignisse, doch später umwölkt von drückender Langeweile.

In der Tat hatte er schon nach kurzer Zeit seine großen Illusionen verloren: statt der erträumten Scharmützel, der Gewehrschüsse und der Kriegsbeuten hatte er im Gefolge der Kamelkonvois endlose, langsame, reizlose Fußmärsche über die verlassenen Pfade des äußersten Südens bewältigen müssen.

Sie hatten keinen einzigen Angriff erlebt, nur manchmal ein paar Gewehrschüsse in der Ferne gehört.

Die ungeduldigen Gum-Reiter legten den Weg nach Beni-Abbès ohne Zwischenfall zurück. Anschließend wurden sie nach Béchar geschickt: dort würde das Schießpulver mit Sicherheit sprechen. Doch es geschah nichts dergleichen – unzufrieden und erschöpft kehrten sie zurück. Man sandte sie in die Gegend von Ich und Attatiale. Es war die Rede von einer bedeutenden *Harka* der Beni-Guïl, die verfolgt werden sollte ... Nach langen Gewaltmärschen durch Gebirge und Gestrüpp fanden die Gum-Reiter ein gutes Dutzend heruntergekommener, verschmutzter Zelte mit ein paar ohnmächtigen Greisen und Frauen, die sich ihnen klagend zu Füßen warfen und um Brot baten.

Abends, als sie in ihrem Lager um die hellen Feuer saßen, begannen die Reiter aus dem Djebel Amour zu murren: wahrhaftig, entweder hatten die Roumis Angst vor den Banditen aus dem Westen, oder aber sie verstanden sich einfach nicht auf den Krieg, da sie nicht angriffen und ihre Zeit mit sinnlosen Märschen verloren!

Die ursprünglichen Nomaden verstanden nichts von diesem modernen, mit Politik vermischten Krieg, von dieser friedlichen «Polizei» mitten auf fremdem Territorium. Hätte man sie gewähren lassen, wäre das eine ganz andere Sache gewesen: Da die Feinde, die bekämpft werden sollten, zu den Beni-Guïl, den abtrünnigen Doui-Menia, den schrecklichen Ouled-Djerir und den unfaßbaren Berabern gehörten, hätten sie diese bis in die hintersten Winkel des Tafilalt verfolgt und ausgerottet!

*

An einem nebligen, kalten Tag kehrte die Reiterabteilung nach Béchar zurück; unterwegs mußte sie einen steinigen, von recht niedrigen, unfruchtbaren Hügeln umgebenen Paß durchqueren. Die müden Pferde bewegten sich nur langsam, mit gesenktem Kopf voran. Es war die Zeit des Ramadan, und die vom Fasten mißgelaunten Gum-Reiter zogen schweigend, in ihre staubigen Burnusse gehüllt, ihres Wegs.

Plötzlich hallten zwei oder drei Schüsse durch die Stille. Ein Pferd brach zusammen.

Der Offizier stoppte den Konvoi, und die Gum-Reiter begannen, auf den zerklüfteten Hang zu zielen, wo der unsichtbare Feind versteckt sein mußte.

Wieder fielen Schüsse, gezielt, tödlich. Die Gum-Reiter parierten eifrig, doch ihre Kugeln waren dazu bestimmt, sich nutzlos in den Felsen zu verlieren, während sie selbst vom Feind gesehen wurden und sichere Zielscheiben abgaben.

Nur wenige der fünfzig Gum-Reiter aus dem Djebel Amour konnten mit ihrem verletzten französischen Offizier der unheilvollen Schlucht entkommen.

Bou-Hafs, Mohammeds Vetter, hatte seinen Schützling keinen Augenblick allein gelassen. Mohammeds Nomadenherz hüpfte vor Freude und Erregung: endlich hatte er den Krieg, den wahren Krieg! Und er schoß wie die anderen auf gut Glück in die Felsen, während er den Banditen, den Feiglingen, die nicht wagten, ihr Gesicht zu zeigen, Flüche und Verwünschungen zurief.

Als Mohammed mit durchschossener Brust über den steinigen Boden rollte, hatte die Reiterabteilung schon die Flucht ergriffen.

Bou-Hafs sprang vom Pferd, nahm den Körper seines Vetters und warf ihn über seinen Sattel. Dann stieg er auf und galoppierte in einem Bleihagel davon, bis er wieder zu der Reiterabteilung stieß.

«Die Hunde werden sich nicht über Abdel-Kaders Sohn lustig machen!» sagte Bou-Hafs.

Und Mohammed schlief seinen letzten Schlaf in der roten Erde, am Rand der Straße von Béchar.

*

Düster ging der Winterabend über Aflou zur Neige. Etwa zwanzig zerlumpte Reiter trabten auf ihren abgekämpften Pferden durch die Straßen. Mit finsteren Mienen gaben sie kaum Antwort auf die Fragen der scharenweise im anmutigen Flug bunter Schmetterlinge herbeieilenden Frauen.

Blaß und abgemagert stellte Emmbarka den schweigend in seinen zerfetzten schwarzen Burnus gehüllten Bou-Hafs mit einer fragenden Geste zur Rede.

«Gott schenke ihm seine Barmherzigkeit!» Damit zog Bou-Hafs seines Wegs, ohne sich noch einmal nach Emmbarka umzudrehen, die einen langen Schrei von sich gab, wie ein verletztes Tier. Sie zerkratzte sich das Gesicht, wand sich vor ihrer Tür wie wahnsinnig auf dem Boden und wehrte die Frauen ab, die sie zu trösten versuchten ...

*

Geschmückt mit rosa Seide und goldbesetzten Tüchern gleitet Emmbarka unter ihren langen, bestickten Mousselinschleiern über die Steinfliesen und läßt ihre Hüften aufreizend schwingen.

Von einer Bank ertönt die grenzenlose, wilde Traurigkeit einer schrillen *Rhaïta*, unterlegt mit den tiefen Schlägen der Tamburins. Emmbarka erntet die weißen Münzen, welche die Männer ihr zwischen die Lippen schieben.

Dann kehrt sie auf ihre Bank zurück und wartet, bis irgendein Spahi oder Beduine sie ins Liebeslager ruft. Doch ihr Blick ist finster, ihre Lippen lächeln nicht: sie denkt immer noch an den schönen Mohammed, den auserkorenen Geliebten, der dort unten, im fernen Maghreb schläft.

Aflou, Dezember 1903

Taalith

Wie ein wunderschöner Traum kamen ihr die unbeschwerten Tage auf den freundlichen, sonnenvergoldeten Hügeln in Erinnerung, am Fuß der mächtigen, von tiefen Schluchten zerrissenen Berge, zwischen deren Gipfeln der milde blaue Horizont sichtbar wurde ... In der Umgebung gab es große Pinien- und Korkeichenwälder, die still und bedrohlich wirkten; und aus dem dichten Buschholz stieg ein heißer Atem auf, der die durchsichtige Klarheit der Herbsttage, die erbarmungslose Trunkenheit des Frühlings erfüllte ...

Am Rand der friedlichen Oueds, in den Feigengärten und den grauen Olivenhainen, allenthalben fand man grüne Myrthen und Oleander ... Das durchscheinende Farnkraut zog einen leichten Schleier über die Blutgerinnsel der zerklüfteten Felsen neben den sprudelnden Wasserfällen, und die reißenden Bergströme tummelten sich fröhlich in der Sonne, während sie das Grauen der Winternächte mit tosendem Rauschen erfüllten.

Dort, in der ununterbrochenen Flut des wohltuenden, belebenden Lichts hatte sie als freie, unbeschwerte kleine Hirtin gespielt und ihre kräftigen, fast nackten Glieder der Sonne ausgesetzt... Mit einem Schauder wiedergefundener Erregung dachte sie an die prachtvolle Hochzeit zurück, da sie Rezki-Bou-Saïd, dem schönen, heißgeliebten Jäger, zur Frau gegeben wurde.

Und jetzt, in der Erinnerung, hatte sie den Eindruck, daß all diese verflossenen Tage ungetrübt und ohne Traurigkeit verlaufen waren, daß alles sich an ihrem Liebestaumel berauscht hatte.

Dann aber waren die schwarzen Stunden gekommen...

Plötzlich war alles dahin, zerschlagen, dem Erdboden gleichgemacht, weggefegt wie von einem Wirbelwind, der auf der sonnigen Straße sein Unwesen treibt. Eines Nachts hatten Pferdediebe Rezki mit einem Gewehrschuß getötet... In schmerzlicher Trauer hatte sie ihre ganze Fleischeslust zu Grabe getragen, wie eine Wahnsinnige die Kleider zerrissen, sich das Gesicht zerkratzt, bis ihr das Blut unter den strähnigen Haaren über die Wangen lief. Sie hatte geschrien und geheult wie die vom Blei getroffenen Tiere im Gebirge. Dann, im eiskalten Winter war ihr Vater an Not und Entsetzen gestorben, nachdem der Sturm schwere Schneeberge an den Wänden des baufälligen *Gourbi* aufgetürmt hatte... Ein paar Monate später hatte Zouïna, Taaliths Mutter, einen Händler geheiratet, der sie beide mit nach Algier nahm.

Und jetzt war Taalith in dem abgeschlossenen maurischen Hof gefangen, wie in einem Gefängnis mit hohen, hellblau gestrichenen Mauern, umgeben von klosterähnlichen Säulengängen, mitten in der beunruhigenden Beklemmung, welche das von Dunkelheit und scheuem Mißtrauen erfüllte alte Algier der Türken und Mauren ausstrahlt... Sie erstickte in diesem tödlichen Schatten, wo sie nur unter Frauen lebte, die eine andere Sprache sprachen und sie verächtlich «die Kabyle» nannten.

Dort hatte eine neue Qual für sie begonnen: ihr Stiefvater wollte sie wiederverheiraten und sie seinem häßlichen alten Geschäftspartner geben.

Doch die senile Verbindung widerstrebte Taaliths liebesdurstigem Leib, und sie widersetzte sich mit allen Kräften.

«Ich liebe Rezki!» antwortete sie ihrer Mutter, als diese ihr von ihrer Jugend und ihrer Schönheit sprach, um sie zu überzeugen.

Es stimmte wirklich. Sie liebte den toten Gemahl und Geliebten, den Mann, der ihrem ganzen Körper in schmerzlich-sanfter Erinnerung geblieben war.

Doch angesichts der zermürbenden Zudringlichkeit ihrer Mutter und der Gewalttätigkeit ihres Stiefvaters, der sie grausam schlug, fühlte Taalith die Nutzlosigkeit ihres ausweglosen Kampfes. Und außerdem, änderte das etwas an ihrer Liebe zu dem Toten? War sie ihm nicht treu, fühlte sie sich nicht allein und unfähig zu einer neuen Liebe?

Ihr dunkelhäutiges Gesicht mit den von trauriger Zärtlichkeit erfüllten schmalen Augen, der tätowierten Stirn und dem sanften Mund erstarrte und magerte krankhaft ab. Eine eigentümliche Flamme entzündete sich in ihrem verdüsterten Blick.

Eines Tages sagte sie zu ihrem Stiefvater: «Da es geschrieben steht, werde ich gehorchen...» Dann wartete sie, noch stiller und bleicher als zuvor.

*

Es war am Vorabend des Tages, an dem die Hochzeitsfeierlichkeiten beginnen sollten. Nach und nach hatte die Nacht auch die letzten Geräusche der armen Hausbewohner zum Schweigen gebracht. Taalith und Zouïna waren allein.

«Mutter», sagte Taalith mit seltsamem Lächeln, «ich möchte, daß du mir meine Hochzeitskleider anlegst und mich schmückst, wie ich morgen geschmückt sein soll; ich will sehen, ob ich mit meinen halb totgeweinten Augen wenigstens noch schön sein kann!»

Glücklich über die vermeintliche Wiederkehr kindlicher Freude beeilte Zouïna sich, Taalith die feinen, golddurchwirkten Tüllhemden, die hellen Seidengandouras und die schillernden Tücher zu reichen... Dann legte sie ihr alle kabylischen Edelsteine an, die sie besaß: auf dem Kopf mit den langen gefärbten Haaren befestigte sie das silberne, mit Korallen verzierte Diadem. Über den schweren, ziselierten Ring legte sie ihr Ketten aus Glasperlen, Goldstücken und Korallen um den zarten, nackten Hals. Sie schnürte einen breiten Silbergürtel um die geschmeidige Taille, bedeckte die runden Handgelenke mit Armreifen und die schmalen Fesseln mit klimpernden *Khalkhal*. Ein Halsband aus wohlriechendem, gehärtetem Teig umgab Taalith mit einem reizvollen Duft.

Zouïna hockte auf dem Boden und bewunderte Taalith.

«Wie schön du bist, Gazellenauge!» wiederholte sie.

Taalith hatte ihren Spiegel genommen. Sie betrachtete sich lange, wie in Ekstase, so lange, bis Zouïna einschlief.

Da streifte Taalith ihre geräuschvollen *Khalkhal* von den Fesseln und ging in den Hof hinaus, der weiß im schräg einfallenden Mondlicht vor ihr lag; lautlos glitt sie über die Kacheln, ließ die Säulengänge im blauen Schatten hinter sich zurück.

Wie im Traum murmelte Taalith: «Es muß schon spät sein!» Vom Fieber geschüttelt, drückte sie ihre glühende Stirn gegen den kalten Marmor einer Säule ... Ein unerträglicher Schmerz schnürte ihr die Kehle zusammen, ein stummer, tränenloser Schluchzer durchfuhr ihren Leib.

Die Korallverzierungen ihres Diadems schlugen gegen den Stein und gaben ein schwaches Klimpern von sich ... Taalith fuhr zusammen und richtete sich wieder auf; sie war sehr bleich geworden.

In der Ecke schlummerte ein alter maurischer Brunnen, ein enger, bodenloser Abgrund.

Sie neigte sich einen Augenblick über das schwarze Geheimnis der Brunnenöffnung ... Dann stieg sie auf den abgenutzten steinernen Kranz. Einen Moment lang stand sie aufrecht in der Herrlichkeit des Mondscheins, wie ein versilbertes Götzenbild.

Sie schloß die Augen, ein andächtiges Gemurmel islamischer Worte bewegte ihre Lippen, dann ließ sie sich in das dunkle Loch fallen; man hörte Seide rauschen, Edelsteine klimpern. Ein dumpfer Aufprall, ein fernes Plätschern: das schwarze Wasser, das Ungeheuer, leckte die klebrigen Innenwände ... Dann wurde alles still.

Zur Braut geschmückt war Taalith verschwunden. Von allen Seiten wurde sie bezichtigt, dem Hause entflohen zu sein, um sich in den Spelunken der Casbah zu prostituieren.

Nur die verstörte alte Zouïna ahnte die Wahrheit; flehend bat sie immer wieder darum, man möge sie an einem Seil in den Brunnen hinunterlassen. Da ihr wahnsinnig wirkendes Bitten kein Ende nahm, ließ der Gebieter des Hauses den Brunnen zumauern. Doch Zouïna ließ nicht ab von dem rauhen Gestein, sie zerkratzte sich

Nägel und Hände und schrie tagelang den geliebten Namen: *Taalith*!

Man suchte die Umgebung ab, doch vergeblich. Schließlich wurde das Brunnenloch wieder geöffnet, ein Mann stieg hinab und fand Taalith im Wasser treibend ...

Man legte den Leichnam auf die weißen Kacheln; die stille Abendsonne warf einen rosa Schein auf die Edelsteine, die immer noch festhielten an dem aufgedunsenen, grünlichen Leib – an der unreinen Fäulnis derer, die einst Taalith gewesen war ...

FELLAH

Die langen Abende des Ramadan

Den ganzen Tag haben die *Fellah* mit düsterem Blick und gesenktem Kopf die kleine Egge und den Holzpflug geschoben, das ausgehungerte Gespann mit heiseren Schreien angetrieben.

Jetzt ist es bald Abend. Die rosige Sonne geht hinter den Tonhügeln unter, welche das Tal umschließen. Die *Ar'ar*-Büsche lassen lange, schwarze, rotgesäumte Schatten über den schillernden Boden wandern. Etwas aufgeheitert kehren die Feldarbeiter zu ihren grauen *Mechtas* zurück, von denen hohe, blaue, schwach sich windende Rauchsäulen aufsteigen. Sie gehen barfuß und tragen erdige Ganduras, die in der Taille durch eine Kordel oder einen Ledergürtel zusammengehalten werden und in weiten Falten über die behaarten, muskulösen Beine fallen. Ein Schleier bedeckt den kahlrasierten Kopf mit dem braungebrannten Raubvogelprofil, ein mit kleinen bräunlichen Kordeln befestigter weißer Fetzen Stoff. Sie sind bleich, tiefe Schatten umrahmen die Augen. «Gott sei gelobt», sagen sie, «die Stunde ist nahe!» In kleinen Grüppchen stehen sie auf der Stampferde zwischen ihren *Gourbis* beisammen und warten im rosig-goldenen Schein der Abenddämmerung.

Die Sonne ist verschwunden, alles erlischt, die Dinge nehmen strenge Töne an, die fernen Weiten hüllen sich in Nebel, und das *schwarze Band* der Nacht zieht sich über den östlichen Horizont.

In diesem Augenblick erhebt sich aus allen Himmelsrichtungen des Beduinenlandes eine langsame, klagende Stimme... Ein Schauder fährt durch die erdigen Burnusse, die kräftigen Brüste atmen auf. Nach kurzem Schweigen wiederholt die volle, die gewaltige Stimme ihren Ruf nach der göttlichen Reinheit. Dann kehren die Männer so schnell sie können unter das niedrige Dach ihres *Gourbi* zurück. Dort, neben dem Feuer aus frischem Holz, dessen Qualm die schönen dunklen Augen rötet, tragen die jungen, in Lumpen gekleideten Frauen das Essen auf, das man seit dem Morgengrauen bei der ermüdenden, undankbaren Arbeit mit schmerzendem Rücken und tief im Schlamm steckenden Füßen ungeduldig erwartet hatte.

Jetzt rauchen sie, sie trinken etwas Kaffee und sie essen, die beduinischen Feldarbeiter und die Hirten; ein Freudenschein läßt ihre harten Züge milder erscheinen. Es keimt wieder Hoffnung in ihren Herzen, die sich bereits daran gewöhnt hatten, das Unglück zu fürchten, das immer wieder in neuer Gestalt auf sie, die Ärmsten unter den Menschen, zukam: vielleicht würde Gott dieses Jahr Mitleid mit ihnen haben, vielleicht würde es eine gute Ernte geben, vielleicht würden die Steuern weniger drückend sein... *In châ Allah!*

Nach dem Maghreb-Mahl gehen die Männer hinaus und versammeln sich in einem geräumigen, baufälligen *Gourbi*, das als maurisches Café dient. Die jüngeren stehen sich grüppchenweise gegenüber und singen, begleitet von den rhythmischen, dumpfen Tönen der *Guellal*... Hier und dort verleiht das leise Flüstern einer Rohrflöte der Musik den zarten Hauch gegenstandsloser Traurigkeit, einer Klage oder eines freien Appells an das unstete Leben, wie es den Beduinenliedern eigen ist.

Um Mitternacht läßt die Fröhlichkeit nach, und der milde Schein der Wintersterne wirft ein schwaches Licht auf die gräulich wirkenden, schläfrigen Gruppen. Langsam stehen sie auf und gehen schweigend zu ihren Wohnungen zurück, wo die tätowierten Beduininnen in der Haltung früherer Götzenbilder auf sie warten und ihnen das letzte Mahl, das *Séhour* auftragen... Ein paar Zigaretten verstärken die Schläfrigkeit der Stunde. Alles schläft ein. Nur das wilde Geheul der Schakale im Gebirge, das reißende Gebell der Wachhunde und, in größeren Zeitabständen, der heisere Hahnenschrei stören die tiefe Stille der kalten, stockfinsteren Nacht.

Und morgen, gleich nach dem verdrießlichen Erwachen, muß man die harte Arbeit wieder aufnehmen, ohne zu trinken, ohne zu essen und sogar ohne zu rauchen, den Kopf im Regen, der sämtliche Lumpen durchdringt, die Füße im eiskalten, klebrigen Schlamm.

Notiert im Douar von Hérenfa (Ténès)

Die blaue Weste

Langsam schmetterte die Trompete traurige Töne in die laue Nacht hinaus, mit denen sie zum Löschen der Feuer mahnte. Die letzte Strophe dehnte sich zu einem absterbenden Klagelaut. Im Viertel der Tirailleurs wurde alles still. Die müden Glieder gaben sich der Mattigkeit des Schlafes hin.

Kaddour-Chénouï allerdings tat in dieser Nacht kein Auge zu. Er lag auf dem Rücken, die nackten Arme unter dem glühenden Kopf, und träumte in die Verschwommenheit seines leseunkundigen Verstandes hinein. Morgen wurde er aus dem Militär entlassen ... Wie oft hatte er diesen gesegneten Tag in den letzten vier Jahren sehnlichst herbeigewünscht. Und jetzt, an diesem letzten Abend im Viertel, wußte er plötzlich nicht mehr, ob Angst oder Freude sein Herz so laut schlagen ließ.

Nachdem er vom fünfzehnten bis zum zwanzigsten Lebensjahr in Dahra, seinem Heimat-Douar gelebt hatte, hatte Kaddour die *Mechta* und das väterliche Feld verlassen, um mit dem alten Gewehr seines Onkels das tiefe Dickicht zu durchstreifen, tagsüber Tiere zu jagen und des Nachts die Schönen mit der tätowierten Stirn zu verfolgen. Auf seiner vorspringenden Brust und seinen kräftigen, muskulösen Oberarmen bewahrte er stolz die Spuren jener Messerstiche, Steinwürfe oder gar Gewehrschüsse, die ihm wegen irgendeiner längst vergessenen Geliebten zuteil geworden waren.

Die unerbittliche Autorität des Vaters, eines armen *Fellah*, hatte Kaddour nicht unterwerfen können. Manchmal ging er nach Orléansville oder nach Ténès, um Holz oder Kohle zu verkaufen. Dort, in den Städten traf er Tirailleurs, denen sein ganzer Neid galt. Er bewunderte diese verwegenen Männer, die nichts mehr fürchteten, nicht einmal Gott, und die sich lachend den schlimmsten Ausschweifungen hingaben, bis zu blutigen Exzessen. Er glaubte, die Freiheit sei unter der blauen Weste zu finden.

Eines Tages, als sein Vater ihn wieder einmal geschlagen hatte, flüchtete Kaddour nach Ténès und verpflichtete sich der Truppe. Mit Gefängnishaft oder gar Schlägen wurde seine empörte Enttäuschung bald zum Schweigen gebracht. Später lernte er, daß der Soldat, der innerhalb der Kaserne wie ein Sklave zu dienen hat, draußen den Herren spielen, die Zivilisten terrorisieren, trinken, spielen und den Mädchen nachstellen kann. Er paßte sich diesem Leben an; er war kein schlechter Soldat, in der Kaserne sogar eher sanft, doch draußen galt er als Taugenichts, der sich übel betrank.

Trotz allem hatte er nicht den Mut gehabt, sich nach der abgelaufenen Zeit neu zu verpflichten. Eine schmerzliche Sehnsucht nach dem *Douar* hatte ihn überkommen; er wollte die großen düsteren Berge wiedersehen und das Meer am Horizont, jenes Meer, das sich über alle Gipfel zu erheben schien ... Und jetzt, wo er freigesetzt werden sollte, fürchtete er sich, fast hatte er Angst.

*

«Geh in Frieden und vergib uns!»

Ungerührt umarmten die Tirailleurs den Fortgehenden. Er ging hinaus. Sein Kopf drehte sich, er war wie betrunken.

Unverzüglich verließ er Ténès, wo er die letzten sechs Monate nach der Rückkehr aus Laghouat gedient hatte. Am Tor von Orléansville wandte er sich noch einmal, um das große, gebieterisch über der grauen Festungsanlage des tiefen Tals liegende Viertel ein letztes Mal zu betrachten ... Kaddour erinnerte sich an die nächtlichen Stunden, die er schmachtend unter diesem Tor verbracht, in denen er auf die Frauen gewartet hatte, die maurischen oder spanischen Dienerinnen, die sich angezogen fühlten von seinen breiten Schultern, seinen regelmäßigen Zügen mit dem maskenhaften Aussehen einer Bronzestatue und dem feurigen Glanz seiner schmalen, leuchtenden Augen ... All das war jetzt zu Ende.

Er setzte seinen Weg fort.

Über den Schluchten schwebten braunrote Adler mit unmerklichem Flügelschlag. Sie sahen aus wie goldene Nägel, die fest mit dem weißglühenden Himmel verwachsen waren. Dann kam das eigentlich ländliche Gebiet mit den rundlichen Rücken der zahllosen unfruchtbaren Hügel über der nackten Ebene, aus der sich das mit Eukalyptusbäumen gesäumte französische Dorf Montenotte hervorhob.

Es war Juli. Kein einziger Grünton war mehr in der erschöpften Farbskala vertreten. Bräunlichschwarz standen Pinien, Mastixbäume und Zwergpalmen auf der roten Erde.

Die ausgetrockneten Oueds mit ihren blutroten Innenwänden ähnelten langgestreckten, klaffenden Wunden mit einem grauen Knochengerüst aus Steinen und verwelkendem Oleander im Hintergrund.

Abgeerntete Felder zogen sich wie rötlichbraune Flecken über die Abhänge der Hügel. Unter dem matten Himmel glühte alles. Mit den rötlichen Rauchwolken schienen fliegende Flämmchen über den bedrohlichen Horizont zu wandern.

Von einem wilden Olivenbaum hatte Kaddour sich einen Stab geschnitten. Er trug ihn im Nacken, hielt beide Enden in den Händen und streckte die Brust heraus. Wie wohltuend, so allein und unbeschwert, ohne Bündel, ohne Gewehr durchs Land zu gehen und nach Hause zurückzukehren.

In der Ferne zogen Soldaten auf einem Übungsmarsch vorbei. Zuerst hörte er die tiefen, unbekümmerten Trompeten, dann die zerreißende, düstere Erregung der afrikanischen *Nouba*.

Auch das war zu Ende: er würde dem Rhythmus nicht mehr gehorchen! Noch einen Augenblick schnürte sich sein Herz zusammen.

*

Die großen Johannisbrotbäume der *Djemâa* auf einem kahlen Hochplateau, die mit grauen Dornenhecken umgebenen *Gourbis* aus schwärzlichem Diss-Gras.

Hier lebte die *Forka* der Ouled-Bou-Medine.

Fast schüchtern näherte der Tirailleur sich dem *Gourbi* seiner Familie; mit drohendem Gebell stürzten Hunde auf ihn zu. Eine junge Frau, die ihn kommen sah, verbarg ihr Gesicht in den Händen und ergriff die Flucht.

Als der Vater, ein hochgewachsener, knochiger Mann mit einem Adlerprofil, Kaddour erkannte, lobte er Gott mit ernster, aber freudloser Stimme. Die beiden jüngeren Brüder waren zu schlanken, stolzen jungen Männern herangewachsen, denen schon der erste Bartflaum wuchs und aus deren schönen braunen Augen wilde Verwegenheit sprach. Aber auch Mohammed und Ali blieben gleichgültig, verschlossen. Nur die alte Kheïra, die Mutter, vergoß Freudentränen über dem kahlrasierten Kopf ihres ältesten Sohnes.

Sie bat den Vater um eine alte Gandoura, einen Burnus und einen Turban für ihren Sohn. Kaddour schämte sich jetzt über seinen Soldatenplunder.

In einer Ecke entdeckte der Tirailleur Fahma, die Frau seines Bruders Mohammed. Sie hielt sich mit verschleiertem Gesicht im Schatten.

Mißtrauisch schlich Mohammed um die beiden *Gourbis* der Familie. Er wagte nicht, seine Frau vor dem Bruder zu verstecken, das hätte gegen die Sitten verstoßen; statt dessen aber stieg ein dumpfer Haß gegen seinen Bruder in ihm auf: gegen diesen Mann, den er nicht wiedererkannt hatte, der den schlimmsten aller Berufe ausgeübt, der die unreine Suppe gegessen und, das Weinglas in der Hand, gegen Gott und den Propheten gelästert hatte.

So bereitete die *Mechta* ihm einen rauhen, fast bedauernden Empfang ...

Im maurischen Café trafen sich die *Fellah*, sobald sie die allernotwendigsten Arbeiten erledigt hatten; dort ließen sie die Zeit verstreichen; sie verweilten in tagelanger Untätigkeit. Als Kaddour hereinkam, hatte man kaum einen verächtlichen Blick für ihn übrig. Wäre er aus dem Gefängnis gekommen, hätte er vielleicht noch mehr Nachsicht genossen; ins Gefängnis kommt man mit Gewalt, während man sich dem Militär freiwillig verpflichtet.

Die ganze Freude der Heimkehr brach in ihm zusammen. Er spürte genau, daß er in ihren Augen wohl für immer der *Askri*, der Soldat bleiben würde, fast ein *M'tourni*, ein Renegat.

Das Leben im *Gourbi* schien ihm außerordentlich hart. Er schlief auf dem Boden und ernährte sich von dunklem Fladen. Er mußte in dornigem Gestrüpp Holz schlagen, die weiten Wege in die Stadt erledigen, im Gebirge Kohle brennen und die Hütten reparieren.

Kaddour versuchte, wie die anderen jungen Männer der *Douars*, wieder auf nächtliche Abenteuersuche zu gehen. Aber nur die gefallenen Mädchen, für die man sich nicht einmal verstecken brauchte, wollten etwas von der Liebe eines Tirailleurs wissen ...

Und im *Gourbi* war Fathma, die schöne, schmachtende Frau seines Bruders Mohammed mit ihren unterwürfigen, zärtlichen Blicken.

Kaddour fühlte sich wieder wie früher dem Glauben verpflichtet, und auch die Skrupel seines Volkes hatte er sich wieder zu eigen gemacht. Inzest erschien ihm als ein abscheuliches Verbrechen, das kein Muselmane begehen konnte.

Doch die Feindseligkeit des Milieus, Mohammeds wachsender Haß und Kaddours immer heftiger aufflammendes Begehren zerschlugen seinen Widerstand. Da Mohammed verheiratet war, wandte er seine Aufmerksamkeit meist den benachbarten *Mechtas* zu und ließ Fathma oft allein ... Sie aber hatte die Liebe ihres Schwagers bemerkt, und für sie war der Tirailleur eine Art Held, denn er hatte viel gesündigt.

Eines Nachts verließ Mohammed das Haus, um eine Hyäne zu jagen, die seine Herde bedrohte.

Mit dem Messer in der Hand schlich Kaddour heimlich in das *Gourbi* seines Bruders. Ohne Zögern und ohne Widerstand gab Fathma sich ihm hin.

Von nun an nutzte Kaddour jede auch noch so geringe Abwesenheit seines Bruders; mit unerhörter Dreistigkeit besuchte er sie fast jede Nacht.

*

Der Winter verging. In der *Mechta* der Chénouï war Kaddour ein Fremder geblieben. Er war ein erbärmlicher Feldarbeiter geworden, der sich stundenlang in die Büsche schlug und rauchte, während die Ochsen in der unterbrochenen Furche vor sich hin dösten. Ali hatte geheiratet; er mißtraute Kaddour ebenso wie sein Bruder Mohammed, bezeugte ihm seine Feindschaft aber ganz offen. Der schweigsame, sture Vater Chénouï tat seine Mißbilligung kund, indem er nie ein Wort an Kaddour richtete.

Auch in der *Forka* wurde der Tirailleur verachtet, man warf ihm vor, manchmal zu fluchen und zu lästern.

Er fühlte sich wie ein Störenfried, für immer verabscheut und stigmatisiert, als hätte seine Haut den unauslöschbaren Stempel der blauen Weste bewahrt.

*

Die schon heiße Frühlingssonne versengte die Hügel. Seit vierzig Tagen war kein einziger Tropfen Regen gefallen. In den dürren Feldern entstanden fahle Flecken, die wie schorfiger Aussatz wirkten: bösartige Brandflecken.

Von all den verstreuten *Douars* der Umgebung stieg ein einziger lauter Schrei zu dem ewig lächelnden Himmel auf. Wieder ein trockenes Jahr, nachdem eine anhaltende Dürre die *Fellah* schon seit zwei Jahren dezimierte.

Bei den Chénouï hatte das Elend die Herzen endgültig verbittert. Die alte Kheïra war gestorben. Der Tirailleur war zuviel.

Eines Tages kam der schon seit Monaten schwelende Haß zwischen Kaddour und Mohammed offen zum Ausbruch; mit dem Messer in der Hand fielen sie übereinander her. Nachdem der alte Chénouï sie mit Knüppelschlägen getrennt hatte, standen sie sich zitternd vor Wut gegenüber.

Und trotz der heimlichen Tränen, die Fathma vergoß, ging Kaddour eines Morgens fort, ohne den Seinen Adieu zu sagen, mit verhärtetem und unwiderruflich verschlossenem Herzen.

. . . Kaddour ging immer geradeaus. Der peitschende, trockene Wind, der den Boden vollends rissig machte, pfiff um die kräftigen Beine des Beduinen, der mit seiner zerfetzten *Gandoura* und seinem rotbraunen Burnus bekleidet war. Abgemagert, mit glühenden Augen, kehrte er in die Stadt zurück, um die blaue Weste und die scharlachrote Mütze wieder anzulegen.

Über den Hang der verbrannten Hügel kam ihm querfeldein durch die verdorrte Ernte eine Gruppe Kinder entgegen. Die stolz in ihren Burnussen einherschreitenden Knaben, trotz ihrer Jugend schon mit einem Turban geschmückt, und die mit *Mlahfas* bekleideten kleinen Mädchen mit der tätowierten Stirn und dem wilden Blick führten eine große Puppe über das Feld, eine lange, mit einer roten *Gandoura* und einem schwarzen Tuch ausstaffierte Stange. Nach einer langsamen, traurigen Weise sangen sie eine Anrufung: sie baten um Regen.

Im wunderbaren Licht der verschlingenden Sonne gingen die kleinen Beduinen vorüber und vollzogen ihren tausendjährigen Ritus, der sich durch all die Jahrhunderte Islam erhalten hatte.

Sie gingen vorüber; der Verstoßene auf der staubigen Straße zuckte die Schultern.

«Möge alles hier verglühen! Unten, im Soldatenviertel, wird es immer was zu essen geben.»

IM ABSEITS

Der Landstreicher

Die Straße windet sich wie ein langes weißes Band blauen Fernen, verlockenden Horizonten entgegen.

Glühend liegt sie in der Sonne, die staubige Straße zwischen dem matten Gold der reifen Kornfelder, dem Rot der in weißglühenden Nebeln gehüllten Hügel und dem Dunkelgrün des dichten Gestrüpps.

In der Ferne sieht man üppige Höfe, verfallene *Bordjs*, arme *Gourbis* – alles schläft in der ermattenden Hitze des Tages. Aus der Ebene erhebt sich ein Gesang, lang und gedehnt wie die schutzlose Straße, wie die Armut ohne freudige Zukunft, wie eine nie gehörte Klage: das Lied der kabylischen Erntearbeiter.

Der helle Weizen und die rotbraune Gerste häufen sich auf dem von seiner Zeugungsarbeit erschöpften Boden.

Doch all dieses in der Sonne ausgebreitete matte Gold vermag keinen Funken im verlorenen Blick des Landstreichers zu entzünden.

Seine zerlumpten Kleider sind grau . . . Sie scheinen von demselben trüben Staub bedeckt, der den nackten Füßen des Wanderers ein weiches Bett auf dem Boden bereitet.

Groß, ausgezehrt, das scharfgeschnittene Profil im Schutz des vorstehenden alten Schleiers, mit einem grauen, ungepflegten Bart, trübem Blick und vom Durst aufgesprungenen Lippen, so geht er seines Weges.

Und immer, wenn er an einer Farm oder einer *Mechta* vorbeikommt, bleibt er stehen und schlägt mit seinem langen Stab aus wildem Olivenholz auf den Boden.

Seine heisere Stimme durchdringt die ländliche Stille: er bittet um das Brot Gottes.

Er hat recht, der Landstreicher mit der tragischen Gestalt; das heilige Brot, um das er ohne flehenden Tonfall bittet, ist man ihm schuldig; das Almosen ist nur eine schwache Wiedergutmachung, eine Art Eingeständnis der Ungerechtigkeit.

Der Landstreicher hat kein Heim, keine Familie. Frei und ungebunden irrt er durchs Land, und sein schweigender Blick macht sich die ganze Landschaft Afrikas zu eigen, dessen Grenzen er nach Belieben endlos verschiebt.

Wenn er des Wanderns müde und von der Hitze ermattet ausruhen will, bieten ihm die großen Mastixbäume auf den Hängen und die weinenden Eukalyptusbäume am Straßenrand ihren Schatten, die Gewißheit eines traumlosen Schlafes.

Vielleicht hat er früher darunter gelitten, heimatlos zu sein, nichts zu besitzen; sicherlich auch darunter, um etwas zu bitten, von dem er instinktiv wußte, daß man es ihm schuldig war.

Aber jetzt, nach vielen langen, immer gleichen Jahren hat er keine Wünsche mehr und erträgt das Leben gleichgültig. Schon oft haben ihn die Gendarmen festgenommen und ihn ins Gefängnis geworfen ... Aber er hat nie verstanden – man hat es ihm übrigens auch nie erklärt –, aus welchem Grund es einem Mann verboten sein sollte, unter der Zärtlichkeit des guten, fruchtbaren Lichts über die Straßen zu wandern und jenen Teil des Universums zu durchqueren, der ihm sein eigen schien. Er hat nicht verstanden, weshalb diese Leute, die ihm keine Unterkunft und kein Brot gaben, ihm verbieten konnten, keine Unterkunft und kein Brot zu haben.

Auf die Anklage, Vagabund zu sein, antwortete er stets: «Ich habe nicht gestohlen, ich habe nichts Böses getan ...» Aber man sagte ihm, das reiche nicht aus; seine schlichte Verteidigung fand kein Gehör ...

Und das schien ihm ebenso ungerecht wie viele andere Dinge, die für die der Schrift Unkundigen auf dem Spruchband der großen Straße geschrieben stehen.

*

Nun ist die hochgewachsene Gestalt des Landstreichers zusammengefallen, und sein Schritt ist unsicher geworden: Alter und Verschleiß haben ihn in seiner Verlassenheit frühzeitig heimgesucht.

Eines Tages, als er unter einer jener traurigen Alterskrankheiten litt, deren kurzfristige Heilung kein Trost mehr ist, fiel der Landstreicher am Straßenrand zu Boden.

Fromme Muselmanen fanden ihn dort und brachten ihn ins Krankenhaus. Schweigend ließ er es mit sich geschehen.

Doch als er dort war, litt der an weite Horizonte gewöhnte alte Mann unter der drückenden Enge der weißen Wände, dem beschränkten Raum ...

Und das viel zu weiche Bett schien ihm weniger angenehm und weniger sicher als die Erde, die gute Erde, an die er sich gewöhnt hatte.

Mit der Sehnsucht nach der freien Wanderschaft überkam ihn auch die Langeweile. Er merkte, wenn er dort blieb, würde er traurig sterben; er hätte nicht einmal den Trost jener Dinge, an die sein Auge gewöhnt war.

Voller Verachtung gab man ihm seine schmutzigen Lumpen zurück ...

Doch er konnte sich nicht lange auf den Beinen halten; kraftlos brach er mitten in der Stadt zusammen.

Ein Polizist fand ihn und bot ihm seine Hilfe an. Der Landstreicher antwortete: «Wenn du Muselmane bist, sei mir gnädig und laß mich liegen ... Ich möchte draußen sterben ... Draußen! Laß mich ...»

Und der Polizist entfernte sich mit der Hochachtung, die sein Volk den Armen und Irren entgegenbringt.

In der lauen Nachtluft schleppte der Landstreicher sich mit letzter Kraft aus der feindlichen Stadt heraus und fiel im weichen Gras am Rand eines leise murmelnden Wadis in einen tiefen Schlaf.

Er genoß die sanfte, ungestörte Ruhe in der vertrauten Dunkelheit der großen, leeren Weite.

Da er sich nach dem Erwachen gestärkt fühlte, machte er sich wieder auf den Weg, immer der Nase nach, durch Felder und Gesträuch.

*

Die Nacht ging zu Ende. Am Horizont zog ein blasser Lichtschein auf und ließ die fernen Berge der Kabylei schwarz hervorstechen. Auf den Farmen rief der heisere Hahnenschrei das Tageslicht herbei.

Der Landstreicher hatte auf einer weichen, von den ersten Regenfällen der Herbstzeit befruchteten, grasbewachsenen Böschung geschlafen.

Die durchdringende, frische Brise verbreitete einen angenehmen Duft; es roch nach unsichtbaren Lilien und Veilchen.

Der Landstreicher fühlte sich schwach. Bleierne Müdigkeit hatte seine Glieder befallen, aber der Husten, der seine Brust seit den ersten kühlen Stunden erschütterte, hatte sich beruhigt.

Es wurde Tag. Hinter den Bergen erstrahlte die rote Morgendämmerung, ließ blutrote Lichtstreifen über den ruhigen, nur von einigen kaum spürbaren Wellen bewegten Golf wandern und färbte das Wasser mit goldenen Mustern.

Der aufziehende Nebel verschleierte die Hügel von Mustapha mit seinem leichten Atem, ansonsten öffnete sich die Landschaft unermeßlich weit, zart und heiter. Keine schroffen Linien, keine Farbgegensätze. Eine halb sinnliche, halb traurige Freundlichkeit lag über den Dingen, die sich kaum von ihrer Mattigkeit erholt hatten. Und die Glieder des Landstreichers schliefen ein. Er dachte an nichts, ohne Wünsche und ohne Bedauern verflüchtigte sich sein einfaches und dennoch geheimnisvolles Leben, das ihn so viele Jahre bewegt hatte, sanft, in der Einsamkeit der Landstraße; er konnte die unsägliche Glückseligkeit des Sterbens ohne Ermahnungen und ohne Arzneien genießen.

Die ersten warmen Sonnenstrahlen fielen durch die feuchten Schleier der Eukalyptusbäume und schmückten das regungslose Profil, die geschlossenen Augen, die ausgebreiteten zerlumpten Kleider, die staubigen nackten Füße und den langen Stab aus Olivenholz mit Gold und Purpur: sie schmückten alles, was zur Person des Landstreichers gehört hatte, dessen arglose Seele mit einem ergebenen Gemurmel der alten islamischen Worte in schlichter Harmonie mit der Melancholie der Dinge aus seinem Leib entwichen war.

Der Verbrecher

In der von hohen, kahlen Bergen und roten Felsen umgebenen feuchten Niederung war erst kürzlich das «Zentrum» Robespierre entstanden.

Das Gelände der Neuansiedlung war vom Territorium der Ouled-Bou-Naga abgezweigt worden; es handelte sich um recht unfruchtbare, steinige und tonhaltige Felder ... Doch die «Direktoren», die «Inspektoren» und anderen Funktionäre aus Algier, die Algerien «bevölkern» sollten und dafür prokonsularische Gehälter bezogen, waren nie gekommen.

Einen Monat lang hatten sich die kostspieligen und nutzlosen Schriftstücke getürmt, um dem, was in Wirklichkeit nur der Ruin eines großen Stammes und ein Vorstoß im Interesse der künftigen Kolonialherren war, einen Anschein von Legalität zu geben.

Was machte das schon? Weder der Stamm noch die Kolonialherren, niemand in den Büros von Algier kümmerte sich darum ...

Am westlichen Hang des Berges besaß die Fraktion der Bou-Achour seit Menschengedenken die besten Böden der Umgebung. Vereint durch enge Blutsverwandtschaft lebten sie auf ihrem Land, ohne je irgendwelche Aufteilungen vorzunehmen.

Doch als die Enteignung durchgeführt werden sollte, wurden langwierige und verwirrte Nachforschungen über das legale Recht jedes einzelnen *Fellah* auf den von ihm bewirtschafteten Boden angestellt. Zu diesem Zweck hatte man die abgestoßenen, vergilbten alten Akten der Kadis früherer Zeiten durchstöbert und die verwandtschaftlichen Beziehungen der Bou-Achour untereinander zu klären versucht.

Auf der Grundlage dieser Entdeckungen wurden dann die auszuzahlenden Entschädigungen festgelegt. Auch hier trug die traurige Komödie der Bürokratie ihre üblen Früchte ...

*

Die fast hitzelose Herbstsonne überzog die häßlichen, verfallenen Verwaltungsgebäude mit einer Patina aus mattem Gold. Die aus schlechtem Material gebauten Häuser der Umgebung zerfielen langsam, und auf den trüben, ausgewaschenen Dachziegeln sprießte das Gras.

Vor den Büros drängte sich der graue Haufen der Ouled-Bou-Naga wie eine Herde zusammen. Eingehüllt in ihre einheitlich erdfarbenen Burnusse hockten sie auf dem Boden und warteten, resigniert und passiv.

Tell-Bewohner aller Stämme waren hier vertreten: man sah Berberprofile mit feinen Zügen und braunen Raubvogelaugen; glatte, mit schwarzem Blut angereicherte Gesichter mit aufgeworfenen Lippen; strenge arabische Gesichter mit Adlernasen. Die mit braunen Fransen versehenen Schleier und die weiten, je nach Haltung und Gebärde wogenden Gewänder verliehen den Afrikanern ein archaisches Aussehen; ohne die häßlichen «europäischen» Bauten gegenüber wäre die ganze Vision alterslos erschienen.

Mohammed-Achouri, ein großer, magerer Greis mit einem asketischen Gesicht, harten Zügen und sorgenvollem Blick wartete etwas abseits; während er die gelben Perlen seines Rosenkranzes durch seine knochigen Finger gleiten ließ, verlor sich sein Blick in der Ferne, wo mattgoldener Staub die Luft erfüllte. Besorgt um ihr ergebenes und verschlossenes Auftreten sprachen die *Fellah* nur wenig.

Man würde ihnen ihre Böden bezahlen, ihnen jene Vorteile verschaffen, die man ihren gierigen Augen, die in Wirklichkeit die Augen armer und einfacher Leute waren, vorgespiegelt hatte, ehe der letzte Zwang ausgeübt wurde.

Allmählich machte es ihnen Angst, daß man sie so lange warten ließ ... Man hatte sie für Dienstag bestellt, aber inzwischen war es schon Freitagmorgen, und man hatte ihnen noch nichts gegeben. Jeden Morgen kamen sie wieder, um geduldig zu warten. Dann zerstreuten sie sich, gingen grüppchenweise in die maurischen Cafés von C..., aßen ein Stück gehärteten dunklen Fladen, den sie aus dem *Douar* mitgebracht hatten, und tranken eine Tasse Kaffee für einen Sou ... Um ein Uhr kehrten sie wieder an ihren Platz zurück, setzten sich in einer langen Reihe an die Mauer und warteten ... Wenn es schließlich Maghreb geworden war, zogen sie traurig und entmutigt von dannen, während sie mit leiser Stimme Worte der schicksalhaften Ergebenheit vor sich hin murmelten ... Das rotgoldene Meer der untergehenden Sonne verklärte ihre Lumpen und schmückte ihr geduldiges Leid.

Schließlich hatten viele von ihnen kein Brot und kein Geld mehr, um noch länger in der Stadt zu bleiben. Manche schliefen, in ihre alten Kleider eingerollt, am Fuß irgendeiner Mauer ... Vor den Büros stand eine Gruppe von Männern, die laut redeten und lachten: es waren Makhzenia und Feldhüter in großen blauen Burnussen, die von ihren Frauenabenteuern oder gar von ihren Sauftouren erzählten.

Manchmal wagte ein *Fellah*, sich ihnen schüchtern zu nähern, sie um Rat zu fragen ... Dann antworteten die *Makhzenia* und die Feldhüter, die auch nicht Bescheid wußten, mit der den Muselmanen vertrauten ausweichenden Handbewegung: «*Osbor!* ... Geduld ...»

Der *Fellah* senkte den Kopf, kehrte zu seinem Platz zurück und murmelte: «Es gibt keine Hilfe und keine Kraft, es sei denn in Gott, dem Allerhöchsten!»

Mohammed-Achouri dachte nach; mittlerweile waren ihm Zweifel gekommen, er bedauerte, seine Böden abgetreten zu haben. Sein Bauernherz blutete bei dem Gedanken, daß er kein Land mehr hatte ...

Und Geld?

Wieviel würde man ihm schon geben? ... Außerdem, was sollte er damit machen? Wo sollte er jetzt, nachdem er sein Stück Nährboden verkauft hatte, ein anderes Feld kaufen?

Gegen neun Uhr schließlich kam der Caïd der Ouled-Bou-Naga, ein großer, braungebrannter junger Mann mit einem harten, verschlossenen Blick und begann die Leute seines Stammes einzeln bei ihrem Namen aufzurufen ... Mit einem Papier in der Hand stand er auf der Schwelle der Büros. Wie ein wogendes Meer hatten die *Fellah* sich mit entfalteten Burnussen erhoben ... Sie wollten ihren Caïd begrüßen ... Die einen küßten seinen Turban, die anderen seine Schulter. Doch er wies sie mit einer Geste zurück und begann die Aufrufung. Sein Feldhüter, ein kleiner, alter, weißhaariger Spürhund, trieb diejenigen auf die rechte Seite, die ihre Namensnennung entweder mit dem traditionellen «*naâm*» oder mit einem «Das bin ich ...» beantwortet hatten. Manche wagten sogar ein militärisches «Zur Stelle!».

Dann führte der Caïd sie vor die Büros, die alle die gleiche Bezeichnung trugen: «Grundstücksverwaltung» (Einnahmen, Steuern, Besitztümer usw.).

Der Caïd trat ein. Man bot ihm einen Stuhl.

Auf der Schwelle stand ein Reiter, der die Ouled-Bou-Naga einzeln aufrief und sie nacheinander hineinführte.

Mohammed-Achouri war einer der letzten.

Vor einem geschnitzten schwarzen Schreibtisch thronte ein europäischer Beamter in schäbigem Anzug. Neben ihm stand der junge, kurzsichtige *Khodja* mit einem Zwickel auf der Nase und übersetzte.

«Achouri-Mohammed-ben-Hamza ... Du bist der Sohn des Großvetters von Ahmed-Djilali-ben-Djilali, der zur Fraktion der Bou-Achour gehörte und die Böden des sogenannten ‹Oued-Nouar› besaß. Du hast deshalb legale Eigentumsansprüche auf die Felder von Zebboudia und Nafra ... Alles in allem, die Unkosten abgezogen, steht dir für den Verkauf der Felder ein Schadenersatz über die Summe von *elfeinhalb Centimes* zu ... Da wir hier keine Centimes haben, nimm dies.»

Und der Funktionär legte zwei Sous in die ausgestreckte Hand des *Fellah*.

Mohammed-Achouri blieb regungslos stehen, er wartete immer noch. «Nun geh, *roh! Balek!*»

«Aber ich habe meinen Boden verkauft, eineinhalb Hufen Ackerland und mehrere Hektar Gehölz ... Gib mir mein Geld!»

«Du hast es doch schon bekommen ... Das ist alles! Los, der nächste! Abdallah-ben-Taïeb-Djellouli!»

«Aber das ist doch keine Bezahlung, zwei Sous! ... Gott ist Zeuge ...»

«Um Gottes Willen, Schwachkopf! *Balek fissaâ!*»

Der Reiter trieb den *Fellah* hinaus, und kaum daß dieser auf der Straße war, senkte er den Kopf, denn er wußte, wie nutzlos es war, zu diskutieren.

Dicht zusammengedrängt, standen die Ouled-Bou-Naga immer noch beisammen, als wäre ihnen trotz der Ungnädigkeit der Dinge noch ein Hoffnungsschimmer geblieben. Sie hatten einen ähnlich bestürzten, traurig-stumpfsinnigen Blick wie Schafe, die zum Schlachthaus geführt werden.

«Wir müssen uns bei dem Verwalter beschweren», schlug Mohammed-Achouri vor.

Einige von ihnen machten sich auf den Weg zu den Büros der gemischten Gemeinde im Stadtzentrum.

Der Verwalter, ein rechtschaffener Mann, machte eine ausweichende Handbewegung ... «Ich kann nichts dafür ... Ich habe sie ja gewarnt, in Algier, ich habe ihnen gesagt, daß es für den Stamm der Ruin sein würde ... Aber sie wollten nichts davon wissen, sie befehlen und wir gehorchen ... Nichts zu machen.»

Während er diese Worte sprach, schämte er sich, er schämte sich für die unanständige Tat, zu der man ihn zwang.

Da auch der *Hakkem*, der ihnen persönlich nichts Böses angetan hatte, sagte, daß nichts zu machen sei, fanden sie sich schweigend mit ihrem Ruin ab und gingen zurück ins heimatliche Tal, wo sie hinfort als Arme lebten.

Vor allem aber verstanden sie nicht, daß einige von ihnen relativ hohe Summen bekamen, obwohl sie immer nur eine weit geringere Fläche bestellt hatten als andere, die, wie Mohammed-Achouri, mit ein paar Centimes abgefunden wurden; das schien ihnen ungerecht.

Ein Mokhazni, selbst Sohn eines *Fellah*, war bereit, ihnen den Grund für diese ungleiche Behandlung zu erklären.

«Aber was bedeutet schon die Verwandtschaft mit Leuten, die tot sind, die in Gottes Barmherzigkeit eingegangen sind?» fragte Achouri. «Da wir zusammenlebten, hätte man demjenigen, der die größte Fläche bewirtschaftete, auch das meiste Geld geben müssen ...»

«Was soll's? Es sind eben *Hakkam* ... Sie wissen es besser als wir ... Gott hat es so gewollt ...»

Da Mohammed-Achouri, nachdem die Einnahmen aus dem Verkauf seines Viehs erschöpft waren, keinen Lebensunterhalt mehr fand, ließ er sich von Monsieur Gaillard anheuern, jenem Kolonialherren, der den größten Teil der Böden der Bou-Achour übernommen hatte.

M. Gaillard war ein wackerer Mann, zwar etwas grob und heftig, im Grunde aber gut und anständig.

Ihm war die äußerst verschlossene, wortkarge Haltung seines Dieners schon bald aufgefallen. Auch die anderen Hausdiener des gleichen Stammes benahmen sich feindselig, doch Mohammed-Achouri distanzierte sich viel entschlossener, für den Kolonialherren mit seiner stets unbeantworteten kindlichen Freimütigkeit viel unverhohlener und sichtbarer.

Als die Ernte gerade eingefahren war und die *Fellah* blutenden Herzens mitansehen mußten, wie der ganze schöne Reichtum, der ihren Böden entsprungen war, zu immer größeren Haufen zusammengetragen wurde, geschah es, daß M. Gaillards Heuschober und seine kaum fertiggestellte Scheune in einer schönen, dunklen und warmen Nacht in Flammen aufgingen.

Erdrückende Beweise wurden gegen Achouri zusammengetragen.

Doch er leugnete, ruhig und hartnäckig, wie ein letztes Argument seiner Verteidigung ... Er wurde verurteilt.

Mit dem ungeübten Verstand eines einfachen Mannes und dem Herzen eines armen Beraubten, der im Namen unverständlicher Gesetze getäuscht worden war, hatte er angesichts der Unmöglichkeit, sich an der Regierung zu rächen, seinen ganzen Haß und Groll auf den Kolonialherren, den Usurpator gerichtet. Dieser mußte es wohl gewesen sein, der sich über die *Fellah* lustig gemacht hatte und ihm, Achouri, die lächerlichen zwei Sous Schadenersatz für den gesamten Boden gezahlt hatte, den er ihm genommen hatte! Und er war wenigstens in Reichweite, an ihm konnte man sich rächen ...

Nachdem das Attentat vollbracht war, jenes Attentat, das Mohammed-Achouri auch weiterhin für ein Werk der Gerechtigkeit hielt, fragte der Kolonialherr sich mit schmerzlichem Erstaunen, was er diesem Araber, dem er Arbeit gegeben hatte, wohl angetan haben möchte, daß dieser ihn so sehr haßte ...

Beide hatten keine Ahnung, daß sie ein und derselben grotesken Ungerechtigkeit zum Opfer gefallen und daher gewissermaßen solidarisch waren!

Der nahe, erreichbare Kolonialherr hatte für die fernen Staatsbeamten bezahlt, die in aller Seelenruhe in ihren Palästen in Algier weilten ... Und der ruinierte *Fellah* hatte zugeschlagen, weil das Verbrechen oft, vor allem für Gedemütigte, eine letzte Geste der Freiheit ist.

Hausser, der Zwangsarbeiter

So weit das Auge reichte sah man die wellenförmige Landschaft von Taourirt mit den niedrigen blauen Bergen der Beni-Haoua; düster, dunkelblau wogte der Korkeichenwald unter der Liebkosung des Windes.

Die rundlichen Rücken der Hügel, welche das grüne Chaos überragten, waren mit dichtem Maquis bedeckt, dem undurchdringlichen afrikanischen Buschwerk; man sah silbernes Lavendel und bitteren Wermuth in seinem dunklen, fast schwarzen Samtgewand, zwergenhafte Mastixbäume, das matte Gold der dornigen Brustbeerensträuche vor dem gedämpft-grauen Hintergrund wilder Olivenhaine, smaragdgrüne Myrthen auf dem dunkelbraunen Rosmarinteppich, die goldkäferfarbigen, rostrot gesprenkelten Fächer der Dum-Palmen zwischen den ergrauten Köpfen des Spartgrases ... Hier und dort kahle Flächen, kreidehaltiger, schorfiger Boden, durchsetzt mit holprigen roten Felsen und ausgetrockneten Wadis, auf deren verblichenen Kieseln, die schon fast an Gebeine erinnerten, üppiger Oleander wucherte.

Unter der glühenden Sonne stieg ein kräftiger Geruch nach Leben und Fruchtbarkeit von dieser vor Hitze keuchenden Erde auf ...

Mitten auf einer großen Lichtung erhoben sich *Gourbis*, Baracken aus kaum behauenen Baumstämmen, weiße Zelte, eine kleine irdene Einfriedung, die alles umschloß: das Lager für öffentliche Arbeiten, genauer gesagt, die Truppenabteilung, die von der Betriebsstelle in Orléansville zur Erledigung der Holzarbeiten nach Bissa entsandt worden war.

Dort lebten sie, aufgeheitert von der frischen Luft und der schon warmen Frühlingssonne, die den Abgeschlossenen ihre trostlos blasse Gesichtsfarbe nahm. Während der Arbeitsstunden tönten Lieder aus dem Wald, manchmal sogar Gelächter ... Dennoch, die Männer mit dem kaltblütigen Bronzegesicht, der blauen Weste, dem scharlachroten Gürtel und der gleichfarbigen Mütze, die mit geschultertem Gewehr und dem Revolver der scharfen Gerichtsdiener unerbittlich ihre Runden zogen, blieben eine ununterbrochene doppelte Bedrohung.

*

Jean Hausser, der starke Mann der Truppenabteilung, hatte noch dreizehn Jahre vor sich. Eines Abends, als in Bel-Abbès wieder einmal das Branntweinfieber ausgebrochen war, hatte er, der damals Legionär war, den Hauptmann seiner Sektion beschimpft und bedroht ... Groß, von kräftiger Statur, mit ausgeprägten Muskeln und lebhaften grauen Augen unter der vorspringenden Schirmmütze, war Hausser außerordentlich stolz auf die Tätowierungen, die seinen Körper schmückten: Szenen aus der französischen Geschichte, Porträts berühmter Persönlichkeiten, patriotische Inschriften.

Nachdem er sich, wie er selbst zu sagen pflegte, zwei Jahre lang in der glühenden Ebene am Chéliff *das Fell hatte verbrennen lassen*, war er nach Bissa geschickt worden. Er war also trotz des Unglücks, das ihn vors Kriegsgericht gebracht hatte, unter einem glücklichen Stern geboren. Denn obwohl man weiterhin hart schuften mußte, obwohl die Gerichtsdiener nicht freundlicher geworden waren, gab es hier doch wenigstens frische Luft, und in allen Herzen lebte die Hoffnung auf eine mögliche Flucht auf. Außerdem ist für den Sträfling jede Veränderung ein Glück, auch wenn sie seine Lage manchmal verschlechtert.

Hausser verachtete seine Kameraden. Unter ihnen hatte er keinen gefunden, der es wert gewesen wäre, sein «Bruder» zu sein. Er schuftete schweigend, ganz allein, und er betrank sich ebenso allein.

... Die Sache war ein für allemal beschlossen, kaum daß die Truppenabteilung das Lager erreicht hatte. Hausser hatte alles vorausberechnet, alles abgewogen. Und dann wartete er ruhig, ohne Eile, auf eine günstige Gelegenheit.

Sie kam. Eines Abends schickte der Hauptmann ihn zum Wasserholen an die Quelle von Aïn-Taïba, außerhalb des Lagers. Ein einziger Mann, ein Blauer, begleitete ihn. Hausser unterhielt sich mit dem Soldaten, schwatzte und scherzte. Der andere, ein blutjunger Kerl, der in seinem gefährlichen Beruf als Gefangenenwärter unter freiem Himmel unerfahren und unsicher war, antwortete lächelnd. Hausser tat so, als beugte er sich über den Behälter mit dem frischen Quellwasser.

«Sieh mal», sagte er, «was ist denn bloß da unten drin?» Der Tirailleur neigte sich seinerseits über den Wasserbehälter ... Da wurde er an der Kehle gepackt, zu Boden geworfen und mit einem vorbereiteten feuchten Tuch geknebelt.

Mit dem eigenen Gürtel gefesselt, blieb der Soldat neben seinem nutzlosen Gewehr liegen. Hausser durchsuchte seine Taschen, nahm ihm Geld und Tabak ab und verschwand im Walde, wo er immer wieder die Richtung wechselte, bis er das Dickicht erreichte; er hatte dem Tirailleur nicht den Rest geben wollen, denn man wußte nie, man konnte doch noch erwischt werden, und dann hatte man eine schlimme Sache am Hals.

Hausser lag ausgestreckt im Gebüsch, nur wenige Kilometer vom Lager entfernt, und wartete auf den Einbruch der Nacht: seine Idee war so gut, daß er vor Wonne lächelte.

Als es fast dunkel war, stieg er am Rande des Eichenwalds in ein Oued hinab. Er sammelte einen Haufen trockener Zwergpalmwedel und lehnte sie an das harzige Gehölz. Dann steckte er sein Werk in Brand: so würde es lange brennen, denn die Dum-Palmen sind wie Zunder; so hätte er reichlich Zeit, sich zu entfernen. «Da haben sie was zu tun, die Gewalthaber! Jetzt werden sie mir wohl kaum noch nachlaufen!»

Flink und munter machte er sich nach Osten davon, während hinter ihm eine rote Dämmerung aufzog, die bald den halben Himmel erfüllte. Der auffrischende Wind ließ ein ganzes Flammenmeer über Wald und Gestrüpp wirbeln.

*

Nachdem er sich mehrere Tage, gequält von Hunger, unten am Grund der Wadis versteckt gehalten hatte und dann nächtelang gelaufen war, kam Hausser völlig erschöpft in die Umgebung von Cherchell. Nach langem Suchen fand er frischgewaschene Wäsche, die unbeaufsichtigt auf einer buschigen Hecke zum Trocknen ausgebreitet war und ihm Gelegenheit bot, sich ein Hemd, eine Hose und einen Überwurf zu besorgen.

Eine abgelegte Mütze von einem Abfallhaufen vervollständigte seine «zivile Tracht». Seine Zwangsarbeiterkleidung warf er in das dichte Brombeergestrüpp eines Wadi: nie gesehen, gänzlich unbekannt!

Dann machte Hausser sich fröhlich auf den Weg nach Cherchell: jetzt war er endgültig frei.

Monatelang arbeitete Hausser seelenruhig bei irgendwelchen Kolonialherren. Mit der Zeit hatte er seine dreizehn Jahre Festungshaft, die noch auf ihn warteten und ihm jede Sekunde auf den Fersen waren, fast vergessen. Wer konnte ihn, den kräftigen, geschmeidigen, bärtigen Mann namens Pierre Godard schon wiedererkennen?

Hausser wagte es sogar, eine Stelle als Fuhrmann in Duperré anzunehmen . . . ganz in der Nähe von Orléansville.

Es dauerte nicht lange, da ereignete sich einer jener dummen, tödlichen Zufälle, die das Leben plötzlich zerbrechen können, und richtete Hausser zugrunde. Es war zur Zeit der Gemeindewahlen, wo es immer hoch hergeht, wo viel getrunken wird. In einem Lokal bot Haussers Chef sich den anderen als Ratgeber an. Er zahlte die Runden, es wurde reichlich gezecht.

Und Hausser, der nicht wahlberechtigt war, weil er unter falschem Namen lebte, mischte sich blindlings in diese Angelegenheiten ein; er trank, er wanderte von Gruppe zu Gruppe und hielt hochtrabende Reden . . . Abends, als alles betrunken war, entstand eine Schlägerei; auch Hausser mit seinen Riesenfäusten schlug um sich, was allerhand Verletzungen zur Folge hatte . . . Schließlich wurde er wie eine betrunkene, halbtot geschlagene Masse ins Gefängnis geschleppt.

Es folgte ein finsteres Erwachen. Wenn er sich jetzt noch retten wollte, müßte schon ein Wunder geschehen!

Vor dem Kommissar war Hausser entschlossen, bis zum letzten zu kämpfen. Er hieße Godard, er hätte seine Papiere verloren und er wäre in der ganzen Stadt als ehrenwerter Mann bekannt . . . Ja, aber wo er denn seinen Militärdienst gemacht hätte? Ohne mit der Wimper zu zucken antwortete er, er sei wegen einer Lungenkrankheit für dienstuntauglich erklärt worden . . . Aber dann kam eine andere Frage, die schon gefährlicher wurde; wo er gemustert worden sei? Hausser wurde etwas bleich. In Lorient . . . Das war weit weg . . . aber über den Telegraphen könnte man es dennoch in Erfahrung bringen . . . Was tun? . . .

Lange Minuten blätterte der Kommissar im grauen, trüben Tageslicht, das durch die schmutzigen Fensterkreuze zusätzlich gedämpft wurde, in alten Steckbriefen mit Personalbeschreibungen gesuchter Individuen. Drückende Stille verstärkte die armselige Häßlichkeit des Polizeibüros. Draußen sang ein arabisches Kind.

Der Kommissar hob den Kopf, betrachtete Hausser. Dann drehte er sich plötzlich zur Ordonnanz um.

«Zieh diesem Mann die Kleider aus.»

Der Kommissar lächelte ... Es war zu Ende.

Da faßte Hausser seinen letzten Mut zusammen und entkleidete sich selbst.

«Mein Sohn», sagte der Kommissar, «wenn dreizehn Jahre Zwangsarbeit auf einen warten und man zudem noch solche Verzierungen am Leibe trägt, macht man keine Politik ... Das ist ungesund!»

Hausser blieb ruhig. Er tröstete sich, indem er daran dachte, daß es ihm immerhin gelungen war, zu flüchten und fast ein Jahr in Freiheit zu leben. Außerdem würde man ihn nicht wieder nach Orléansville zurückschicken: Flucht in Tateinheit mit Gewalttätigkeit gegenüber dem Posten und Brandstiftung, das bedeutete echte Zwangsarbeit dieses Mal.

Spöttisch richtete er sich auf. «Was soll's, Herr Kommissar? Ja, es stimmt, ich bin Hausser. Na und? Meinen Sie denn, es gibt viele wie mich? Und Sie, wo Sie doch mit Orden dekoriert sind und alles, wo Ihnen die Öffentlichkeit egal ist, vielleicht wären nicht einmal Sie beschlagen genug, mir das nachzumachen. Außerdem können Sie sicher sein, hätten wir nicht gesoffen – Sie hätten mich bestimmt nicht reingelegt!»

«Kein Wort mehr! Gehen Sie mit dem Beamten, der Sie zur Wache bringen wird. Los vorwärts!»

«Ist ja schon gut ... ist ja schon gut! Wir gehen ja schon. Soll ja schließlich für lange sein, da braucht man sich nicht zu beeilen.»

Gefangene auf der Straße

Allmählich vertreibt das sanft flutende Sonnenlicht den violetten Dunst der Nacht; die Ebene erstreckt sich riesengroß, in einen rosa Farbton getaucht und schwarz gesprenkelt wie eine ausgebreitete Pantherhaut. Sie ist gespickt mit kleinen, ledrigen, kriechenden grauen Sträuchern, mit *Chih* und *Timgrit*, die, von Tautropfen gewaschen, einen angenehmen Duft verbreiten.

Es ist die gesegnete, die unbeschwerte Stunde der Morgendämmerung, wo das belebende Licht seine Feuersbrunst ungehindert von einem Horizont zum anderen über die freie Ebene ergießt ... Die Stunde, in der man die Müdigkeit vergißt, die dumpfe Schläfrigkeit des langen, monotonen Nachtmarsches durch die Kälte, bei dem Menschen und Tieren unwiderstehlich die Augen zufallen ... die Stunde, wo die Fröhlichkeit des Erwachens aller Dinge die Seelen durchdringt ...

Dort hinten, im Süden, öffnet sich die Ebene, grenzenlos und verlockend ... Noch ist der Horizont von leichtem Nebel verschleiert ... Dort sind die durchsichtigen blauen Chotts, die heimtückischen *Sebhkas*, die hellen Sande, die seltsamen Höhenzüge der saharischen Bergkette mit ihren terrassenförmigen Gipfeln, und dann die Wüste mit ihrem strahlenden und trostlosen Licht ... ihrem ewigen und trügerischen Frühling, ihrem freien, unsteten Leben und ihrer wohltuenden Stille.

Im Norden versperren hohe Berge den Horizont; azurblaue Berge mit Schneekuppen und blassen, weißlichen Vorgebirgen, belebt vom rosa Schein der Sonne ... Dort liegt das Tell mit seinen Städten; dort findet man die Eisenbahn, den Haß, die Scheinheiligkeit, den unerträglichen Lärm und die drückende, zermürbende Langeweile des «zivilisierten» Lebens.

Sie ist verlassen, diese Straße von Boghari nach Laghouat ...

Nur selten begegnet man irgendeinem beladenen Fuhrwerk mit einem Gespann von sechs oder sieben Maultieren, die das schwere, mit bimmelnden Glöckchen besetzte Joch ziehen. Die mit Kittel und Turban bekleideten Kutscher sitzen meist schläfrig auf einer Seite des Wagens, ihre Peitsche um den Hals gehängt ... Manche haben trotz der Unbeständigkeit des europäischen *Trabadjar* ihre Beduinenseele bewahrt; sie singen oder entlocken einer kleinen Schilfrohrflöte Töne von unwirklicher Traurigkeit, die an einen Windhauch oder an das Murmeln fließenden Wassers erinnern.

Plötzlich steigt im Norden eine kleine, rotbraune Staubwolke auf, wie rötlicher Rauch. Sie kommt näher, und bald erkennt man einen dunklen Trupp von Fußgängern, der sich zwischen rotgekleideten Reitern voranbewegt.

Ein Gefangenenkonvoi ...

Soldaten in verschlissenen, verschmutzten Uniformen, schwer

mit Gepäckstücken beladen; viele tragen zwei Gewehre, die ihnen in den Rücken schlagen; andere haben eine Zwinge um die Schultern, die aus zwei über den Armen zusammengeketteten Balken besteht.

Man sieht gefesselte Araber, die gezwungen sind, barfuß in der Mitte der Straße über die spitzen Kieselsteine zu laufen.

Die Militärs kommen in die Strafkompanien, wahrscheinlich nach Laghouat. Die Einheimischen in das offizielle Zwangsarbeitslager von Taâdmit, das geheimnisvoll versteckt in den kältesten und ungastlichsten Höhenzügen der Hauts-Plateaux liegt und dessen Name allein jedem Araber einen Schauder über den Rücken laufen läßt.

All diese Männer, die, ob Zivilisten oder Militärs, von keinem regelmäßigen Gericht verurteilt worden sind, die der Willkür ihrer Vorgesetzten oder anderer Verwalter ausgesetzt sind und außerhalb aller gesetzlich vorgesehenen Formen ohne Widerruf von ihnen verurteilt wurden – all diese Männer ziehen mit trostloser Miene und düsterem Blick, mit staubbedeckten, schweißtriefenden Gesichtern den obskuren Höllen des Südens entgegen, wo ihre Qualen keinen Zeugen und ihre Klagen kein Echo finden werden ... Schimpf und Schande über die Prahlerei und den Stolz einer scheinheiligen Zivilisation!

Die Muselmanen tauschen den Friedensgruß mit den Entgegenkommenden ... Manche drehen sich noch einmal zu den Unbekannten um, die frei ihres Weges gehen, und schauen sie an, als könnten sie Hilfe von ihnen erwarten.

Aber der gepeinigte Trupp zieht vorüber, entfernt sich; und bald erscheint er im roten Licht der Morgensonne wieder, nur noch als kleine rotbraune Rauchwolke, die sich zerstreut und verschwindet.

Visionen eines schlechten Traums!

Boghari, Februar 1903

Heloten des Südens

Außerhalb der Stadt, am Fuß der grauen Dünen, erhebt sich ein unbedachtes quadratisches Gemäuer mit kleeblattförmigen Öffnungen in den Wänden; unter der fast senkrecht stehenden Sonne wirft es einen kurzen, durchsichtigen Schatten in die unerhörte Glut des weißen Sandes, der sich wie ein riesiger Ofen von den kleinen Häusern und Kuppeln der Stadt bis zu den gewaltigen Rücken des Erg-Gebirges erstreckt.

Langsamer, trauriger Gesang dringt aus diesem eigentümlichen Bauwerk, begleitet von dem ununterbrochenen, quälenden Quietschgeräusch eingerosteter Räder und Ketten.

Im schmalen Band des blauen Schattens liegt ein weißgekleideter Mann mit einem Stock in der Hand; auf dem Kopf trägt er einen hohen Turban mit schwarzen Kordeln. Er raucht und träumt vor sich hin. Von Zeit zu Zeit, wenn das Quietschen leiser und langsamer wird, schreit der Mann: «Pumpen! Pumpen!»

Innen plagen sich drei oder vier magere, sonnengegerbte, mit weißer Wolle bekleidete Männer; in mühseliger Arbeit drehen sie eine verrostete Winde, so daß die Kette immer in Bewegung bleibt und das Wasser mit frischem Plätschern in die kleinen, ausgegipsten *Séguias* fließt.

Sie drehen und drehen, völlig erschöpft, schweißtriefend. Wenn der wachhabende Spahi ein anständiger Kerl ist, der unter dem Gewand soldatischer Härte noch einen gemeinsamen Ursprung anerkennt, können die armen Teufel manchmal unterbrechen und sich den Schweiß von der Stirn wischen... Wenn nicht, heißt es pumpen, immerfort pumpen!

Und so den ganzen lieben langen Tag, obendrein noch geplagt von der ängstlichen Frage, ob die Eltern ihnen ein wenig Brot oder Couscous bringen werden, denn der Staat gibt ihnen nichts, außer der erdrückenden Arbeit und dem bleiernen Himmel im ausgeglühten Sand... Diejenigen, die von weit her kommen, müssen, noch trostloser als die anderen, auf die klägliche, magere Kost warten, welche die «Gemeinde» ihnen durch das Gästehaus zukommen läßt – kaum ausreichend, sie am Leben zu halten.

«Warum bist du im Gefängnis?» fragt der Spahi einen Neuankömmling, einen hageren jungen Mann mit Raubvogelprofil.

«Als ich gestern vor dem Café von Hama-Ali mein Schläfchen hielt, kam der Leutnant der Tirailleurs vorbei, und ich habe ihn nicht gegrüßt . . . Da hat er mich mit seinem Stock geschlagen und sich beim Arabischen Bureau beschwert. Der Hauptmann hat mich zu fünfzehn Tagen Gefängnis und fünfzehn Francs Bußgeld verknackt.»

Der Spahi, der erst kürzlich aus dem Zivilbereich hierhergekommen ist, wundert sich: «Sind denn die Araber hier verpflichtet, vor den Offizieren zu salutieren, genau wie wir Soldaten?»

«Ja, vor allen Offizieren . . . Sonst wird man geschlagen und ins Gefängnis gesteckt . . . Wir hatten einen Leutnant, der sogar von den Frauen verlangte, ihn zu grüßen . . . Oh, das Militärregime hat hier alles unter seiner Knute, schlimm!»

Gleichgültig fragt der Spahi weiter: «Und du, Alter?» Die Frage gilt einem schüchternen, schweigsamen alten Mann.

«Ich . . . ich bin vom Stamm er Ouled-Saoud. Die Sache war so, daß die Mätresse von Leutnant Durand abreisen wollte und viel Gepäck hatte; da hat der Leutnant den Caïds entsprechende Befehle gegeben. Einer verlangte, daß ich meine Kameldame zur Verfügung stellte; aber da sie am Rücken verletzt ist, wollte ich sie nicht hergeben. Seit acht Tagen bin ich im Gefängnis. Als der Leutnant mich fragte, und ich ihm sagte, meine Kameldame sei krank, gab er mir eine Ohrfeige; man hat mir auch nicht gesagt, wieviel Tage ich im Gefängnis bleiben muß . . . Gott ist Zeuge, daß meine Kameldame verletzt ist . . .»

Nachdem er einmal aufgefordert wurde, seine Beschwerden vorzutragen, hört der Alte nicht mehr zu und fährt fort, seine große Not zu beklagen.

Ein Dritter erzählt: «Ich war auf dem Markt und habe einen Topf Butter verkauft. Das Geld sollte ich erst am nächsten Tag bekommen, aber da kam ein dringender Brief für den Cheikh von Debila . . . Der Brief wurde mir mit dem Befehl übergeben, sofort aufzubrechen . . . Mein Flehen und Bitten half nichts, ich wurde mit Gefängnis bedroht. Um das Geld für meine Butter nicht zu verlieren, tat ich schließlich so, als würde ich aufbrechen, blieb aber in Wirklichkeit bis zum Morgen. Man erfuhr davon, Gott weiß wie; und jetzt bin ich für 15 Tage im Gefängnis und muß noch fünfzehn Francs Bußgeld zahlen.»

«Da wäre es also besser gewesen, du hättest das Geld für die Butter verloren», bemerkt der Spahi scharfsinnig. «Aber in Wirklichkeit sind das doch alles nur Geschichten»!

Mit diesen Worten kehrt er in den Schatten zurück; und schon schreit er wieder: «Pumpen!»

Wieder beginnt das monotone Quietschen und mit ihm der langsame, klagende Gesang der Gefangenen, die endlos an der Winde drehen und ihre Traurigkeiten aufzuwickeln scheinen, all ihre schüchternen Anklagen gegen diese bedrohliche Macht, die ihre Rasse zermalmt und zerschlägt: die sich die willkürliche Zuteilung des Heimatsrechtes anmaßt.

Die Verführten

Sanft und mild ließ die helle Herbstsonne ihre Strahlen über die gelblich verfärbten Platanen und das verstreute Laub auf der grasbewachsenen Place du Rocher gleiten, dem schönsten Platz des baufälligen Ténès. Die fröhlichen, aufmunternden Töne der Trompeten hallten durch die ungetrübte Luft, im Wechsel mit den eher melancholischen und afrikanischen Lauten der arabischen *Nouba*... Unter zur Schaustellung des ganzen trügerischen militärischen Prunks zogen die mit ihren am wenigsten verschlissenen Westen und ihren besten, noch nicht vollends verblichenen *Chéchias* bekleideten Tirailleurs vorüber... Ausnahmsweise war es ihnen erlaubt, mit den jungen Männern ihres Volkes zu sprechen, die dem Umzug neugierig folgten, die sich instinktiv von dem bunten Bild angezogen fühlten.

Aus Gehorsam, aber auch aus Schadenfreude spiegelten die Söldner den *Fellah* alle möglichen herrlichen Vorteile des Militärstandes vor, indem sie phantastische Dinge über ihr Leben erzählten.

Unter denen, die dem Zug folgten und den Soldaten aufmerksam zuhörten, war auch Ziani-Djilali-ben-Kaddour, ein Holzfäller vom Stamm der Chârir, der sich durch seine hochgewachsene Gestalt, sein feines Profil mit der Adlernase und seine stolze Haltung von den anderen abhob. Am stärksten hatten die Tirailleurs ihn mit der Behauptung beeindruckt, sie zahlten keine Steuern. Zuerst hatte er es nicht glauben wollen: Seit Ewigkeiten waren die Araber verpflichtet, der Regierung Steuern zu zahlen . . . Aber Mustapha, der Wirt, hatte ihm bestätigt, daß die *Askar*, die Soldaten, die Wahrheit gesagt hatten . . .

Djilali wurde nachdenklich.

Sein Vater war schon alt. Seine Brüder waren noch klein, und bald würde er die Verantwortung für die ganze Arbeit in der *Mechta*, den Unterhalt seiner Familie, die Steuern und die Rückzahlung der von dem reichen Wucherer Faquet und den Zouaoua geliehenen Geldsummen übernehmen müssen . . .

Wie sollte er damit fertig werden? Ihr Feld war viel zu klein und lag sehr ungünstig, denn es war von allen Seiten bedroht, entweder durch das von den Felsen abrutschende Geröll oder durch wild wucherndes Gestrüpp . . . Ein weiteres Unglück hatte ihm das Leben im *Gourbi* vollends unerträglich gemacht: seine junge Frau war vor nicht langer Zeit im Kindbett gestorben . . .

Die Vorstellung, ohne Sorgen zu leben, gut gekleidet und gut ernährt zu sein, keine Steuern zu bezahlen und Waffen zu tragen, all das reizte Djilali sehr, und so verpflichtete er sich gemeinsam mit anderen jungen Männern, die ebenso leichtgläubig waren wie er, ebenso hungrig auf Abenteuer und Prunk . . .

Weinend begleitete der in Lumpen gekleidete und von Alter und Leid gebrochene Vater Kaddour die jungen Rekruten, die zum Lager der Tirailleurs nach Blida aufbrachen . . . Dann zog er sich noch kraftloser und geschlagener als zuvor unter das Dach seines *Gourbi* zurück, um dort schicksalsergeben zu sterben, denn es war der Wille Gottes.

In der Kaserne wurden Djilali bald alle Illusionen genommen. Alles, was man ihm vor seiner Verpflichtung vom Soldatenleben gezeigt hatte, war Lug und Trug gewesen; er war wie ein Vogel ins Netz gegangen. In manchen Augenblicken stieg Empörung in ihm auf, aber er unterwarf sich aus Angst, zu leiden, aus Angst vor dem Tod . . . Nach und nach gewöhnte er sich an den passiven Gehorsam, an die uninteressante Arbeit, die nicht einmal einen wirklichen Nutzen hatte, an die zugleich harte und leichte Routine des Soldaten, welche die Verantwortung des realen Lebens durch eine andere, künstliche Verantwortung ersetzt.

Die Gelage und Ausschweifungen in den wüsten Spelunken

traten an die Stelle der freien, gefährlichen Liebschaften im Unterholz, wo man verwegen und mutig sein mußte, um von den Beduininnen mit den dunklen Augen und dem tätowierten Gesicht geliebt zu werden.

Das Herz des *Fellah* wurde hart und träge. Er dachte schon nicht mehr an die heimatliche *Mechta*, seinen alten Vater, an seine kleinen Brüder; er wurde ein echter Soldat.

Drei Jahre gingen ins Land.

Wieder wurde es Herbst, der unvergleichliche Herbst Afrikas mit seiner zurückhaltenden Frische, seinen grünen Gräsern und den im wilden Maquis verborgenen, duftenden Blumen.

Im Schatten der Berge grünten auch die Hügel von Chârir über die Straße von Mostaganem und der harmonischen Bucht des großen blauen Golfs, dessen ruhige, einheitliche Oberfläche nur von einigen rosa Streifen aufgelockert schien.

Auf der von den ersten belebenden Regenfällen durchnäßten, matschigen Straße zogen die Tirailleurs verdrießlich und verdreckt ins Manöver. Auf ihren sonnengegerbten, verhärteten Gesichtern mischten sich Schweiß und Schlamm, und häufig sah man, wie sich ein Ärmel aus grobem weißen Tuch hob, um mit einer gereizten Geste den Schweiß von der Stirn zu wischen ... Unter blasphemischen oder obszönen Flüchen versuchten die müden Schultern, die einschneidenden Riemen der schweren *Berdha* von einer Stelle zur anderen zu rücken.

Seit der Zufall der «Operationen» seine Truppenabteilung in die gebirgige, zerklüftete Region von Ténès verschlagen hat, empfindet Ziani-Djilali ein eigentümliches Unbehagen, Scham und Gewissensbisse ... Als die Abteilung den Fuß der Hügel von Chârir erreicht, betrachtet Djilali den Hang, auf dem seine *Mechta* stand – ganz in der Nähe der *Koubba* und des Friedhofs, der seinem alten verlassenen Vater nun die letzte Ruhe schenkt ... Die Brüder sind mittlerweile in alle Himmelsrichtungen zerstreut; mit europäischen Lumpen bekleidet, nicht wiederzuerkennen, lassen sie sich von den Kolonialherren anheuern und irren von Farm zu Farm. Das *Gourbi* ist verkauft; mit seltsamen Gefühlen sieht Djilali, wie irgendein *Fellah* Dornen auf dem alten Feld der «Ziani» beschneidet, jenem Feld, das ihm einst gehörte. Aus seinem Blick spricht die schreckliche Verzweiflung eines Tieres, das in die Falle gegangen ist; er verrät auch den instinktiven Haß des Bauern, dem man seinen Boden genommen hat, dazu die ganze Traurigkeit des Verbannten ...

Oh! mag sie tönen so laut sie will, die verlogene Musik, sie täuscht den *Fellah* nicht mehr, sie zieht ihn nicht mehr in ihren Bann; sein Herz wird schwer, er sieht genau, daß er einen schlechten Handel abgeschlossen hat, daß sein Platz nicht in der Ferne ist, sondern nirgendwo anders als auf dem nährenden Boden, im zerlumpten Gewand des Feldarbeiters, im bescheidenen Leben seiner Vorfahren!

Er macht eine unwirsche Bewegung, wischt sich mit dem Ärmel Schweiß und Staub von der Stirn und die Tränen aus den Augen ... Dann senkt er den Kopf und zieht seines Weges, denn niemand vermag gegen Gottes *Mektoub* zu kämpfen.

Auf den Pfaden Gottes

Die zerfurchten Felder verdorrten in der Sonne. Im trüben Dunst am Horizont erhoben sich kahle, bräunliche Hügel mit blutroten Felsen, die sich von den Ocker- und Rostfarben des Untergrunds abhoben.

Im gedämpften Sonnenlicht stachen hier und dort die scharfen, schwarzen Silhouetten der vereinzelten wilden Oliven- oder Johannisbrotbäume mit ihrem kurzen, rötlichen Schatten hervor. Im Süden, jenseits der niedrigen, gewellten Anhöhen und der ausgetrockneten Schluchten, in denen der Oleander langsam verglühte, erstreckte sich eine dunkle, fast marinblaue Linie: die große Hodna-Ebene mit der azurblauen, in dichten Nebel gehüllten Mauer des Djebel Ouled-Naïl, der sie in weiter Ferne wie ein hoch in den trüben Himmel gespanntes Band abschließt.

Erschlagen von Hitze und Durst war das riesige, ausgeglühte Land in einen tiefen Schlaf verfallen. Im schwachen Schatten einer kleinen Gruppe gräulicher Olivenbäume mit seltsamen, verdrehten Stämmen waren ein paar Brustbeerensträuche und zwergenhafte Mastixbäume gewachsen. Die zarten Frühlingskräuter waren vertrocknet und zerfielen zwischen den alles überwuchernden stacheligen Disteln zu Staub.

Mitten in dieser stillen Einöde lag ein alter Mann, in erdige Fetzen gehüllt. Sein ausgezehrtes, knochiges Gesicht schien bereits die rötlich-braune Farbe des Bodens angenommen zu haben; er trug einen langen grauen Bart und hielt die Augen geschlossen; sein Atem war so schwach und seine Haltung so starr, daß er wie tot wirkte.

Neben ihm lag eine Scherbe aus gebranntem Ton mit den letzten Brocken eines ungesäuerten Fladens, welche die Wohltätigkeit der Gläubigen irgendeines in den tiefen Schluchten verborgenen benachbarten *Douar* bezeugten.

Ein aufgeregter Fliegenschwarm bedeckte das Gesicht und die knotigen Hände des Alten, während die Sonne auf seine nackten Füße brannte. Doch er fühlte nichts; er schlief seinen stillen Schlaf.

Auf dem gewundenen Pfad am Fuß der Hügel tauchten drei Reiter auf: ein Europäer mit dem gestickten Käppi der Verwaltungsbeamten und zwei Einheimische im blauen Burnus des *Makhzen*.

Als der Roumi den schlafenden Alten bemerkte, fühlte er sich vor Mitleid gerührt. Auf die Fragen der *Mokhazni* antwortete der Wanderer mit seiner schon fast erloschenen Stimme: «Ich bin Abdelkader-ben-Maammar vom Stamm der Ouled-Darradj und komme aus Barika. Ich tue nichts Böses, und da ich nichts habe, außer meiner Gottesfurcht, wird Gott auch für das Leben sorgen, das er mir gab – bis daß die Stunde geschlagen hat.»

Aber der christliche *Hakkam* glaubte, die letzten Stunden des alten Muselmanen versüßen zu müssen; und so sagte er ihm, er solle auf dem Rücken eines Maultiers ins Krankenhaus von Bordj-Bou-Arreidj gebracht werden, wo er ein gutes Bett und ausreichende Nahrung bekäme. Dort könne er sich ausruhen und wenigstens etwas zu Kräften kommen.

Ungerührt, ohne ein Wort zu sagen, ließ der Alte sich auf ein Maultier laden, das aus dem nächsten *Douar* geholt worden war. Der *Hakkam* hatte so beschlossen und er, der Araber, war nicht berufen, über diesen Entschluß zu richten. Er unterwarf sich ohne Freude und ohne Empörung, denn dies war der Lauf der Dinge.

*

Reingewaschen von seinem Schmutz, mit unbeflecktem Leintuch bekleidet lag der unstete Wanderer auf dem schmalen weißen Bett; sein Zustand schien sich zu bessern, er schien zum Leben zurückzukehren.

Dennoch bewahrte er sein menschenscheues Schweigen. Hartnäckig wandte er seinen abschweifenden, trüben Blick der großen Bucht zu, die sich der Leere des weißglühenden Himmels öffnete. Trotz all dieses ungewohnten Wohlstandes sehnte sich der Nomade, dessen Vorfahren ebenfalls Nomaden gewesen waren, nach dem schmutzigen Elend und den langen, mühsamen Fußmärschen unter der Feuersonne, auf der Suche nach den spärlichen Gaben auf den Pfaden Gottes ...

Und bald wurden ihm der lange, strenge weiße Saal, das allzu weiche Bett, die Ruhe und die Verlassenheit unerträglich ... Er behauptete, gesund zu sein, flehte die Ärzte weinend an, ihn gehen zu lassen. Man bezichtigte ihn der Undankbarkeit, man sagte ihm, er sei eben nur ein Wilder, und schließlich öffnete man ihm die Türen, um ihn loszuwerden.

An einem klaren Morgen, in der Fröhlichkeit des beginnenden Tages, legte er seine Lumpen wieder an und nahm seinen langen Stab aus Olivenholz. Ohne das geringste Bedauern, fast fröhlich beschwingt eilte er zum Stadttor und zog von dannen; eine schmutzige, erhabene Gestalt in der aufgehenden Sonne.

*

Auf der kahlen Kuppe eines unfruchtbaren Hügels unmittelbar gegenüber dem gewaltigen bläulichen Hodna-Gebirge – monoton wie das Meer – erhob sich die Silhouette einer schneeweißen *Koubba* mit geradlinigen Mauern und einer ovalen Kuppel.

In der ganzen Umgebung sah man keinen Baum, keinen Schatten auf der verbrannten Erde, die dunkelrot in der Sonne flammte. Im Norden staffelten sich die Hügel wie erstarrte Wellen eines stürmischen Ozeans. Unmerklich ansteigend zogen sie sich bis zu den Riesenbergen der Kabylei hin.

Eine graue Familie hoher Steingräber drängte sich um die *Koubba*, um den Schutz Sidi Abdelkaders von Bagdad, des Herrn der *Koubba* und der Himmel, zu genießen ...

An der schorfigen Mauer neben der kleinen, niedrigen Tür

hockte der alte Landstreicher und träumte mit halbgeschlossenen Augen vor sich hin, seinen Stab zwischen den mageren Knien.

Seit Verlassen des verabscheuten Asyls, in dem er sich gefangen gefühlt hatte, war der Alte von *Douar* zu *Douar* geirrt. Doch jetzt erlosch sein flackerndes Leben.

Große Mattigkeit überkam seine Glieder; die Erde schien ihn zu rufen, indem sie eisige Kälte zu ihm aufsteigen ließ.

Neben der heiligen *Koubba* war er kraftlos zu Boden gesunken. Eine einzige Person hütete die Stätte der Verehrung: eine uralte, in eine zerschlissene, wollene *Mlahfa* gehüllte Frau mit einem abgelebten, bleichen Gesicht, die in einem nahen *Gourbi* aus trockenem Gestein hauste. Sie war fast ebenso wortkarg und erschöpft wie er, ihrem Ende nahe.

Jeden Morgen und jeden Abend brachte die fromme Witwe dem Vagabunden, dem Gast Gottes, einen Gerstenfladen und einen Tonkrug mit frischem Wasser. Dann kehrte sie in den Schatten der *Koubba* zurück, legte etwas wohlriechende Benzoe auf die Glut und murmelte ihre Gebete.

Ohne große Worte hatten die beiden sich in ihrer Altersschwäche verbündet und warteten ohne Hast und ohne Schrecken, bis ihre Stunde schlug.

Wenn gelegentlich ein paar Beduinen kamen, um unter den niedrigen Gewölben der wundertuenden *Koubba* zu beten, erhob der Alte aus Gewohnheit seine meckernde Stimme zu einer monotonen Psalmodie.

«Für Gott und Sidi Abdelkader-Djilani, den Herrn von Bagdad und Sultan der Gläubigen, gebt einen Almosen, Ihr Gläubigen!»

Darauf zogen die Muselmanen mit ernster Miene etwas dunklen Fladen oder ein paar trockene Feigen aus ihren Wollkapuzen. Monoton verflossen die Tage in der Schläfrigkeit des zur Neige gehenden Sommers...

Dann zog auffrischende, kühlere Herbstluft ins Land, der Nordwind fegte die trüben Nebel vom Horizont, das gedämpfte Licht der heißen Tage klarte auf, und bald lag ein goldener Schein über der aufatmenden Erde und dem heiteren Himmel. Der Alte war noch magerer geworden, sein Körper war wie in sich selbst gekehrt, wie geschrumpft; die ersten Schatten der ewigen Nacht verschleierten seine tiefliegenden Augen, seine Stimme war endgültig erloschen.

Langsam, ohne Unruhe und ohne Angst ging sein Leben mit der letzten Sommersglut zu Ende.

*

Vom Dach des *Gourbi* ertönte ein Hahnenschrei und weckte die Alte, die auf ihrer kleinen, abgenutzten Matte lag.

Sie nahm einen Wasserkrug und vollzog die rituellen Waschungen. Dann kniete sie vor der Majestät Gottes, des *Herrn der Morgendämmerung*, nieder und betete schweigend, wie es der Brauch von den Frauen verlangt.

Lange kauerte sie dort und betete, während die Perlen ihres Rosenkranzes durch ihre knochigen, tauben Finger glitten. Ihr Mumiengesicht, das winzig klein und schwarz unter dem Turban aus roter Wolle und dunklen Nomadentüchern hervorschaute, hatte keinen Ausdruck, es war wie eine Totenmaske. Stöhnend, mit letzter Kraft, richtete sie ihren gebeugten Rücken wieder auf, zog einen kalten Fladen unter einem großen Holzbrett hervor, füllte einen kleinen roten Krug aus Ziegenleder und ging hinaus.

Der Tag brach an; ein rosiger, violetter Schein ergoß sich über die endlos wallenden Hügel, über die marinblaue Leere der Ebene. Noch verdunkelten mächtige lila Schatten den Grund der Schluchten zwischen den lichteren Kuppen der Hügel, während die einsame *Koubba* schon in einer roten Feuersbrunst erflammte.

Langsamen Schritts ging die gebrechliche Wächterin zum Tor des Heiligtums, um dem alten Gast die tägliche Gabe zu bringen.

Seit dem Vorabend hatte der Vagabund sich nicht mehr gerührt; er saß zusammengesunken und kraftlos an seinem gewohnten Platz, ohne den symbolischen Stab loszulassen.

Seine Züge wirkten sanfter als zuvor; die Alte glaubte, ein unerhörtes Leuchten über das tote Gesicht gleiten zu sehen. Ohne Agonie und ohne Klagen war der Alte in den ruhigen Stunden der Nacht zum Staub der Erde zurückgekehrt. Ohne jedes Erschrecken bettete die Wächterin den schon erstarrten Körper, das Gesicht der am Horizont aufsteigenden roten Sonne zugewandt. Dann bedeckte sie ihn mit den glattgestrichenen Seitenteilen seines Burnus und betete zu Gott.

Langsam erledigte sie ihre täglichen Arbeiten, reinigte den Gipsboden der *Koubba*, schüttelte den Staub von den alten roten und grünen Seidentüchern, die das *Makam* bedeckten. Als sie ihre frommen Dienste beendet hatte, ging sie in ihr *Gourbi* zurück, hüllte sich in ihren schwarzen *Haïk* und machte sich, den Stab in der Hand, auf den Weg ins benachbarte *Douar*.

Es kamen Männer mit ernster Miene, Holzfäller in rötlichbraunen Burnussen, mit schwarzen Kordeln über der Stirn, den Leib des Vagabunden zu waschen und ihn in weißes Leintuch zu hüllen. Erhaben standen sie in der Herrlichkeit der Herbstsonne und beteten, während zwei andere mit einer Hacke das Grab aushoben.

Nachdem die Beduinen den Leichnam in die offene Kuhle gelegt hatten, bedeckten sie ihn mit Myrtezweigen und schützten ihn durch grob behauene Bretter vor der direkten Berührung mit dem Boden. Dann füllten sie das Grab mit blutroter Erde.

Unterdessen hatte die alte Frau ungesäuerte Fladen und getrocknete Feigen auf einem Wolltuch ausgebreitet; zum Gedenken des Toten verteilte sie die Speisen an die anwesenden Bettler, die es sich angewöhnt haben, alle Begräbnisse zu besuchen. Ernst und ruhig im Angesicht des Todes, den sie für notwendig hielten, vor dem sie weder Abscheu noch Entsetzen empfanden, zogen die Holzfäller von dannen.

Die Alte blieb allein neben dem frischen Grab, um die nahe Stunde abzuwarten, wo auch sie in die ewige Finsternis eingehen würde.

Beni-Ounif, November 1903

IM DORF

Die Ankunft des Kolonisten

Jules Bérard, Sohn eines kleinen Grundbesitzers aus dem Jura, hatte sich durch einen längeren Aufenthalt in der Stadt etwas weitergebildet; ursprünglich hatte er als Gärtner gearbeitet; doch nun fühlte er sich so sehr zu den libertären Ideen hingezogen, daß er beschloß, das kleine Vermögen aus dem Nachlaß seines Vaters auf neuem Grund und Boden anzulegen. Aus der Ferne hatte Bérard sich eine verlockende Vorstellung von den französischen Ansiedlungen in Algerien gemacht. Die Gruppen, die sich dort zusammengeschlossen hatten, mußten wie starke französische Familien sein, die auf unberührtem Boden ausgeschwärmt waren und ihn fern vom engen, eingefahrenen Rahmen des Stadtlebens mit ihrer Energie und glühenden Solidarität befruchteten.

Sicher, drüben würde es eine ganze Menge Schwierigkeiten geben: das manchmal mörderische Klima, der unbekannte Boden, die Trockenheit, der Schirokko, die Heuschrecken, die Eingeborenen...

Die Handbücher, die Bérard gelesen hatte, handelten von all diesen Dingen. Aber wenn er erst einmal dort war, würde er andere Kolonisten finden, die schon ihre Erfahrungen gesammelt hätten und ihm auf die Sprünge helfen, ihn beraten und ihn schützen könnten.

Nach langwierigen, kostspieligen Formalitäten erhielt Bérard schließlich eine Konzession für das «Zentrum» von Moreau, das gerade vergrößert werden sollte und zu der kleinen Stadt X im konstantinischen Tell gehörte.

An einem trüben, bewölkten Herbstabend kam Bérard in Moreau an. Es war kalt und finster; ein rauher Wind beugte die zarten Eukalyptusbäume an der Hauptstraße.

«Sind Sie *der Franzose* mit der Konzession von Oued-Khamsa?»

Mit diesen Worten empfing ihn die Wirtin, eine dicke Italienerin, in einem unförmig herunterhängenden Mieder.

Bérard hatte es eilig, Kontakt zu seinen neuen Mitbürgern aufzunehmen; er ging sofort in die Wirtsstube.

Ein ohrenbetäubender Lärm schlug ihm entgegen, und sein «Guten Tag allerseits!» ging hoffnungslos verloren. Er verstand nur halbe Sätze, die lauthals durch den Saal geschrien wurden und einen Akzent trugen, der ihm fremd vorkam.

«Wenn ich dir sage, daß er mit Santos zusammen ist, der Chef von B...!»

«Dann hätten wir also einen *Caoued* zum Bürgermeister?»

... Und ein Dritter wiederholte wütend: «Alles Verräter, Lumpen und Diebe!»

Der Tumult steigerte sich.

Ein braungebrannter Mann von etwa dreißig Jahren mit schwülstigen Gesten setzte sich zu Bérard an den Tisch und fing sofort ein Gespräch an: «Na, gerade angekommen? Das sieht man... Nur sind wir eben Franzosen, da darf man sich nicht irreführen lassen... Eins steht fest, die Leute, die zu dem Beigeordneten halten, werden sofort versuchen, Sie einzuwickeln... passen Sie auf... das sind alles Schurken, Heimatlose... *sie* sind es, die die Kolonie kaputtmachen. Stellen Sie sich vor: bei den Senatswahlen haben sie für Soundso gestimmt, obwohl der doch für das Araberpack und gegen die Kolonisten ist. Wir halten zum Bürgermeister. Lassen Sie sich bloß nicht einwickeln.»

«Aber ich bin nicht hierhergekommen, um Politik zu machen... das ist mir egal... Ich will mir nur ein Bild machen, und im übrigen arbeiten.»

Der Kolonist warf ihm einen erstaunten, feindseligen Blick zu.

«So ist das also... das kennen wir schon. Die Regierung vergibt Konzessionen an irgendwelche Leute aus Frankreich, denen die Interessen der Kolonie scheißegal sind, die auch nicht zu den Kolonisten halten, während unsere eigenen Söhne gezwungen sind, wie Arbeiter zu schuften, Seite an Seite mit den verlausten...»

Mit diesen Worten stand der Kolonist auf und verließ den Tisch.

Ein anderer setzte sich auf seinen Stuhl. Auch dieser erzählte Bérard lange Geschichten über die Verdienste des Bürgermeisters, der ein Philanthrop sei, ein, wie soll man sagen... ein guter Mensch eben! Einer, der wenigstens zu den Kolonisten hielt. Bérards Gesprächspartner stand ein schier unerschöpfliches Reservoir an Beschimpfungen und Drohungen zur Verfügung, die den Verrätern, Freimaurern, den Dieben, all den finsteren Typen galt, die sich auf die Seite des Beigeordneten Molinat geschlagen hatten. Gelangweilt hörte Bérard zu. Er hätte gern um ein paar nützliche Auskünfte über das Klima, die Bodenbeschaffenheit und die Arbeiter gebeten. Aber auf alle seine Fragen antwortete der Kolonist unwillig: «Sie werden schon sehen ... Das Klima? Das ist gar nicht so schlecht ... Sie werden schon klarkommen ... Sie werden es genauso machen wie wir ...» Und schob hub er wieder an, mit erstaunlicher Redefertigkeit seine «politischen» Ausführungen fortzusetzen.

Bérard nutzte die erstbeste Gelegenheit, sein Gegenüber mit dem unerschöpflichen Redefluß loszuwerden; er ging hinaus.

Die Straße war verlassen und finster.

Nach einem kurzen Spaziergang ging Bérard in ein anderes Wirtshaus. Auch dort wurde geschrien und diskutiert.

Bérard suchte sich eine Gruppe kartenspielender Kolonisten heraus, die einigermaßen ruhig wirkten, und setzte sich in eine Ecke an ihren Tisch.

«Nun, meine Herren, wie stehen die Dinge hier? Sind Sie zufrieden? Ich glaube, Sie haben es richtig gemacht ... Ich habe mich auch entschieden, Kolonist zu werden.»

An der Reaktion der Spieler bemerkte Bérard sofort, daß irgend etwas nicht stimmte.

«Wo haben Sie sich einquartiert?»

«In der ersten Herberge auf der rechten Seite, an der Straße von ...»

Die Spieler sahen sich an, als hätte Bérard etwas Ungeheuerliches gesagt.

«So ein verdammter Mist. Dann holen sie sich ihre Leute also jetzt schon mit Gewalt? Aber wissen Sie denn nicht, bei wem Sie sich einquartiert haben? In einem regelrechten Nest von Dieben und Banditen ... Dort trifft sich die ganze Bande, die zum Bürgermeister hält, und zum Wucherer Girot!»

«Aber das ist mir egal. Ich habe mich nur vorübergehend dort einquartiert, bis ich mich selbst eingerichtet habe und mit dem Bauen fertig bin!»

«Aber verstehen Sie denn nicht, daß Sie sich ihr ganzes Ansehen verscherzen, wenn Sie bei diesen Leuten bleiben? Außerdem werden die Sie ganz schön einwickeln. Sie kennen Girot noch nicht, das merkt man.»

Zum zweitenmal bekräftigte Bérard seine politische Unabhängigkeit, aber er wurde unterbrochen.

«Das geht gar nicht. Hier sind wir alle für klare Verhältnisse: entweder schlägt man sich zu den ehrlichen Leuten, oder aber zu den Dieben ... Da gibt es kein Drumrum ... so oder so.»

«Ich halte immer zu den ehrlichen Leuten», sagte Bérard ausweichend.

Ein anderer Kolonist, den Bérard ansprach, um einen besseren Durchblick zu bekommen, zeigte ihm ganz unverblümt die kalte Schulter; er begnügte sich damit, die Fragen des Neuankömmlings zu beantworten.

«Wir, die Kolonistensöhne, wir schuften und schlagen uns durch, so gut wir können. Einen besseren Rat kann ich Ihnen auch nicht geben, wenn man Ihnen schon Konzessionen gibt ... Aber das ist es ja eben, Sie sind nur deshalb hier, weil Sie zu Hause nicht klargekommen sind ... Die Regierung will das einfach nicht begreifen, die stellt sich stur und schickt uns einen Haufen Leute hierher, die keine Ahnung haben von diesem Land und sich obendrein noch für ganz besonders schlau halten. Fangen Sie erst einmal an zu arbeiten, dann können wir weiterreden ... Jetzt hat das noch gar keinen Sinn.»

Bérard ging hinaus. Wieder irrte er eine Weile durch die Nacht. Zufällig kam er an einem geöffneten, von einer qualmenden Lampe erleuchteten Laden vorbei; er blieb stehen: innen saßen Araber und tranken Kaffee. Aus reiner Neugierde ging er hinein und bestellte eine Tasse.

Aus seiner Ecke heraus beobachtete er die Anwesenden, Menschen einer anderen Rasse, die ihm stets als feindliche Rasse geschildert worden war.

Zerlumpt, mit europäischen Fetzen bekleidet, wirkten sie elend und düster.

Als er hereingekommen war, hatten sich einige über das Ohr ihres Nachbarn gebeugt und zu flüstern begonnen, während ihr Blick auf dem Fremden haftete ... Und dieser Blick war verschlossen und feindselig ...

Schließlich kam Bérard auf die Idee, mit dem Wirt zu reden, der Französisch verstand.

«Die Leute hier scheinen nicht gerade erfreut über meine Anwesenheit . . . Ich glaube, sie mögen uns nicht . . .»

«Nein, wieso? Kif-kif . . . Es sind allerdings einige da, die vor der Vergrößerung noch Land und Korn besaßen, jetzt haben sie nichts mehr . . . Und deshalb sind sie nicht zufrieden, verstehst du? Aber das macht nichts.»

Als Bérard seine Tasse Kaffee ausgetrunken hatte, ging er hinaus. Ihm wurde klar, daß er ein Eindringling war. Seit seiner Ankunft beklagten sich alle: die Söhne der Kolonisten beklagten sich, weil sie seine Konzession gern selbst gehabt hätten . . . Die Araber beklagten sich, weil man ihnen ihren Boden genommen hatte . . .

Und die anderen, die ihn weniger kalt empfangen hatten, waren ausschließlich daran interessiert, ihn auf diese oder jene Seite zu ziehen . . . Angesichts dieser Enttäuschung, dieses finsteren, feindseligen Dorfes, das nun in der kalten Nacht schlief, kam tiefe Traurigkeit in sein Herz.

Heldentaten der Eingeborenen

Die große Pélagie diente als Magd bei M. Pérez, einem Kolonisten des Zentrums «Alfred de Musset». Eines Tages verabredete sie sich mit Joseph, dem Stallknecht, zu einem Spaziergang am kommenden Sonntag. Aber man brauchte etwas «Gutes» zum Mitnehmen, und dafür fehlte das Geld . . . Heimlich schlich die Magd in den Viehstall des Kolonisten, packte eine prächtige Gans, steckte sie in einen Sack und drehte ihr den Hals um. Der Bäcker, Josephs Freund, hätte sicher nichts dagegen, sie abends in seinem Ofen zu braten. Auf diese Weise hätten sie ein köstliches Mahl, und die Pérez' würden nie auf die Idee kommen, das europäische Personal zu verdächtigen.

Als Frau Pérez bemerkte, daß ihre schönste Gans verschwunden war, brach sie in lautes Gejammer aus und lief sofort zu ihrem Mann, der gerade damit beschäftigt war, die Arbeit der Marokkaner zu beaufsichtigen, die in der Nähe des Oued ein Stück Land umgraben sollten.

«José, heute nacht hat jemand die dicke Gans gestohlen, du weißt schon, die mit den grauen und schwarzen Flecken.»

«Hol sie der Teufel, verflucht noch mal! Das waren bestimmt wieder die Araber, da kannst du Gift drauf nehmen!»

Pérez, ein großer, kantiger Mann von kräftiger Statur, trug einen Cordanzug und einen großen runden Hut aus weißer Baumwolle. Seine Gesten wirkten heftig und seine Stimme gebieterisch. Leicht reizbar und äußerst mißtrauisch, zeigte Pérez sich trotz seines Reichtums immer unzufrieden mit seinen Geschäften und war entsprechend hart zu dem armen Gesinde, vor allem zu den Eingeborenen; er war Mitglied des Gemeinderats und galt als ein guter Redner, weil er im Café alle übertönte und die gewalttätigsten Meinungen von sich gab.

Als die Wirtshauszeit gekommen war, saß Pérez inmitten einer aufmerksam zuhörenden, malerischen Gruppe und erzählte von dem Gänsediebstahl, schon dem zweiten innerhalb von sechs Monaten. Wenn das so weiterging, war die Kolonisation nicht mehr zu retten, dann konnte man nur noch seine Sachen packen. Das einheimische Banditentum wurde von Tag zu Tag schlimmer ... Eine Entwicklung, die selbst den Tapfersten den Mut nahm.

«Ja», sagte Durand, ein Freund des Ratsherrn, «aber drüben, in Frankreich, da scheren sie sich 'nen Dreck um uns! Die sind doch alle für die Araber. Sogar die Mörder von Margueritte haben sie freigesprochen, und jetzt wollen sie uns auch noch die Strafgerichte nehmen, damit die Eingeborenen uns endgültig fertigmachen können ...»

«Ja, und wir, wir können hier krepieren. Sie dürfen uns bestehlen, sie dürfen uns ausplündern, sie dürfen es sich sogar leisten, uns den Respekt zu verweigern, wie sie es heutzutage schon tun, das macht gar nichts. Und dann gibt es immer noch Schweinehunde, die ihnen sagen, sie hätten recht ...»

«Aber das werden wir uns nicht gefallen lassen, wir nicht», schrie Pérez mit einem kräftigen Faustschlag auf den Tisch, «wir werden aufpassen, wir werden uns verteidigen und dem ersten, der sich rührt, eine Portion Blei unter die Haut jagen. Das wird nicht mehr so laufen wie bei Margueritte. Dieses Urteil wird ihm teuer zu stehen kommen, dem ganzen Araberpack. Sie sollen nur nicht versuchen, selbstzufriedene Mienen aufzusetzen, sonst passiert noch was!»

«Da ich dauernd bestohlen werde», sagte Pérez, «werde ich die Polizeiarbeit von jetzt an selbst mit meinem eigenen Gewehr erledigen.»

Aber Dupont, der Wirt, der im Laufe des Gesprächs nähergekommen war, hatte eine bessere Idee.

«Man darf nicht nur an sich selbst denken. Pérez, du müßtest die ganze Geschichte aufschreiben und sie an die Zeitungen schicken, damit alle sehen können, daß wir die Opfer der Eingeborenen sind.»

«Ja, ja», stimmte Durand zu. «Das ist gut, das muß man machen, außerdem wird das auch unserem Abgeordneten gefallen. Ich habe gehört, daß er solche Dokumente sammelt, um denen, die auf die Kolonisten schimpfen, etwas entgegenhalten zu können. Unsere Gans kann da ganz wichtig sein.»

«Ja, aber das Schreiben liegt mir nicht so», sagte Pérez zögernd.

«Das macht nichts, das kriegen wir schon hin. Dupont, hol was zu schreiben! . . .»

Durand setzte seine Brille auf und begann das Schreiben zu «redigieren». Mehrere Blatt Papier wurden zerrissen; doch schließlich war der endgültige Text fertig; mit der Bitte, ihn «im Interesse der Kolonisierung zur Verteidigung der ehrbaren Leute» abzudrucken, wurde er versiegelt an die politischen Zeitungen Nordafrikas geschickt.

Zuvor war der Brief noch von den Anwesenden und mehreren Bekannten im Dorf unterschrieben worden. Der Caïd der Beni-Mkhaoufine, ein ehemaliger Feldhüter, der ständig um seinen Posten zitterte, unterschrieb, ohne den Inhalt zu verstehen. Manche Kolonisten indes weigerten sich, sich in solche «Geschichten» einzumischen. Der Savoyarde Jacquet antwortete auf Durands Drängen: «Was geht mich das schon an? Es hat immer Diebe gegeben, da muß eben jeder auf sich selbst aufpassen; dafür sind die Polizisten zuständig . . . Das einzige, was mich beschäftigt, sind mein Weizen und mein Wein; bleib mir mit euren Zeitungen und eurer Politik vom Leibe. Ich lese sie sowieso nicht, diese Zeitungen, da stehen doch nur Lügen drin . . . Außerdem, mir macht das Kopfschmerzen.»

Nachdem sie ihren gemeinsamen Brief mit großer Bewunderung wieder und wieder gelesen hatten, gingen die eifrigen Anhänger Durands auseinander, indem sie sich mit verschwörerischer Miene die Hände schüttelten.

Dupont, der Wirt, faßt die Situation folgendermaßen zusammen: «So können wir uns wenigstens bei den Wahlen aufeinander verlassen.»

Jacquet zuckte die Schultern.

Doch allmählich wurde die ganze Sache ernst. Nach dem Abendessen versteckte Pérez einen Schemel in einer dunklen Ecke des Hofes, in der Nähe des Hühnerstalls; dort setzte er sich nieder, sein Gewehr zwischen den Beinen, mit wachsamen Auge und lauschendem Ohr; Pérez versagte sich sogar das Rauchen, um nicht gesehen zu werden. Doch als ihm nach einer Weile schläfrig und langweilig zumute wurde, dachte er sich, hinter seinem Hut könnte er doch wohl rauchen, das würde schon niemand sehen.

Im Lauf ihres Spazierganges hatten die beiden Diener die gebratene Gans verspeist; bei Einbruch der Nacht waren sie heimgekehrt. Als alles schlief, schlich Joseph hinüber und besuchte Pélagie auf ihrem Hängeboden.

«Weißt du was», sagte sie lächelnd, «unten sitzt der Patron mit seinem Gewehr und wacht über die Hühner.»

«Da kann er lange wachen, die frische Luft wird ihm guttun . . .»

Bei dem Gedanken, daß der Patron draußen in der Kälte saß und vor Ungeduld verging, krümmten die Diener sich vor Lachen.

Zwei Tage später kam Claudignon, der Briefträger, aufgeregt ins Café gelaufen.

«Stellt euch vor», schrie er, «sie haben den Brief abgedruckt! Hier, in zwei Zeitungen sogar! Sie haben vielleicht ein Glück, Monsieur Durand, und du, Pérez, euer Name steht in der Zeitung!»

Triumphierend faltete der Briefträger die Zeitung auseinander, zuerst die größere, aus Respekt vor dem Format. In fetten Buchstaben war der Titel zu lesen:

HELDENTATEN
DER EINGEBORENEN

Aus dem Zentrum «Alfred de Musset» ging uns folgender Brief zu:

«Den Herren Arabern geht es gut. Seit dem ungeheuerlichen Urteil von Montpellier und allen möglichen Angriffen der Eingeborenen auf die Strafgerichte, die eine durchaus heilsame, aber unserer Ansicht nach noch viel zu schwache Arbeit leisten, hat das Banditentum der Eingeborenen rasch um sich gegriffen; die Einheimischen werden immer anmaßender und verlieren jeden Respekt gegenüber den Kolonisten. Sie scheinen zu vergessen, daß sie ihnen verpflichtet sind. Die unglücklichen Kolonisten zittern um ihr Eigentum und um ihr Leben, aber man darf sie nicht zum äußersten treiben, denn ihr Zorn könnte so gewaltig sein, daß die Hauptstadt ihre niederträchtigen Angriffe auf Algerien noch bitterlich bereut.

Möge man die Situation in unserem Zentrum nach folgendem Ereignis beurteilen, das die ganze europäische Bevölkerung hier in Unruhe versetzt hat. Vorige Woche, in der Nacht von Freitag auf Samstag, haben bislang unbekannte Übeltäter Monsieur Pérez, einem Kolonisten aus dem ‹Alfred de Musset›, eine prächtige Gans gestohlen. Allein die Frechheit dieses Diebstahls beweist, daß der oder die Urheber traurige Vertreter dieser Rasse sind, die eine von Grund auf schlechte Geisteshaltung an den Tag legt. Wir warnen die Freunde und Verteidiger von Yacoub und alle Gleichgesinnten.»

Der Stil dieses Gedankenwerks war von den araberfeindlichen Zeitungsredakteuren zwar noch ein wenig korrigiert worden, aber deshalb fühlten sich die Autoren nicht weniger in ihrer Eitelkeit geschmeichelt; im Gegenteil, ihr Ansehen wuchs.

«Was soll man denn machen? Man kann sich ja schließlich nicht einfach umbringen lassen . . .»

Stolz auf seinen gewaltigen Prestigezuwachs, fand Durand zum Abschluß noch ein tiefsinniges Wort, das alle verstanden: «In der Politik gibt es keine kleinen Dinge.»

IN DER LEGION

Der Russe

Sich eine eigene, geschlossene Welt zu schaffen, sich mit einer Traumatmosphäre zu umgeben, jeden feindlichen Angriff von außen abzuwehren, nur noch jene Menschen und Dinge zu sehen und zu fühlen, die ihm gefielen: dies waren die moralischen Grundsätze, zu denen Dmitri Orschanoff nach all den Unstetigkeiten seines Lebens, den durchgestandenen Ängsten und der langen Suche gekommen war. Während der fünf Jahre in der Fremdenlegion, in einem abgegrenzten, monotonen Milieu, wo er nicht für die Befriedigung materieller Bedürfnisse kämpfen mußte, war es Orschanoff gelungen, einen großen Teil dieses Programms, das man als ästhetischen Egoismus bezeichnen könnte, zu verwirklichen.

Doch nun ging seine Verpflichtung bei der Fremdenlegion ihrem Ende zu und stellte ihn vor die verwirrende Frage der unmittelbaren Zukunft; diese Frage brachte Orschanoffs Geist in direkte, schmerzhafte Berührung mit den Wirklichkeiten, denen er entfliehen wollte.

Da er jedoch im Laufe der Jahre weiser geworden war, zwang er sich, nahezu kalt über seine Situation nachzudenken und vor allem überstürzte Lösungen zu meiden. Er erinnerte sich nur allzu gut an das Chaos aus Ideen, Empfindungen und Versuchen, welches sein mit Theorien beladener Geist früher durchgemacht hatte.

Dmitri war ein Kind des Volkes und hatte seine Eltern schon sehr früh verloren; er war bei seinem Onkel aufgewachsen, einem armen Dorfdiakon, der kaum lesen und schreiben konnte; eben dieser Onkel hatte es ihm durch unsägliche Opfer ermöglicht, das Gymnasium zu besuchen. Später, als der Tod ihn auch dieser Stütze beraubte, hatte er seinen Unterhalt als Repetitor verdient und zugleich in Moskau Medizin studiert. Doch bald befriedigte ihn dieses Studium nicht mehr; mit wildem Eifer stürzte er sich in die revolutionäre Bewegung Rußlands. Infolge der Ereignisse mußte er ins Ausland fliehen.

In Genf wurde er von der Vorsorgegesellschaft für russische Studenten aufgenommen und konnte mit ihrer Unterstützung auch die Fakultät besuchen. Doch statt sein Studium fortzusetzen, begann er, «seinen Weg zu suchen».

Dmitri versuchte sich in allem: er wurde Sprecher des Clubs, Dichter, Maler und Musiker, doch nirgendwo hielt er es länger aus. Er fühlte so fruchtbare Energiequellen in sich, einen solchen Tatendrang, daß ihm alle Bereiche, in die er einmal hineingerochen hatte, zu eng erschienen.

Dmitri Orschanoff hatte die seltene Fähigkeit, in allem, was er anpackte, fast mühelos Erfolg haben *zu können*. Unterstützt von einem starken Willen und geordneten Gedanken wäre diese Fähigkeit äußerst wertvoll gewesen, aber angesichts der moralischen und intellektuellen Verwirrung, mit der Dmitri sich herumschlug, war sie ihm eher schädlich, denn sie erlaubte ihm, sich jedes Versagen zu verzeihen, sich darauf zu verlassen, die verlorene Zeit wieder aufzuholen, *später* . . .

So vergingen drei Jahre. Allmählich wurden Dmitris Kameraden seine unverbesserliche Wankelmütigkeit leid; sie dachten, es sei vielleicht doch nicht richtig, diesen wirren Charakter materiell zu unterstützen, während zahllose bescheidene Arbeiter sich über die Maßen plagten und dennoch immer in Verlegenheit oder gar im Elend lebten. Auf die ersten Anspielungen seitens seiner Kameraden hin fühlte Dmitri sich unverstanden; er war empört. Er fühlte sich überflüssig und ging fort.

Völlig mittellos, aber auch, *um sich zu trösten*, dachte er an Tolstois Lehren über die Vortrefflichkeit der handwerklichen Arbeit. Freiwillig machte er sich zum Arbeiter. Als Hilfskraft, Landarbeiter oder auch als wandernder Schmied und Verzinner zog er durch die Schweiz, das Elsaß und Savoyen.

Im zweiten Jahr seiner Vagabondage herrschte ein rauher Winter. Gemeinsam mit einem anderen Verzinner, Jules Perrin, wanderte er durch die armen Dörfer des gebirgigen Savoyen.

Die verlassenen Straßen waren schneebedeckt. Der stürmische Nordwind ließ die Füße der Landstreicher erfrieren. Es fehlte an

Arbeit und an Brot. Der Anblick der weißen Gipfel und des toten, weißen Tales ließ tiefe Betrübnis in ihnen aufsteigen.

Eines Tages traf Perrin einen anderen Vagabunden in einem Café; er unterhielt sich mit ihm und erklärte Dmitri anschließend, er wolle sich zusammen mit dem neuen Gefährten bei der Fremdenlegion verpflichten, um endlich ausreichend zu essen und seine Ruhe zu haben. Die Vorstellung, weit weg, nach Afrika zu gehen, ein anderes Leben zu beginnen, schmeichelte auch Orschanoffs abenteuerlichem Geist. Außerdem spürte er seit einiger Zeit, daß sich in ihm irgend etwas Spontanes, aber noch ganz und gar Unklares entwickelte. Er empfand ein zunehmendes Bedürfnis, sich zu sammeln und nachzudenken. Die Legion, wo er immer Brot und ein Dach über dem Kopf hätte, wäre eine gute Gelegenheit, sich mit sich selbst zu beschäftigen, sich zu analysieren, der Stimme seiner Seele zu folgen, die, wie er sagte, eine «Inkubationszeit» durchmachte. So folgte Orschanoff den beiden Vagabunden nach Saint-Jean-de-Maurienne, ins Werbebüro.

Ohne zu wissen, was sie taten, nur auf den Rat eines *Ehemaligen* hin, der sie mit dem Ellenbogen anstieß, optierten sie für die «Zweite Kompanie Ausland».

*

Dmitri erinnerte sich an die Reise, die wie im Flug verging, an sein fast wollüstiges Erstaunen, bei seiner Ankunft in Oran, einen duftenden Frühling zu finden.

Dann hatte man ihm die Soldatentracht angelegt, ihn mit einer Nummer versehen und zur Berufsroutine ausgebildet. Nicht selten war Empörung und Abscheu in ihm aufgekommen ... Aber er hatte sich rasch zurückgezogen und begonnen, in sich gekehrt zu leben, sich gewissermaßen unempfindlich zu machen; dieser «Prozeß» hatte schließlich zu einer seltsamen Beruhigung seiner Ideen und seiner Gefühle geführt.

Die Angst, die jahrelang einen exzessiven Tatendrang, ein Bedürfnis zur Veräußerlichung in ihm hervorgerufen, die ihn vor die Unmöglichkeit gestellt hatte, dieses übermäßige Bedürfnis aus eigener Kraft zu befriedigen – diese schmerzliche Angst war einer großen Ruhe gewichen, sein ganzes Wesen hatte eine Wende zur Beschaulichkeit gemacht. Obwohl er faktisch ständig von aufdringlichen, lärmenden Individuen umgeben war, von Individuen mit jenem mißgelaunten, bösartigen Charakter, wie er häufig aus zufälligen Kontakten der Masse entsteht, hatte dieser Mann sich vollständig isoliert; obwohl er fast nie allein war, war es ihm gelungen, wie ein echter Einsiedler zu leben, und bald war sein Leben nur noch ein Traum.

... Fast jeden Abend ging er nach dem Essen hinaus und irrte außerhalb der Stadt über die staubigen Straßen. Dann setzte er sich auf die Kuppe irgendeines rötlichen, mit Mastixbäumen und Zwergpalmen bewachsenen Hügels.

Er betrachtete den zur Neige gehenden Tag der Saïda, das Tal und die Berge in blutrotes und goldenes Licht tauchte ... Einen kurzen Augenblick schien alles in Flammen zu stehen. Dann zogen von unten große blaue Schatten zu den Kuppen auf, alles erlosch, und fast im gleichen Moment begannen die blassen Sterne, im klaren, noch leicht violetten Himmel zu funkeln.

Dmitri fühlte, wie ihn die ganze Traurigkeit der Erde Afrikas durchdrang, eine gewaltige, aber grenzenlos sanfte Traurigkeit.

Diese ruhige Beschaulichkeit war sein Leben, seit er glaubte, verstanden zu haben, daß wir unser Glück in uns selbst tragen und im beweglichen Spiegel der Dinge nur unser eigenes Bildnis suchen.

... Jetzt mußte er also eine Lösung für die dringende Frage finden: Sollte er dableiben, sollte er dieses geliebte, gemächliche Leben noch um fünf Jahre verlängern und bis zum endgültigen Verblühen seiner Jugend in der Legion bleiben, denn in fünf Jahren wäre er sechsunddreißig Jahre alt – oder aber sollte er frei, regeneriert, von seinem alten Wahn befreit, eigene Wege gehen?

Sein Verstand sagte ihm, daß er die Legion nicht mehr brauchte. Er hatte die Staatsangehörigkeit bekommen, denn man hatte sich für ihn interessiert. Er konnte also in seinem geliebten Algerien bleiben, es zu seiner Adoptivheimat machen.

Aus all den Kämpfen, die er durchgestanden hatte, war seine Seele triumphierend und gestärkt hervorgegangen. Er hatte das kostbare Geheimnis eines Glücksgefühls kennengelernt. Ihn überkam ein intensives Bedürfnis nach Freiheit, nach einem umherirrenden Leben.

*

... Nach dem Abendessen ging es im «Café zur Fahne» hoch her; betrunkene Deutsche schlugen mit den Fäusten auf die klebrigen Marmortische. Sie sangen aus vollem Halse und unterbrachen ihr Johlen nur, um unvermindert laut miteinander zu streiten.

Zwei tschechische Studenten, die sich zu Gefreiten ausbilden ließen und Dmitri genötigt hatten, ihnen ins Wirtshaus zu folgen, diskutierten sozialistische Theorien. Orschanoff hatte seine Ellbogen auf den Tisch gestützt und hörte nicht zu. Er litt; wenn er sich weiter verpflichten wollte, blieb ihm nur noch ein einziger Tag – und er konnte sich einfach nicht entscheiden.

Die Hitze und der Lärm im Wirtshaus wurden ihm unerträglich. Die Deutschen standen auf und rempelten Dmitri und die Tschechen unter dem Vorwand an, mit ihnen anstoßen zu wollen ... Wohl zum erstenmal seit mehreren Jahren spürte Dmitri die ganze Häßlichkeit der Umgebung ... Er ging hinaus.

Außerhalb der Stadt, im strahlenden Feuer der Abendsonne, zogen zerlumpte Beduinen über die weiße Straße; während sie ihre beladenen Kamele vor sich hertrieben und ihre langsamen, traurigen Lieder sangen, schmückte die Sonne sie mit purpurnem Glanz. Vor ihnen, auf der Höhe eines länglichen, niedrigen Hügels, schien die Straße in einem gewaltigen, goldenen Horizont zu enden.

Die Freiheit war gut und verlockend; das Leben war einladend und schön für jeden, er es zu verstehen und zu lieben wußte. Beruhigt beschloß Dmitri fortzugehen, seinen Traum zu erweitern, das Leben, das sich ihm so wunderbar darbot, als Liebender und Ästhet in Besitz zu nehmen.

*

«Adieu, Sergeant Schmütz!»

«Adieu, Russe!» Der wachhabende Unteroffizier begleitete den Soldaten, der seine Freiheit wiedergefunden hatte und für immer fortging, mit einem nachdenklichen, vielleicht auch neidischen Blick.

Das Wetter war schön. Die häßlichen Wintertage waren vorbei; aus dem blassen Himmel lächelte eine schon glühende Sonne. In Dmitris Herz stieg große Freude über die lebendige Erneuerung aller Dinge und die endlich wiedererlangte Freiheit auf.

Mit einem Glücksgefühl und ohne Bitterkeit entfernte er sich von der großen Kaserne, wo er so viel gelitten, wo seine Seele sich erneuert hatte.

Dmitri Orschanoff zog von Farm zu Farm und arbeitete bei verschiedenen Kolonialherren ... Er fand sie sehr anders als die französischen Bauern, und oft dachte er sehnsuchtsvoll an die Zeit zurück, da er das rauhe Leben der rechtschaffenen Savoyarden teilte. Doch er liebte dieses prächtige, herbe Land und wollte es um keinen Preis verlassen.

Seit Ende der letzten Winterarbeiten war Dmitri als fest angestellter Arbeiter bei Monsieur Moret geblieben, der mit seinem redlichen, schweigsamen Diener äußerst zufrieden war; denn Dmitri war ein geschickter Arbeiter, und er beschied sich mit einem sehr niedrigen Gehalt, fast wie ein Eingeborener.

Morets weitläufige Farm lag auf einem niedrigen Hügel über der Ebene von Mitidja, zwischen Eukalyptusbäumen und durchsichtigem Zwergpfefferkraut. In der Ferne erhob sich das gewaltige bläuliche Massiv von Ouarsenis, und Orléansville mit seinem Kranz aus Gärten hinter den Festungsmauern beherrschte den gewundenen, zerklüfteten Lauf des Chéliff.

Etwas abseits, am Ufer eines von Oleander überwucherten Oued, hatte Dmitri sich ein *Gourbi* gebaut. Um sich besser abzuschirmen, hatte er noch ein paar Eukalyptusbäume gepflanzt. Die großen Reuter mit dem vom Winter gefärbten Heu verdeckten die übrigen Gebäude der Farm; so wurde die primitive Hütte Dmitris ein echtes Heim, in dem er sein neues Leben einrichtete; ein Leben, das trotz aller möglichen Künstlichkeiten und Spitzfindigkeiten äußerst friedlich und unkompliziert verlief.

Die materielle Entblößung erschien Dmitri als eine Grundbedingung der Freiheit; seit langer Zeit hatte er sogar aufgehört, Bücher und Zeitungen zu kaufen, und sich, wie er selbst sagte, damit begnügt, die Schönheit im großen Buch des Universums zu lesen, das weit geöffnet vor seinen Augen lag ...

So war es Dmitri Orschanoff gelungen, nach seinen Grundsätzen zu leben, sich selbst und die äußeren Umstände zu beherrschen ... Und er verstand immer noch nicht, daß er diesen Sieg nur deshalb errungen hatte, weil die äußeren Umstände ihm bis dahin keine Unannehmlichkeiten bereitet hatten; er verstand nicht, daß seine Macht über sie nur ein Trugschluß war ...

Tatani, Madame Morets Dienerin, war ein dunkelhaariges, schlankes junges Mädchen mit großen Augen, die etwas weit auseinanderstanden, jedoch vollendet geformt waren. Um ihren kleinen Mund spielte ein anmutiges, sanftes Lächeln. Sie trug die Kleidung der Maurinnen aus der Stadt: ein nach hinten gebundenes Tuch über dem gescheitelten Haar, eine in der Taille zusammengebundene Gandoura und eine weiße Bluse mit weiten Puffärmeln. Sie verschleierte sich nicht, obwohl sie schon sechzehn Jahre alt war. Diese Tracht, die ihn an die Bäuerinnen seines Landes erinnerte, gab Dmitri vielleicht den Anstoß für die Gefühle, die er auf unvorhergesehene Weise später für sie entwickeln sollte.

Je vertrauter Dmitri mit den Hirten und den arabischen Landarbeitern wurde, um so stärker fand er ihre Ähnlichkeit mit den undurchdringlichen, armen Muschiks seines Landes. Sie hatten die gleiche tiefe Arglosigkeit, erleuchtet durch einen naiven, unerschütterlichen Glauben an einen guten Gott und ein Jenseits, in dem jene Gerechtigkeit herrschte, die es in dieser Welt nicht mehr gab ... Sie waren ebenso arm, ebenso elend und bezeugten die gleiche passive Unterwürfigkeit gegenüber der fast allmächtigen Autorität der Verwaltung, die hier wie dort als Herrscherin über das Schicksal erschien. Angesichts der Ungerechtigkeit senkten sie den Kopf mit der gleichen schicksalsergebenen Resignation ... In ihren Gesängen, ihren gedämpften, monotonen Klagen und ihren manchmal untröstlichen, gedehnten Schreien erkannte Dmitri die unergründliche Traurigkeit jener Redegesänge wieder, die ihn in seiner Kindheit gewiegt hatten.

Als Kind des Volkes liebte er die Beduinen und konnte ihre Fehler verzeihen, da ihm die Gründe bekannt waren ... Tatani, die verwaiste Dienerin, erschien ihm als bezaubernde Verkörperung dieser Rasse; zunächst empfand er ein schlichtes ästhetisches Vergnügen, sie so anmutig und aufgeweckt im Hof oder im Haus hin und her gehen zu sehen ...

Tatani aber lächelte Dmitri jedesmal zu, wenn sie ihn sah. Der schöne, fremdartig anmutende Mann mit dem langen, lockigen, kastanienbraunen Haar und den großen grauen Augen, die sanft und nachdenklich in die Welt blickten, zog die kleine Dienerin an. Erst kürzlich hatte sie ihre alte Tante verloren, die sie streng überwacht und sittsam erzogen hatte. Auch war Tatani nicht so dreist wie die meisten maurischen Dienerinnen. Ohne jede Gefühlsverwirrungen liebte sie Dmitri auf ganz natürliche Weise. Da sie schon sehr früh über die Dinge der Liebe aufgeklärt worden war, empfand sie in seiner Gegenwart köstliche Unruhe; und wenn er abwesend war, dachte sie daran, wie schön es sein müßte, ihm zu gehören, ohne je einen Versuch zu unternehmen, diesen Wunsch zu unterdrücken. Aber sie wagte es nicht, ihm Avancen zu machen; sie gab sich damit zufrieden, ihn so oft wie möglich zu sehen.

Die dicke Madame Moret war zwar nicht bösartig, hielt die Eingeborenen aber doch für eine minderwertige Rasse; sie verlangte viel von Tatani, die oft grob behandelt, manchmal sogar geschlagen wurde. Dmitri empfand eine Art sanftes, in zunehmendem Maße schon fast zärtliches Mitleid. Bald begann er, mit ihr zu sprechen, ihr Fragen über ihre Familie zu stellen. Tatani hatte nur noch einen Bruder, der als Arbeiter in Ténès lebte, sich nicht um sie kümmerte und an den sie nie dachte. Da Dmitri aus Überzeugung ein keusches Leben führte, kam er lange Zeit nicht einmal auf die Idee, Tatani als Geliebter zu lieben. Mit absolut ruhigem Gewissen suchte Dmitri die Gesellschaft der Dienerin . . . Doch eines Tages merkte er, daß sie für ihn nicht mehr nur ein anmutiger Anblick war, der sein Leben verschönerte: er teilte die Verwirrung, die Tatani empfand, wenn sie allein waren.

Da ihm aber dieses neue Gefühl, das er für sie entdeckte, weder häßlich noch widernatürlich vorkam, da es ihn, im Gegenteil, in einen köstlichen Rausch versetzte, ließ Dmitri auch diesem Gefühl freien Lauf. Schon etwas weniger schüchtern als am Anfang, fragte Tatani nun ihrerseits nach seinem Leben. Sie sprach etwas Französisch, und Dmitri wurde allmählich auch mit dem Arabischen vertraut. Erstaunt und nachdenklich lauschte Tatani seinen Erzählungen.

«Wie wunderlich sind doch die Geschicke Gottes», sagte sie eines Tages. «Du bist so weit von hier geboren, so weit, daß ich mir nicht einmal vorstellen kann, wo das sein mag; dieses Land, von dem du sprichst, kommt mir vor wie eine andere Welt . . . und doch hat Gott dich hierher gebracht, zu mir, die ich nichts weiß, die ich nie über El-Asnam oder Ténès hinausgekommen bin!»

In solchen Augenblicken nachdenklicher Melancholie fand Dmitri Tatani unwiderstehlich hinreißend. In seinen Augen war dieses einer anderen Rasse entsprungene Mädchen trotz ihrer kindlichen Arglosigkeit in einen Schleier geheimnisvoller Rätselhaftigkeit gehüllt, die ihn immer stärker anzog.

Da er es ernst meinte, konnte Dmitri sich jedoch nicht mit jenem Gedanken anfreunden, der ihm einmal gekommen war und ihn berauschte: Tatani zu seiner Freundin, zu seiner Geliebten zu machen. Hatten sie nicht die Freiheit, sich über alle menschlichen Grenzen, über jede künstliche und scheinheilige Moral zu lieben?

*

... Hinter den zackigen Bergen, die das Mittelmeer von Ténès bis Mostaganem beherrschen, ging die rote Sonne unter. Ihre schrägen Strahlen schoben eine Feuerwelle durch die Medjadja. Die spärlichen Gewächse, die großen schlanken Eukalyptusbäume und das wie Trauerweiden herunterwallende Zwergpfefferkraut, die Gebäude von der Farm Moret – alles wirkte größer als gewöhnlich, verklärt, umgeben von einem purpurnen Heiligenschein. Auf den Feldern, wo die tägliche Arbeit beendet war, herrschte tiefe Stille.

Dmitri und Tatani saßen Hand in Hand hinter den schützenden Heuschobern und schwiegen; denn die Worte hätten den tiefen Zauber, die unsägliche Sanftmut der Stunde nur sinnlos zerstört. Ehe Tatani zur Farm zurückging, versprach sie Dmitri mit leiser Stimme, daß sie in der Nacht zu ihm in sein *Gourbi* kommen würde.

Und Dmitri, der allein zurückblieb, wunderte sich, daß das Glück so ganz von allein in sein Leben kam, obwohl es ihm am Anfang, in einer schon fernen Zeit, feindlich und hart erschienen war. Die Ruhe, die Beschaulichkeit, der zauberhafte Rausch der Liebe, all das wurde ihm freizügig in den Schoß gelegt – und er dachte dankbar an die fünf Jahre mühseliger und moralischer Arbeit in dem traurigen Saïda zurück, Saïda! *die Glückselige* ... Sie mußte gesegnet sein, diese kleine verlorene Stadt, wo er mitten unter den ob der ungnädigen Welt verbitterten «Heimatlosen» gelernt hatte, glücklich zu sein!

*

Von nun an empfand Dmitri Orschanoff sein Leben als einen einzigen sanften Traum, den er an der Seite der kleinen Beduinen-Dienerin genoß. Fast jeden Abend kam sie zu ihm, in den Schatten seines *Gourbi*; wie eine Ehefrau brachte sie die Habseligkeiten und den bescheidenen Haushalt des Arbeiters in Ordnung. Dann, in der ungestörten Stille der Nacht und der Gewißheit ihrer Zuneigung, sagten sie sich wieder und wieder die kindlichen, die ewig wie ein Wiegenlied klingenden Worte der Liebe.

Wie sollte ihre Zukunft aussehen? Wenn sie überhaupt daran dachten, dann nur, um sie sich als endlose Fortsetzung ihres Glücks vorzustellen, das ihrem Gefühl nach ebenso lange währen mußte, wie sie selbst.

Dennoch lag zwischen ihren beiden so unähnlichen Seelen ein geheimnisvoller Abgrund. Dmitri sah sie als eine einfache Person, kaum komplizierter als die Vögel in der Ebene ...

Aber dieser bald lachende und hüpfende, bald unvermutet wieder traurige kleine Vogel hatte nichts mit den Vögeln des fernen nordischen Landes zu tun, in dem Dmitri geboren war: in ihr verbarg sich das jahrhundertealte Erbe der semitischen Rasse, das sich auch in der ureigensten Kulisse Afrikas, im melancholischen Schatten des Islam erhalten hat. Für Tatani war Dmitri ein Rätsel: sie liebte ihn, so intensiv sie lieben konnte, bedauerte aber doch, daß er ein *Kéfer*, ein Ungläubiger war. Instinktiv hielt sie ihn für sehr gebildet. Auf alle ihre Fragen wußte er eine Antwort. Eines Tages sagte sie ihm mit größter Bewunderung: «Du bist sehr gebildet. Du weißt alles.» Dann, nach kurzem Schweigen, fügte sie traurig hinzu: «Ja, du weißt alles, nur eines nicht, was sogar ich trotz meiner Dummheit weiß ...»

«Was?»

«Daß es nur einen einzigen Gott gibt und Mahomet der Gesandte Gottes ist.»

Nachdem sie den verehrten Namen des *Nabi* ausgesprochen hatte, fügte sie ehrfurchtsvoll hinzu:

«Heil und Friede seien mit ihm!»

Dmitri nahm ihre Hände. «Tatani, Liebling», sagte er, «es stimmt, ich bin kein Muselmane ... aber ich bin auch kein Christ, denn wenn ich das Glück hätte, an Gott zu glauben, würde ich sicher so glauben, wie die Muselmanen es tun ...»

Tatani wunderte sich, sie verstand nicht, weshalb Dmitri, wenn er schon kein Roumi war, nicht Muselmane wurde ... denn Tatani konnte sich nicht vorstellen, daß es Geschöpfe gab, die nicht an Gott glaubten ...

Den ganzen Sommer und die ersten beiden Herbstmonate dauerte ihr Glück ungestört an.

Doch eines Tages tauchte jener Bruder auf, der Tatani vernachlässigt und den sie vergessen hatte; er kam zur Farm, um seine Schwester zurückzufordern; er hatte sie einem Mann zur Frau versprochen.

Sie versuchte zu protestieren, aber das Gesetz war gegen sie: sie mußte gehorchen. Ohne daß sie Dmitri noch einmal sehen konnte, mußte sie zum erstenmal in ihrem Leben ihr tränenüberströmtes Gesicht verschleiern; dann wurde sie auf ein langsames Maultier gesetzt und mußte ihrem Bruder in ein benachbartes *Douar* folgen, wo die Eltern seiner Frau wohnten.

Herablassend, nahezu verächtlich wurde sie dort empfangen: «Du solltest glücklich sein, daß dich überhaupt noch ein anständiger Mann heiraten will, nachdem du deinen Stand verraten und einem Roumi gedient hast, nachdem alle Welt gesehen hat, wie du dich mit den Arbeitern herumtreibst.»

Solche und ähnliche Töne schlug ihr Bruder an.

Tatani wurde mit Ben-Ziane vermählt, einem Einheimischen, der ebenfalls bei Monsieur Moret diente. Sie kehrte also wieder auf den Boden der Farm zurück und lebte in Dmitris Nähe.

Als Orschanoff von Tatanis Fortgehen erfuhr, überkam ihn ein Gefühl der Empörung, das an höchste Wut grenzte. Sein Leid war schlimm, unerträglich. Doch da man ihn vor gesetzlich sanktionierte, vollendete Tatsachen gestellt hatte, war Dmitri ohnmächtig.

Jede Klage seinerseits hätte Tatanis Schicksal nur noch verschlimmert.

So beschloß Dmitri, sie heimlich wiederzusehen.

Nach der harten Mühsal des Tages verbrachte Orschanoff nun alle seine Nächte auf der Lauer; unentwegt schlich er um Ben-Zianes isoliertes *Gourbi*.

Dieser Mann, der etwas Geld hatte und einem anderen Stamm angehörte, hatte Tatani geheiratet, weil sie ihm gefiel, ohne sich um ihre Meinung zu kümmern. Er bewachte sie eifersüchtig.

Aber manchmal mußte Ben-Ziane ferne Märkte besuchen und dort übernachten. An solchen Tagen überließ er Tatani der Obhut einer alten Verwandten, die meistens schon schlief, wenn es Abend wurde, der alles egal war, wenn man sie nur nicht störte.

Sobald Tatani merkte, daß Dmitri draußen nach ihr Ausschau hielt, faßte sie sich ein Herz und ging hinaus, nachdem die Nacht hereingebrochen war. In der Finsternis verständigten sie sich durch leise Rufe. Als sie sich gefunden hatten, preßte Dmitri sie fest an seine Brust; gemeinsam beweinten sie das ganze Unglück ihrer Trennung.

Seit dieser Nacht begann für Dmitri eine namenslose Qual. Er lebte nur noch in dem zermürbenden Wunsch, in der Hoffnung, Tatani wiederzusehen. Aber die Gelegenheiten waren selten; und Dmitri verausgabte seine Kräfte, indem er sich jede Nacht auf die Lauer legte und nur zwischendurch bei Regen, Wind und Kälte irgendwo ein paar Stunden im feuchten Gras schlief. Hartnäckig wartete er, schreckte bei dem geringsten Geräusch zusammen und rief manchmal mit leiser Stimme. Für ihn gab es nur noch Tatani, alles andere war ihm gleichgültig geworden.

Er erledigte seine Arbeit aus Gewohnheit, fast ohne es zu merken. Sein *Gourbi* zerfiel in Trümmer, doch er reparierte es nicht. Er vernachlässigte sein Äußeres; allein durch diese plötzliche Veränderung hätte jeder das Geheimnis seiner Liebe zu Tatani erraten können. Manchmal, nach den angsterfüllten Nächten, den furchtbaren Nächten, in denen sie nicht kam, quälten Dmitri die seltsamsten Ideen ... Er fühlte, wie das Tier, das in jedem Menschen schlummert, in ihm erwachte ... Am liebsten hätte er Linderung im Mord gesucht: am liebsten hätte er diesen Ben-Ziane, diesen Usurpator, umgebracht und sie zurückgeholt, denn sie gehörte ihm!

Manchmal ging Ben-Ziane an der Farm vorbei. Er war groß und stark, hatte ein Adlerprofil und schmale, rötlichbraune Augen mit einem harten, grausamen, verwegenen Blick ...

... So war das wunderschöne künstliche Gebäude, welches Dmitri seine «moralische Gesundheitslehre» zu nennen pflegte, unter dem ersten heftigen Druck der Wirklichkeit mit einem Schlag elendig zusammengebrochen. Allmählich erkannte er seinen Irrtum und begriff, daß sich niemand, auch er nicht, von den unbekannten Gesetzen freimachen kann, jenen tyrannischen Gesetzen, die unsere irdischen Geschicke lenken. Aber in ihm herrschte solche Verwirrung, daß er nicht zur Vernunft kommen konnte.

... Noch einige Male gelang es ihnen, sich heimlich zu treffen ... Wie nahe waren sie sich durch das gemeinsame Leid gekommen! Wieviel besser und wieviel würdevoller verstanden und liebten sie sich, seit ihr ruhiges Glück vernichtet worden war!

*

... Die Sonne ging unter. Dmitri ließ die Arbeit ruhen und ging nach Hause. Bald brach die Nacht herein, er würde Tatani wiedersehen. Außer diesen Begegnungen gab es für ihn nichts mehr auf der Welt. Als er aber die Rinder zur Tränke führte, hörte er in der Ferne zwei Gewehrschüsse, die sich in kurzem Abstand folgten ... Etwas später liefen Männer über die Straße, die unverständliche Worte schrien. Salah, der einheimische Feldhüter, galoppierte in den Hof hinein und verlangte, Monsieur Moret zu sprechen.

«Ben-Ziane hat seine Frau, Tatani-bent-Kaddour, mit zwei Gewehrschüssen umgebracht ...»

Ohne den Satz zu vollenden, ritt der Araber wieder davon.

Dmitri war regungslos stehengeblieben, in dumpfer Verwunderung, in finsterem Entsetzen. Dann durchfuhr ihn plötzlich ein heftiger Schmerz, er dachte, daß er der eigentliche Mörder war, daß er Tatani unter dem Vorwand, sie zu lieben, in den Tod getrieben hatte, obwohl er in Wirklichkeit nur seine egoistische Leidenschaft befriedigen wollte!

Wie im Traum folgte Dmitri den Leuten von der Farm, die querfeldein zum *Gourbi* hinüberliefen. Vor der Tür saß der schöne Ben-Ziane mit gefesselten Händen auf einem Stein, bewacht von dem Feldhüter und zwei Beduinen. Der Caïd schrieb in aller Eile seinen Bericht. Die Menge war mittlerweile in das *Gourbi* eingedrungen, wo die Frauen den am Boden liegenden Leichnam beklagten. Madame Moret schlug das Tuch zurück, mit dem Tatani verhüllt war. Bleich, mit geschlossenen Augen und geöffneten Lippen schien die junge Frau zu schlafen. Zwei rötlichbraune Flecken auf ihrer rosafarbenen Gandoura bezeichneten die beiden Wunden mitten in der Brust. Die alte Verwandte erzählte, wie sich die kurze Szene zugetragen hatte. Ben-Ziane war überraschend einen Tag früher als vorgesehen vom Markt in Cavaignac zurückgekehrt. Ein anderer einheimischer Diener hatte ihm gesagt, daß er gesehen habe, wie seine Frau in der vorherigen Nacht hinausging und draußen auf den Feldern mit einem Mann zusammengetroffen sei. Dieser Mann war ohne jeden Zweifel Tatanis früherer Liebhaber, der russische Arbeiter. Nach Hause zurückgekehrt, hatte Ben-Ziane Kleider und Schuhe seiner Frau untersucht: er fand überall Schlammspritzer. Da hatte er seine Frau an die Wand des *Gourbi* gestoßen und aus nächster Nähe mit seinem Gewehr auf sie geschossen.

Ben-Ziane blickte starr geradeaus, dünsterer Stolz glänzte in seinen Augen. Dmitri dachte, daß es seine Pflicht sei, den Geschworenen die Wahrheit zu sagen, damit dieser Mann nicht gnadenlos verurteilt wurde ... Er hatte nicht die Kraft, noch länger dort zu bleiben; doch als er fortging, fühlte er, daß ihm in Zukunft alles gleichgültig sein würde, daß er keinen Wunsch mehr hatte ... Alles war zusammengebrochen; er fühlte sich zerstört, es blieb ihm nichts mehr, außer dem heftigen Schmerz und seinen Gewissensbissen.

... Die Straße schlängelt sich durch die rötlichen, schorfigen Hügel, auf denen dunkle Mastixbäume und ledrige Zwergpalmen wachsen.

Dmitri Orschanoff irrt in seinem weiten Soldatenmantel langsam, sehr langsam über die graue Straße; mittlerweile für immer zur Ruhe gekommen, sieht er zu, wie die rote Sonne untergeht und die Erde sich verfinstert.

Nachdem sein letzter Versuch, ein freies Leben zu führen, zusammengebrochen war, hatte Dmitri verstanden, daß sein Platz nicht unter den Menschen war, daß er immer ihr Opfer oder ihr Henker sein würde, und er war in die Legion zurückgekehrt. Er hatte nur noch einen Wunsch: immer dort zu bleiben, seinen letzten Schlaf eines Tages in der Ecke der «Heimatlosen» auf dem Friedhof von Saïda zu schlafen ...

Der Deutsche

Rasch senkte sich der Herbstabend über die ockrige Ebene, die sich bis zu einer unfruchtbaren Hügelkette in der Ferne erstreckte.

Die mächtige, geradlinige Terrasse des Djebel Antar stach golden aus dem roten Horizont hervor.

Einen Augenblick hatte man den Eindruck, als rollte eine große purpurne Welle durch die nackte Wüste, und die bräunlichen Dünen der Zousfana flammten rosa auf.

Der fast zur Ruhe gekommene Schirokko trieb noch ein paar kleine helle Staubwirbel vor sich her, die sich einsam in der Feuersbrunst der Abendsonne verloren.

Angesichts dieser alltäglichen Lichterpracht nahmen sich das Fort, das Lager und die alten Toub-Kasernen von Djenane-Ed-Dar unscheinbar und dürftig aus – ein schüchterner Versuch von Leben und Sicherheit.

In der grenzenlosen Sterilität der Umgebung erhoben nur ein paar brüderlich zu einer dichten Gruppe zusammengerückte Dattelpalmen ihre zerzausten schwarzen Häupter, die sich im Schein der untergehenden Sonne mit goldenen Sprühfedern schmückten.

*

Stolz stand allein hinter den groben, baufälligen Gemäuern der Söldner. Der schwere Legionärsmantel lastete auf seiner zierlichen Gestalt, und der Schirm seines Käppi warf einen blauen Schatten auf sein noch junges, abgezehrtes, braungebranntes Gesicht mit dem auffälligen blonden Bart.

Wie alle seine Kameraden von der Legion hatte auch Stolz eine dramatische Vergangenheit, die ihn hierher verschlagen hatte.

Als unehelicher Sohn eines reichen Fabrikanten aus Düsseldorf und einer Lehrerin hatte Stolz schon in seiner Kindheit allerhand Leid erlebt, vor allem aber hatte er unter dem gelitten, was beide für die Schande seiner Mutter hielten.

In der Schule hatten ihn die bösartige Verachtung und die unbewußte Grausamkeit seiner Mitschüler gequält. Später, als er Repetitor in einem Gymnasium geworden war, blieb er schüchtern und menschenscheu. Sein empfindliches Herz entdeckte in der Haltung jedes Menschen, der sich ihm näherte, Verachtung oder herablassendes Mitleid.

Schwach, sanft und voller Zärtlichkeit war Stolz nicht zu jenem Aufrüher geworden, der er, wenn er stark gewesen wäre, angesichts der hirnlosen Ungerechtigkeit der Menschen hätte werden müssen.

Sein Vater hatte ihn materiell nicht im Stich gelassen. Er war für die Kosten seiner Ausbildung aufgekommen. Als seine Mutter starb, schöpfte Stolz aus dieser quasi väterlichen Haltung die Hoffnung, daß der Vater ihn eines Tages adoptieren und ihm einen ehrbaren Namen geben würde.

Trotz der leidenschaftlichen Vorstöße seines Sohnes blieb der Alte stumm und undurchdringlich.

Da dachte Stolz, er könnte seinen Vater vielleicht bewegen, indem er eine Verzweiflungstat beging; um ihn vor dem endgültigen Verderben zu retten, würde er ihm die so ersehnte Gnade gewähren.

Er ging nach Frankreich und verpflichtete sich bei der Fremdenlegion. Gleich nach seiner Ankunft in Saïda hatte er seinem Vater geschrieben, daß er nicht mehr in Deutschland leben könne, solange er dort von allen verachtet und verstoßen würde.

So opferte Stolz fünf Jahre seines Lebens. Tapfer nahm er seinen neuen, harten Beruf auf sich; als Mustersoldat von seltenem Eifer und größter Geduld, lebte er von der Glut seiner Hoffnung.

Seine Kompanie wurde in den Süden geschickt. Er war froh über diese Veränderung: dort unten wurde gekämpft. Sein Vater wüßte ihn in Gefahr und würde Mitleid haben ...

Monatelang hatte Stolz Briefe geschrieben, Briefe, in die er sein ganzes Herz hineinlegte, flehende Briefe an diesen Mann, der ihm, obwohl so weit entfernt, über sein Leben zu verfügen schien.

Als aber keine Antwort kam, fühlte er sich manchmal doch sehr entmutigt ... Diese Stunden waren zugleich auch die klarsichtigsten; aber Stolz beharrte darauf, zu warten.

An diesem Abend hatte der Unteroffizier, der die Postsendungen austeilt, ihm endlich einen Brief seines Vaters überreicht, und plötzlich war alles zusammengebrochen: es war eine endgültige, unwiderrufliche Ablehnung. Es wurde ihm sogar verboten, zu schreiben.

Zuerst hatte Stolz sich wie betäubt gefühlt. Er war ziellos im Hof des alten Fort umhergeirrt. Dann war ein unendliches Bedürfnis nach Einsamkeit über ihn gekommen, und er war hinausgegangen.

Sein Verstand war wieder völlig klar. Seine Erziehung und seine Überzeugungen hatten ihn gelehrt, daß sein Unglück nicht wiedergutzumachen war. Endlich hatte er es begriffen.

Da die Rückkehr in seine Heimat sinnlos geworden war, da er immer nur ein Ausgestoßener der Gesellschaft sein würde, ein Paria, konnte er genauso gut dableiben, für immer bei den *Heimatlosen* der Legion untertauchen.

Dies aber bedeutete, daß er einen Pakt mit diesem Soldatenleben abschloß, mit dieser rauhen Erde, die er nicht zu lieben vermochte, weil seine schwache und zarte Natur ihre wunderbare Melancholie, ihre unerhörte Pracht nicht wahrnehmen konnte.

Und als der Abend endgültig zur Neige ging, als die Wüste in Dunkelheit und Stille tauchte, fühlte er plötzlich zum erstenmal das drückende Unbehagen, das dieses Land seiner nordischen Seele bereitete. Er bemerkte die Drohung, die über den leeren Horizonten schwebte, über der wasserlosen Erde, in der niemals ein Leben keimen konnte.

Er empfand eine unerhörte Trostlosigkeit. Der Schleier der unbekannten Zukunft, dieser einzige, wohltuende Schleier, der uns am Leben hält, war vor seinen Augen zerrissen. Er hatte den Eindruck, mit einem Blick zu erfassen, wie sein ganzes Leben aussehen würde: eine trübsinnige Abfolge von Tagen, von monotonen Jahren, von ziellosen, uninteressanten Handlungen!

*

Die Nacht brach herein, eine drückende, düstere Nacht unter dem violetten Himmel. Verschwommenes Licht fiel von den großen hellen Sternen auf die schwarze Wüste, die in der bedrohlichen Stille schlummerte.

Der wilde, heisere Schrei der Kamele, die vor den grauen Bauten des Arabischen Bureaus knieten, verstummte.

Langsam ging Stolz mit geschultertem Gewehr an der westlichen Mauer des alten Fort entlang. Er schleppte sich mühsam voran, grenzenlose Mattigkeit zerschlug seine Glieder. Ein unüberwindlicher Ekel vor allen Dingen lähmte sein Denken.

... Die Trompeten durchdrangen die Nacht mit ihrer sanften, langsamen Klage, die zum Löschen der Feuer rief. Der letzte Ton schien einen Augenblick über der Stille in der Luft zu hängen und verstummte ...

Stolz blieb stehen.

Er war ruhig geworden, er fügte sich dem nicht Wiedergutzumachenden und senkte den Kopf.

Nicht ein einziges Mal in seinem ganzen Leben war ihm in den Sinn gekommen, daß das, was er für ein gewaltiges Unglück hielt, vielleicht nur eine Illusion war, eine dumme, grausame, überalterte

Konvention. Die Idee, daß er von Geburt her ein Paria war, hatte sich unwiderruflich und für immer in seinem Geist festgesetzt. Jetzt schien ihm jede Anstrengung sinnlos; er fühlte, daß er in Zukunft nicht wissen würde, wo er den Mut hernehmen sollte, in jener undurchdringlichen Finsternis, in die er hinabgesunken war, zu leben.

Plötzlich kam ihm eine Idee, sehr melancholisch und sehr sanft: es gab einen Ausweg, einen einfachen, unverzüglichen Ausweg, der allem Leid ein Ende machen würde ...

Stolz war nicht weich gegenüber sich selbst. Es war nicht seine Art, sich mitleidig über sein verpfuschtes Leben zu beugen. Er war ganz ruhig geworden. In der grenzenlosen Traurigkeit dieser einsamen Stunde fühlte er sich stark.

Sofort, ohne Zögern und ohne Furcht, war er sich im klaren über seinen unwiderruflichen Entschluß.

Und da er keine Eile hatte, da er nicht fürchtete, seine Willensentscheidung noch einmal rückgängig zu machen, konnte er sich noch für die kleinen Dinge interessieren; er beobachtete den roten Widerschein einer schwankenden Laterne, der über die Mauer des neuen Forts wanderte, und dann eine hohe weiße Flamme, die sich über der fernen Düne entzündet hatte.

Er dachte: Die Nacht ist schön ... *morgen* wird es keinen Wind mehr geben ...

Dann lächelte er ... für ihn würde es kein Morgen geben.

Methodisch, wie es sich für einen guten Soldaten gehört, stellte er den Gewehrkolben auf den Boden, während er den Lauf gegen seine Brust drückte: Es war Zeit, bald würde man ihn ablösen.

Mit der Bajonettspitze drückte er ab. Ein harter, kurzer Knall zerriß die Stille, dann wurde es still.

Langsam sank Stolz am Fuß der Mauer zu Boden.

*

Eine schweigende Männergruppe kehrte von dem kleinen Friedhof zurück, der verloren in der unüberschaubaren, staubigen Weite lag; es waren Legionäre mit düsteren Gesichtern und trockenen Augen. Sie brachten die Totenbahre zurück.

Und der klare Herbsttag erhob sich strahlend über den fernen Bergen mit den unfruchtbaren Kuppen, über der in durchsichtiges

Rosa getauchten Wüste und dem kleinen, noch ganz frischen Grab, in dem Stolz begraben lag; einem Grab unter anderen, die vereinzelt und melancholisch aus der Leere des verwunschenen Bodens hervortraten.

Beni-Ounif, November 1903

BRÜDERLICHE BEGEGNUNGEN

Der Freund

Louis Lombard, der Troßknecht, und Dahmane-Bou-Saïd, der Tirailleur, hatten nicht nur die Gemeinsamkeit, Ordonnanzen zu sein, sie waren auch Nachbarn.

Sie waren fast gleichzeitig nach El-Oued gekommen und hatten in der riesigen Sandwüste mit dem flammenden Horizont eine ähnliche Fremdheit empfunden, vor allem Lombard, der in den Bergen des Jura zu Hause war . . . Seit er die Heimat verlassen hatte, um seinen Militärdienst zu machen, fühlte er sich einer Art Alptraum ausgeliefert, der immer finsterer wurde, je stärker sich das Aussehen der Umgebung veränderte, je fremdartiger es wurde. In der erstarrten Kulisse der Dünen, in der seltsamen Stadt mit den tausend grauen Kuppeln, erreichte das Unbehagen, das die ungeschliffene Bauernseele quälte, einen Grad, der an Verzweiflung grenzte. Es war so unendlich weit weg, dieses verlorene Land; das Auge fand nichts Bekanntes, nichts Vertrautes, an dem es sich hätte ausruhen und von der trostlosen, stahlenden Helligkeit erholen können. Erschöpft und verzweifelt *irrte* der Troßknecht durch dieses neue Leben. Manchmal weinte er sogar, nachts, wenn er an die Farm seiner Eltern und die lieben Alten dachte.

Bou-Saïd war in Bône, an der Küste, geboren. Auch er war an den Schatten grünender Gärten am Fuß des Gebirges gewöhnt . . . Sein Vater, ein wohlhabender Grundbesitzer, hatte ihm eine Grundausbildung in der arabisch-französischen Schule und der Zaouïa ermöglicht. Doch als er das Mannesalter erreichte, hatte Dahmane mit seinem abenteuerlustigen Charakter das väterliche Haus verlassen und sich dem Militär verpflichtet. Für ihn wie für den Troßknecht war die Verbannung in das Land der Sandmeere eine schmerzliche Erfahrung. Auch er hatte die beängstigende Macht der Wüste gespürt . . . obwohl er Muselmane war; die Leute aus dem Süden waren ganz und gar anders als die Nordaraber; sie gingen den Tirailleurs voller Verachtung aus dem Weg. Bou-Saïd sonderte sich ab, denn er wollte nicht so verrohen wie seine Kameraden, von denen er mehrere, die jetzt als Schuhputzer oder Lastenträger in Bône arbeiteten, kennengelernt hatte. Durch ein zufälliges Ereignis kam er dem Troßknecht näher.

Die beiden Ordonnanzen hatten zunächst nicht miteinander gesprochen, sie waren sich gleichgültig. Doch eines Abends, als Lombard das Pferd des Majors zur Tränke führte, ging das Tier durch und warf den Troßknecht zu Boden. Bou-Saïd eilte ihm zu Hilfe und hielt das wildgewordene Pferd fest.

Lombard, ein großer, blonder, noch fast bartloser Mann, hatte die Gewohnheit, die Leute etwas schräg anzusehen, obwohl er eigentlich ein grundanständiger Kerl war. Er beobachtete den Tirailleur, und sein feines, von der Sonne des Südens gebräuntes Adlergesicht gefiel ihm.

«Danke ... Kannst du mir helfen, das verrückte Tier in den Stall zu bringen? ...»

Es war das erste Mal, daß Lombard mit einem Araber sprach: er fürchtete sich fast vor diesen fremdartigen Menschen mit der unverständlichen Sprache und ihrer seltsamen Tracht.

«Kommst du aus Frankreich?» fragte Bou-Saïd, während sie nebeneinander hergingen.

«Natürlich ... und du, bist du von hier?»

«O nein! Ich bin aus Bône, einem schönen Land mit Bäumen, Wasser und Bergen ... Nicht wie hier!»

«Das kann man wohl sagen, ein versautes Land ist eben ein versautes Land!»

Ohne sich darüber im klaren zu sein, war Lombard erleichtert, zu hören, daß Bou-Saïd nicht aus diesem «versauten» Land kam. Das machte ihm Mut, weiterzusprechen. Seit diesem Tag unterhielten sie sich jedes Mal, wenn sie einander begegneten; und trotz des Abgrundes, der zwischen ihnen lag, wurden sie bald Freunde. Auch Lombard war allein unter seinen französischen Kameraden, den Krankenpflegern und den «Joyeux».

Die ersteren, meist Algerier, machten sich über ihn lustig, weil er Troßknecht war, «Fuhrwerker», wie sie sagten. Und was die französischen Soldaten betrifft, so mißfiel ihm ihr zynischer Argot. Er war lieber mit Bou-Saïd zusammen, der ebenso ernsthaft und nachdenklich war wie er selbst.

Wenn sie nichts zu tun hatten, trafen sie sich in Lombards kleinem Zimmer, um gemeinsam ihre Wäsche zu stopfen und sich gegenseitig von ihrer Heimat zu erzählen.

Sie versuchten, sich die beschriebenen Orte vorzustellen, die sie wahrscheinlich beide nie mit eigenen Augen sehen würden. Und sie trösteten sich über ihre Verbannung, ihre Gefangenschaft hinweg, indem sie von jenen Menschen und Dingen sprachen, die sie geliebt hatten.

Über einen ganzen Monat hatte Lombard es nicht gewagt, das Bourdj zu verlassen; die verwinkelten, schmalen Gassen, in denen die Araber verkehrten, schienen ihm nicht ganz geheuer. Und wo sollte er auch schon hingehen?

Doch Bou-Saïd fand dieses abgeschlossene Leben langweilig; eines Abends schlug er vor, ihm die Stadt zu zeigen, und so gingen sie aus. Geradezu ängstlich folgte Lombard dem Tirailleur, und da er es nicht gewöhnt war, draußen zu sein, versank er bei jedem Schritt in dem feinen weißen Sand, der wie gesiebt wirkte. Jetzt, wo er sich allmählich an dieses Land gewöhnte und jemanden hatte, dem er seine Eindrücke anvertrauen konnte, machte ihn die unbekannte Umgebung neugierig. Er konnte nur mit Müh und Not lesen und schreiben, aber sein schlafender Verstand war durchaus bereit, sich aus der Trägheit aufrütteln zu lassen. Bei Einbruch der Nacht konnten sie beobachten, wie die Araber mit ernsten Mienen, die Kapuzen auf dem Kopf und lange Rosenkränze um den Hals, heimkehrten unter die geheimnisvollen Kuppeln ihrer Häuser oder sich vor den maurischen Cafés auf Matten niederließen. Einige tauschten einen kurzen Gruß mit Bou-Saïd aus.

«Was hat er gesagt?» fragte Lombard gespannt.

«Er hat mich gegrüßt.»

«Du kennst ihn also?»

«Nein, aber in unserer Religion ist es üblich, sich zu grüßen, ohne sich zu kennen.»

«Das ist gut. Höflich muß man sein. Aber sag mal, warum verstecken die Frauen ihr Gesicht, warum sind überhaupt so wenig Frauen in der Stadt?»

«Unsere Frauen sind es nicht gewöhnt, hinauszugehen ... Aber wenn du Maurinnen sehen willst, kann ich dir welche zeigen. Komm! Wenn wir bei der Ablösung doch nur ins Tell geschickt würden, dort könntest du schöne Frauen sehen!»

«Wo ist das nochmal, das Tell?»

«Im Norden, wo du mit dem Schiff gelandet bist.»

«Ja, das wäre schön . . .»

Mittlerweile war es vollends dunkel geworden, die Stadt war menschenleer. Lombard und Bou-Saïd schlugen die «Straße» von Touggourt ein – eine Sandpiste – und stiegen hinauf zu einem Haus, das am südwestlichen Stadtrand hoch über der Wüste lag. Als sie ankamen, standen alle Türen offen, und ein tumultartiger Lärm schlug ihnen entgegen. Draußen auf den Bänken saßen die Tirailleurs; es wurde getrunken, gesungen und gestritten. Aber die Blicke des Troßknechts blieben vor allem auf einem Dutzend seltsamer Geschöpfe haften, die wie Phantome gekleidet waren und auf ihren braungebrannten Gesichtern blaue tätowierte Zeichen trugen. Manche von ihnen tranken mit den Tirailleurs, während die anderen mit sehr eigentümlichen, lebhaften Bewegungen tanzten.

Eine schlug im Schneidersitz das Tamburin und sang mit ihrer Fistelstimme ein monotones Klagelied, dessen Traurigkeit seltsam mit dem Ort und dem Publikum kontrastierte.

«Sie sind nicht besonders schön», sagte Bou-Saïd, «aber was soll man machen? Für diejenigen, die keine Freundin in der Stadt haben, gibt es eben keine anderen hier.»

Eine der hüftschwingenden, rotgekleideten Tänzerinnen setzte sich neben Lombard und nahm seine Hand. Sie sprach einen französischen Dialekt, so daß Lombard sie halbwegs verstehen konnte. Starkes Parfum entströmte ihren Kleidern, wie ein Duftgemisch aus Zimt und Moschus. Neugierig studierte Lombard seine Nachbarin, vor der er sich einerseits wie vor einem andersartigen Wesen fürchtete, während er sich andererseits sinnlich angezogen fühlte . . . Lombard und Bou-Saïd tranken viel an diesem Abend; sie verließen die «Taverne» von Ben-Dif-Allah erst spät in der Nacht.

Manchmal gingen Lombard und Bou-Saïd hinaus und legten sich in den reinen Sand, weich wie ein Teppich, auf dem Gipfel einer großen grauen Düne oberhalb von El-Oued, mit freier Sicht auf das endlos wogende Erg-Gebirge und die traurigen kleinen Orte, die verstreut um El-Oued lagen; Gara, Sidi-Abdallah und

Teksebeth, wo die schwarzen Ziegen zwischen den Trümmerhaufen und den baufälligen Kuppeln der Häuser herumliefen.

Dort oben genossen sie die herrlichen, eigenwilligen Spiele des Abendlichts in dem unterschiedlich getönten Sand und betrachteten die langen Züge der Frauen, die von den Brunnen zurückkamen, die unter der Last der vollen ziegenledernen Behälter gebückt einherschritten oder in anmutiger Haltung große, von Wasser triefende Krüge auf ihren Köpfen trugen . . .

Nach und nach gewöhnten sie sich an dieses Land des Lichts und der Stille, es machte ihnen keine Angst mehr. Doch gefühlsmäßig spürten sie stets seine grenzenlose untröstliche Traurigkeit . . .

. . . «Lombard! Ich habe einen Brief bekommen!» sagte Bou-Saïd, nachdem der Unteroffizier die Postsendungen ausgeteilt hatte.

«Ich auch!»

Sorgfältig steckten sie die kostbaren Briefe in ihre kurzen Jacken, um sie dort aufzubewahren, bis sie ihren Offizieren die Post gebracht hatten; nach Dienstschluß machten sie sich eilig auf den Weg in Lombards Zimmer und schlossen sich ein. Auf dem Bett sitzend rissen sie hastig ihre Briefe auf. Dann erzählten sie sich mit kindlicher Freude Neuigkeiten aus ihrem Land, und die alten Namen Frankreichs vermischten sich mit denen des Islam.

«Hör dir das an! Meine Kusine Jeanne heiratet den Sohn von Besson, dem großen Boules-Spieler von Copponex.»

«Mein Bruder Ali hat die Tochter von Si Hadj Tahar, dem Pferdehändler aus Morris, geheiratet.»

«Und dann steht hier noch, daß mein Bruder auf dem Markt von Gaillard zwei Schweizer Kühe gekauft hat, eine braune und eine schwarze, und daß sie schon bald kalben sollen . . . das Geschäft geht gut, dieses Jahr, die Alten sind zufrieden. Ah! ein verdammtes Schicksal, faul zu sein . . . Ich würde sie gern sehen, ihre neuen Kühe . . .»

Am Ende fügte Lombard mit gedämpfter Stimme noch eine Vertraulichkeit hinzu: «Und Françoise, die Tochter von Mouchet – das ist übrigens einer, der hat Geld wie Heu . . . also, ich meine die, mit der ich damals *geredet* habe: sie läßt mich grüßen und mir sagen, daß die Sache immer noch klar geht, wenn ich meinen *Dienst* beendet habe . . .»

Da Bou-Saïd immer noch las, beugte Lombard sich über seine

Schulter. Stumm vor Staunen sah er die kleinen zarten Schnörkel, die etwa die Hälfte eines großen, in der Mitte gefalteten Papiers bedeckten.

«So sieht der aus, dein Brief? Und du, du verstehst das? Unglaublich!»

Immer wenn Post für sie kam, erlebten die beiden Soldaten glückliche Stunden; sie verbrachten den ganzen Abend, ihre Briefe wieder und wieder zu lesen, sie endlos zu kommentieren und sich gegenseitig Erklärungen zu geben.

Am Ende kannten sie ihre wechselseitigen Familien und erkundigten sich wie alte Bekannte nach Neuigkeiten; jede Einzelheit der Gegend, wo der andere seine Kindheit verbracht hatte, war ihnen vertraut. In ihren Antworten, die sie *gemeinsam schrieben*, sprachen sie voneinander, erzählten von ihrer Freundschaft. Der eine sagte zum anderen: «Vergiß nicht, deine Alten von mir zu grüßen!»

Mittlerweile war es Winter geworden, ein seltsamer, trauriger, beunruhigender Winter. Unter dem riesigen schwarzem Himmelszelt wirkten die Dünen fahl, und der unheilvoll heulende Wind ließ den grauen Sand an den Mauern des Bordj zu immer größer werdenden Haufen wachsen. Es war kalt; die beiden Freunde gingen nur noch selten spazieren. Sie hatten Lombards Zimmer, das besser lag und größer war, zu ihrem Aufenthaltsort für die langen Abende gewählt. In einer Ecke stand das Bett, daneben der Tisch und eine Holzbank. An einem an der Wand befestigten Brett war die Ausrüstung des Troßknechts untergebracht, der Beutel, das Gewehr und das Säbelbajonett. Die alten Kleider hingen an Nägeln. Bou-Saïd, der das Soldatenleben nicht zum erstenmal mitmachte, umgab seinen Freund, den *Blauen*, mit väterlicher Fürsorge. Er machte ihm «seine Sachen», wusch ihm die Wäsche. Er hatte die Wände geweißt, Zeitungsbilder aufgehängt und das Zimmer mit einem arabischen Spiegel geschmückt. Über dem Tisch hatte er ein aus der Offizierskantine gestohlenes Gazellengeweih befestigt. Er brachte kupferne Amulette mit und Touareg-Pfeile aus bunten Steinen. So hatte er *ihr* Zimmer hergerichtet, während sein eigenes meist leerstand; jeden Abend trug er seine Matratze zu Lombard hinüber. – «Es ist schön bei uns!» sagte Lombard stolz, während er ihre Unterkunft betrachtete. Dank ihrer engen Freundschaft von der Angst ihrer Verbannung geheilt, fühlten sie sich immer glücklicher. Sie fürchteten sich nicht mehr vor den noch vor ihnen liegenden Monaten. Sie mieden sogar, von jenem Truppenwechsel zu sprechen, der sie wahrscheinlich für immer trennen würde.

*

Seitdem Lombard sich mit einem Araber angefreundet hatte, verachteten ihn seine europäischen Kameraden noch stärker als zuvor. Wenn sie sich über ihn lustig machten, sah er sie nur von der Seite an, zuckte mit seinen mächtigen Schultern und antwortete: «Was denn? Na und? Wenn es mir Spaß macht, mit dem Araber zu gehen, was geht denn euch das an?»

Doch einmal hatte er einen «Joyeux» wegen dessen Beleidigungen mit einem Fausthieb niedergeschlagen; seither suchte niemand mehr Streit mit Lombard; seine Kameraden ließen ihn schließlich in Ruhe und begnügten sich damit, höhnisch zu grinsen, wenn er mit dem Tirailleur vorbeikam.

Auch Bou-Saïd wußte sich Respekt zu verschaffen: er fuhr bei dem geringsten Streit aus der Haut und hatte schon einige Auseinandersetzungen bei Ben-Dif-Allah gehabt. Die anderen Tirailleurs wagten es daher nicht, seine Freundschaft mit dem *Roumi* zu kritisieren, obwohl sie dies für einen *Taleb* wie Bou-Saïd recht unpassend fanden.

*

Jetzt, wo sie die Stadt kannten, bahnten sich auch einige Liebesgeschichten mit den schönen *Soufia* an, den Mädchen mit der ambraduftenden Haut und den samtigen Augen. Da sie beide sehr einfach und sehr ursprünglich waren, hatten sie etwa die gleiche Art, sich zu amüsieren. Doch Bou-Saïd erlebte seine Liebesabenteuer mit einer Begeisterung und einer Ernsthaftigkeit, die Lombard verwunderten: für ihn war das alles nur «zum Spaß»; man tat es, weil man jung war, oder auch zum Zeitvertreib.

Für ihn war Liebe überhaupt nur denkbar, wenn man *Ernst machte*, wie er zu sagen pflegte, das heißt, wenn man heiraten wollte. Daher wunderte es ihn, daß Bou-Saïd so oft in käufliche Geschöpfe verliebt sein konnte. Vor allem aber überraschte ihn, daß Bou-Saïd trotz gewaltiger Leidenschafts- und Eifersuchtsausbrüche, die leicht in einem Verbrechen hätten enden können, seine

Lieben so unbeschwert wieder fallen ließ, um sich anderen zuzuwenden. Doch Lombard war vernünftig und sagte sich, der liebe Gott habe nicht alle Leute aus dem gleichen Stoff geschaffen, jedes Land habe eben «seine Art».

*

... Monate vergingen; das gemeinsame Leben der beiden Ordonnanzen verfloß in sanfter Monotonie; unbewußt wünschten sich beide, es möge ewig so bleiben.

Doch als der Winter zu Ende ging, wurde Bou-Saïd krank. Er hatte sich schon vorher schwach gefühlt, und nun war eine schwere Erkältung hinzugekommen; dennoch wollte er sich nicht krank melden. Bis ihn schließlich ein starkes Fieber packte und er ins Krankenhaus mußte ... Vom ersten Tag an meinte der Major, er sei verloren.

Betrübt verbrachte Lombard jeden freien Augenblick bei dem Kranken und zerbrach sich den Kopf, wie er ihm helfen könnte. Eine schreckliche Angst überkam ihn bei dem Gedanken, daß Bou-Saïd sterben würde. Es war ausgeschlossen, der liebe Gott meinte es wirklich nicht gut mit ihm, daß er ihm auf so grausame Weise seinen einzigen Freund nahm!

... Mehrere Tage schon lag Bou-Saïd bewußtlos im Delirium. Doch eines Abends, bei Anbruch der Nacht kam er noch einmal zu sich. Der Krankenpfleger hatte gerade das Nachtlicht angezündet, und die lustige kleine Flamme verbreitete einen rosa Schein in dem Zimmer, das mit vier hohen, schmalen Betten bestückt war – alle leer, bis auf das eine, in dem Bou-Saïd lag. Lombard hielt seinem Freund die Hand; er freute sich wie ein Kind, als er merkte, daß der Kranke ihn wiedererkannte.

«Lombard ... Lombard ...»

Bou-Saïd war sehr schwach. Abgezehrt, mit großen, aufgerissenen Augen in dem eingefallenen Gesicht und ausgetrockneten Lippen über den weißen Zähnen, war der einst so schöne junge Mann kaum noch wiederzuerkennen. Das schlimmste aber war sein röchelndes, pfeifendes Atmen.

«Du brauchst dir keine Sorgen zu machen», sagte Lombard, der sich vor der Stille fürchtete. «Jetzt, wo du wieder bei Vernunft bist, ist alles vorüber, du bist gerettet.»

Aber Bou-Saïd schüttelte den Kopf.

«Lombard ... die Papiere, die Briefe ... meine Sachen ... behalt das alles ... es ist für dich ...»

«Aber nein! Was erzählst du denn da? So etwas darfst du nicht denken, das bricht mir ja das Herz!»

Doch während er so sprach, sah er genau, daß es zu Ende war; er hatte Angst, in Tränen auszubrechen. Lange blieb Bou-Saïd regungslos, mit geschlossenen Augen liegen. Da Lombard glaubte, daß er schlief, blieb er still ... Dann aber wurde das Röcheln des Kranken immer heiserer, und er begann, seinen Kopf unruhig im Kissen zu wälzen ... Schließlich löste er seine Hand aus der des Freundes und hob den Zeigefinger ... Dreimal murmelten seine Lippen etwas, was der Troßknecht nicht verstand ... Nach den letzten heftigen Zuckungen und einem grauenvollen Aufstöhnen ließ Bou-Saïd sich in die Arme seines Freundes sinken, der entsetzt aufgestanden war.

«Bou-Saïd! Bou-Saïd! Du lieber Gott, das kann nicht möglich sein ... das ist zu schrecklich!» wiederholte der Troßknecht schluchzend.

Trostlos, den Kopf zwischen seinen verkrampften Händen, wachte er bis zum Morgen neben dem Leichnam, den die Krankenpfleger mit einem weißen Bettuch bedeckt hatten.

Am Morgen kamen weißgekleidete Männer mit ernsten Mienen, um Bou-Saïds Körper im Autopsiesaal zu waschen. Anschließend wickelten sie ihn in ein großes weißes Leintuch und bedeckten sein Gesicht, für immer und ewig.

In feierlichem, monotonem Ton wurden die Gebete rezitiert. Lombard saß in einer Ecke, sein Käppi in der Hand, und hörte zu, während er selbst zum lieben Gott betete: Jeder hat seine eigene Religion, sagte er sich, aber es gibt nur einen einzigen lieben Gott.

Auf einer mit weißem Tuch bedeckten Bahre wurde Bou-Saïd fortgetragen. Lombard folgte dem Zug, der die Stadt verließ und zu dem Friedhof der Ouled-Ahmed ins graue Tal hinabstieg. Die Araber stellten sich im Halbkreis um den am Boden liegenden Leichnam und beteten, ohne niederzuknien. Dann ließen sie den Toten in die tiefe, breite Gruft hinab, bedeckten ihn mit grünen Palmen, und im Nu war das Loch wieder mit trockenem Sand aufgefüllt ... Lombard, der immer noch ganz vorn stand, folgte den Bewegungen der Araber mit den Augen. Eine schmerzliche Betäubung war über ihn gekommen; angsterfüllt starrte er auf die Stelle, wo sein Freund für alle Ewigkeit im Boden der Verbannung verschwunden war. Der Hauptmann der Tirailleurs legte auf einem Soldatentuch ungesäuerte Fladen und trockene Feigen nieder, die von den *Tolba* und den Bettlern mitgenommen wurden. Dann kehrten alle in die Stadt zurück. Allein folgte Lombard diesen Menschen, die einer anderen Rasse angehörten. Sein Kummer war so groß, daß er sich wie erschlagen fühlte.

Als er *ihr* Zimmer betrat und all die Dinge sah, die *er* so schön hergerichtet hatte, weinte er verzweifelt ... Bei anbrechender Nacht ging er hinaus, um beim Unteroffizier die Post abzuholen; er dachte daran, daß Bou-Saïd seine Briefe nie wieder gemeinsam mit ihm lesen würde ...

Lombard verstand, daß er in diesem Land nichts mehr zu suchen und zu tun hatte, außer vielleicht die Tage zu zählen, die ihn noch von seiner Entlassung trennten ...

Er warf sich auf sein Bett und weinte lange, während der eisige Winterwind über den muselmanischen Friedhof fegte und den kleinen Sandhügel einebnete, der Dahmane-Bou-Saïds Grab war.

Der M'tourni

Ein altes, aus den Fugen brechendes Steingemäuer, ein dürftiges Feld mit steinigem Boden in dem grauen Gebirge von Piémont und das ewige Elend zu Hause, wo sie zwölf Kinder waren ... Dann die harte Maurerlehre bei einem rücksichtslosen Meister.

Und, viel verschwommener, einige wenige sonnige Augenblicke auf den blauen Gipfel – Sonnenblicke, die seinem ungeschulten Gedächtnis schon fast entfallen waren, ein paar ruhige Ecken in den dunklen Wäldern, wo am Ufer der reißenden Sturzbäche zarter Farn wuchs.

Das war alles, woran Roberto Fraugi sich erinnerte, als er sich mit einigen Gefährten nach Algier einschiffte, um dort als Wanderarbeiter Geld zu verdienen.

Drüben, in Afrika, würde er auf eigene Rechnung arbeiten, er würde etwas Geld sparen und später, auf die alten Tage hin, nach Santa Reparata zurückkehren, sich ein gutes Feld kaufen, mit dem Anbau von Mais und Roggen für seine eigene Nahrung sorgen und sich einen ruhigen Lebensabend machen.

Doch auf dem glühenden, afrikanischen Boden mit den großen, trostlosen Horizonten fühlte er sich entwurzelt, ja er fürchtete sich fast; alls war so fremd, so anders als die Dinge, die ihm vertraut waren!

Er verbrachte einige Jahre in den Küstenstädten, wo er immerhin mit Landsleuten zusammen sein konnte und wenigstens noch einigen bekannten Bildern begegnete, die ihn ermutigten.

Die Menschen in den Burnussen, mit den langsamen Gebärden und der unverständlichen Sprache, flößten ihm Mißtrauen und Abneigung ein; er begegnete ihnen auf der Straße, ohne sie zu kennen.

Eines Tages, zu einer Zeit, als es in Algier keine Arbeit gab, machte ein einheimisches Oberhaupt ihm das Angebot, umfangreiche Arbeiten in seinem Bordj an den Grenzen der Sahara zu übernehmen. Die Bedingungen waren günstig, doch erst nach langem Zögern nahm Roberto den Auftrag an; die Vorstellung, so weit weg zu gehen, in die Wüste, und monatelang mit Arabern zu leben, versetzte ihn in Angst und Schrecken.

Mit unbehaglichen Gefühlen machte er sich auf den Weg.

Nach einer anstrengenden, stundenlangen Nachtfahrt in einem quietschenden Postwagen erreichte Fraugi M'Sila.

Es war Sommer. Seltsame Hitze schien von der Erde aufzusteigen; ein undefinierbarer Geruch schwängerte die Luft, und Fraugi, der plötzlich, mitten in der Nacht, ganz allein auf dem nur schwach von den großen hellen Sternen erleuchteten Platz stand, empfand eine wunderliche Übelkeit.

In der Ferne, auf dem Land, hörte er die Grillen zirpen, ein Geräusch, das die ansonsten fast ungestörte Stille der Stadt erfüllte, wo nur das geheimnisvolle Glucksen der Kröten aus den warmen *Séguias* zu vernehmen war.

Schwarz hoben sich die Silhouetten junger Palmen von dem graugrünen Horizont ab.

Am Boden lagen weiße Gestalten im wirren Durcheinander: schlafende Araber, die der Hitze und den Skorpionen in den Häusern entflohen waren.

Am nächsten Morgen, im rosigen Licht der ersten Dämmerung, wurde Fraugi in seinem kleinen Hotelzimmer von einem hochgewachsenen, braungebrannten Beduinen mit dunklen Augen geweckt.

«Komm mit mir, der Caïd hat mich geschickt.»

Draußen war es angenehm kühl. Ein leichter, frischer Duft stieg von dem abgekühlten Boden auf, und friedliche Stille umgab die noch schlafende Stadt.

Auf einem Maultier folgte Fraugi dem Beduinen, dessen kleines graues Pferd mit der wilden, langen Mähne sich bei jedem Schritt fröhlich aufbäumte.

Sie durchquerten das Wadi in seinem tiefen Bett.

Der anbrechende Tag ließ die alten Toub-Häuser und die seltsam geformten saharischen *Koubbas* in allen Farben schillern.

Sie kamen durch die wunderschönen arabischen Gärten von Guerfala und betraten dann die Ebene, die sich in einen rosa Schein getaucht leer und grenzenlos vor ihnen erstreckte. Weit im Süden waren die bläulichen, fast durchsichtigen Berge der Ouled-Naïl zu sehen.

«Die Ebene hier heißt Hodna ... Und da hinten, am Fuß des Berges, das ist Bou-Saâda», erklärte der Beduine.

Ganz hinten in der Ebene, am Grund einer salzigen Niederung, erhoben sich einige gräuliche Gemäuer und in deren Mitte eine grobe *Koubba* mit einer hohen, schmalen Kuppel. Etwas höher, auf einer steinigen Bodenerhebung, befand sich das Bordj des Caïd, eine Art viereckiges kleines Fort mit schorfigen Mauern, von denen der früher aufgetragene Kalk abblätterte. In der Niederung wuchsen ein paar vereinzelte, verkrüppelte Feigenbäume, alle im Umkreis eines Brunnens, dessen lauwarmes, brackiges Wasser in die *Séguia* abfloß, wo sich rötliches Salz und weißer Salpeter zu eigenwilligen Haufen türmten.

Dem Maurer wurde ein kahles, weißgekalktes Kämmerchen zugewiesen; das ganze Mobiliar bestand aus einer Matte, einer Truhe und einer ledernen *Matara*, die an einem Nagel hing.

Dort lebte Fraugi, weit von jedem Kontakt mit Europäern entfernt, fast ein halbes Jahr unter den braungebrannten Ouled-Madbi mit den Raubvogelgesichtern, den Adleraugen und dem hohen *Guennour* mit den schwarzen Kordeln auf dem Kopf.

Seddik, der Fraugi abgeholt hatte, leitete den Trupp der Handlanger, die dem Maurer helfen sollten und ihre gemächliche Arbeit mit langen, traurigen Redegesängen begleiteten.

Kaum ein Geräusch drang zu dem einsamen Bordj hinüber. Nur ab und zu hörte man ein galoppierendes Pferd, den quietschenden Brunnen oder den wilden, heiseren Schrei der Kamele, die am Torweg niederknieten.

Am Abend, wenn die Sonne ihr rotes Licht ergoß und alle Geräusche verstummten, wurde oben auf der Höhe mit ausladenden Gebärden und feierlichen Anrufungen gebetet. Anschließend, wenn der Caïd sich zurückgezogen hatte, saßen die *Khammès* und die Diener auf dem Boden beisammen, unterhielten sich oder sangen, während ein Dudelsack seine unbekannten Traurigkeiten murmelte.

Die Leute im *Bordj* waren freundlich und entgegenkommend zu Fraugi; vor allem stellten sie keine großen Ansprüche. Nach und nach gab er sich der sanften Monotonie der Dinge hin und sehnte sich nicht mehr nach der Rückkehr in sein Land. Er gewöhnte sich an das gemächliche Leben ohne Sorgen und ohne Hast; seit er die arabische Sprache ein wenig verstand, fand er die Eingeborenen umgänglich und schlicht; er fühlte sich wohl unter ihnen.

Abends setzte er sich oft mit ihnen auf den Hügel, fragte sie nach ihren Gewohnheiten oder erzählte ihnen Geschichten aus seiner Heimat.

Seit seiner ersten Kommunion hatte Fraugi sich aus Gleichgültigkeit kaum noch religiös betätigt. Als er nun sah, mit welch innerer Ruhe diese Menschen zu ihrem Gott beteten, fragte er sie nach ihrem Glauben. Er erschien ihm sehr viel einfacher und menschlicher als jene Religion, die er gelernt hatte und deren Geheimnisse ihm, wie er sagte, Kopfschmerzen machten . . .

*

Im Winter, als die Arbeiten im *Bordj* beendet waren und die Abreise bevorstand, fühlte Fraugi sich keineswegs erleichtert; im Gegenteil, er war bekümmert und bedauerte zutiefst, dieses Land verlassen zu müssen.

Auch die *Khammès* und die Handlanger äußerten ihr Bedauern: der *Roumi* hatte sie weder hochmütig noch verächtlich behandelt. Er war ein *Oulid-bab-Allah*, ein gutes Kind.

Eines Abends, als sie Seite an Seite im Hof neben dem Feuer lagen und einem blinden *Meddah* zuhörten, einem frommen Sänger von den Ouled-Naïl, sagte Seddik zu dem Maurer: «Warum willst du fortgehen? Du hast etwas Geld gespart, und der Caïd schätzt dich sehr. Weshalb mietest du nicht das Haus von Abdelkader-ben-Hamoud, der nach Mekka gegangen ist? Er hat Feigenbäume und ein Feld. Außerdem hat der Stamm vor, eine Moschee zu bauen und die *Koubba* von Sidi Berrabir herzurichten. Da könntest du arbeiten und dein Brot verdienen, es wäre alles wieder wie vorher.»

Damit «alles wieder so war wie vorher», nahm Fraugi das Angebot an.

Im Frühling, als bekannt wurde, daß Abdelkader in Djeddah gestorben war, kaufte Fraugi den bescheidenen Besitz, ohne auch nur einen Augenblick daran zu denken, daß dies das Ende seiner Träume von einst war, daß er im Begriff war, einen ewigen Pakt mit dem strahlenden, rauhen Boden zu schließen, der ihn nicht mehr erschreckte.

Fraugi gab sich der sehnsuchtsvollen Mattigkeit der Dinge so lustvoll hin, daß er nicht einmal mehr nach M'Sila ging und sich auf Aïn-Menedia beschränkte.

Da seine europäischen Kleider mittlerweile völlig zerschlissen waren, besorgte ihm Seddik, der sein Freund geworden war, eines Tages eine arabische Tracht. Zuerst kam sie ihm vor wie eine Verkleidung, doch dann fand er sie bequem und gewöhnte sich daran.

*

Eintönig vergingen Tage und Jahre im einschläfernden Frieden des *Douar*. Fraugi hatte nicht mehr das geringste Heimweh nach dem heimatlichen Piémont. Warum sollte er woanders hingehen, wo er sich in Aïn-Menedia so wohl fühlte?

Inzwischen sprach er fließend Arabisch; er hatte sogar einige Redegesänge gelernt, die seine immer langsamer werdenden Bewegungen bei der Arbeit begleiteten.

Eines Tages berief er sich im Eifer eines Gesprächs auf *den einzigen Gott, neben dem es keine andere Gottheit gibt*. Seddik schrie begeistert: «*Ya, Roubert!* Warum wirst du kein Muselmane? Wir sind schon Freunde, dann wären wir Brüder. Ich würde dir meine

Schwester geben, und wir könnten immer zusammenbleiben und Gott loben!»

Fraugi sagte nichts. Er konnte seine Gefühle nicht analysieren, aber er fühlte genau, daß er eigentlich schon Muselmane war, da er den Islam höher schätzte als den Glauben seiner Väter ... Er blieb nachdenklich.

Einige Tage später legte Fraugi vor einigen Alten und Seddik spontan Zeugnis ab; er bekannte: *«Es gibt keinen anderen Gott als Gott, und Mohammed ist der Gesandte Gottes.»*

Die Alten lobten den Ewigen; Seddik war trotz seiner äußerlich ernsten Miene so gerührt, daß er den Maurer umarmte.

Roberto Fraugi verwandelte sich in Mohammed-Kasdallah.

Seddiks Schwester, Fathima Zohra, wurde die Frau des *M'tourni*.

Ohne religiöse Schwärmerei verrichtete Mohammed-Kasdallah regelmäßig sein Gebet und folgte den Fastenvorschriften in aller Bescheidenheit.

*

Roberto Fraugi kehrte nie nach Santa Reparata de Novarre zurück, wo man vergeblich auf ihn wartete ...

Dreißig Jahre später war Mohammed-Kasdallah ein angesehener, gutherziger, frommer Alter. Oft lobte er Gott und die Allmacht seines *Mektoub*, denn es stand geschrieben, daß sich sein Traum von dem Häuschen mit dem Feld, das er eines Tages in Santa Reparata kaufen wollte, unter einem anderen Himmel verwirklichen sollte, auf einem anderen Boden, in der muselmanischen Hodna-Ebene mit den großen, trostlosen Horizonten ...

AUFBRUCH

Die Rivalin

Eines Morgens hörte der unheilvolle Regen auf; die Sonne erhob sich in einem klaren, tiefblauen Himmel, reingewaschen von dem trüben Dunst des Winters.

In dem verborgenen Garten reckte der große Judasbaum seine über und über mit porzellanfarbenen Blüten bedeckten Zweige in die Höhe.

Rechts wölbten sich die Hügel von Mustapha, zogen sich in grenzenlose, durchsichtige Weiten.

Die weißen Fassaden der Villen schmückten sich mit Goldpailletten.

In der Ferne schwebten die blassen Segel der neapolitanischen Schiffe über die spiegelglatte Oberfläche des durchsichtigen Golfs. Ein zarter Hauch bewegte die milde Luft; unter seiner Liebkosung begannen die Dinge zu beben. Der Vagabund genoß all diese Eindrücke; in seinem Herzen erwachte die Illusion, zu verharren, sich niederzulassen, glücklich zu sein.

Er zog sich mit der, die er liebte, in das kleine milchig-weiße Haus zurück, wo die Stunden hinter der holzgeschnitzten Muscharabie, hinter den verblichenen Vorhängen, unmerklich, in köstlicher Mattigkeit dahinflossen.

Vor ihnen erstreckte sich die große Kulisse von Algier und lud sie ein zu sanfter Agonie.

Warum sollte er fortgehen, warum das Glück woanders suchen, nachdem der Vagabund es hier gefunden hatte, unsäglich, am Grund der schillernden Augäpfel der Geliebten, in die er seine Blicke versenkte, so lange, bis die unaussprechliche Angst der Wollust sie beide überwältigte?

Weshalb sollte er die Weite des Raumes suchen, wo sich ihre winzige Zuflucht doch dem riesigen Horizont öffnete, wo sie doch fühlten, daß sich das ganze Universum in ihnen wiederfand? Der Vagabund ließ von allem ab, was nicht seine Liebe war, es entrückte in verschwommene Fernen.

Er entsagte seinem Traum der edlen Einsamkeit. Er verzichtete auf die Freuden der Gelegenheitsunterkünfte und der Straße, seiner Freundin, der tyrannischen Herrin, die ihn, trunken von Glanz und Sonne, mitgerissen und die er verehrt hatte.

Stundenlang, tagelang ließ sich der Vagabund mit dem glühenden Herzen im Rhythmus des Glücks wiegen, das ihm ewig zu währen schien.

Das Leben und die Dinge erschienen ihm schöner denn je. Außerdem glaubte er, er sei ein besserer Mensch geworden, denn die vor Gesundheit strotzende Kraft seines gebrochenen Körpers, die stolze Energie seines ermatteten Willens machten ihn sanfter.

... Einst, zur Zeit der Verbannung, in der erdrückenden Langeweile des seßhaften Stadtlebens, hatte sich das Herz des Vagabunden bei der Erinnerung an die zauberhaften Spiele der Sonne über der freien Ebene schmerzlich zusammengezogen.

Doch jetzt, wo er im warmen Bett lag und sich von einem Sonnenstrahl bescheinen ließ, der durch das geöffnete Fenster glitt, konnte er der Geliebten ganz leise die Visionen des Traumlandes ins Ohr flüstern und dabei die einzig sanfte Melancholie genießen, die dem Duft des Todes so ähnlich ist.

Der Vagabund kannte keine Sehnsucht und kein Bedauern mehr. Er wünschte sich nur noch, daß es ewig so bliebe.

*

Die warme Nacht senkte sich über die Gärten. Alles war still, nur ein gewaltiger Seufzer erhob sich, der Seufzer des Meeres, das ganz unten, unter den Sternen schlief – der Seufzer der in Liebe entflammten Erde.

Wie Juwelen funkelten die Feuer; und noch andere entzündeten sich wie flackernde Augen im dunklen Samt der großen Bäume.

Der Vagabund und seine Geliebte gingen auf die Straße hinaus; kein Mensch war zu sehen, sie hielten sich die Hände und lächelten in die Nacht hinein. Sie sprachen nicht, denn schweigend verstanden sie sich besser. Langsam stiegen sie die Hänge der Sahel hinauf, während der späte Mond aus den Eukalyptuswäldern über den ersten niedrigen Erhebungen der Mitidja aufstieg.

Sie setzten sich auf einen Stein.

Ein bläulicher Schein ergoß sich über die Nachtlandschaft; auf den feuchten Zweigen zitterten silberne Perlensträuße.

Lange sah der Vagabund auf die Straße, die breite, weiße Straße, die sich in der Ferne verlor.

Es war die Straße des Südens.

In seiner plötzlich erwachten Seele stiegen bewegte Bilder auf, eine ganze Welt von Erinnerungen.

Er schloß die Augen, um seine Visionen zu vertreiben.

Er umklammerte die Hand der Geliebten.

Doch er konnte nicht widerstehen, er mußte die Augen wieder öffnen.

Seine frühere Begierde nach der alten tyrannischen Herrin, trunken von Glanz und Sonne, bemächtigte sich seiner.

Er gehörte wieder ihr, mit allen Fasern seines Wesens.

Als er aufstand, warf er einen letzten langen Blick auf die Straße: er hatte sich ihr versprochen.

. . . Sie kehrten heim in den lebendigen Schatten ihres Gartens und legten sich schweigend unter einem großen Kampferbaum schlafen.

In der blauen Nacht breitete der Judasbaum seine Zweige, beladen mit rosa und violett schimmernden Blüten, über sie aus.

Der Vagabund betrachtete seine Geliebte neben ihm.

Sie war nur noch eine vernebelte unwirkliche Vision, die sich im hellen Mondlicht auflöste.

Das Bild der Geliebten war verschwommen, kaum zu erkennen, sehr fern. Da verstand der Vagabund, der sie immer noch liebte, daß er im Morgengrauen aufbrechen würde, und sein Herz wurde beklommen.

Er nahm eine der großen, fleischigen Blüten des duftenden Kampferbaumes und küßte sie, um sein Schluchzen zu ersticken.

*

Die großen rote Sonne war hinter der schwarzen Linie des Horizonts in einem blutroten Ozean versunken.

Im Nu erlosch der Tag, und die Steinwüste bedeckte sich mit einem kalten, durchsichtigen Schein.

In einer Ecke der Ebene wurden Feuer entzündet. Um die hellen Flammen bewegten sich die langen weißen Tuchgewänder der mit Gewehren bewaffneten Nomaden.

Ein angebundenes Pferd wieherte.

Am Boden hockte ein Mann, den Kopf nach hinten geneigt, und sang mit geschlossenen Augen, wie im Traum, ein altes Lied, in dem das Wort *Liebe* mit dem Wort *Tod* abwechselte ...

Dann wurde alles still in der gewaltigen, stummen Ebene.

*

Neben einem halb erloschenen Feuer lag der Vagabund in seinen Burnus eingerollt.

Den Kopf auf den angewinkelten Arm gestützt, lag er mit erschöpften Gliedern da und gab sich dem grenzenlos sanften Gefühl hin, umgeben von einfachen, ungeschliffenen Menschen, allein auf dem flachen Erdboden einzuschlafen, auf der guten, wiegenden Erde in irgendeiner Ecke der Wüste, die keinen Namen hatte.

Aïn-Taga, April 1904

ABSCHWEIFUNGEN

Bleistiftnotizen

Ein Recht, das die meisten Intellektuellen vernachlässigen, das nur wenige für sich fordern, ist das Recht auf ein unstetes Herumirren, das Recht auf *Vagabondage*. Und doch, die Vagabondage ist Befreiung, und das wandernde Leben auf der Straße ist Freiheit.

Welch glückseliges Gefühl, eines Tages mutig alle Fesseln abzuschütteln, welche das moderne Leben und die Schwäche unseres Herzens uns unter dem Vorwand der Freiheit angelegt haben; sich symbolisch mit Stab und Bettelsack zu rüsten und *fortzugehen*!

Für den, der den Wert, den köstlichen Reiz der einsamen Freiheit kennt (denn man ist nur frei, solange man allein ist), ist der Aufbruch der mutigste und schönste Akt der Welt.

Ein egoistisches Glück vielleicht. Doch für den, der es zu genießen weiß, ist es tatsächlich das Glück.

Allein sein, *arm an Bedürfnissen*, unbekannt, überall fremd und überall zu Hause, einsam und groß seiner Wege gehen, die Welt erobern.

Ist der handfeste Landstreicher, der am Straßenrand sitzt und den offen vor ihm liegenden freien Horizont betrachtet, nicht der absolute Herr über Erde, Wasser und gar den Himmel?

Welcher Schloßherr könnte in Macht und Reichtum mit ihm wetteifern?

Sein Leben hat keine Grenzen, sein Reich kein Gesetz.

Keine Knechtschaft erniedrigt sein Benehmen, keine Mühsal beugt seinen Nacken unter ihrem Joch zur Erde hinunter, die er besitzt und die sich ihm ganz und gar preisgibt, in all ihrer Schönheit und in all ihrer Güte.

*

Der Paria unserer modernen Gesellschaft ist der Nomade, der Vagabund «ohne Heim noch Wohnsitz».

Indem sie dem Namen irgendeines Außenseiters diese wenigen Worte hinzufügen, glauben die Hüter von Ordnung und Gesetz, ihn für immer zu brandmarken.

Ein Heim zu haben, eine Familie, ein Eigentum oder eine öffentliche Funktion, einen gesicherten Lebensunterhalt, endlich ein würdiges Räderwerk der gesellschaftlichen Maschinerie zu sein – all das sind Dinge, die der überwältigenden Mehrheit der Menschen fast unerläßlich scheinen, ja gar den Intellektuellen, gar denen, die sich am freiesten glauben.

Im Grunde aber ist das alles nur eine abgewandelte Form der Sklaverei, zu der uns der Kontakt mit unseresgleichen zwingt, ein meist geregelter und kontinuierlicher Kontakt.

Ich habe mir die Berichte jener rechtschaffenen Leute, die zwanzig oder dreißig Jahre im selben Viertel, oft sogar im selben Haus gelebt und ihre Heimatstadt nie verlassen haben, immer mit Bewunderung, aber ohne Neid angehört.

*

Wie mag es sein, ohne das quälende Bedürfnis, zu wissen und zu sehen, was sich dort hinten, jenseits der geheimnisvollen blauen Mauer des Horizonts verbirgt ... Ohne die niederdrückende Beklemmung der Monotonie einer Landschaft ... Wie mag es sein, die weiße Straße zu betrachten, die in unbekannte Fernen verläuft, ohne das gebieterische Bedürfnis zu empfinden, sich ihr hinzugeben, ihr gehorsam durch Berge und Täler zu folgen? Das ganze ängstliche Bedürfnis nach Unbeweglichkeit ähnelt der unbewußten Resignation eines Tieres, das durch Knechtschaft abgestumpft ist, das seinen Hals zum Geschirr ausstreckt.

*

Jedes Eigentum hat Grenzen; jede Macht Gesetze. Nur der Vagabund besitzt die ganze weite Erde, begrenzt von irrealen Horizonten; sein Reich ist unantastbar, denn er regiert und genießt es im Geiste.

*

Nun ist Schluß: keine neuen Illusionen mehr, keine bezaubernden Geheimnisse, kein Glück in der Zukunft ... In meinem gebrochenen Herzen herrscht nur noch der Friede der gerechtfertigten und verwirklichten Zweifel, der Nebel der Verzweiflung. Wie wenig habe ich gelebt, und wieviel habe ich gelitten! Die lichte Hoffnung, die Jugend, das Glück – alles ist vorbei ... Ich habe es betrauert ... Nun ist es begraben und wird nie wieder auferstehen!

Ich glaubte an die Brüderlichkeit der Menschen, doch als der schwarze Tag des Unglücks kam, konnte ich meine Brüder nicht von meinen Feinden unterscheiden. Ich wollte Wahrheit und Freiheit für die Menschen ... Aber die Welt hat sich nicht verändert, sie ist dieselbe Welt schwachsinniger Sklaven geblieben. Durch das Feuer und die Wahrheit meiner anklagenden Reden träumte ich, ohne Unterlaß gegen das Böse zu kämpfen ... Aber im Tempel der Wahrheit, im heiligen Tempel des Denkens finde ich nur die Orgie der Scheinheiligen. Die Liebe des Augenblicks, die spielerische, zerstreuende Liebe, die Liebe als Rausch des Blutes und nicht der Seele, die Liebe – ein Alptraum, eine Krankheit, nein, nach dieser Liebe sehne ich mich nicht zurück!

Sie war es nicht, von der ich in meinen schlaflosen Nächten träumte ... Nein, es war die reine und wahre Liebe, deren erhabenes Bild mich verfolgte!

Arm wie eine Bettlerin, verlogen wie eine Sklavin und in bunte Lumpen gehüllt, ist das Leben nur aus der Ferne schön, nur von weitem zieht es einen an.

Doch sobald du es aufmerksam betrachtest, sobald du ihm von Angesicht zu Angesicht begegnest, verstehst du die Lüge ... Du siehst, daß seine Majestät nur eine mit falschem Gold geschmückte Illusion ist und seine Schönheit ebenso künstlich, wie die einer geschminkten Prostituierten ...

Freund, wie bist du ohne Festgewand hereingekommen?
(Aus dem Evangelium)

Dein glühendes, empfindsames Herz, gequält und gemartert in der Finsternis des Sturms, strebt nach der universellen Glückseligkeit und glaubt dort sein eigenes Glück zu finden.

Doch, lieber Freund, die geheiligten Höhenflüge der Seele sind sinnlos; in der blutigen Arena des Lebens ist Raum genug für den Markt der Begierde, aber es ist kein Raum für den lichten Tempel der Liebe!

Und wenn die Flüche tatsächlich verstummten, wenn Baal tatsächlich vernichtet würde, wenn die Menschen sich wie Brüder umarmten und das Ideal vom Himmel zur Erde hinabstiege ... sag mir: Wärest du glücklich in diesem erneuerten, fröhlichen Universum, bei diesem Lebensschmaus, du, der du gewöhnt bist an deinen heiligen Schmerz, der du für die Menschheit gelitten hast und ihr Glück wolltest?

Dein Herz – dieses kranke Herz, würde stumm vor Schmerz, öde wie ein Weizenfeld nach dem Sturm. Es würde das Kreuz der wunderbaren Leiden und Tränen nicht eintauschen für die Glückseligkeit der Ruhe. Und was, wenn es sich eines Tages zurücksehnt nach dem Los des Kämpfers und Propheten teurer Ideen, wie ein an die Gefangenschaft gewöhnter Häftling sich nach seinem dunklen Kerker sehnt? ...

Anmerkungen

7 *Süd-Oranais:* Frankreich hatte seine seit 1830 eroberte Kolonie Algerien in drei Departements gegliedert, in das Algérois, das Constantinois und in das Oranais, das im Südwesten eine nicht eindeutig festgelegte gemeinsame Grenze mit dem Sultanat Marokko besaß. In diesem Grenzgebiet, dem Süd-Oranais, kam es um die Jahrhundertwende zu blutigen Zusammenstößen zwischen den dort ansässigen Stämmen der Beni-Guil, der Fraktion der Ouled-Djerir und den Douï-Menia auf der einen und französischen Kolonialtruppen und berittenen Soldaten der marokkanischen Makhzen-Regierung auf der anderen Seite. 1901/1902 zwangen die Franzosen den marokkanischen Sultan Abd-el-Aziz, ihnen im marokkanischen Grenzgebiet Polizei- und Zollhoheit zuzugestehen. Die damit zunehmenden militärischen Konflikte zwischen Marokkanern und Franzosen benutzte der französische Militärkommandant des Süd-Oranais, der in Aïn-Sefra residierende General Lyautey, nun seinerseits den Grenzverlauf zu «klären» und die von ihm im Gegensatz zur offiziellen französischen Politik der «Entente mit dem Sultan» betriebene Politik der «Entente mit den Stämmen» durchzusetzen. 1903 stieß er über die Oase Zousfana vor, die etwa die Grenze bildete (und der einzige Zugang nach Touat, dem Ausgangspunkt transsaharischer Karawanen war), und besetzte einen breiten Gebietsstreifen. Diese Aktion markierte zugleich den Beginn der Okkupation Marokkos durch die Franzosen.

10 *Mokhazni:* Soldat der aus Eingeborenen bestehenden Reitertruppe, die den *Arabischen Bureaus* beigeordnet war, die Mokhazni vor allem wurden im Konflikt mit Marokko und den einheimischen Stämmen eingesetzt.
Vergl. auch Anmerkung zu S. 7, *Süd-Oranais*.
Djich: kleine Räuberbande; hier sind die aufständischen Stämme der Beni-Guil, der Douï-Menia und die Ouled-Djerir gemeint.
mozabitisch: die Mzab sind berberische Stämme in der Gegend des Oued Mzab in der algerischen Sahara.

15 *Si Mahmoud:* Mahmoud-Essadi; Isabelle Eberhardts arabischer (Männer-) Name.

17 *Drinn:* nordafrikanische Grasart, die auch in den Sanddünen wächst.

19 *problematische marokkanische Grenze:* Siehe Anmerkung zu S. 7 *Süd-Oranais*.

22 *Bou-Amama:* der Marabout war 1881 einer der Führer der Aufstände eingeborener Stämme im algerisch-marokkanischen Grenzgebiet.
Figuig: marokkanische Stadt, die 1903/1904 von den Franzosen besetzt wurde.
Vgl. Anmerkung zu S. 7, *Süd-Oranais*.

Anmerkungen

23 *Tirailleur:* Soldat der aus Eingeborenen bestehenden französischen Infanterietruppen in den nordafrikanischen Kolonien.

36 *Arabisches Bureau:* Die eingeborene Bevölkerung Algeriens, Berber und Araber, besaßen zwar die französische «Nationalität», waren aber keine Vollbürger; so hatten sie beispielsweise kein Wahlrecht und waren einem harten System von Strafen unterworfen, die nicht von Gerichten, sondern von der Kolonialverwaltung ausgesprochen wurden. Eines der Instrumente zur Kontrolle der Bevölkerung und zur «Rechtsprechung» waren die mit Militärs besetzten «Arabischen Bureaus», die ursprünglich die Funktion hatten, die Eingeborenen vor der Willkür der zivilen französischen Kolonisten zu schützen, da diese immer wieder, und meistens mit Erfolg, versuchten, die Berber und Araber aus den nördlichen, sehr fruchtbaren Landesteilen zu verdrängen. (Vergleiche dazu Isabelle Eberhardts Geschichte «Der Verbrecher» im Band VERGESSENSSUCHER/ISLAMISCHE BLÄTTER.)

37 *Hamiam:* arabische Beduinenstämme im algerischen Steppengebiet (aufgeführt werden nur Stämme, nicht dagegen die vielen Stammesfraktionen, deren Zugehörigkeit auch nicht immer geklärt werden konnte).

47 *Tonking:* 1884 besetzte französische Kolonie in China.

52 *Beni-Israël:* Juden; sie waren die dritte bedeutende Bevölkerungsgruppe in Nordafrika und besaßen im Gegensatz zur islamischen Bevölkerung seit 1870 die französische Vollbürgerschaft. Sie wohnten zumeist in der Mellah, dem Getto der großen Städte.

57 *Douï-Menia:* arabische Stämme, die im Südosten Marokkos und im Süd-Oranais siedelten.

74 *Berber:* Ureinwohner Nordafrikas; allgemein wird unterschieden in Berber und später zugewanderte Araber.

85 *Aïssaoua:* Siehe Anmerkung zu S. 110, *Bruderschaft.*

86 *Azizi:* Anspielung auf den marokkanischen Sultan Abd-el-Aziz. Unter seiner 1900 angetretenen Herrschaft verlor der *Makhzen,* die Regierung Marokkos, an Autorität, da Abd-el-Aziz sich den imperialistischen Interessen der europäischen Großmächte nicht eindeutig widersetzte. Es kam zu Aufständen der Stammesfürsten, und schließlich kontrollierte der Makhzen nur noch ein Drittel Marokkos, das sogenannte «Bled-el-makhzen», das Land des Makhzen, während die restlichen zwei Drittel von den Stämmen beherrscht wurden. Dieses Gebiet, das «Bled-es-siba», das Land des Aufruhrs, umfaßte vor allem den von Berbern und Arabern bewohnten Südosten Marokkos, der an das französische Süd-Oranais grenzte.

Vergl. auch Anmerkung zu S. 7, *Süd-Oranais.*

87 *Rogui:* Abou-Hamara, einer der Führer der Aufstände gegen den marokkanischen Sultan Abd-el-Aziz; Abou-Hamara gab sich als Mouley Mohammed, Bruder des Sultans aus.

Vgl. auch Anmerkung zu S. 86, *Azizi.*

95 *«rouge-nu»: blank, arm wie ein Bettler.*

108 *Diss:* Alfa-Gras; nordafrikanisches Steppengras; eignet sich besonders zur Herstellung von Papier, groben Geweben und Seilerwaren.
110 *Bruderschaft:* auch: Khouan; die Bruderschaften waren zwischen dem 8. und 10. Jahrhundert entstandene, im 18. und 19. Jahrhundert mit der islamischen Erneuerungsbewegung wiederbelebte, eng mit den Traditionen des islamischen Mystizismus verbundene Orden. Sie besaßen eigene geistliche Zentren, die *Zaouïas*, mit Siedlungen und religiösen Schulen. Zu den bekanntesten gehören die Aïssaoua, die Tidjaniya und die Kadriya. Während die sehr mächtigen Tidjaniya militant antikolonialistisch eingestellt waren, zeigten sich die Kadriya, denen Isabelle Eberhardt angehörte, zur Zusammenarbeit mit den Franzosen bereit.
112 *Kabylen:* berberische Bauern in den fruchtbaren Küstenstrichen Nordafrikas, der Kabylei.
137 *Chorfa:* Siehe dazu Isabelle Eberhardts Zeichnung im Bildteil des Bandes TAGWERKE, S. 29.
150 *Yénisseisk:* die russische Stadt Jenisseisk.
151 *Tioumène:* die in Sibirien liegende russische Stadt Tjumen.
161 *Saint-Cyr:* französische Militärakademie und Kadettenschule.
164 *«Msiou»:* Monsieur.
171 *Touareg:* berberische Stämme in Westafrika (aufgeführt werden nur Stämme, nicht dagegen die vielen Stammesfraktionen, deren Zugehörigkeit auch nicht immer geklärt werden konnte).
Chaâmba: arabische Beduinenstämme in der algerischen Sahara.
172 *Chaouïya;* berberische, seßhafte Stämme im östlichen Algerien.
180 *Joyeux:* von frz. *joie,* Fröhlichkeit; Bezeichnung für Angehörige der Strafkompanien.
Belleville: altes proletarisches Stadtviertel in Paris mit großen Kasernen.
190 *Zuaven:* Soldat der ursprünglich aus Stammesfraktionen der kabylischen Zuaven bestehenden französischen Infanterie in den nordafrikanischen Kolonien.
191 *Espadrilles:* spanische Sandalen.
201 *Rouara:* arabische Stämme im Wadi Rhir in der nordöstlichen Sahara.
211 *vicoli:* ital., Gäßchen.
212 *calzolai:* ital., Schuhmacher.
«una vergogna per me»: ital., «eine Schande für mich».
214 *galeotti:* ital., Galeerensträflinge.
càrcere duro: ital., verschärfte Haft.
215 *Gehenna:* Hölle.
città dolente: ital., traurige Stadt.
216 *«Che volete?...»:* ital., etwa «Was wollen Sie denn? Dieser Mensch ist ein heruntergekommener Dienstmann, ein rohes sassaresisches Tier.»
«È un lazzarone...»: ital., etwa: «Er ist ein Lump, der von christlicher Mildtätigkeit lebt!».
220 *Eden-Purée:* frz., etwa: Scheiß-Eden.

226 *Nana:* Minze.
Chih: Beifuß.
230 *Büro für die Angelegenheiten der Einheimischen:* Siehe Anmerkung zu S. 36, *Arabisches Bureau.*
231 *Turko:* ältere Bezeichnung für *Tirailleur.*
237 *Souafa:* arabische Stämme im Wadi Souf, vor allem die Bevölkerung von El-Oued in der nordöstlichen Sahara.
253 *Makhzen:* Regierung des marokkanischen Sultan Abd-el-Aziz; hier: der französische Generalgouverneur in Algerien.
271 *Ouled-Naïl:* arabische Nomaden im mittleren Atlas.
283 *Dum-Palme:* Zwergpalmenart.
285 *Duro:* Peso duro; spanische Münze.
286 *Margueritte:* Im April 1902 kam es in der Gegend von Margueritte, im Norden Algeriens, zu Unruhen, die aber bald von den Franzosen niedergeschlagen wurden. Die Führer des Aufstandes wurden gefangengenommen und in Frankreich, in Montpellier vor Gericht gestellt. In der Öffentlichkeit wurde daraufhin heftige Kritik an den Methoden der französischen Kolonialpolitik geübt und die Zuständigkeit des Gerichts in Frage gestellt. Das Gericht stellte den Prozeß schließlich ein und schob die Angeklagten nach Algerien ab. Als Folge wurde im gleichen Jahr eine nur für Moslems zuständige Gerichtsbarkeit in Algerien geschaffen.
295 *Gum-Reiter:* Soldat der aus Eingeborenen bestehenden Schutztruppen für die Kamelreiter-Einheiten.
296 *Thuja-Pflanzen:* junge Lebensbäume, aus deren Harz auch das keimtötende Kreosot gewonnen wird.
297 *Douï-Menia:* arabische Stämme, die im Südosten Marokkos und im Süd-Oranais siedeln.
Beraber: berberische Stämme im mittleren Atlas.
«Polizei» auf fremdem Territorium: Siehe Anmerkung zu S. 7, *Süd-Oranais.*
299 *Taalith:* Vgl. dazu auch Isabelle Eberhardts Tagebucheintragung vom 4. Mai 1902 in dem Band TAGWERKE.
305 *Ar'ar-Büsche:* Pfeilwurzel.
310 *Askri:* Soldat der aus Eingeborenen bestehenden Schutztruppe von Karawanen.
319 *Makhzenia:* Siehe Anmerkung zu S. 253, *Makhzen.*
320 *gemischte Gemeinde:* Die sogenannten gemischten Gemeinden, denen ein französischer Zivilbeamter vorstand, setzten sich aus einer kleinen europäischen Oberschicht, in der Regel französische Kolonisten, und einer großen Mehrheit von Eingeborenen zusammen; sie lebten aber meist in ihren *Douars,* verstreut über das ganze Gebiet dieses Verwaltungsbezirkes.
333 *Askar:* Siehe Anmerkung zu S. 310, *Askri.*
341 *Kolonisten:* Vergl. Anmerkung zu S. 36, *Arabisches Bureau.*
348 *Urteil von Montpellier:* Siehe Anmerkung zu S. 286, *Margueritte.*
377 *Soufla:* Angehöriger der arabischen Stämme der Souafa, die um El-Oued in der nordöstlichen Sahara siedelten.

Glossar arabischer Wörter und Begriffe

Abd	Diener; in Zusammensetzungen mit anderen
Ab	→ Abou
	Wörtern Eigenname: *Abd-el-Kader*
Abou	Vater, Eigentümer von . . .; Kurzform: *Bou*; in Zusammensetzungen mit anderen Wörtern Eigenname (bei Geburt des ersten Sohnes übernehmen die Eltern dessen Namen mit vorangestelltem *Oum*, Mutter von . . ., und *Abou: Abou-Amama*, Vater von Amama)
Acha-Gebet	fünftes und letztes tägliches Pflichtgebet. Vergl. auch *Hadj*.
Adel	Justizbeamter
Agha	Titel eines Stammesfürsten
Aïn	Quelle, Brunnen; in Zusammensetzungen mit anderen Wörtern Ortsname: *Aïn-Sefra*
Aït	→ Ou
Alla iarhemou	«Allah möge ihm gnädig sein!»; Segensformel
Amel	Arbeiter; Statthalter; hier etwa: Bürgermeister
Asker, auch:	hier: Leibgarde des marokkanischen Sultan
Askri	Abd-el-Aziz
Asr-Gebet	drittes tägliches Pflichtgebet
	Vergl. auch *Hadj*.
Aziz, Aziza (w.)	Lieber, Geliebter; Kurzformen: *Ziza, Zuizou*
«Balek fissaâ»	«Los, schnell»
bel	zusammengezogenen ben-el . . ., Sohn des: *Abdallah-bel-Hadj*
ben, Beni (Mz.)	Sohn von . . .; in Zusammensetzungen mit anderen Wörtern Eigenname: *Ben-Bou-Ziane;* in der Mz. und Zusammensetzung mit anderen Wörtern Eigenname von Stämmen: *Beni-Guil*
Benadir	→ Bendir
Bendir	arabisches Tamburin
Beni-Israël	Kinder Gottes, Juden
bent	Tochter von . . .; in Zusammensetzungen mit anderen Wörtern Eigenname: *Mannoubia-bent-Ahmed*
Berdha	Packsattel für Maultiere; bei den Soldaten im übertragenen Sinne auch: Tornister
Berrania (Mz.)	Fremde, Ausländer
Bled	(flaches) Land
Bordj	Fort an Wüstenstraßen, meist mit einer Wasserquelle, Etappenort
Bou	→ Abou

Glossar arabischer Wörter und Begriffe

Bou-guettar	Besitzer einer Kutsche
Cadi	islamischer Richter; innerhalb einer Dorfgemeinschaft für alle privatrechtlichen Streitigkeiten zuständig; Angelegenheiten, die unter das öffentliche Recht fielen, wurden von der Militäradministration entschieden
Cahouadji	Besitzer eines arabischen Cafés
Caïd	Dorf- oder Stammesoberhaupt
Casbah	befestigte Siedlung, Festung; in Marokko: befestigtes Sultansschloß; in Algier: von den Eingeborenen bewohnte Altstadt
Cheikh	Alter; Dorf- oder Stammesoberhaupt; Führer eines *Khouan*, einer islamischen Bruderschaft: *Cheikh Sidi Mahmoud-Lachmi*
Chérif	Nachkomme des Propheten oder dessen Familie; Eigenname
Chott	Schott; ausgetrockneter Salzsee
Couscous	unterschiedlich zubereitete, aus Hirse-, Weizen- oder Maisgries bestehende Hauptmahlzeit der nordafrikanischen Bevölkerung
Dar	Haus, Gebäude
Dar-diaf	Gästeherberge
Dar-el-Beïda	Weißes Haus
Deïra	Gebietsverwalter mit Polizeifunktionen, in der Regel einem *Caïd* untergeordnet
Derouïch *Derouïcha* (w.)	verwirrter Geist, Verrückter
Dijouch	→ *Djich*
Dikr	Meditation, Meditationsgebet der islamischen Mystiker
Djebel	Berg, Gebirge
Djellaba	langer, weiter Übermantel aus gewebter Kamel- oder Lammwolle, mit Kapuze und Ärmeln; von Männern und Frauen getragen
Djemaa	kleine Moschee
Djemâa	beratende Versammlung innerhalb eines Ksour oder einer Stammesfraktion; Versammlungsplatz
Djeridi-Decke	aus dem Chott Djerid stammende wollene Decke
Djich, *Dijouch* (Mz.)	kleine Räuberbande; Aufständische
Djouak	Schilfrohr; Rohrflöte
Douar	Zeltlager, Zeltdorf; kleine Siedlung in einem *Ksar*
Edden	Ruf zum Gebet
el	bestimmter Artikel «der, die, das; die»; er wird mit bestimmten nachfolgenden Konsonanten (t, d, s, r, n) assimiliert; *Bled-es-siba*, Land des Aufruhrs
Elhadj, *El Hadj*	→ *Hadj*

Glossar arabischer Wörter und Begriffe

Fantasia	festliche Reiterspiele der berberischen Nordafrikaner
Fatiha	1. von 144 Suren des Koran; als einzige wird sie mit der Formel «*Amine*», «So sei es», abgeschlossen
Fedjr	Morgendämmerung: erstes tägliches Pflichtgebet
Feggaguir (Mz.)	Quellen, deren Wasser durch (oft begehbare) Gänge unter der Erde geleitet wird
Fellah	berberische Bauern
«fil Fransa»	«in Frankreich»
Forka	Stammesfraktion
Gandoura	weites Überkleid, mit oder ohne Ärmel
Gasba	Schilfflöte
Gourbi	konisch geformte Hütte aus Rohrgeflecht
Guellal	Trommel
Guennor	hoher Turban
Hadada	Grenze
Hadj	Titel eines Mekka-Pilgers: *Hadj Mohammed*; die Pilgerfahrt nach Mekka ist neben dem Glaubensbekenntnis («Es gibt keinen Gott außer Allah, und Mohammed ist sein Prophet»), dem täglich fünfmal zu verrichtenden Pflichtgebet, dem Almosen und dem Fasten im Monat *Ramadan* einer der fünf «Grundpfeiler» des Islam
Haïk	weiter Übermantel mit Kapuze, vorne offen; Teil der weiblichen Kleidung, der zum Verhüllen des Gesichts dient
Hakkam	hier: französische Justizverwaltung; Beamter dieser Verwaltung
Haram, haram	das Unerlaubte, unerlaubt, sündig
Harara, *Haraïr* (Mz.)	große wollene Säcke oder Decken, die an den Sätteln der Kamele befestigt sind
Harka	große Räuberbande
Ihram	große Decke, mit der sich der ganze Körper bedecken läßt
Imam	Vorbeter in der Moschee
«in châ Allah!»	«wie Allah will!»
Kéfenn	Leichentuch
Kéfer	Ungläubiger, Nicht-Muselmane
Kérouan	Regenpfeifer
Khalifa	Stellvertreter
Khalkhal	metallener Beinschmuck
Khammès	Pächter, der ein Fünftel der Ernte erhält
Khartani, *Kharatine* (Mz.)	aus dem Sudan stammende schwarze Sklaven in Marokko
Khodja	Verwaltungsbeamter, Schreiber; Sekretär einer *Zaouïa*
Khouan	islamische Bruderschaft, dem islamischen Mystizismus verpflichteter Orden

Vergl. auch Anmerkung zu S. 110, *Bruderschaft*.

Glossar arabischer Wörter und Begriffe

«Kif-kif»	«das ist gleich»
Koubba	kleine Moschee mit Marabout-Gräbern; Grabkapelle eines *Marabout* oder einer Maraboutin, sie trägt auch meist deren Namen: *Koubba von Lella Aïcha*
Ksar, Ksour (Mz.)	befestigtes Dorf; mehrere Ksar bilden ein Ksour
Lella	Frau, Dame; Titel einer Maraboutin: *Lella Aïcha*
Lithoua	→ *Litham*
Litham	blauer, nur die Augen frei lassender Gesichtsschleier der Touareg
Mabrouk	«Gesegneter»
Maghreb	Westen, Abend; Land des Sonnenuntergangs, westlicher Teil der arabischen Welt (Marokko, Algerien, Tunesien); 6 Uhr abends
Makam	Ruhelager, Bett
Makhzen	eigentlich: Lager; dann: Regierung des marokkanischen Sultan Abd-el-Aziz; hier: französischer Generalgouverneur in Algerien Vergl. auch Anmerkungen zu S. 7, *Süd-Oranais*.
Makhzenia	→ *Makhzen*
Marabout	islamischer Heiliger, Weiser
Mechta	Haus, Hütte der berberischen Fellah
Meddah	arabischer Rhapsode
Medjba	Kopfsteuer
Mektoub	das den Menschen von Allah bestimmte Schicksal, dem sie nicht entgehen können
Mellah	jüdisches Viertel in den marokkanischen Städten, Ghetto
Mlahfa	wollenes Überkleid
Mokhazni	Soldat der aus Eingeborenen bestehenden Reitertruppe, die den *Arabischen Bureaus* beigeordnet war Vergl. auch Anmerkung zu S. 36, *Arabisches Bureau*.
Mouderres	Lehrer, Gelehrter
M'lourni	religiöser Renegat
Muezzin	Ausrufer, der die Gläubigen fünfmal täglich zum Gebet ruft
«naâm»	«Wohlstand Glück»; Grußformel
Nabi	Prophet
Nefra	Kampf
Nouba	Trompetensignal; Trompetenspiel; Militärmusikkapelle
ou, Aït (Mz.)	Sohn von . . .; in Zusammensetzungen mit anderen Wörtern Eigenname: *Ba-Mahmadou-ou-Salem*; in der Mz. und Zusammensetzung mit anderen Wörtern Eigenname von Stämmen: *Aït-Atta*
Oued	Wadi; Flußbett, das nur zu bestimmten Zeiten Wasser führt, sonst trocken liegt
Oukil	Sachverständiger, Weiser

Glossar arabischer Wörter und Begriffe

Ould	Kind, Sohn von ...; in Zusammensetzungen mit anderen Wörtern Eigenname: *Maammar-Ould-Kaddour*
Ouled	Kinder von ...; in Zusammensetzungen mit anderen Wörtern Eigenname von Stämmen: Ouled-Naïl
Oum	Mutter von ...; in Zusammensetzungen mit anderen Wörtern Eigenname: *Oum-Ahmed* Vgl. auch *Abou*.
Pascha	Titel eines Stammesfürsten
Ramadan	vom Kalender unabhängiger islamischer Fastenmonat, in dem vom Frühgebet bis zum Sonnenuntergang weder gegessen, getrunken oder geraucht werden darf; während dieser Zeit ist auch geschlechtliche Enthaltsamkeit vorgeschrieben Vergl. auch *Hadj*.
Redir	natürliches Regenwasser-Reservoir
Rezzou	Raubzug
Rhaïta	arabischer Dudelsack
Roumi *Roumia* (w.)	Ungläubiger, Fremder; dann auch: Franzose
Salam	«Heil»; arabischer Friedensgruß
Sebkha	abflußlose Senke mit salzhaltigem Boden; ausgetrockneter Salzsee
Sefséri	der in der tunesischen Sahel getragene Burnus
Séguia	offener Bewässerungsgraben in Oasen
Spahi	Soldat der aus Eingeborenen bestehenden französischen Kavallerie in den nordafrikanischen Kolonien
Si	Herr; Anrede: *Si Mahmoud*
Sidi	Herr, Meister; Anrede eines Marabout: *Sidi Brahim*; *Sidi* entspricht dem weiblichen *Lella*
Souk	Markt
Taam	ungesüßter Couscous; Erntefest
Taleb, *Tolba* (Mz.)	islamischer Theologiestudent, Lehrer an religiösen Schulen; in der Mz. *Tolba* bei den mozabitischen Stämmen auch: Ältestenrat
Toub	Lehm; gebrannte Ziegel
Wadi	→ *Oued*
ya	Anredepartikel: *ya Sidi*
Zaouïa	Kloster, Siedlung islamischer Bruderschaften Vergl. auch Anmerkung zu S. 110, *Bruderschaft*.

Editorische Notiz

Die vier Bände der SANDMEERE versammeln erstmals sowohl aus dem Nachlaß stammende Schriften der Isabelle Eberhardt, wie auch von ihr selbst publizierte Stücke und solche, die ihr erster Herausgeber Victor Barrucand ediert hat.

Im Gegensatz zu den nachgelassenen Arbeiten, den TAGWERKEN[1], Isabelles Tagebüchern aus den Jahren 1900 bis 1903, und den im Teilband VERGESSENSSUCHER enthaltenen Novellen[2], deren Authentizität niemals bezweifelt wurde, sind gegen die von Barrucand herausgegebenen Texte immer wieder Vorbehalte gemacht worden.

Dieses Mißtrauen beruhte vor allem auf seinem Einfall, 1906 die erste Eberhardt-Auswahl, «Dans l'ombre chaude de l'Islam»[3], IM HEISSEN SCHATTEN DES ISLAM, unter seinem Namen erscheinen zu lassen. Erst nach einem gegen ihn angestrengten Plagiatsprozeß trug das Buch in der zweiten Auflage ihrer beider Namen: Isabelle Eberhardt *und* Victor Barrucand.

1908 folgte, wiederum von Barrucand herausgegeben, «Notes de route»[4], NOTIZEN VON UNTERWEGS, eine Sammlung von Reiseskizzen aus dem Maghreb, und 1920 «Pages d'Islam»[5], ISLAMISCHE BLÄTTER.

Alle diese Bände enthielten zum weitaus größeren Teil noch zu Lebzeiten Isabelles in Zeitungen und Zeitschriften, vor allem Barrucands «L'Akhbar», veröffentlichte Arbeiten. Zwar ist ein mögliches redaktionelles Mitwirken Barrucands daran nicht aufzuklären – er selbst hat sich dazu nie eindeutig geäußert –, gleichwohl können diese Texte als authentisch angesehen werden, da sie Isabelle auch in einer redigierten Form bekannt waren.

---

[1] Isabelle Eberhardt: Mes Journaliers. Précédés de «La Vie tragique de la Bonne Nomade» par René-Louis Doyon. Paris 1923 (La Connaissance).

[2] Isabelle Eberhardt: Contes et Paysages. Textes originaux. Avec un «Avant-Lire» de R.-L. Doyon. Paris 1925 (La Connaissance).
Dieser Band enthält neben bis dahin unveröffentlichten Erzählungen die beiden 1914 und 1923 veranstalteten Privatdrucke von «Au Pays des Sables» und von «Amara le Forçat» und «L'Anarchiste».

[3] [Isabelle Eberhardt et] Victor Barrucand: Dans l'ombre chaude de l'Islam. Notes par Victor Barrucand. Paris 1906 (E. Fasquelle).

[4] Isabelle Eberhardt: Notes de route. Maroc, Algérie, Tunisie. Publiées avec une préface par Victor Barrucand. Illustrations de G. Rochegrosse, E. Dinet, M. Noiré, P. Bonnard. Paris 1908 (E. Fasquelle).

[5] Isabelle Eberhardt: Pages d'Islam. Publiées avec une préface et des notes par Victor Barrucand. Paris 1920 (E. Fasquelle).

Anders verhält es sich mit den Teilen, die bis dahin unveröffentlicht waren. Hier sind in der Tat zuweilen stilistische Brüche zu erkennen – die Neigung Barrucands, Geschichten Isabelles *aus*zuerzählen und damit die knappe und gedrängte Struktur ihrer Erzählungen zu zerstören.[6]

Es sind daher aus «Notes de route» neun Geschichten und ein aus Fragmenten und Tagebuchblättern montiertes Kapitel («Souvenirs d'El-Oued») nicht in die deutsche Ausgabe übernommen worden. Weggelassen wurden ferner aus dem gleichen Band zwei Varianten und eine Dublette, und aus «Pages d'Islam» drei kleine Fragmente und acht Dubletten bzw. Varianten (wobei mehreren Fassungen in der Regel der kürzeren und früher datierten der Vorzug gegeben worden ist).

Wir haben die französische Transkription der arabischen Namen, Wörter und Begriffe übernommen, obwohl sie in sich uneinheitlich und in der Wiedergabe arabischer Laute ungenau ist.

Das ist auch dort geschehen, wo deutsche Nachbildungen arabischer Wörter zur Verfügung standen (*Kuskus* für *Couscous* z. B.), denn es erschien uns unsinnig, einige Wörter in französischer, andere in deutscher Schreibung wiederzugeben, zumal in vielen Fällen die deutschen Wörter nur die französische Transkribierung nachahmten.

Eingegriffen wurde in die häufig unterschiedliche Orthographie gleicher arabischer Wörter: sie wurden in allen vier Teilen der SANDMEERE weitgehend vereinheitlicht und mit großen Anfangsbuchstaben geschrieben, da es uns bei den Texten auf Lesbarkeit und schnelles Wiedererkennen fremder Wortbilder ankam.

Vereinheitlicht wurde aus den gleichen Gründen das äußere Erscheinungsbild der geographischen Eigennamen: alle Eigennamen wurden groß, Artikel (*el* usw.) und Verwandtschaftsbezeichnungen (*ben* usw.), soweit sie nicht am Anfang des Namens standen, klein geschrieben; alle Namensbestandteile mit Bindestrichen durchgekoppelt. Unterschiedliche Schreibweisen (*Abd-el-Kader; Abdelkader* usw.) wurden belassen.

Die Schreibung der geographischen Namen erfolgte auf der Grundlage zu Anfang des Jahrhunderts gebräuchlicher Karten. Unter den im Originaltext vorhandenen verschiedenen Namensvarianten eines Ortes wurde jeweils die der heutigen Schreibweise ähnlichste vorgezogen. Alle Namensbestandteile wurden, karthographischen Gewohnheiten entsprechend, groß geschrieben und mit Bindestrichen durchgekoppelt. So lassen sich, da viele Orte die Namen von

---

[6] *Exzessiv hat Victor Barrucand das an dem 1922 bei Fasquelle unter Isabelle Eberhardts Namen erschienenen Roman «Trimardeur»* (Trimardeur. Roman. Terminé et publié avec une préface par Victor Barrucand. Paris 1922) *demonstriert: er ist aus zwei nicht erhaltenen Textfragmenten «vollendet» worden.*

Editorische Notiz

Personen tragen, die geographischen von den Eigennamen unterscheiden *(Sidi-Bel-Abbès; Sidi Mahmoud-ben-el-Hamouda)*.

Das Glossar führt nur wiederholt und nicht eindeutig aus dem Textzusammenhang erklärbare arabische (und berberische) Wörter und Begriffe auf.
    Die Anmerkungen verzeichnen Erklärungen nichtarabischer Wörter und zusätzliche Informationen zu den Texten, wobei sich gelegentliche Überschneidungen mit dem Glossar nicht vermeiden ließen.

Frau Dr. *Sylvia Powels* vom Orient-Institut der Freien Universität Berlin gilt mein Dank für ihre Hinweise bei der Entschlüsselung arabischer Wörter und Begriffe, Herrn *Gilles Choufloux*, Paris, und Herrn *Manuel Herzog*, Augsburg, für ihre Hilfe bei der Textredaktion.
Paris, im April 1981　　　　　　　　　　　　　　　　　　　　　　　　　　C. B.

INHALT

NOTIZEN VON UNTERWEGS

Süd-Oranais

Abreise von Algier	7
Falscher Alarm	10
Moghrar-Foukani	11
Hadjerath-M'Guil	13
Tidjanis Frau	15
Bei den Mokhazni	17
Die unsichtbare Djich	18
Ein totes Dorf	21
Ankunft in Beni-Ounif	23
Die kleine Fathma	24
Die Marabouts	25
Mériéma	29
Eidechsen	32
Djenane-Ed-Dar	34
Das Douar des Makhzen	37
Visionen von Figuig	40
Alte Berufe	45
Legionäre	47
In der Oase	48
Beni-Israël	52
Abende des Ramadan	57
Lange Nächte	59
Aufbruch	61
Rückweg	63

Die Hauts-Plateaux

Unterwegs nach Géryville 69

Notizen über Oudjda

Oudjda 79

Die tunesische Sahel

Die tunesische Sahel 89
Die Medjba 94
Zwischenfall 98
Amira 99

Sitten des Tells

Fellah 107

Rückkehr in den Süden

Auf der Straße von Bou-Saâda 125
M'Sila 127
Die Hodna-Ebene 131
Bou-Saâda 135
In der Zaouïa 137
Besuch bei Lella Zeyneb 138
Tränen des Mandelbaums 141

VERGESSENSSUCHER

Die Doktorprüfung 149
Yasmina 157
Im Land der treibenden Sande 185
Amara, der Sträfling 190

Der Zauberer 195
Oum-Zahar 200
Vergessenes Land 209
Der Anarchist 218
Der Major 227
Der Djich 251

ISLAMISCHE BLÄTTER

Kräfte der Finsternis

Der Magier 259
Die Hand 261
Die Sandschrift 263
Der heilige Illuminator 266
Der Meddah 269
Die Derouïcha 274
Der Taleb 277
Der Marabout 282

Frauen

Das Porträt der Ouled-Naïl 289
Die Verlobte 294
Taalith 299

Fellah

Die langen Abende des Ramadan 305
Die blaue Weste 307

Im Abseits

Der Landstreicher 313
Der Verbrecher 317
Hausser, der Zwangsarbeiter 323

Gefangene auf der Straße 327
Heloten des Südens 330
Die Verführten 332
Auf den Pfaden Gottes 335

Im Dorf

Die Ankunft des Kolonisten 341
Heldentaten der Eingeborenen 345

In der Legion

Der Russe 351
Der Deutsche 364

Brüderliche Begegnungen

Der Freund 371
Der M'tourni 380

Aufbruch

Die Rivalin 387

Abschweifungen

Bleistiftnotizen 391

Anmerkungen 395
Glossar arabischer Wörter und Begriffe 399
Editorische Notiz 405
Karte 412

neue frau

Martha Gellhorn
Das Wetter in Afrika
Ein Roman in Novellen (12354)
Paare, Paare
Erzählungen (12511)
Reisen mit mir und ihm
Berichte (12628)

Elfriede Hammerl
Probier es aus, Baby
STERN-Einsichten (12376)
Love me Tender
Neue STERN-Einsichten (12635)

Aritha van Herk
Unter Männern
Roman (5867)

Maryse Holder
Ich atme mit dem Herzen (4620)

Susanna Kaysen
Der Mann ohne Seele
Roman (12365)

Susan Koppelman
Alte Jungfern
Short stories amerikanischer
Autorinnen des 19. Jahrhunderts
(12189)

Sissel Lie
Das Herz des Löwen
Roman (12584)

Eine Auswahl

C 912/1 b

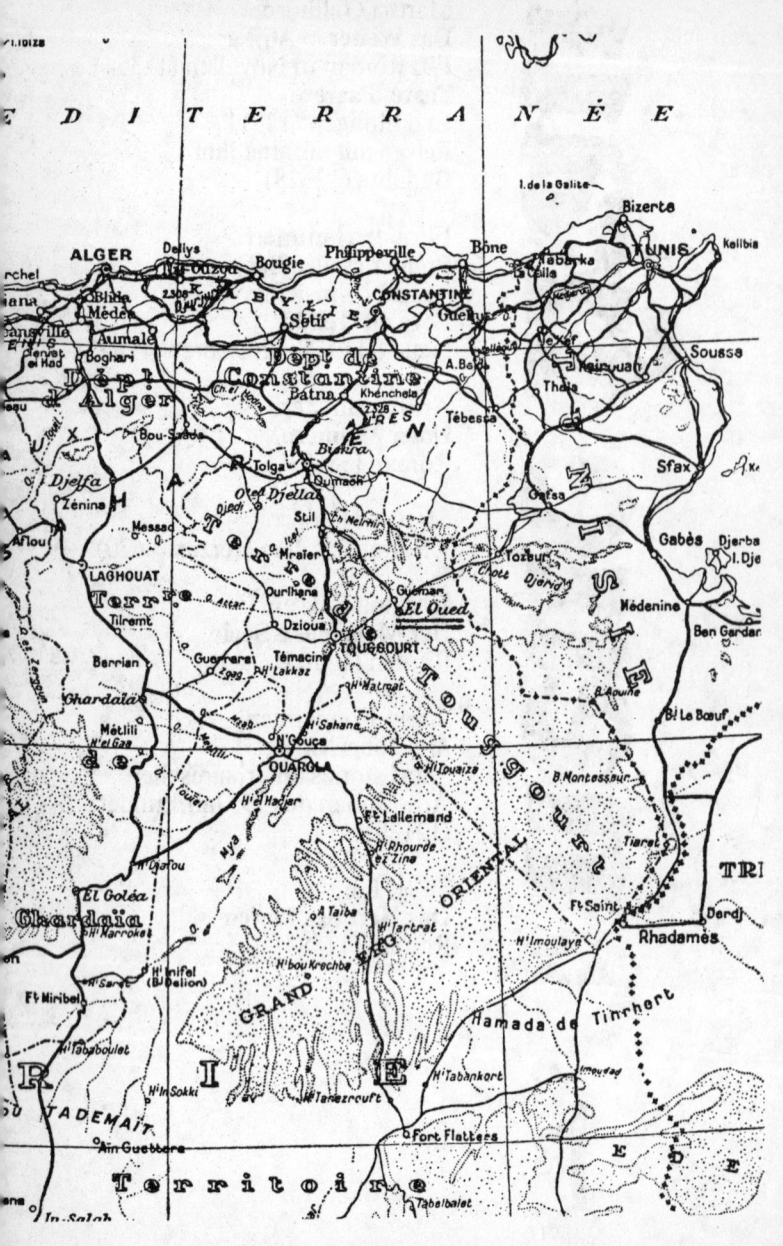